明心寶鑑

精解 명심보감 · 고사성어

模範書体 및
完全풀이
(千字文)

薛 鎬 柄
安 哲 編著

故事成語

한국학자료원

模範書体 및 完全풀이
精解 **明心寶鑑 · 故事成語**

2000年 1月 20日 初版發行
2015년 7月 10日 5版發行
編著者 薛鎬柄 · 安 哲
發行者 윤영수
發行處 한국학자료원
住 所 서울시 구로구 개봉본동 170-30
신개봉삼화아파트 관리소 옆
전 화 010-4718-9729
010-4799-9729
팩 스 02-2616-8051

ISBN 978-89-93025-79-8(14640)
정가 12,000원

머 리 말

본서는 **한자(漢字) 초학자(初學者)**는 물론 나아가 **한문(漢文)**과 **글씨에 관심 있는 분들을 위해 특별히 기획 제작된 책**이다.

전편(前編)의 **명심보감(明心寶鑑)**은 너무나 잘 알려진 책으로 알다시피 명(明)나라 범 입본(范立本)이 엮었다는 설이 있으나, 고려(高麗) 충렬왕(忠烈王) 때의 문신인 추 적(秋適)이 방대한 원본을 간추려 초략본(抄略本)으로 엮었다고도 한다.

이 **명심보감(明心寶鑑)**은 글자 그대로 **'마음을 밝히는 귀중한 책'**이라는 뜻이다. 본문은 동양인 내지는 세계 인류가 오랜 세월 동안 쌓아온 **자연(自然)**과 **인생(人生)에 대한 관(觀)**이며 거기에서 우러나온 **격조(格調) 높은 생활 철학(生活哲學)** 이므로 시대(時代)를 초월(超越)하여 그 **진실성(眞實性)**과 **가치관(價値觀)**이 빛나는 글이다. 더우기 현대와 같이 황금 만능(黃金萬能)의 사조(思潮) 아래서 자칫 방향 감각이 상실되기 쉬운 현세대(現世代)에게 **새로운 가치관(價値觀)에 의한 방향 모색을 위한 지침서(指針書)로서 참된 보전(寶典)**이라 아니 할 수 없다.

그래서 **본문(本文)을 적당한 구절(句節)**로 나누어 **숫자**〈①②③ …〉를 표시하고 풀이에도 이에 **상응(相應)**하도록 같은 **숫자**〈①②③ …〉를 표시하여 조금이라도 이해에 도움을 주고자 **특색있게 새로운 방식으로 엮었다.**

보 기

〔본문〕 ①子(자)가 曰(왈) ②死生(사생)은 有命(유명)이요 ③富貴在天(부귀재천)이니라.

〔해석〕 ①공자가 말하기를 ②"죽고 사는 것은 명에 달려 있고, ③부귀는 하늘의 뜻에 달렸다." 라고 하였다.

다음 **후편(後編)의** **천자문(千字文)** 은 한 석봉(韓石峯)선생의 명필(名筆)을 감상하면서 서예계의 대가(大家)이신 안 철(安哲) 선생의 모범 펜글씨체를 따라 쓰게끔 편집함으로써 자신도 모르는 사이에 **글씨에 대한 심미안(審美眼)**은 물론 우리 **일상 생활(日常生活)에 꼭 필요한 1,000자의 한자**를 익힐 수 있게 하였다. 더불어 **필순(筆順)과 훈(訓)**을 익힐 수도 있어 그야말로 일거 양득(一擧兩得)이라 아니 할 수 없다.

천자문은 중국 양(梁)나라 무제(武帝)가 주 홍사(周興嗣)에게 명하여 짓게한 글로서 **전문(全文)을 1,000자를 가지고 사언 일구(四言一句)를 이구 일련(二句一聯)으로 한 일종의 고시체(古詩体)**이다. 그 내용은 태초(太初) **우주(宇宙)의 운행에서부터 인간이 지켜야 할 강상(綱常)은 물론 농정(農政)에 이르기까지 다루지 않은 바가 없다.** 따라서 이 속에는 우리가 살아가면서 **금언(金言)으로 삼아야 할 보석 같은 말**들이 수 없이 많이 있다. 우리가 이들을 익히고 생활에 이용한다면, 우리의 삶이 그만큼 더 풍요로와 질 것은 틀림없는 사실이다.

다음편(編)의 **필수 고사성어(故事成語) 교양숙어(敎養熟語)** 는 **'넉 자(字) 정도의 짧은 글자로 다른 백 마디 말을 대신하는 간결한 묘미'** 가 있기에, 또 옛부터 역사의 흐름에 따라 익어온 말이므로 모든 사람이 제나름의 지식 정도에 따라 곧잘 즐겨 쓰고 있다.

―예식장의 주례사(主禮辭)/ 상관의 훈시/기자(記者)·문필가의 짤막한 글/선거 연설/교장 훈화/강연·강의·만담/심지어 두세 사람의 좌담에서 까지 숙어는 애용된다.

따라서, 본 책자를 완전히 학습하게 되면 여러분들은 **일상 한자(日常漢字)**는 물론이요, **기초 한문(基礎漢文)**도 익히게 되어 **교양인으로서 어디에서나 부끄럽지 않게 될 것을 확신**한다.

부디 이 책이 **한자(漢字)**와 **한문(漢文)** 그리고 훌륭한 글씨 공부에 일조(一助)가 된다면 편집자로서는 더한 기쁨이 없을 것이다.

편 집 자 씀

차례

차례

차례

차례

펜글씨에 대하여

펜을 잡을 때는, 펜대 위에 인지(人指)를 얹고 종이의 면에 대하여 45°~60° 정도로 잡는 것이 가장 좋은 자세입니다.

한자(漢字)에는 해서체(楷書體)·행서체(行書體)·초서체(草書體)가 있고, 한글에는 한글 특유의 한글체가 있으며 이 모두는 각기 그 나름의 완급(緩急)의 차가 있으며, 경중의 변화가 있습니다. **해서체는 50°~60°의 경사 각도로** 쓰는 것이 좋으며, 행서체·초서체·큰 글씨가 될수록 경사 각도는 50° 이하로 내려 갑니다. 45°의 각도는 손 끝에 힘이 들지 않는 각도이며, **평소에 펜 글씨를 정확하게 쓰자면** 역시 **50°~60°의 경사 각도로 펜대를 잡는 것이 가장 알맞는** 자세라 할 수 있습니다.

펜을 쥐는 각도

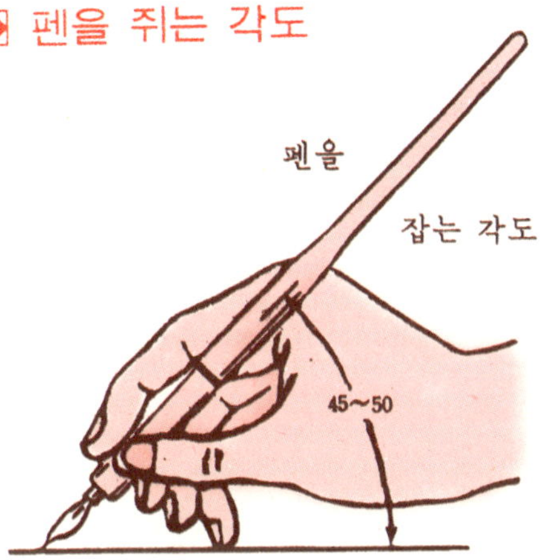

펜을 잡을 때는, 펜대 위에 집게손가락을 얹고 종이의 면에 대하여 45°~60° 정도로 잡는 것이 가장 좋은 자세입니다.

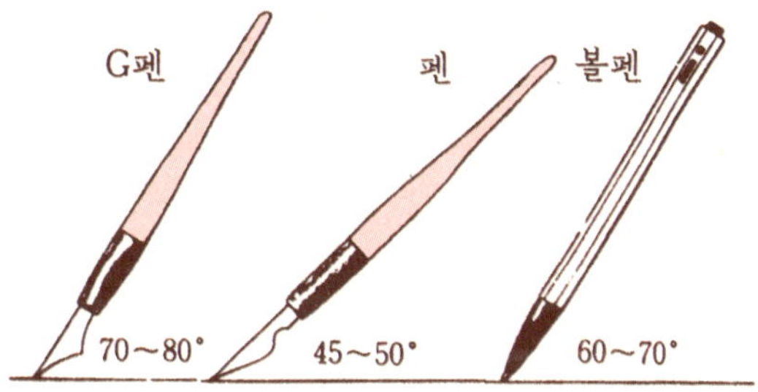

용구에 대하여

① 펜촉—펜촉은 그 종류가 많지만, 대체로 필기용으로 쓰이는 것은 G펜·스푼펜·스쿨펜·활콘펜 등이 있으나, **스푼펜**은 끝이 약간 둥글어 종이에 걸리지 않기 때문에 사무용으로 널리 애용되며, 펜글씨에 가장 적당한 펜촉이라 할 수 있습니다.

② 잉크—잉크는 보통 청색과 적색을 많이 쓰며, **연한 색보다는 약간 진한** 색이 선명하여 보기에 좋습니다.

필순의 일반적인 원칙

(1) 한자의 필순 : 한 자의 한자(漢字)를 쓸 때의 바른 순서를 필순이라 한다. 한자는 바른 순서에 따라 쓸 때, 가장 쓰기 쉬울 뿐 아니라, 쓴 글자의 모양도 아름다와진다.

(2) 필순의 기본적 원칙

① 위에서 아래로 : 위에 있는 부분부터 쓰기 시작하여 차츰 아랫 부분으로 써 내려간다.

예 言(말씀 언)…… 丶 亠 亠 亖 言 言 言

② 왼쪽에서 오른 쪽으로

예 川(내 천)…… 丿 川 川 仁(어질 인)…… 丿 亻 仁 仁

(3) 필순의 여러 가지

① 가로 획을 먼저 쓰는 경우 : 가로획과 세로획이 서로 엇걸릴 때에는 보통의 경우 가로획을 먼저 긋는다.

예 1. 가로획→세로획의 필순.

十(열 십)…… 一 十　土(흙 토)…… 一 十 土

예 2. 가로획→세로획→세로획의 필순.

共(한가지 공)…… 一 十 卄 廾 共 共

예 3. 가로획→가로획→세로획의 필순.

春(봄 춘)…… 一 二 三 夫 夫 夫 春 春 春

② 세로 획을 먼저 쓰는 경우 : 가로획과 세로획이 서로 엇걸릴 때, 다음의 경우에 한하여 가로획을 뒤에 긋는다.

예 田(밭 전)…… 丨 冂 冂 田 田

③ 한 가운데 부분은 먼저 쓴다 : 글자의 구성이 좌·중·우와 같이 구성되어 있을 때는 한가운데 부분을 먼저 쓴다.

예 1. 小(작을 소)……… 亅 小 小

水(물 수)……… 亅 水 水 水

예 2. 다음의 경우는 그 예외가 된다.

火(불 화)……… 丶 丷 少 火

④ 몸은 먼저 쓴다 : 안을 에워싸고 있는 바깥 둘레를 "몸"이라고 하는데, 몸은 안보다 먼저 쓴다.

예 國(나라 국)…… 

同(한가지 동)…… 

⑤ 삐침은 파임보다 먼저 쓴다.

예 文(글월 문)……… 

父(아비 부)……… 

⑥ 글자 전체를 꿰뚫는 세로획은 최후에 쓴다.

예 1. 中(가운데 중)……… 

예 2. 아래나 위, 또는 전체를 꿰뚫지 않는 세로획은 예외.

里(마을 리)……… 

⑦ 글자 전체를 꿰뚫는 가로획은 최후에 쓴다.

예 1. 女(계집 녀)………… 

母(어미 모)………… 

예 2. 다음 글자는 예외.

世(인간 세)………… 

(4) 특히 주의해야 할 필순

① 삐침과 가로획 : 다음과 같은 것은 틀리게 쓰는 일이 많으니 특히 유의해서 쓰도록 한다.

예 1. 삐침은 짧고 가로획은 길게 써야 할 글자는 삐침을 먼저 쓴다.

右(오른 우)………… 

有(있을 유)………… 

예 2. 삐침은 길고 가로획은 짧게 써야 할 글자는 가로획을 먼저 쓴다.

左(왼 좌)………… 

友(벗 우)………… 

② 받침은 먼저 쓰는 경우와 나중에 쓰는 경우가 있다.

예 1. 먼저 쓰는 경우.

起(일어날 기)…… 一 十 土 キ 丰 走 走 起 起

勉(힘 쓸 면)…… ノ ㄅ ⺈ 㔾 召 免 免 勉 勉

예 2. 나중에 쓰는 경우.

近(가까울 근)…… ノ 𠂆 斤 斤 䜣 沂 近

建(세 울 건)…… 𠃌 ㄱ ⺕ 聿 聿 聿 律 建 建

3 "必"의 필순 : 다음의 여러가지가 있으나 ㉠으로 쓰는 것이 바른 필순이며, 글자 모양을 잡는 데도 유리하다.

必(반드시 필)
- 丶 丿 乂 必 必 ……㉠
- 丨 心 心 必 必 ……㉡
- 丨 心 心 心 必 ……㉢

4 "上"의 필순 : 두 가지가 쓰이나 ㉠의 필순이 옳은 것이다.

上(위 상)
- 一 卜 上 ……㉠
- 丨 卜 上 ……㉡

5 "登·發"등의 "癶"의 필순 : ㉠이 바르게 쓰는 필순이다.

登(오 를 등)
- ㄱ 夕 夕 癶 癶 ……㉠
- ㄱ 夕 癶 癶 癶 ……㉡
- ㄱ 夕 夕 夕 癶 ……㉢

6 "耳"의 필순 : 두 가지가 쓰이나 ㉠으로 쓰는 것이 옳다.

耳(귀 이)
- 一 丅 下 丐 耳 ……㉠
- 一 丅 π 月 耳 ……㉡

7 "馬"의 필순 : 두 가지가 쓰이나 ㉠의 필순이 옳다.

馬(말 마)
- 丨 厂 π 斤 斤 馬 馬 馬 ……㉠
- 一 厂 ⺁ 斤 斤 馬 馬 馬 ……㉡

8 같은 삐침이라도 예 1은 먼저, 예 2는 뒤에 쓴다.

예 1. 九(아홉 구)…… 丿 九

예 2. 力(힘 력)…… 𠃌 力

명심보감
明心寶鑑

原本吐解 明 心 寶 鑑

一. 계선편(繼善篇) ◈ 끊임없는 선행으로 더욱 착하게 하라는 글.

①자 왈 ②위 선 자 천 보 지 이 복 ③위 불 선 자 천 보 지 이 화
〔1〕 子가 曰爲善者는 天報之以福하고 爲不善者는 天報之以禍니라

〔해석〕 ①공자가 말하기를 ②"착한 일을 하는 사람은 하늘이 복으로써 갚고, ③착하지 않은 일을 하는 사람은 하늘이 재앙으로써 갚는다."라고 하였다.

참고 **공자**(孔子;서기전 552~479) : 중국 춘추(春秋)시대 노(魯)나라의 대학자·정치가·유교의 아버지로, 세계 3대 성인(聖人) 중의 한 사람. 여러 나라를 다니며 전통적 방향의 예(禮)와 창조적 방면의 인(仁)으로써 어지러운 세상을 바로 잡으려고 했음. 또, 〈시경(詩經)〉·〈서경(書經)〉·〈춘추(春秋)〉 등의 고전을 정리, 일상 생활을 가족 관계와 사회 관계에서 고찰하여 실용적인 교의(教義)를 편 그의 사상은 동양 여러 나라에 큰 영향을 줌.

①한 소 열 장 종 칙 후 주 왈 ②물 이 선 소 이 불 위 ③물 이 악 소 이 위 지
〔2〕 漢昭烈이 將終에 勅後主曰勿以善小而不爲하고 勿以惡小而爲之하라

〔해석〕 ①한나라의 소열 황제가 임종(臨終) 때에 그의 아들인 유 선(劉禪)에게 경계하여 말하기를 ②"착한 일이 작다고 하여 이를 행하지 않으면 안 되고, ③악한 일이 작다고 하여 이를 행하여서는 안 된다."라고 하였다.

참고 **한**(漢) : 중국 고대의 나라 이름. 모두 여섯 한〔전(前)한·후(後)한·촉(蜀)한·성(成)한·북(北)한·남(南)한〕이 있었으나, 보통 전한(서기전 202~서기 8)과 후한을 말함.

소열(昭烈) : 중국 촉한(蜀漢)의 초대왕. 성은 유(劉), 이름은 비(備), 자는 현덕(玄德)이며, 소열은 시호임. 제갈공명(諸葛孔明), 관 우(關羽), 장 비(張飛)를 기용하여 조 조(曹操), 손 권(孫權)과 함께 천하를 셋으로 나누어 촉한을 건국했음.

①장 자 왈 ②일 일 불 념 선 ③제 악 개 자 기
〔3〕 莊子가 曰一日不念善이면 諸惡이 皆自起니라

〔해석〕 ①장자가 말하기를 ②"하루라도 착한 일을 생각하지 않으면 ③모든 악이 저절로 생긴다."라고 하였다.

참고 **장자**(莊子 ; 서기전 365~290) : 중국 전국(戰國) 시대의 사상가·도학자로, 이름은 주(周)이며, 송(宋)나라 사람. 만물일원설(萬物一元說)을 주장하였고, 인생은 전부가 천명(天命)이라는 숙명설

을 말하였음. 또, 죽음과 삶을 초월한 인생관을 가졌는데, 그와 그의 제자가 지었다는 〈장자(莊子)〉가 있음.

①태 공 왈 ②견 선 여 갈 ③문 악 여 롱 ④우 왈 ⑤선 사 수 탐 ⑥악 사 막 락

〔4〕 太公이 曰見善如渴하고 聞惡如聾하라 又曰善事란 須貪하고 惡事란 莫樂하라

〔해석〕 ①태공이 말하기를 ②"착한 일을 보면 목마른 사람이 물을 찾듯이 구해야 하고, ③악한 것을 들으면 귀머거리인 것처럼 하라."고 하였으며, ④또 말하기를 ⑤"착한 일이란 모름지기 탐내어야 하고, ⑥악한 일이란 즐겨하지 말라."고 하였다.

참고 태공(太公) : 중국 주(周)나라 초기의 정치가. 성은 강(姜), 이름은 상(尙). 문왕(文王)이 위수(渭水) 가를 지나다 만나 스승을 삼았다고 하며, 후에 제(齊)나라에 봉함을 받아 그 시조가 되었음.

①마 원 왈 ②종 신 행 선 선 유 부 족 ③일 일 행 악 악 자 유 여

〔5〕 馬援이 曰終身行善이라도 善猶不足이요 一日行惡이라도 惡自有餘니라

〔해석〕 ①마원이 말하기를 ②"한평생 착한 일을 행하여도 착한 것은 오히려 부족하고, ③하루 동안만 악한 일을 행하여도 악은 그대로 남는다."라고 하였다.

참고 마원(馬援 ; 서기전 11~서기 49) : 후한(後漢) 사람으로, 광무제(光武帝)를 도운 유명한 장군, 티벳 지방을 정벌한 것을 비롯하여, 여러 난을 다스렸음.

①사 마 온 공 왈 ②적 금 이 유 자 손 ③미 필 자 손 능 진 수 ④적 서 이 유 자 손 ⑤미 필 자 손 능 진 독 ⑥불 여 적 음 덕 어 명 명 지 중 ⑦이 위 자 손 지 계 야

〔6〕 司馬温公이 曰積金以遺子孫이라도 未必子孫이 能盡守요 積書以遺子孫이라도 未必子孫이 能盡讀이니 不如積陰德於冥冥之中하야 以爲子孫之計也니라

〔해석〕 ①사마 온공이 말하기를 ②"많은 돈을 자손에게 남겨 준다고 해도 ③자손이 그 돈을 능히 지킬 수 없고, ④많은 책을 자손에게 남겨 준다고 해도 ⑤자손이그 책을 능히 모두 읽지 못한다. ⑥그러므로 이러한 일은 음덕(陰德)을 어둡고 어두운 가운데 쌓아⑦ 자손을 위한 계교를 하는 것보다 못하다."라고 하였다.

참고 사마 온공(司馬温公 ; 1019~1086) : 중국 북송(北宋)의 정치가. 이름은 광(光), 자는 군실(君實), 시호는 문정공(文正公). 왕 안석(王安石)의 새로운 법에 반대한 그는 낙양에서 수사(修史)에 전념하였고, 철종 즉위 후에는 재상이 되어 구법을 부활시켰음. 저서에는 〈자치통감(自治通鑑)〉 등이 있음.

①경 행 록 운 ②은 의 광 시 ③인 생 하 처 불 상 봉 ④수 원 막 결 ⑤로 봉 협 처 난 회 피

〔7〕 景行録에 云恩義를 廣施하라 人生何處不相逢이랴 讐怨을 莫結하라 路逢狹處면 難回避니라

〔해석〕 ①경행록에 이르기를 ②"은혜와 의리를 널리 베풀라. ③살다 보면 어디서든지 서로 만나지 않으랴. ④원수와 원한을 맺지 말라. ⑤좁은 길에서 만나게 되면 피하기 어렵다."라고 하였다.

참고 **경행록**(景行錄) : 중국 송(宋)나라 때의 책이름. 떳떳하고 밝은 행위를 하라고 가르친 책임.

①장 자 왈②어 아 선 자 아 역 선 지 ③어 아 악 자 아 역 선 지
〔8〕 **莊子**가 **曰於我善者**도 **我亦善之**하고 **於我惡者**라도 **我亦善之**

④아 기 어 인 무 악 ⑤인 능 어 아 무 악 재
니라 **我既於人**에 **無惡**이면 **人能於我**에 **無惡哉**인저

〔해석〕 ①장자가 말하기를 ②"나에게 착하게 하는 사람에게는 나 또한 착하게 대하고, ③나에게 악하게 하는사람에게도 또한선하게 대하라. ④내가 먼저 남에게 악하게 함이 없으니 ⑤남도 능히 나에게 악하게 함이 없을 것이다."고 하였다.

①동 악 성 제 수 훈 왈②천 지 무 사 신 명 암 찰 ③불 위 향
〔9〕 **東岳聖帝垂訓**에 **曰天地**는 **無私**하며 **神明**은 **暗察**하여 **不爲享**

제 이 강 복 ④불 위 실 례 이 강 화 ⑤범 인 유 세 불 가 진
祭而降福하고 **不爲失禮而降禍**하나니 **凡人**은 **有勢**면 **不可盡**

의 ⑥유 복 불 가 진 용 ⑦빈 곤 불 가 진 기 ⑧차 삼 자 내
倚요 **有福**이면 **不可盡用**이오 **貧困**이면 **不可盡欺**니 **此三者**는**乃**

천 지 순 환 ⑨주 이 복 시 ⑩고 일 일 행 선 복 수 미 지
天地로 **循環**하여 **周而復始**라 **故**로 **一日行善**이면 **福雖未至**라도

화 자 원 의 ⑪일 일 행 악 화 수 미 지 복 자 원 의 ⑫행 선
禍自遠矣요 **一日行惡**이면 **禍雖未至**라도 **福自遠矣**니라 **行善**

지 인 여 춘 원 지 초 ⑬불 견 기 장 일 유 소 증 ⑭행 악 지
之人은 **如春園之草**하여 **不見其長**이나 **日有所增**하고 **行惡之**

인 여 마 도 지 석 ⑮불 견 기 손 일 유 소 휴 ⑯손 인 안
人은 **如磨刀之石**하여 **不見其損**이나 **日有所虧**하나니 **損人**은 **安**

기 절 의 계 지
己切宜戒之니라

〔해석〕 ①동악성제 수훈에 말하기를 ②"천지는 사사로움이 없으며 신명은 몰래 살피어서, ③제사를 지내지 아니하여도 복을 내릴 것엔 복을 내리고 ④예의에 벗어나지 아니 하여도 화를 내릴 것엔 화를 내리나니, ⑤무릇 사람은 기세가 있으면 기세가 다하도록 맡길 수 없고, ⑥복이 있으면 복이 다하도록 쓸 수 없고 ⑦빈곤하면 빈곤이 다하도록 속일 수 없나니, ⑧이 셋은 곧 천지로 순환하여 ⑨돌아서 다시 처음으로 돌아간다.

⑩그러므로 하루 동안에 착한 일을 행하면 비록 복은 곧 따르지 않으나 화는 저절로 멀어지게 된다. ⑪하루 동안에 악한 일을 행하면 화는 비록 따르지 않으나 복은 저절로 멀어지게 된다. ⑫선을 행하는 사람은 봄 동산의 풀과 같아서 ⑬그 풀의 자라남은 보이지 않으나 날로 더하는 바가 있고 ⑭악을 행하는 사람은 칼을 가는 숫돌과 같아서 ⑮그 돌의 덜림은 보이지 않으나 날로 이지러지나니 ⑯칼을 가는 숫돌과 같은 사람은

자신을 안정시키고 간절히 의당 이를 경계할 것이다."라고 하였다.

참고 **동악성제**(東岳聖帝) : 옥황 상제를 대신하여 사람의 혼과 생명을 다스리는 신이라고 하며, 동악묘에 주신(主神)으로 모셔짐.

①자 왈 ②견 선 여 불 급 ③견 불 선 여 탐 탕
〔10〕 子가 曰見善如不及하고 見不善如探湯하라

〔해석〕 ①공자가 말하기를 ②"착한 일을 보거든 아직도 부족한 것과 같이 하고, ③악한 일을 보거든 끓는 물을 만지는 것과 같이 하라."고 하였다.

二. 천명편 (天命篇)

◈하느님에게서 받은 운명에 관한 글로, 곧 하늘에 순종하는 길.

①자 왈 ②순 천 자 존 ③역 천 자 망
〔1〕 子가 曰順天者는 存하고 逆天者는 亡이니라

〔해석〕 ①공자가 말하기를 ②"하늘의 뜻에 따르는 사람은 살아 남고, ③하늘의 뜻에 거역하는 사람은 망한다."고 하였다.

①강 절 소 선 생 ②왈 천 청 적 무 음 ③창 창 하 처 심 ④비 고 역
〔2〕 康節邵先生이 曰天聽이 寂無音하니 蒼蒼何處尋고 非高亦
비 원 ⑤도 지 재 인 심
非遠이라 都只在人心이니라

〔해석〕 ①강절 소선생이 말하기를 ②"하늘은 고요하여 소리가 없으니 ③앞길이 멀고 아득한데 어느 곳에서 하느님의 들으심을 확인하겠는가. ④이것은 높지도 않고 멀지도 않은 곳이며, ⑤이 모두가 다만 사람의 마음 속에 있는 것이다."라고 하였다.

참고 **소 강절**(邵康節) : 중국 송(宋)나라 때의 유학자로, 이름은 옹(雍), 자는 요부(堯夫), 강절은 시호임. 도학(道學)을 배웠고, 수리학설(數理學說)을 세움.

①현 제 수 훈 왈 ②인 간 사 어 천 청 약 뢰 ③암 실 기 심
〔3〕 玄帝垂訓에 曰人間私語라도 天聽은 若雷하고 暗室欺心이라도
신 목 여 전
神目은 如電이니라

〔해석〕 ①현제가 후세에게 훈계하여 이르기를 ②"사람의 사사로운 말일지라도 하늘의 들으심은 우뢰와 같고, ③어두운 방에서 마음을 속일지라도 귀신의 눈에는 번개와도 같다."라고 하였다.

참고 **현제**(玄帝) : 도가(道家)에서 받들어 모시는 신.

①익 지 서 운 ②악 관 약 만 ③천 필 주 지
〔4〕 益智書에 云惡鑵이 若滿이면 天必誅之니라

〔해석〕 ①익지서에 이르기를 ②"만일, 악한 마음이 가득 차면 ③하늘이 반드시 천벌을 내릴 것이다."라고 하였다.

참고 익지서(益智書) : 중국 송(宋)나라 때에 만들어진 교양에 관한 책.

〔5〕 ①장자 왈 ②약인 작불선 득현명자 ③인수불해 천필 육지
莊子가 曰若人이 作不善하야 得顯名者는 人雖不害나 天必戮之니라

〔해석〕 ①장자가 말하기를 ②"만일, 사람이 착하지 못한 일을 해서 그 이름을 세상에 알린다면 ③다른 사람이 비록 그를 해치지 못한다 해도 하늘이 반드시 그를 죽일 것이다." 라고 하였다.

〔6〕 ①종과득과 ②종두득두 ③천망 회회 ④소이불루
種瓜得瓜요 種豆得豆니 天網이 恢恢하야 疏而不漏니라

〔해석〕 ①오이씨를 심으면 오이가 나고, ②콩을 심으면 콩이 난다. ③하늘의 그물은 매우 넓어서 ④그 그물 눈은 성기지만 빠뜨리지는 않는다.

〔7〕 ①자 왈 ②획죄어천 ③무소도야
子가 曰獲罪於天이면 無所禱也이니라

〔해석〕 ①공자가 말하기를 ②"나쁜 일을 하여 하늘로부터 죄를 얻으면 ③잘못을 빌 곳이 없다." 라고 하였다.

三. 순명편(順命篇) ◈ 천명(天命)에 순종(順從)하라는 글.

〔1〕 ①자 왈 ②사생 유명 ③부귀재천
子가 曰死生은 有命이요 富貴在天이니라

〔해석〕 ①공자가 말하기를 ②"죽고 사는 것은 명에 달려 있고, ③부귀(富貴)는 하늘의 뜻에 달렸다." 라고 하였다.

〔2〕 ①만사분이정 ②부생 공자망
萬事分已定이어늘 浮生이 空自忙이니라

〔해석〕 ①세상의 모든 일은 이미 그 분수가 정해져 있는데, ②세상 사람들은 부질없이 스스로 바쁘게 움직인다.

〔3〕 ①경행록 운 ②화불가행면 ③복불가재구
景行錄에 云禍不可倖免이요 福不可再求니라

〔해석〕 ①경행록에 이르기를 ②"화(禍)는 가히 요행으로는 면하지 못하고, ③복(福)은 가히 두번 다시 얻지 못한다." 라고 하였다.

〔4〕 ①시래풍송등왕각 ②운퇴뇌굉천복비
時來風送滕王閣이요 運退雷轟薦福碑라

〔해석〕 ①때가 오면(운이 따르면) 바람이 일어 등왕각으로 보내어 주고, ②운이 따르지 않으면 천복비에도 벼락이 떨어진다.

참고 **등왕각**(滕王閣) : 중국 강서성(江西省) 남창부(南昌府), 신건현(新建縣)에 있는 누각.

천복비(薦福碑) : 중국 강서성 천복사(薦福寺)에 있던 비로, 원(元)나라 때 마 치원(馬致遠)이 세웠다 함.

①열 자 왈 ②치 롱 고 아 가 호 부 ③지 혜 총 명 각 수 빈 ④연 월

〔5〕 列子가 曰痴聾痼瘂도 家豪富요 智慧聰明도 却受貧이라 年月

일 시 해 재 정 ⑤산 래 유 명 불 유 인

日時가 該載定하니 算來由命不由人이니라

〔해석〕 ①열자가 말하기를 ②"어리석고 귀먹고 고질이 있고 벙어리인데도 집은 큰 부자요, ③지혜롭고 총명해도 도리어 가난하다. ④운수는 해와 달과 날과 시로써 분명히 정해져 있으니, ⑤따지고 보면 부귀와 가난함은 사람의 뜻에 달린 것이 아니라 하늘의 뜻에 달린 것이다."라고 하였다.

참고 **열자**(列子) : 중국 전국(戰國) 시대 초기 노(魯)나라 〈또는 정(鄭)나라〉의 철학자로 이름은 어구(禦寇). 사상적으로는 도가(道家)에 속하며, 그의 사상을 엮은 책으로서 〈열자(列子)〉가 있음.

四. 효행편(孝行篇) ◈ 부모에게 효도를 행하는데 관한 글.

①시 왈 ②부 혜 생 아 모 혜 국 아 ③애 애 부 모 생 아 구 로

〔1〕 詩曰父兮生我하시고 母兮鞠我하시니 哀哀父母여 生我劬勞셨다

④욕 보 심 은 호 천 망 극

欲報深恩인데 昊天罔極이로다

〔해석〕 ①시전에 이르기를 ②"아버지가 나를 낳으시고 어머니는 나를 기르시니, ③아아 슬프고 슬프도다, 부모님이시여. 나를 낳아 기르시느라 애쓰고 수고하셨도다. ④그 깊은 은혜를 갚고자 하나, 그 은혜는 하늘과 같이 다함이 없도다." 라고 하였다.

참고 **시경**(詩經) : 오경(五經)의 하나. 공자(孔子)가 편찬했다고 함. 은대(殷代)부터 춘추(春秋) 시대까지의 시 311편 〔그 중 6편은 사(詞)가 없음〕으로, 크게 국풍(國風), 아(雅), 송(頌)의 셋으로 나누었음. 윗 글에서 쓰인 시(詩)는 엄밀히는 시전(詩傳)임. 시전은 시경을 해설한 것임.

①자 왈 ②효 자 지 사 친 야 ③거 즉 치 기 경 ④양 즉 치 기 락 ⑤병

〔2〕 子가 曰孝子之事親也에 居則致其敬하고 養則致其樂하고 病

즉 치 기 우 ⑥상 즉 치 기 애 ⑦제 즉 치 기 엄

則致其憂하고 喪則致其哀하고 祭則致其嚴이니라

〔해석〕 ①공자가 말하기를 ②"효자가 어버이를 섬기는 것은 ③그 기거하심에 공경을 다하고, ④봉양함에는 즐거움을 다하고, ⑤병에 걸리셨을 때에는 그 근심을 다하고, ⑥돌아가신 때에는 슬픔을 다하고, ⑦제사 때에는 엄숙함을 다하는 것이다." 라고 하였다.

①자 왈 ②부 모 재 불 원 유 ③유 필 유 방

〔3〕 子가 曰父母가 在는 不遠遊하며 遊必有方이니라

〔해석〕 ① 공자가 말하기를 ② "부모가 살아 계실 때에는 멀리 여행하지 말고, ③ 여행을 할 때에는 반드시 그 행방을 알려야 한다."라고 하였다.

①자 왈 ②부 명소 유이불락 ③식재구즉토지

〔4〕 子가 曰父가 命召는 唯而不諾하고 食在口則吐之니라

〔해석〕 ① 공자가 말하기를 ② "아버지께서 부르시면 속히 대답하여 머뭇거리지 말며, ③ 입안에 음식이 있거든 곧 뱉고 대답하여라."고 하였다.

①태공 왈 ②효어친 자역효지 ③신기불효 자하효언

〔5〕 太公이 曰孝於親이면 子亦孝之하나니 身既不孝면 子何孝焉이리요

〔해석〕 ① 태공이 말하기를 ② "내가 어버이에게 효도하면 내 자식 역시 나에게 효도한다. ③ 내가 어버이에게 효도하지 않는다면 내 자식이 어찌 나에게 효도할 것인가."라고 하였다.

①효순 환생효순자 ②오역 환생오역자 ③불신 단 간첨두수 ④점점적적불차이

〔6〕 孝順은 還生孝順子요 忤逆은 還生忤逆子하나니 不信커든 但看簷頭水하라 點點滴滴不差移니라

〔해석〕 ① 효도하며 순한 사람은 또한 효도하는 순한 자식을 낳을 것이며, ② 오역(忤逆 : 배반하여 謀逆함)한 사람은 오역한 자식을 낳을 것이다. ③ 이것을 믿지 못하겠거든 저 처마 끝의 낙수를 보라. ④ 방울방울 떨어져 내리는 것이 어김이 없도다.

참고 **오역**(忤逆) : 불교적 입장에서 본다면, ① 아버지를 죽이는 것. ② 어머니를 죽이는 것. ③ 아라한(阿羅漢)을 죽이는 것. ④ 승단(僧團)의 화합을 깨뜨리는 것. ⑤ 불신(佛身)을 해쳐 피가 나게 하는 것이며, 유교적 입장에서 본다면, ① 왕을 죽이는 것. ② 아버지를 죽이는 것. ③ 어머니를 죽이는 것. ④ 할아버지를 죽이는 것. ⑤ 할머니를 죽이는 것임.

五. 정기편 (正己篇) ◈ 자기 자신을 바르게 하는 올바른 성품과 하늘 이치

①성리서 운②견인지선이심기지선 ③견인지악이심기지악 ④여차 방시유익

〔1〕 性理書에 云見人之善而尋己之善하고 見人之惡而尋己之惡이니 如此면 方是有益이니라

〔해석〕 ① 성리서에 이르기를 ② "다른 사람의 착한 것을 보고 나의 착한 것을 찾고, ③ 다른 사람의 악한 것을 보고 나의 악한 것을 찾을 것이니, ④ 이와 같이 하면 바야흐로 유익함이 있을 것이다."라고 하였다.

참고 **성리서**(性理書) : 중국 송(宋)나라 때 유학(儒學)의 한 계통인 성리학에 관한 책. 성리학은 성명(性命)과 이기(理氣)의 관계를 논한 유교 철학인데, 북송(北宋)의 주돈이(周敦頤)가 비롯하여 주자〔朱子 ; 주희(朱熹)를 높인 말〕에 이르러 융성했음.

①경 행 록　운 ②대 장 부　당 용 인　③무 위 인 소 용
〔2〕 景行錄에 云大丈夫가 當容人이언정 無爲人所容이니라

〔해석〕 ①경행록에 이르기를 ②"대장부는 마땅히 남을 용서는 할지언정 ③다른 사람으로부터 용서받는 사람이 되어서는 안된다."라고 하였다.

①태 공 왈 ②물 이 귀 기 이 천 인　③물 이 자 대 이 멸 소　④물 이 시
〔3〕 太公曰勿以貴己而賤人하고 勿以自大而蔑小하고 勿以恃
용 이 경 적
勇而輕敵이니라

〔해석〕 ①태공이 말하기를 ②"내 몸이 귀하다고 하여 다른 사람을 천하게 여기지 말며, ③자기 자신이 크다고 하여 다른 사람의 작음을 업신여기지 말며, ④자신의 용맹(勇猛)을 믿고 적을 가볍게 여기지 말라." 고 하였다.

①마 원　왈 ②문 인 지 과 실　여 문 부 모 지 명　③이 가 득 문
〔4〕 馬援이 曰聞人之過失이어든 如聞父母之名하여 耳可得聞이언정
구 불 가 언 야
口不可言也니라

〔해석〕 ①마원이 말하기를 ②"다른 사람의 허물을 듣거든 부모의 이름을 들은 것과 같이 하여, ③귀로 듣더라도 입으로는 말하지 말라." 고 하였다.

①강 절 소 선 생　왈 ②문 인 지 방　미 상 노　③문 인 지 예　미
〔5〕 康節邵先生이 曰聞人之謗이라도 未嘗怒하며 聞人之譽라도 未
상 희　④문 인 지 악　미 상 화　⑤문 인 지 선 즉 취 이 화 지
嘗喜하며 聞人之惡이라도 未嘗和하며 聞人之善則就而和之하고
⑥우 종 이 희 지　⑦기 시　왈 ⑧낙 견 선 인　⑨낙 문 선 사　⑩낙 도
又從而喜之니라 其詩에 曰樂見善人하며 樂聞善事하며 樂道
선 언　⑪낙 행 선 의　⑫문 인 지 악　여 부 망 자　⑬문 인 지
善言하고 樂行善意하고 聞人之惡이어던 如負芒刺하고 聞人之
선　여 패 란 혜
善이어든 如佩蘭蕙니라

〔해석〕 ①강절 소선생이 말하기를 ②"다른 사람으로부터 비웃음을 받더라도 화내지 말며, ③다른 사람으로부터 칭찬을 듣더라도 기뻐하지 말라. ④다른 사람의 악한 말을 듣더라도 이에 바로 동조하지 말고, ⑤다른 사람의 착한 말을 듣거든 곧 나아가 이를 정겹게 대하며, ⑥또 그를 따르며 기뻐하라." 고 하였다.

⑦그의 시에 따르면,

⑧"착한 사람 보기를 즐겨하며, ⑨착한 일 듣기를 즐겨하며, ⑩착한 말 전하기를 즐겨하며, ⑪착한 뜻 행하기를 즐겨하라. ⑫다른 사람의 악한 것을 듣거든 가시가 몸에 붙은 것과 같이하고 ⑬다른 사람의 착한 것을 듣거든 난초를 몸에 지닌 것과 같이 하라." 고 하였다.

①도 오 선 자　시 오 적　②도 오 악 자　시 오 사

〔6〕 道吾善者는 是吾賊이요 道吾惡者는 是吾師이니라

〔해석〕 ① 나보고 착하다고 말하는 사람은 곧 내게 해로운 사람이요, ② 나의 좋지 못한 점을 깨우쳐 주는 사람은 곧 나의 스승이다.

①태 공　왈②근 위 무 가 지 보　③신 시 호 신 지 부

〔7〕 太公이 曰勤爲無價之寶요 愼是護身之符니라

〔해석〕 ① 태공이 말하기를 ② "부지런함은 값으로 따질 수 없는 보배이며, ③ 신중함은 몸을 지키는 부적이다." 라고 하였다.

참고 **부적**(符籍) : 불교나 도교(道敎)를 믿는 집에서 악귀나 잡신을 쫓고 재액을 물리치기 위하여 야릇한 글자를 붉은 글씨로 그리어 붙이는 종이.

①경 행 록　운②보 생 자　과 욕　③보 신 자　피 명　④무 욕　이

〔8〕 景行錄에 云保生者는 寡慾하고 保身者는 避名이니 無慾은 易나

⑤무 명　난

無名은 難이니라

〔해석〕 ① 경행록에 이르기를 ② "삶을 보존하려는 사람은 욕심을 적게 하고, ③ 몸을 보존하려는 사람은 그 이름이 세상에 널리 퍼지는 것을 피하는 법이니, ④ 욕심을 없애기는 쉬우나 ⑤ 이름 내려는 마음을 없애기는 어렵다." 라고 하였다.

①자　왈②군 자　유 삼 계　③소 지 시　혈 기 미 정　계 지 재 색

〔9〕 子가 曰君子가 有三戒하니 小之時엔 血氣未定이라 戒之在色

④급 기 장 야　혈 기 방 강　계 지 재 투　⑤급 기 로 야

하고 及其壯也하야 血氣方剛이라 戒之在鬪하고 及其老也하야

혈 기 기 쇠　계 지 재 득

血氣旣衰라 戒之在得이니라

〔해석〕 ① 공자가 말하기를 ② "군자는 세 가지 경계할 것이 있다. ③ 즉, 젊을 때는 혈기가 정해져 있지 않으므로 여색(女色)을 경계하고, ④ 장성함에 따라 혈기 또한 왕성하므로 싸움을 경계하며, ⑤ 늙음에 따라 혈기도 쇠약해지므로 탐하여 얻고자 하는 것을 경계해야 한다." 라고 하였다.

①손 진 인 양 생 명　운②노 심 편 상 기　③사 다 태 손 신　④신 피 심

〔10〕 孫眞人養生銘에 云怒甚偏傷氣요 思多太損神이라 神疲心

이 역　⑤기 약 병 상 인　⑥물 사 비 환 극　⑦당 령 음 식 균　⑧재

易役이요 氣弱病相因이라 勿使悲歡極하고 當令飮食均하며 再

삼 방 야 취　⑨제 일 계 신 진

三防夜醉하고 第一戒晨嗔하라

〔해석〕 ① 손진인의 양생명에 이르기를 ② "성내는 것이 심하면 기운은 한쪽으로 편벽되어 상하며 ③ 생각을 자주 많이 하면 정신이 크게 상한다. ④ 정신이 피곤하면 마음이 쉽게 고달파지고, ⑤ 기운이 약하면 그에 따라서 병이 생긴다. ⑥ 슬픔과 기쁨을 지나치

게 하지 말고, ⑦음식은 마땅히 골고루 섭취할 것이며, ⑧밤에 술 취하는 것을 거듭 삼가고, ⑨새벽에 화내는 것을 제일 경계하라." 고 하였다.

참고 손진인(孫眞人) : 도가(道家)에 속하는 사람.
양생명(養生銘) : 몸과 마음을 건강하게 하여 오래 살기를 꾀한 계명.

①경 행 록 운 ②식 담 정 신 상 ③심 청 몽 매 안
〔11〕 景行錄에 云食淡精神爽이요 心淸夢寐安이니라

〔해석〕 ①경행록에 이르기를 ②"음식이 깨끗하면 마음이 맑아지고, ③마음이 맑으면 잠을 편히 잘 수 있다." 라고 하였다.

①정 심 응 물 ②수 부 독 서 ③가 이 위 유 덕 군 자
〔12〕 定心應物하면 雖不讀書라도 可以爲有德君子니라

〔해석〕 ①마음가짐을 바로하여 사물을 대한다면, ②비록 공부를 하지 않았더라도 ③능히 덕 있는 군자가 될 수 있다.

①근 사 록 운 ②징 분 여 구 화 ③질 욕 여 방 수
〔13〕 近思錄에 云懲忿을 如救火하고 窒慾을 如防水하라

〔해석〕 ①근사록에 이르기를 ②"분함을 제압하기를 불을 끄듯이 하고, ③욕심을 누르기를 물을 막듯이 하라." 고 하였다.

참고 근사록(近思錄) : 중국 송(宋)나라 때 주자(朱子)와 그의 제자인 여 조겸(呂祖謙)이 함께 지은 책. 주 무숙(周茂叔), 정 명도(程明道), 정 이천(程伊川), 장 재(張載)들의 책 속에서 일상 수양에 필요한 622 조목을 추려 내어 14부로 나눈 14권의 책임.

①이 견 지 운 ②피 색 여 피 수 ③피 풍 여 피 전 ④막 끽 공 심
〔14〕 夷堅志에 云避色을 如避讐하고 避風을 如避箭하며 莫喫空心
다 ⑤소 식 중 야 반
茶하고 少食中夜飯하라

〔해석〕 ①이견지에 이르기를 ②"여색(女色) 피하기를 원수를 피하는 것과 같이 하고, ③바람기 피하기를 화살을 피하는 것과 같이 하며, ④빈 속에 차를 마시지 말며, ⑤한밤중에는 밥을 적게 먹어라." 고 하였다.

참고 이견지(夷堅志) : 중국 송대(宋代)의 사람인 홍 매(洪邁 ; 1123~1202)가 엮은 설화집(說話集). 송나라 초기부터 그가 살아 있을 당시까지의 민간(民間)의 이상한 일이나 이야기를 모은 책으로 모두 420 권인데, 약 절반만이 전함.

①순 자 왈 ②무 용 지 변 불 급 지 찰 ③기 이 물 치
〔15〕 荀子가 曰無用之辯과 不急之察을 棄而勿治하라

〔해석〕 ①순자가 말하기를 ②"쓸데 없는 말과 급하지 않은 일은 ③버리고 다스리지 말라." 고 하였다.

참고 순자(荀子 ; 서기전 240~345) : 중국 전국(戰國) 시대의 유학자로 이름은 황(況). 예의를 강조한 공자(孔子)의 제자인 자하(子夏)의 학파에 속하는 사람으로, 맹자(孟子)는 성선설(性善說)을 주장한 데 반하여 그는 성악설(性惡說)을 주장하였음. 순황(荀況), 순경(荀卿), 손경(孫卿)으로도 불리며, 저서에 〈순자(荀子)〉가 있음.

①자 왈②중 호지 필찰언 ③중 오지 필찰언
〔16〕 子가 曰衆이 好之라도 必察焉하며 衆이 惡之라도 必察焉이니라

〔해석〕 ①공자가 말하기를 ②"모든 사람이 좋아하더라도 반드시 살펴야 하며, ③모든 사람이 미워하더라도 반드시 살펴야 한다."라고 하였다.

①주 중 불 어 진 군 자 ②재 상 분 명 대 장 부
〔17〕 酒中不語는 眞君子요 財上分明은 大丈夫니라

〔해석〕 ①술취한 가운데도 말이 많지 않음은 참다운 군자요, ②재물에 대해 분명한 사람은 대장부이다.

①만 사 종 관 ②기 복 자 후
〔18〕 萬事從寬이면 其福自厚니라

〔해석〕 ①모든 일에 너그러움을 좇으면(베풀면) ②그 복(福)이 저절로 두터워진다.

①태 공 왈②욕 량 타 인 선 수 자 량 ③상 인 지 어 환 시 자 상
〔19〕 太公이 曰欲量他人일진대 先須自量하라 傷人之語는 還是自傷

④함 혈 분 인 선 오 기 구
이니 含血噴人이면 先汚其口니라

〔해석〕 ①태공이 말하기를 ②"다른 사람을 알려고 하거든 먼저 모름지기 자기 자신을 헤아려 보라. ③다른 사람을 해치는 말은 도리어 자기 자신을 해치는 것이며, ④피를 머금어 다른 사람에게 뿜으면 먼저 자기 자신의 입이 더러워진다."고 하였다.

①범 희 무 익 ②유 근 유 공
〔20〕 凡戲는 無益이오 惟勤이 有功이니라

〔해석〕 ①무릇 모든 유희(놀이·희롱)는 이로울 것이 없고, ②오직 부지런한 것만이 보람이 있다.

①태 공 왈②과 전 불 납 리 ③이 하 부 정 관
〔21〕 太公이 曰瓜田에 不納履하고 李下에 不正冠이니라

〔해석〕 ①태공이 말하기를 ②"다른 사람의 외밭에서는 신발을 고쳐 신지 말고, ③다른 사람의 오얏나무 아래에서는 갓을 고쳐 쓰지 말라."고 하였다.

①경 행 록 운②심 가 일 형 불 가 불 로 ③도 가 락 심 불 가
〔22〕 景行錄에 云心可逸이언정 形不可不勞요 道可樂이언정 心不可

불 우 ④형 불 로 즉 태 타 이 폐 ⑤심 불 우 즉 황 음 부 정 ⑥고 일
不憂니 形不勞則怠惰易弊하고 心不憂則荒淫不定故로 逸

생 어 로 이 상 휴 ⑦낙 생 어 우 이 무 염 ⑧일 락 자 ⑨우 로
生於勞而常休하고 樂生於憂而無厭하나니 逸樂者는 憂勞를

기 가 망 호
豈可忘乎아

〔해석〕 ①경행록에 이르기를 ②"마음은 편할 수 있을지언정 몸은 일을 하지 않으면 안되고, ③도(道)는 즐길 수 있을지언정 마음은 근심을 염두에 두지 않으면 안된다. ④몸은 일하지 않으면 게을러져서 허물어지기가 쉽고, ⑤마음은 우환을 생각하지 않으면 방탕에 빠져서 행동을 정하지 못한다. ⑥그러므로, 편안함은 수고롭게 일하는 데서 생기어 항상 기쁠 수 있고, ⑦즐거움은 근심하는 데에서 생겨 싫음이 없으니, ⑧편안하고 즐거운 사람이 ⑨어찌 근심과 수고로움을 잊을 수 있겠는가." 라고 하였다.

①이 불 문 인 지 비 ②목 불 시 인 지 단 ③구 불 언 인 지 과 ④서 기 군 자

〔23〕 耳不聞人之非하고 目不視人之短하고 口不言人之過라야 庶幾君子이니라

〔해석〕 ①귀로는 다른 사람의 그릇됨을 듣지 말고, ②눈으로는 다른 사람의 단점을 보지 말며, ③입으로는 다른 사람의 허물을 말하지 않아야만 ④군자에 가깝다.

①채 백 개 왈 ②희 노 재 심 ③언 출 어 구 ④불 가 불 신

〔24〕 蔡伯喈가 曰喜怒는 在心하고 言出於口하나니 不可不愼이니라

〔해석〕 ①채 백개가 말하기를 ②"기쁨과 노여움은 마음 속에 있고, ③말이란 것은 입 밖으로 나가는 것이므로 ④이를 삼가지 않을 수 없다." 라고 하였다.

참고 **채 백개**(蔡伯喈) : 중국 후한(後漢) 때의 사람으로, 이름은 옹(邕), 백개는 자임. 시(詩)에 능했으며, 〈채중랑전집(蔡中郎全集)〉을 지음.

①재 여 주 침 자 왈 ②후 목 불 가 조 야 ③분 토 지 장 불 가 오 야

〔25〕 宰予가 晝寢이어늘 子가 曰朽木은 不可雕也요 糞土之墻은 不可圬也니라

〔해석〕 ①재여가 낮잠을 자고 있는 것을 보고 공자가 말하기를 ②"썩은 나무로는 다듬어 조각할 수 없고, ③썩은 흙담은 흙손질을 할 수 없다." 고 하였다.

참고 **재여**(宰予) : 중국 춘추(春秋) 시대 노(魯)나라 사람으로, 공자(孔子)의 제자. 말솜씨가 뛰어났음.

①자 허 원 군 성 유 심 문 왈 ②복 생 어 청 검 ③덕 생 어 비 퇴 ④도 생 어 안 정 ⑤명 생 어 화 창 ⑥우 생 어 다 욕 ⑦화 생 어 다 탐 ⑧과 생 어 경 만 ⑨죄 생 어 불 인 ⑩계 안 막 간 타 비 ⑪계 구 막 담 타 단 ⑫계 심 막 자 탐 진 ⑬계 신 막 수 악 반 ⑭무 익 지 언 막 망 설 ⑮불 간 기 사 막 망 위 ⑯존 군 왕 효 부 모

〔26〕 紫虛元君誠諭心文에 曰福生於淸儉하고 德生於卑退하고 道生於安靜하고 命生於和暢하고 憂生於多慾하고 禍生於多貪하고 過生於輕慢하고 罪生於不仁이니 戒眼莫看他非하고 戒口莫談他短하고 戒心莫自貪嗔하고 戒身莫隨惡伴하고 無益之言을 莫妄說하고 不干己事를 莫妄爲하고 尊君王孝父母하고

⑰경 존 장 봉 유 덕　⑱별 현 우 서 무 식　⑲물 순 내 이 물 거　⑳물
敬尊長奉有德하고 **別賢愚恕無識**하고 **物順來而勿拒**하며 **物**

기 거 이 물 추　㉑신 미 우 이 물 망　㉒사 이 과 이 물 사　㉓총 명
既去而勿追하고 **身未遇而勿望**하며 **事已過而勿思**하라 **聰明**도

다 암 매　㉔산 계　실 편 의　㉕손 인 종 자 실　㉖의 세 화 상 수
多暗昧요 **算計**도 **失便宜**니라 **損人終自失**이오 **依勢禍相隨**라

㉗계 지 재 심　수 지 재 기　㉘위 부 절 이 망 가　㉙인 불 렴 이 실
戒之在心하고 **守之在氣**라 **爲不節而亡家**하고 **因不廉而失**

위　㉚권 군 자 경 어 평 생　㉛가 탄 가 경 이 가 사　㉜상 임 지
位니라 **勸君自警於平生**하나니 **可歎可警而可思**니라 **上臨之**

이 천 감　㉝하 찰 지 이 지 지　㉞명 유 삼 법 상 계　㉟암 유 귀 신
以天鑑하고 **下察之以地祇**라 **明有三法相繼**하고 **暗有鬼神**

상 수　㊱유 정 가 수　심 불 가 기　㊲계 지 계 지
相隨라 **惟正可守**요 **心不可欺**니 **戒之戒之**하라

〔해석〕 ①자허원군의 성유심문에 이르기를 ②"복(福)은 청렴하고 검소한 데서 생기고, ③덕(德)은 자신을 낮춰 겸손한 데서 생기고, ④도(道)는 편안하고 고요한 데서 생기고, ⑤생명(生命)은 화창한 데서 생기고, ⑥근심은 욕심이 많은 데서 생기고 ⑦재앙은 탐욕이 많은 데서 생기고, ⑧허물은 경솔하며 교만한 데서 생기고, ⑨죄악은 어질지 못한 데서 생긴다. ⑩눈을 경계하여 다른 사람의 그릇됨을 보지 말고, ⑪입을 경계하여 다른 사람의 단점을 말하지 말고, ⑫마음을 경계하여 탐내거나 화내지 말고, ⑬몸을 경계하여 나쁜 친구를 사귀지 말라. ⑭유익하지 않은 말은 함부로 하지 말고, ⑮나에게 관계 없는 일은 함부로 하지 말라. ⑯임금을 높여 받들고, 부모에게는 효도하며, ⑰웃어른을 삼가 존경하고 덕 있는 사람을 우러러 받들며, ⑱어진 사람과 어리석은 사람을 분별하고 무식한 사람을 꾸짖지 말고 용서하라. ⑲세상 일을 순리대로 좇아 물리치지 말며, ⑳이미 지나갔거든 좇지 말고, ㉑몸이 불우하게 되었어도 잘 되기를 바라지 말며, ㉒일이 이미 지나갔거든 이를 생각하지 말라. ㉓총명한 사람도 때로는 그 생각이 어리석을 수도 있고, ㉔계획을 치밀하게 세웠어도 편의(便宜)를 잃는 수가 있다. ㉕다른 사람에게 손해를 끼치면 자기 자신도 마침내는 손해를 볼 것이며, ㉖세력을 믿고 그에 의존하면 재앙이 따른다. ㉗경계하는 것은 마음 속에 있고 지키는 것은 의기에 있다. ㉘절약하지 않음으로써 집을 망하게 하고, ㉙청렴하지 않으면 지위를 잃게 된다. ㉚그대에게 평생을 두고 스스로 경계할 것을 권하건데, ㉛가히 놀랍게 여겨 잘 새겨 두도록 하라. ㉜위에는 하늘이 굽어봄이 있고, ㉝아래에는 땅의 신령이 살피고 있다. ㉞밝은 곳에는 삼법(三法)이라는 것이 있어 서로 계승하며, ㉟어두운 곳에는 귀신이 있어 서로 따른다. ㊱오직 바른 것을 지키고 마음을 속이지 말 것이니, ㊲이를 경계하고 경계하라." 고 하였다.

참고 **자허원군**(紫虛元君) : 도가(道家)에서 받들어 모시는 신. '자허'란 '하늘'을 뜻하는데, 햇빛을 받은 하늘은 자주빛을 띤다고 하여 '자허'라고 함.

성유심문(誠諭心文) : 진심으로 가르치는 글.

삼법(三法) : 경(輕), 중(中), 중(重)의 세가지 율법.

六. 안분편 (安分篇) ◈ 편안한 마음으로 제 분수를 지키라는 글.

①경행록 운②지족가락 ③무탐즉우
〔1〕 景行録에 云知足可樂이오 務貪則憂니라

〔해석〕 ①경행록에 이르기를 ②"만족함을 알면 가히 즐거울 것이요, ③탐내는 것이 많으면 곧 근심이 따른다."고 하였다.

①지족자 빈천역락 ②부지족자 부귀역우
〔2〕 知足者는 貧賤亦樂이오 不知足者는 富貴亦憂니라

〔해석〕 ①만족한 줄 아는 사람은 가난하고 천하여도 또한 즐거우며, ②만족한 줄 모르는 사람은 부(富)하고 귀하여도 또한 근심한다.

①람상 도상신 ②망동 반치화
〔3〕 濫想은 徒傷神이오 妄動은 反致禍니라

〔해석〕 ①분수에 넘치는 생각은 헛되이 정신을 상하게 할 뿐이며, ②허망된 행동은 오히려 화를 부른다.

①지족상족 종신불욕 ②지지상지 종신무치
〔4〕 知足常足이면 終身不辱하고 知止常止면 終身無恥니라

〔해석〕 ①만족할 줄을 알고 항상 넉넉해 한다면 일생 동안 욕되지 않으며, ②충족함을 알고 항상 충족하게 생각한다면 일생 동안 부끄러움이 없을 것이다.

①서 왈②만초손 ③겸수익
〔5〕 書에 曰滿招損하고 謙受益이니라.

〔해석〕 ①서경에 이르기를 ②교만하면 손해를 볼 것이고, ③겸손하면 이익을 얻는다."라고 하였다.

참고 **서경**(書經) : 삼경 또는 오경(五經)의 하나. 중국 요순(堯舜) 때로부터 주(周)나라 때까지 4대의 나랏일에 관한 문서를 공자(孔子)가 수집하여 펴낸 책. 후에 송(宋)나라의 채 침(蔡沈)이 해설한 것을 서전(書傳)이라 함. 현재 전하는 것은 모두 20권 58편임.

삼경(三經) : 〈시경(詩經)〉·〈서경(書經)〉·〈주역(周易)〉의 세 책을 통틀어 일컫는 것.

오경(五經) : 유학(儒學)에서 성인(聖人)의 저술로 존중되는 다섯 가지 경서. 즉 〈서경(書經)〉·〈시경(詩經)〉·〈주역(周易)〉·〈예기(禮記)〉·〈춘추(春秋)〉.

①안분음 왈②안분신무욕 ③지기심자한 ④수거인세상
〔6〕 安分吟에 曰安分身無辱이오 知機心自閑이니 雖居人世上이나

⑤각시출인간
却是出人間이니라

〔해석〕 ①안분음에 이르기를 ②"편안한 마음으로 분수를 지키면 몸에 욕됨이 없을 것이요, ③세상 형편을 잘 알면 마음이 저절로 한가하니, ④비록 인간 세상에서 살더라도

⑤오히려 속세 (인간 세상) 를 벗어난 것이다." 라고 하였다.

참고 **안분음** (安分吟) : 중국 송 (宋) 나라 때의 작품인 안분시 (安分詩) 를 말함. 지은이 모름. 편안한 마음으로 분수를 지킨다는 뜻을 읊은 시.

①자 왈 ②부 재 기 위 ③불 모 기 정
〔7〕 子가 曰不在其位면 不謀其政이니라

〔해석〕 ①공자가 말하기를 ②"그 직위에 있지 않으면 ③그 정사 (政事) 를 꾀하지 말라." 라고 하였다.

七. 존심편 (存心篇)

◈ 본심 (本心) 을 잃지 않고 항시 올바른 마음으로 생활하고 수양하라는 글.

①경 행 록 운 ②좌 밀 실 여 통 구 ③어 촌 심 여 륙 마 ④가 면 과
〔1〕 景行録에 云坐密室을 如通衢하고 馭寸心을 如六馬하면 可免過니라

〔해석〕 ①경행록에 이르기를 ②"밀실 (密室) 에 앉아 있다고 할지라도 마치 네거리에 있는 듯이 하고, ③작은 마음을 억누르는 것을 마치 여섯 말이 끄는 마차 부리듯이 하면 ④가히 허물을 면할 수 있다." 라고 하였다.

참고 **통구** (通衢) : 왕래가 빈번한 통로, 사방으로 통하여 교통이 편리한 길.

①격 양 시 운 ②부 귀 여 장 지 력 구 ③중 니 연 소 합 봉 후 ④세 인 불 해 청 천 의 ⑤공 사 신 심 반 야 수
〔2〕 擊壤詩에 云富貴를 如將智力求인데 仲尼도 年少合封侯라 世人은 不解青天意하고 空使身心半夜愁니라

〔해석〕 ①격양시에 이르기를 ②"부귀를 지혜와 힘으로써 얻을 수 있다면 ③중니 (仲尼 ; 孔子) 도 젊었을 때에 마땅히 제후가 되었을 것이다. ④세상 사람들은 저 높푸른 하늘의 뜻을 이해하지 못하고 ⑤헛되이 몸과 마음으로 하여금 한밤중에 근심하게 한다." 라고 하였다.

참고 **격양시** (擊壤詩) : 중국 송 (宋) 나라 때의 소 옹 (邵雄) 의 시집으로 모두 20권임.
중니 (仲尼) : 공자 (孔子) 의 자 (字).

①범 충 선 공 계 자 제 왈 ②인 수 지 우 책 인 즉 명 ③수 유 총 명 서 기 즉 혼 ④이 조 단 당 이 책 인 지 심 책 기 ⑤서 기 지 심 서 인 ⑥즉 부 환 불 도 성 현 지 위 야
〔3〕 范忠宣公이 戒子弟曰人雖至愚나 責人則明하고 雖有聰明이나 恕己則昏이니 爾曹는 但當以責人之心으로 責己하고 恕己之心으로 恕人則不患不到聖賢地位也니라

〔해석〕 ①범충선공이 그 아들들을 경계하여 말하기를 ②"비록 매우 어리석은 사람일지라도

다른 사람을 꾸짖는 데는 밝고, ③비록 총명하다고 해도 자기를 용서함에는 어둡다. ④너희들은 마땅히 다른 사람을 꾸짖는 것과 같이 자기 자신을 꾸짖고, ⑤자기를 용서하는 마음으로써 다른 사람을 용서한다면 ⑥성현(聖賢)의 경지에 이르지 못할 것을 근심할 것이 없느니라." 라고 하였다.

참고 **범 충선** (范忠宣) : 중국 북송(北宋) 때의 재상으로, 이름은 순인(純仁), 시호(諡號)는 충선, 그의 아버지 중엄(仲淹)과 같이 매우 효도했음.

〔4〕 ①子가 曰②聰明思睿라도 守之以愚하고 ③功被天下라도 守之以讓하고 ④勇力振世라도 守之以怯하고 ⑤富有四海라도 守之以謙이니라

(①자 왈 ②총명사예 수지이우 ③공피천하 수지이양 ④용력진세 수지이겁 ⑤부유사해 수지이겸)

〔해석〕 ①공자가 말하기를 ②"총명하여 그 생각이 슬기로울지라도 어리석은 체하며 이를 지켜야 하고, ③공로가 세상을 뒤덮을지라도 사양하는 마음으로써 이를 지켜야 하며, ④용맹이 세상에 떨칠지라도 두려운 마음으로써 이를 지켜야 하고 ⑤부유함이 온 천하에 펼쳐 있을지라도 겸손한 마음으로 이를 지켜야 한다." 라고 하였다.

〔5〕 ①素書에 云②薄施厚望者는 不報하고 ③貴而忘賤者는 不久니라

(①소서 운 ②박시후망자 불보 ③귀이망천자 불구)

〔해석〕 ①소서에 이르기를 ②"박하게 베풀고 후한 것을 바라는 사람에게는 보답이 없고, ③몸이 귀하게 된 후에 비천했던 때를 잊는 사람은 그 귀함이 오래 계속되지 못한다." 라고 하였다.

참고 **소서**(素書) : 중국 한(漢)나라 때의 황석공(黃石公)이 펴냈다고 전하는 책. 그 후 송(宋)나라의 장 상영(張商英)이 해설하였는데, 그 내용은 도(道)·덕(德)·인(仁)·의(義)·예(禮)를 하나로 여긴 것으로 한 권임.

〔6〕 ①施恩勿求報하고 ②與人勿追悔하라

(①시은물구보 ②여인물추회)

〔해석〕 ①은혜를 베풀거든 그에 대한 보답을 바라지 말 것이며, ②남에게 주었거든 후회하지 말라.

〔7〕 ①孫思邈이 曰②膽欲大而心欲小하고 ③知欲圓而行欲方이니라

(①손사막 왈 ②담욕대이심욕소 ③지욕원이행욕방)

〔해석〕 ①손 사막이 말하기를 ②"담력은 크게 가지도록 하되 마음가짐은 섬세해야 하고, ③지혜는 원만하도록 하되 행동은 올발라야 한다." 라고 하였다.

참고 **손 사막**(孫思邈) : 중국 당(唐)나라의 의학자. 백가(百家)에 통하고 노장(老莊)의 도(道)에 환하며, 게다가 음양(陰陽)과 의술에 통달했음. 벼슬을 사양하고 산 속에 들어가 〈천금방(千金方)〉 93권을 저술함.

〔8〕 ①念念要如臨戰日하고 ②心心常似過橋時니라

(①념념요여임전일 ②심심상사과교시)

〔해석〕 ①생각하는 것마다 항상 싸움터에 나갔을 때와 같이 하고, ②마음은 언제나 다리를 건너는 것처럼 조심해야 한다.

①구 법 조 조 락 ②기 공 일 일 우
〔9〕 懼法朝朝樂이오 欺公日日憂니라

〔해석〕 ①법을 두려워하면 아침마다 즐거울 것이요, ②나랏일을 속이면 날마다 근심된다.

①주 문 공 왈 ②수 구 여 병 ③방 의 여 성
〔10〕 朱文公이 曰守口如甁하고 防意如城하라

〔해석〕 ①주문공이 말하기를 ②"입(말)을 지키는 것을 병(甁)과 같이 해야 하고, ③뜻을 막기를 성(城)과 같이 하라." 고 하였다.

참고 **주 문공**(朱文公) : 주자학(朱子學)의 아버지로 불리는 주 희(朱熹 ; 1130~1200)를 말하는데, 문(文)은 그의 시호임. 중국 남송(南宋) 때의 대유학자(大儒學者)로 호는 회암(晦庵). 후세 사람들이 주 희를 주자(朱子)라고 존칭하며, 성리학(性理學)을 주자학이라고도 일컬음. 지은 책에는 〈소학(小學)〉·〈근사록(近思錄)〉 등이 있음.

①심 불 부 인 ②면 무 참 색
〔11〕 心不負人이면 面無慙色이니라

〔해석〕 ①마음이 다른 사람에게 부끄러울 것이 없으면 ②얼굴에도 부끄러운 기색을 띨 것이 없다.

①인 무 백 세 인 ②왕 작 천 년 계
〔12〕 人無百歲人이나 枉作千年計니라

〔해석〕 ①사람은 백 살을 살지 못하는데도 ②부질없이 천년의 계획을 세운다.

①구 래 공 륙 회 명 운 ②관 행 사 곡 실 시 회 ③부 불 검 용 빈 시 회
〔13〕 寇萊公六悔銘에 云官行私曲失時悔요 富不儉用貧時悔요
④예 불 소 학 과 시 회 ⑤견 사 불 학 용 시 회 ⑥취 후 광 언 성 시 회
藝不少學過時悔요 見事不學用時悔요 醉後狂言醒時悔요
⑦안 불 장 식 병 시 회
安不將息病時悔니라

〔해석〕 ①구래공의 육회명에 이르기를 ②"벼슬아치가 사사로운 일을 하면 벼슬자리에서 쫓겨 났을 때 뉘우치게 되고, ③부유했을 때 비용을 절약하지 않으면 가난해졌을 때 뉘우치게 된다. ④기술은 젊었을 때 배우지 않으면 때가 지나갔을 때 뉘우치게 되고, ⑤일을 보고 배우지 않으면 필요하게 되었을 때 뉘우치게 된다. ⑥술에 취했을 때 함부로 말하면 술에서 깨었을 때 뉘우치게 되고, ⑦몸이 건강할 때 휴식을 취하지 않으면 병들었을 때 뉘우치게 된다." 라고 하였다.

참고 **구래공**(寇萊公) : 중국 북송(北宋) 진종(眞宗) 때의 재상으로, 성은 구(寇), 이름은 준(準), 자는 평중(平仲), 요(遼)나라가 쳐들어왔을 때 이를 잘 수습했는데 이 공로로 내국공(萊國公)에 봉해졌으므로 '구래공'이라 불림.
육회명(六悔銘) : 뉘우쳐야 할 일 여섯 가지.

①익 지 서 운 ②영 무 사 이 가 빈 ③막 유 사 이 가 부 ④영 무 사
〔14〕 益智書에 云寧無事而家貧이언정 莫有事而家富요 寧無事

이 주 모 옥 ⑤불 유 사 이 주 금 옥 ⑥영 무 병 이 식 추 반
而住茅屋이언정 不有事而住金屋이요 寧無病而食麁飯이언정

⑦불 유 병 이 복 양 약
不有病而服良藥이니라

〔해석〕 ①익지서에 이르기를 ②"차라리 아무 사고 없이 집이 가난할지언정 ③걱정 있는 부자 집이 되지 말 것이며, ④아무 걱정 없이 초가집에서 살지언정 ⑤걱정 많은 좋은 집에 살지 말며, ⑥병 없이 거친 밥을 먹을지언정 ⑦병이 있어 좋은 약을 먹지 말 것이다." 라고 하였다.

①심 안 모 옥 온 ②성 정 채 갱 향
〔15〕 心安茅屋穩이요 性定菜羹香이니라

〔해석〕 ①마음이 편안하면 초가집도 안온하고, ②성품이 안정되어 있으면 나물국도 향기롭다.

①경 행 록 운 ②책 인 자 부 전 교 ③자 서 자 불 개 과
〔16〕 景行錄에 云責人者는 不全交요 自恕者는 不改過니라

〔해석〕 ①경행록에 이르기를 ②"다른 사람을 꾸짖는 사람과는 온전하게 사귈 수 없고, ③자기 자신을 용서하는 사람은 허물을 고치지 못한다." 라고 하였다.

①숙 흥 야 매 소 사 충 효 자 ②인 부 지 천 필 지 지 ③포 식 난
〔17〕 夙興夜寐하여 所思忠孝者는 人不知나 天必知之요 飽食煖

의 이 연 자 위 자 ④신 수 안 기 여 자 손 하
衣하여 怡然自衛者는 身雖安이나 其如子孫에 何오

〔해석〕 ①아침 일찍 잠자리에서 일어나면서부터 밤에 잠들 때까지 항상 충성과 효도를 생각하는 사람은 ②다른 사람이 알지 못하더라도 하늘이 반드시 이를 알 것이다. ③배불리 먹고 따뜻하게 입고 편안하게 제 몸만 위하는 사람은 ④몸은 비록 편안할 것이나 그 자손은 과연 어떨까.

①이 애 처 자 지 심 사 친 ②즉 곡 진 기 효 ③이 보 부 귀 지 심 봉
〔18〕 以愛妻子之心으로 事親則曲盡其孝요 以保富貴之心으로 奉

군 ④즉 무 왕 불 충 ⑤이 책 인 지 심 책 기 ⑥즉 과 과 ⑦이 서 기
君則無往不忠이오 以責人之心으로 責己則寡過요 以恕己

지 심 서 인 ⑧즉 전 교
之心으로 恕人則全交니라

〔해석〕 ①제 처자(妻子)를 사랑하는 마음으로써 어버이를 섬긴다면 ②그 효도는 곧 극진할 것이며, ③부귀를 누리려는 마음으로써 임금을 받든다면 ④그 어디에서나 충신 아닌 사람은 없을 것이다. ⑤다른 사람을 꾸짖는 마음으로써 자기 자신을 꾸짖는다면 ⑥허물이 적을 것이며, ⑦자기를 용서하는 마음으로써 다른 사람을 용서한다면 ⑧사귐을 온전히 할 수 있다.

①이 모 부 장　회 지 하 급　②이 견 부 장　교 지 하 익　③이
〔19〕 爾謀不臧이면 悔之何及이랴 爾見不長이면 敎之何益이리오 利
심 전 즉 배 도　④사 의 확 즉 멸 공
心專則背道요 私意確則滅公이니라

〔해석〕 ①너의 꾀가 옳지 못하면 후회한들 어찌 그것에 미칠 것이며, ②너의 소견이 뛰어나지 못하면 가르친들 무슨 소용이 있겠는가. ③오로지 자기 이익만을 위한다면 도리에 어긋나게 되고, ④사사로운 마음이 굳어지면 공로가 사라지게 된다.

①생 사 사 생　②생 사 사 생
〔20〕 生事事生이오 省事事省이니라

〔해석〕 ①일을 만들면 일이 생기고, ②일을 덜면 일이 없어진다.

八. 계성편(戒性篇)

◈ 자기 자신의 성질을 경계하고 수양하라는 글.

①경 행 록　운 ②인 성　여 수　③수 일 경 즉 불 가 복　④성 일 종 즉
〔1〕 景行錄에 云人性이 如水하야 水一傾則不可復이오 性一縱則
불 가 반　⑤제 수 자　필 이 제 방　⑥제 성 자　필 이 예 법
不可反이니 制水者는 必以堤防하고 制性者는 必以禮法이니라

〔해석〕 ①경행록에 이르기를 ②"사람의 성품은 물과 같아서, ③물이 한 번 엎질러지면 다시 담을 수 없듯이 ④성품도 한 번 방종해지면 바로잡지 못한다. ⑤물을 다스리려면 반드시 둑을 쌓아야 하는 것과 같이 ⑥성품을 올바르게 하기 위하여는 반드시 예법을 지켜야 한다.

①인 일 시 지 분　②면 백 일 지 우
〔2〕 忍一時之忿이면 免百日之憂이니라

〔해석〕 ①한 때의 분함을 참으면 ②백 날의 근심을 면할 수 있다.

①득 인 차 인　②득 계 차 계　③불 인 불 계　④소 사 성 대
〔3〕 得忍且忍이오 得戒且戒하라 不忍不戒면 小事成大니라

〔해석〕 ①참고 거듭 참을 것이며, ②조심하고 거듭 조심하라. ③참지 않고 조심하지도 않으면 ④작은 일이 크게 된다.

①우 탁 생 진 노　②개 인 이 불 통　③휴 첨 심 상 화　④지 작 이 변
〔4〕 愚濁生嗔怒는 皆因理不通이라 休添心上火하고 只作耳邊
풍　⑤장 단　가 가 유　⑥염 량　처 처 동　⑦시 비 무 상 실　⑧구
風하라 長短은 家家有요 炎涼은 處處同이라 是非無相實하여 究
경 총 성 공
竟摠成空이니라

〔해석〕 ①어리석고 변변치 못한 사람이 화내는 것은 ②모두가 다 근본 이치를 알지 못하기 때문이다. ③마음에다 화를 더하지 말고, ④다만 귓가를 스치는 바람결인 듯 여겨라. ⑤장점과 단점은 어느 집에나 있고, ⑥따뜻함과 추움은 어느 곳이나 같다. ⑦옳고 그름이란 본래 모양이 없어 ⑧결국에는 모두가 다 부질없는 것이 된다.

①자 장 욕 행 사 어 부 자 ②원 사 일 언 위 수 신 지 미 ③자
〔5〕 子張이 欲行에 辭於夫子할새 願賜一言이 爲修身之美외다 子가
왈 ④백 행 지 본 인 지 위 상 ⑤자 장 왈 ⑥하 위 인 지 ⑦자
曰 百行之本은 忍之爲上이니라 子張이 曰 何爲忍之리오 子가
왈 ⑧천 자 인 지 국 무 해 ⑨제 후 인 지 성 기 대 ⑩관 리
曰天子가 忍之면 國無害하고 諸侯가 忍之면 成其大하고 官吏가
인 지 진 기 위 ⑪형 제 인 지 가 부 귀 ⑫부 처 인 지 종
忍之면 進其位하고 兄弟가 忍之면 家富貴하고 夫妻가 忍之면終
기 세 ⑬붕 우 인 지 명 불 폐 ⑭자 신 인 지 무 화 해
其世하고 朋友가 忍之면 名不廢하고 自身忍之면 無禍害니라

〔해석〕 ①자장이 떠나고자 공자께 하직을 아뢰면서 ②"원컨대 한 말씀을 내려 주시면 몸을 닦는 아름다움으로 삼으려 합니다."라고 했다. ③공자가 말하기를 ④"모든 행동의 근본은 참는 것이 그 으뜸이다."라고 하였다. ⑤자장이 말하기를 ⑥"참으면 어떻게 됩니까?"라고 하였다. ⑦공자가 말하기를 ⑧"천자(황제)가 참으면 나라에 해가 없고, ⑨제후가 참으면 큰 나라를 이루고, ⑩벼슬아치가 참으면 그 지위가 올라가고, ⑪형제가 참으면 집안이 부귀하게 되고, ⑫부부가 참으면 일생을 해로(偕老)할 수 있고, ⑬친구끼리 서로 참으면 이름이 더럽혀지지 않고 ⑭자기 자신이 참으면 재앙이 없다."라고 하였다.

참고 자장(子張) : 공자의 제자로, 성은 전손(顓孫), 이름은 사(師), 자장은 그의 자(字)임, 말솜씨가 뛰어났음.

①자 장 왈 ②불 인 즉 여 하 ③자 왈 ④천 자 불 인 국 공 허
〔6〕 子張이 曰不忍則如何릿고 子가 曰天子가 不忍이면 國空虛하고
⑤제 후 불 인 상 기 구 ⑥관 리 불 인 형 법 주 ⑦형 제 불
諸侯不忍이면 喪其軀하고 官吏不忍이면 刑法誅하고 兄弟가 不
인 각 분 거 ⑧부 처 불 인 영 자 고 ⑨붕 우 불 인 정 의
忍이면 各分居하고 夫妻不忍이면 令子孤하고 朋友不忍이면 情意
소 ⑩자 신 불 인 환 부 제 ⑪자 장 왈 선 재 ⑫선 재 ⑬난 인 난
疎하고 自身이 不忍이면 患不除니라 子張曰善哉善哉라 難忍難
인 ⑭비 인 불 인 ⑮불 인 비 인
忍이여 非人不忍이오 不忍非人이로다

〔해석〕 ①자장이 말하기를 ②"참지 않으면 어떻게 됩니까?"라고 하였다. ③공자가 말하기를 ④"천자가 참지 않으면 나라가 텅 비게 되고, ⑤제후가 참지 않으면 그 몸을 잃게 되고, ⑥벼슬아치가 참지 않으면 형법에 의하여 죽게 되고, ⑦형제가 참지 않으면 서

로 헤어져 살게 되고, ⑧ 부부가 참지 않으면 그 자식들이 외롭게 되고, ⑨친구끼리 서로 참지 않으면 정과 뜻이 서로 갈리게 되고, ⑩ 자기 자신이 참지 않으면 근심이 없어지지 않는다." 라고 하였다. ⑪ 자장이 말하기를 ⑫ "참으로 훌륭한 말씀이십니다. ⑬ 아, 참는다는 것은 참으로 어려운 일이며, ⑭ 사람이 아니면 참지 못할 것이요, ⑮ 참지 못하면 사람이 아닙니다." 라고 하였다.

〔7〕 ①경행록(景行錄)에 ②운굴기자(云屈己者)는 능처중(能處重)하고 ③호승자(好勝者)는 필우적(必遇敵)이니라

〔해석〕 ① 경행록에 이르기를 ② "자기 자신을 굽힐 줄 아는 사람은 능히 중요한 지위에 처할 수 있을 것이며, ③ 이기기를 좋아하는 사람은 반드시 적(敵)을 만나게 된다."라고 하였다.

〔8〕 ①악인(惡人)이 매선인(罵善人)커든 ②선인(善人)은 총부대(摠不對)하라 ③부대(不對)는 심청한(心淸閑)이오 ④매자(罵者)는 구열비(口熱沸)니라 ⑤정여인타천(正如人唾天)하여 ⑥환종기신추(還從己身墜)니라

〔해석〕 ① 악한 사람이 착한 사람을 꾸짖거든 ② 착한 사람은 아예 이에 대꾸하지 말라. ③ 대꾸하지 않는 사람은 마음이 맑고 한가하지만, ④ 꾸짖는 사람은 입이 뜨겁게 끓는 것과 같다. ⑤ 이는 마치 사람이 하늘에 대고 침을 뱉는 것과 같아서, ⑥ 그 침이 도로 자기 몸에 떨어진다." 라고 하였다.

〔9〕 ①아약피인매(我若被人罵)라도 ②양롱불분설(佯聾不分說)하라 ③비여화소공(譬如火燒空)하여 ④불구자연멸(不救自然滅)이라 ⑤아심(我心)은 등허공(等虛空)이어늘 ⑥총이번순설(摠爾飜脣舌)이니라

〔해석〕 ① 내가 만일 다른 사람으로부터 욕을 먹더라도 ② 귀먹은 척하고, 옳고 그름을 따져 말하지 말라. ③ 비유하자면 이는 불이 허공에서 타다가 ④ 끄지 않아도 저절로 꺼지는 것과 같기 때문이다. ⑤ 내 마음은 이 허공과 같으니, ⑥ 너의 입과 혀만이 나불댈 뿐이다.

〔10〕 ①범사(凡事)에 유인정(留人情)이면 ②후래(後來)에 호상견(好相見)이니라

〔해석〕 ① 모든 일에 인정(人情)을 남겨 두면, ② 훗날 만났을 때에 서로 좋은 낯으로 대하게 될 것이다.

九. 근학편(勤學篇) ◈ 부지런히 배워 학문에 힘쓰라는 글.

〔1〕 ①자(子)가 왈(曰) ②박학이독지(博學而篤志)하고 ③절문이근사(切問而近思)면 ④인재기중의(仁在其中矣)니라

〔해석〕 ① 공자가 말하기를 ② "널리 배워서 뜻을 돈독하게 하고 ③ 간절하게 물어 잘 생각한

다면 ④어짊이 그 속에 있을 것이다." 라고 하였다.

①장 자 왈②인 지 불 학 ③여 등 천 이 무 술 ④학 이 지 원 ⑤여 피
〔2〕莊子가 曰人之不學은 如登天而無術하고 學而智遠은 如披
상 운 이 도 청 천 ⑥등 고 산 이 망 사 해
祥雲而覩靑天하고 登高山而望四海니라

〔해석〕①장자가 말하기를 ②"사람이 배우지 않으려 함은 ③재주도 없이 하늘에 오르려는 것과 같고, ④배워서 지혜가 깊으면 ⑤상서(祥瑞)로운 구름을 헤치고 푸른 하늘을 보며, ⑥높은 산에 올라 온 바다를 바라보는 것과 같다." 라고 하였다.

①예 기 왈②옥 불 탁 불 성 기 ③인 불 학 부 지 의
〔3〕禮記에 曰玉不琢이면 不成器하고 人不學이면 不知義니라

〔해석〕①예기에 이르기를 ②"옥(玉)은 다듬지 않으면 그릇을 만들 수 없고, ③사람은 배우지 않으면 의(義)를 알지 못한다." 라고 하였다.

참고 **예기**(禮記) : 오경(五經)의 하나. 주(周)나라 말기로부터 진한(秦漢) 시대의 유학자의 옛 예의에 관한 이야기를 실은 책. 한 무제(漢武帝) 때에 헌왕(獻王)이 옛 책 131편을 편술했는데, 뒤에 대덕(戴德)이 이것과 214편으로 된 대대례(大戴禮)를 85편으로 줄임. 선제(宣帝) 때에 그의 조카 대성(戴聖)이 다시 49편으로 줄였는데, 소대례(小戴禮)라 한다. 지금의 예기는 소대례를 말하며, 주례(周禮), 의례(儀禮)와 함께 삼례(三禮)라 함.

①태 공 왈②인 생 불 학 ③여 명 명 야 행
〔4〕太公이 曰人生不學이면 如冥冥夜行이니라

〔해석〕①태공이 말하기를 ②"사람이 배우지 않으면 ③마치 어둡고 어두운 밤길을 가는 것과 같다." 라고 하였다.

①한 문 공 왈②인 불 통 고 금 ③마 우 이 금 거
〔5〕韓文公이 曰人不通古今이면 馬牛而襟裾니라

〔해석〕①한문공이 말하기를 ②"사람이 고금(古今)의 성인의 가르침을 알지 못하면 ③말과 소에 옷을 입힌 것과 같다." 라고 하였다.

참고 **한문공**(韓文公 ; 768~824) : 중국 당(唐)나라 덕종(德宗) 때의 문학자로 자는 퇴지(退之)이며, 이름은 유(愈). '한문(韓文)'은 '한 유의 문장'을 가리킴. 정치적으로는 빛을 보지 못하였으나 문장에 있어서는 당송(唐宋) 팔대가(八大家)의 한 사람. 저서에는 〈창려선생집(昌黎先生集)〉 등이 있음.

①주 문 공 왈②가 약 빈 불 가 인 빈 이 폐 학 ③가 약 부 불
〔6〕朱文公이 曰家若貧이라도 不可因貧而廢學이요 家若富라도不
가 시 부 이 태 학 ④빈 약 근 학 가 이 입 신 ⑤부 약 근 학
可恃富而怠學이라 貧若勤學이면 可以立身이요 富若勤學이면
명 내 광 영 ⑥유 견 학 자 현 달 ⑦불 견 학 자 무 성 ⑧학 자
名乃光榮이라 惟見學者顯達이요 不見學者無成이니라 學者는
내 신 지 보 ⑨학 자 내 세 지 진 ⑩시 고 학 즉 내 위 군 자
乃身之寶요 學者는 乃世之珍이니라 是故로 學則乃爲君子요

⑪불 학 즉 위 소 인 ⑫후 지 학 자 의 각 면 지
不學則爲小人이니 後之學者는 宜各勉之니라

〔해석〕 ①주문공이 말하기를 ②"만일, 집이 가난하더라도 그 가난 때문에 배우는 것을 폐하여서는 안 되고, ③만일 집이 부유하더라도 그것을 믿고 배움을 게을리해서는 안 된다. ④만일, 가난한 사람이 부지런히 배운다면 입신(立身)할 수 있을 것이며, ⑤만일 부유한 사람이 부지런히 배운다면 이름은 더욱 빛날 것이다. ⑥오직 배워서 지식을 넓히는 사람만이 훌륭하게 되는 것을 보았으며, ⑦배운 사람이 뜻을 이루지 못하는 것은 보지 못했다. ⑧배움이란 곧 몸의 보배요, ⑨배운 사람은 곧 세상의 보배이다. ⑩배우면 곧 군자가 되고, ⑪배우지 않으면 소인이 된다. ⑫후에 배우는 사람은 마땅히 각각 힘쓸 일이다."라고 하였다.

①휘 종 황 제 왈 ②학 자 여 화 여 도 ③불 학 자 여 호 여 초
〔7〕 徽宗皇帝가 曰學者는 如禾如稻하고 不學者는 如蒿如草로다
④여 화 여 도 혜 ⑤국 지 정 량 세 지 대 보 ⑥여 호 여 초 혜 ⑦경
如禾如稻兮여 國之精糧이요 世之大寶로다 如蒿如草兮여 耕
자 증 혐 서 자 번 뇌 ⑧타 일 면 장 회 지 이 로
者憎嫌하고 鋤者煩惱니라 他日面墻에 悔之已老로다.

〔해석〕 ①휘종 황제가 말하기를 ②"배운 사람은 쌀알이나 벼와 같으며, ③배우지 않은 사람은 쑥이나 풀과 같다. ④쌀알과 벼 같음은 ⑤나라의 좋은 양식이요, 세상의 큰 보배다. ⑥쑥이나 풀 같음은 ⑦농부가 미워하고 김매는 사람이 힘들어 한다. ⑧훗날 서로 만나 뉘우친들 이미 때는 늦었다."라고 하였다.

참고 **휘종 황제**(徽宗皇帝) : 중국 북송(北宋)의 제8대 임금. 토목을 장려하였고, 음악 등에 널리 통했으며, 고금의 서화를 모아 〈선화서화보 (宣化書画譜)〉를 만듦.

①논 어 왈 ②학 여 불 급 ③유 공 실 지
〔8〕 論語에 曰學如不及이요 惟恐失之니라

〔해석〕 ①논어에 이르기를 ②"배울 것은 끝이 없으므로 다하지 못한 것과 같이 하고, ③배운 것을 잊을까 두려워하여라."고 하였다.

참고 **논어**(論語) : 사서(四書)의 하나. 공자(孔子)가 죽은 뒤에 제자들이 공자와 그 제자 및 그 당시의 사람, 제자 서로 사이의 문답과, 공자 성품과 행실과 말을 모아 엮은 책. 공자를 연구하는 데 유일한 자료로서, 공자의 도덕인 '인(仁)'의 뜻, 정치·교육에 대한 의견 등이 7권 20편으로 씌어 있는 유교(儒敎)의 경전(經典)임.

十. 훈자편(訓子篇) ◈ 자식을 충실하게 가르치라는 글.

①경 행 록 운 ②빈 객 불 래 문 호 속 ③시 서 무 교 자 손 우
〔1〕 景行録에 云賓客不來門戶俗하고 詩書無教子孫愚니라

〔해석〕 ①경행록에 이르기를 ②"손님이 찾아오지 않으면 집안이 천해지고, ③시경(詩經)과

서전(書傳)을 가르치지 않으면 자손이 어리석어진다."라고 하였다.

참고 **서전**(書傳) : 서경(書經)에다 해설을 덧붙여 펴낸 책으로, 10책임. 중국 송(宋)나라 때 주 희(朱熹)가 그의 제자인 채 침(蔡沈)을 시켜서 만듦.

①장 자 왈 ②사 수 소 부 작 불 성 ③자 수 현 불 교 불 명

〔2〕 莊子가 曰事雖小나 不作이면 不成이요 子雖賢이나 不敎면 不明이니라

〔해석〕 ①장자가 말하기를 ②"일이 비록 작더라도 그것을 하지 않으면 이루어지지 않고, ③자식이 비록 어질더라도 가르치지 않으면 현명하게 되지 못한다."라고 하였다.

①한 서 운 ②황 금 만 영 불 여 교 자 일 경 ③사 자 천 금 불 여 교 자 일 예

〔3〕 漢書에 云黃金滿籝이 不如敎子一經이요 賜子千金이 不如敎子一藝니라

〔해석〕 ①한서에 이르기를 ②"황금이 궤짝에 가득 차 있다 하더라도 자식에게 경서(經書) 한 권을 가르치는 것만 같지 못하고, ③자식에게 천금(千金)을 물려 주는 것은 한 가지 기술을 가르치는 것보다 못하다."라고 하였다.

참고 **한서**(漢書) : 중국의 전한(前漢), 즉 고조(高祖)에서 왕 망(王莽)까지 229년간의 역사를 기록한 책. 반 표(班彪)가 시작한 것을 후한(後漢)의 반 고(班固)가 이루었고, 그 누이동생인 반 소(班昭)가 보충했음. 모두 120권임.

①지 락 막 여 독 서 ②지 요 막 여 교 자

〔4〕 至樂은 莫如讀書요 至要는 莫如敎子니라

〔해석〕 ①매우 즐거운 것은 책을 읽는 것만한 것이 없고, ②매우 필요한 것은 자식을 가르치는 것만한 것이 없다.

①여 영 공 왈 ②내 무 현 부 형 외 무 엄 사 우 ③이 능 유 성 자 선 의

〔5〕 呂榮公이 曰內無賢父兄하고 外無嚴師友而能有成者는 鮮矣니라

〔해석〕 ①여영공이 말하기를 ②"집안에 어진 어버이와 형, 밖으로는 엄한 스승과 친구가 없이 ③능히 뜻을 이룬 사람은 드물다."라고 하였다.

참고 **여영공**(呂榮公) : 중국 북송(北宋) 때의 학자로, 이름은 희철(希哲), 자는 원명(原明)임.

①태 공 왈 ②남 자 실 교 장 필 완 우 ③여 자 실 교 장 필 추 소

〔6〕 太公이 曰男子失敎면 長必頑愚하고 女子失敎면 長必麁疎니라

〔해석〕 ①태공이 말하기를 ②"남자가 가르침을 받지 못하면 자라서는 반드시 어리석어지며, ③여자가 가르침을 받지 못하면 자라서는 반드시 솜씨가 없다."라고 하였다.

①남 년 장 대 막 습 악 주 ②여 년 장 대 막 령 유 주

〔7〕 男年長大어든 莫習樂酒하고 女年長大어든 莫令遊走하라

〔해석〕 ①남자가 나이를 먹으면 풍류나 술을 배우지 말도록 할 것이며, ②여자가 나이를 먹

으면 놀러다니지 말도록 하여라.

①엄 부 출 효 자 ②엄 모 출 효 녀
〔8〕 嚴父는 出孝子하고 嚴母는 出孝女니라

〔해석〕 ①엄한 아버지는 효자를 길러내고, ②엄한 어머니는 효녀를 길러낸다.

①련 아 다 여 봉 ②증 아 다 여 식
〔9〕 憐兒어든 多與棒하고 憎兒어든 多與食하라

〔해석〕 ①귀여운 아이는 매를 많이 때리고, ②미운 아이에겐 먹을 것을 많이 주어라.

①인 개 애 주 옥 ②아 애 자 손 현
〔10〕 人皆愛珠玉이나 我愛子孫賢이니라

〔해석〕 ①사람들은 모두가 다 주옥(珠玉)을 사랑하지만, ②나는 자손의 어진 것을 사랑한다.

十一. 성심편(省心篇)(上)

◈ 자기의 마음을 살펴 반성하고 수양하라 는 글.

①경 행 록 운②보 화 용 지 유 진 ③충 효 향 지 무 궁
〔1〕 景行錄에 云寶貨는 用之有盡이요 忠孝는 享之無窮이니라

〔해석〕 ①경행록에 이르기를 ②"보화(寶貨)는 쓰면 다 없어지고, ③충성과 효도는 이를 누려도 다함이 없다."라고 하였다.

①가 화 빈 야 호 ②불 의 부 여 화 ③단 존 일 자 효 ④하 용 자 손 다
〔2〕 家和貧也好어니와 不義富如何오 但存一子孝면 何用子孫多리요

〔해석〕 ①집안이 화목하면 가난해도 좋으며, ②의롭지 않으면 부유한들 무엇하랴. ③단 한 자식만이라도 효도한다면 ④자식의 많음이 무슨 소용이 있으리요.

①부 불 우 심 인 자 효 ②부 무 번 뇌 시 처 현 ③언 다 어 실 개 인 주 ④의 단 친 소 지 위 전
〔3〕 父不憂心因子孝요 夫無煩惱是妻賢이라 言多語失皆因酒요 義斷親疎只爲錢이라

〔해석〕 ①아버지의 근심 없는 마음은 자식의 효도 때문이요, ②남편에게 괴로움이 없는 것은 그 아내가 어질기 때문이다. ③말이 많아 말로써 실수하는 것은 모두 술 때문이며, ④의가 끊어지고 친한 사이가 멀어지는 것은 오직 돈 때문이다.

①기 취 비 상 락 ②수 방 불 측 우
〔4〕 既取非常樂이어든 須防不測憂니라

〔해석〕 ①이미 심상치 못한 즐거움을 가졌거든 ②모름지기 예측할 수 없는 근심이 있을 것에 방비하여라.

①득 총 사 욕 ②거 안 여 위
〔5〕 得寵思辱하고 居安慮危니라

〔해석〕 ①사랑을 받을 때 욕됨을 생각하고, ②편안한 곳에 살 때 위태로움을 생각하여라.

①영 경 욕 천 ②이 중 해 심
〔6〕 榮輕辱淺이요 利重害深이니라

〔해석〕 ①영화(榮華)가 가벼우면 욕됨이 얕고, ②이로움이 무거우면 해로움도 깊다.

①심 애 필 심 비 ②심 예 필 심 훼 ③심 희 필 심 우 ④심 장 필 심 망
〔7〕 甚愛必甚費요 甚譽必甚毁요 甚喜必甚憂요 甚臟必甚亡이니라

〔해석〕 ①사랑함이 지나치면 반드시 지출이 심하고, ②명예가 지나치면 반드시 헐뜯음이 심해진다. ③기쁨이 지나치면 반드시 근심이 심해지고, ④뇌물을 탐(貪)하는 마음이 지나치면 반드시 심하게 망한다.

①자 왈②불 관 고 애 ③하 이 지 전 추 지 환 ④불 림 심 연 ⑤하 이
〔8〕 子가 曰不觀高崖면 何以知顚墜之患이며 不臨深淵이면何以

지 몰 익 지 환 ⑥불 관 거 해 ⑦하 이 지 풍 파 지 환
知沒溺之患이며 不觀巨海면 何以知風波之患이리요

〔해석〕 ①공자가 말하기를 ②"높은 낭떠러지를 보지 않고서야 ③어찌 굴러떨어지는 근심(禍)을 알 것이며, ④깊은 연못에 가보지 않고서야 ⑤어찌 빠져 죽는 근심(禍)을 알 것이며, ⑥큰 바다를 보지 않고서야 ⑦어찌 풍파의 근심(禍)을 알겠는가.

①욕 지 미 래 ②선 찰 이 연
〔9〕 欲知未來려면 先察已然이니라

〔해석〕 ①앞날의 일을 알고자 하거든 ②먼저 이미 지나간 일들을 살펴라.

①자 왈②명 경 소 이 찰 형 ③왕 자 소 이 지 금
〔10〕 子가 曰明鏡은 所以察形이요 往者는 所以知今이니라

〔해석〕 ①공자가 말하기를 ②"맑은 거울은 얼굴을 살필 수 있으며, ③지나간 일은 현재를 알게 한다."라고 하였다.

①과 거 사 여 명 경 ②미 래 사 암 사 칠
〔11〕 過去事는 如明鏡이요 未來事는 暗似漆이니라

〔해석〕 ①지나간 일은 맑은 거울과 같고, ②앞날의 일은 어둡기가 칠흑(漆黑)과 같다.

①경 행 록 운②명 조 지 사 박 모 불 가 필 ③박 모 지 사 포
〔12〕 景行錄에 云明朝之事를 薄暮에 不可必이요 薄暮之事를 晡

시 불 가 필
時에 不可必이니라

〔해석〕 ①경행록에 이르기를 ②"내일 아침 일을 저녁에는 가히 알지 못하며, ③저녁의 일을 포시에는 가히 알 수 없다."라고 하였다.

참고 **포시(晡時)** : 신시(申時), 즉 지금의 오후 네 시.

①천 유 불 측 풍 우 ②인 유 조 석 화 복
〔13〕 **天有不測風雨**하고 **人有朝夕禍福**이니라

〔해석〕 ①하늘에는 예측할 수 없는 비바람이 있고, ②사람에게는 아침 저녁으로 화와 복이 있다.

①미 귀 삼 척 토 ②난 보 백 년 신 ③이 귀 삼 척 토 ④난 보 백 년 분
〔14〕 **未歸三尺土**하면 **難保百年身**이요 **已歸三尺土**하면 **難保百年墳**이니라

〔해석〕 ①흙 속으로 석 자를 파들어가지 않아서는(살았을 때에는) ②백 년의 몸을 지탱하기가 어렵고, ③이미 석 자 되는 흙 속으로 돌아가서는 ④백 년의 무덤을 지탱하기 어렵다.

①경 행 록 운 ②목 유 소 양 즉 근 본 고 이 지 엽 무 ③동 량 지 재 성 ④수 유 소 양 즉 천 원 장 이 류 파 장 ⑤관 개 지 리 박 ⑥인 유 소 양 즉 지 기 대 이 식 견 명 ⑦충 의 지 사 출 ⑧가 불 양 재
〔15〕 **景行錄**에 **云木有所養則根本固而枝葉茂**하여 **棟樑之材成**하고 **水有所養則泉源壯而流派長**하야 **灌漑之利博**하고 **人有所養則志氣大而識見明**하야 **忠義之士出**이니 **可不養哉**아

〔해석〕 ①경행록에 이르기를 ②"나무를 잘 기르면 뿌리가 튼튼하고 가지와 잎이 무성하여 ③마룻대와 대들보감을 이루고, ④물은 그 물의 근원을 넓게 해야 물의 흐름이 길어 ⑤관개에 이로움이 많으며, ⑥사람은 뜻과 기상이 크고 식견(識見)을 밝게 길러야, ⑦충성스럽고 의로운 사람이 배출된다. ⑧그러니 어찌 이와같이 기르지 않겠는가."라고 하였다.

①자 신 자 인 역 신 지 ②오 월 개 형 제 ③자 의 자 인 역 의 지 ④신 외 개 적 국
〔16〕 **自信者**는 **人亦信之**하나니 **吳越**이 **皆兄弟**요 **自疑者**는 **人亦疑之**하나니 **身外**는 **皆敵國**이니라

〔해석〕 ①스스로를 믿는 사람은 다른 사람도 또한 믿으니 ②오·월일지라도 모두 형제와 같이 될 수 있고, ③스스로를 의심하는 사람은 다른 사람도 또한 의심하여 ④자기 이외에는 모두 적국과 같이 된다.

참고 **오월(吳越)** : 중국 춘추(春秋) 전국(戰國)시대의 오나라와 월나라. 오왕 부차(吳王夫差)와 월왕 구천(越王句踐)이 서로 싸워 원수의 나라가 되었음. 서로 사이가 매우 나쁨을 비유하여 씀.

①의 인 막 용 ②용 인 물 의
〔17〕 **疑人莫用**하고 **用人勿疑**니라

〔해석〕 ①의심스러운 사람은 채용하지 말고, ②사람을 채용했거든 의심하지 말라.

〔18〕 諷諫(풍간)에 云水底魚天邊雁(운수저어천변안)은 高可射兮低可釣(고가사혜저가조)어니와 惟有人心(유유인심)咫尺間(지척간)에 咫尺人心不可料(지척인심불가료)니라

〔해석〕 ①풍간에 이르기를 ②"물 속 깊이 있는 고기와 하늘 높이 떠 있는 기러기는, ③높은 데 있는 것은 활로 쏘아 잡고, 낮은 데 있는 것은 낚을 수 있으나, ④오로지 사람의 마음은 바로 곁에 있어도 ⑤가까이 있는 그 마음만은 가히 헤아릴 수 없다."라고 하였다.

참고 풍간(諷諫) : 슬며시 꾸짖는 뜻을 비추어 다른 사람을 빗대어 깨우침. 그저 '속담'이라고 해석함이 좋음.

〔19〕 畵虎畵皮難畵骨(화호화피난화골)이요 知人知面不知心(지인지면부지심)이니라

〔해석〕 ①호랑이를 그리되 그 가죽은 그릴 수 있으나 그 뼈를 그리기는 어렵고, ②사람을 알되 그 얼굴은 알 수 있으나 그 마음은 알지 못한다.

〔20〕 對面共話(대면공화)하되 心隔千山(심격천산)이니라

〔해석〕 ①얼굴을 맞대고 서로 이야기는 하지만 ②마음은 여러 산이 막힌 듯 멀리 떨어져 있다.

〔21〕 海枯終見底(해고종견저)나 人死不知心(인사부지심)이니라

〔해석〕 ①바다가 마르면 마침내는 그 바닥을 볼 수 있지만, ②사람은 죽어도 그 마음 속을 알지 못한다.

〔22〕 太公(태공)이 曰凡人(왈범인)은 不可逆相(불가역상)이요 海水(해수)는 不可斗量(불가두량)이니라

〔해석〕 ①태공이 말하기를 ②"보통 사람은 가히 앞날을 점칠 수가 없고, ③바닷물은 말(斗)로써 그 양을 될 수 없다."라고 하였다.

〔23〕 景行錄(경행록)에 云結怨於人(운결원어인)은 謂之種禍(위지종화)요 捨善不爲(사선불위)는 謂之自賊(위지자적)이니라

〔해석〕 ①경행록에 이르기를 ②"다른 사람과 원수가 되는 것은 재앙의 씨앗을 뿌리는 것이요, ③착함을 버리고 행하지 않는 것은 스스로 제 몸을 해치는 것과 같다."라고 하였다.

〔24〕 若聽一面說(약청일면설)이면 便見相離別(편견상이별)이니라

〔해석〕 ①만일, 한 쪽 편 말만 들으면 ②친한 사이가 갑자기 멀어지게 된다.

①포 난 사 음 욕 ②기 한 발 도 심

〔25〕 飽煖에 思淫慾하고 飢寒엔 發道心이니라

〔해석〕 ①배부르고 따뜻한 곳에서 호강하게 살면 음욕(남녀간의 정욕)이 생각나고, ②굶주리고 추운 데에서는 도덕의 생각이 일어난다.

①소 광 왈②현 인 다 재 즉 손 기 지 ③우 인 다 재 즉 익 기 과

〔26〕 疏廣이 曰賢人多財則損其志하고 愚人多財則益其過니라

〔해석〕 ①소광이 말하기를 ②"어진 사람에게 재산이 많으면 그의 지조(志操)가 손상되고, ③어리석은 사람에게 재산이 많으면 허물을 더한다."라고 하였다.

참고 소광(疏廣) : 한(漢)나라 때 사람으로, 자는 중옹(仲翁). 춘추(春秋)에 능통했고 청렴하였다. 선제(宣帝)와 태자가 많은 재물을 주자 이를 그의 친구들에게 나누어 줌.

①인 빈 지 단 ②복 지 심 령

〔27〕 人貧智短하고 福至心靈이니라

〔해석〕 ①사람이 가난하면 지혜가 천박해지고, ②복부에 다다르면 마음이 존귀(尊貴)해진다.

①불 경 일 사 ②부 장 일 지

〔28〕 不經一事면 不長一智니라

〔해석〕 ①한 가지 일을 경험하지 않으면 ②한 가지 지혜가 자라지 않는다.

①시 비 종 일 유 ②불 청 자 연 무

〔29〕 是非終日有라도 不聽自然無니라

〔해석〕 ①하루 종일 시비(是非)가 있을지라도 ②이를 듣지 않으면 저절로 없어진다.

①내 설 시 비 자 ②편 시 시 비 인

〔30〕 來說是非者는 便是是非人이니라

〔해석〕 ①찾아와서 시비(옳고 그름)를 이야기하는 사람이 ②곧 시비하는 사람이다.

①격 양 시 운②평 생 부 작 추 미 사 ③세 상 응 무 절 치 인

〔31〕 擊壤詩에 云平生에 不作皺眉事하면 世上에 應無切齒人이라

④대 명 기 유 전 완 석 ⑤노 상 행 인 구 승 비

大名을 豈有鐫頑石가 路上行人口勝碑니라

〔해석〕 ①격양시에 이르기를 ②"평생 동안 눈썹을 찡그리게 할 일을 하지 않으면 ③세상에 응당 이를 갈 원수가 없을 것이다. ④크게 떨친 이름을 어찌 뜻 없는 돌에다 새길 것인가. ⑤길 가는 사람이 하는 말은 비석을 세우는 것보다 낫다."

①유 사 자 연 향 ②하 필 당 풍 립

〔32〕 有麝自然香이니 何必當風立가

〔해석〕 ①사향을 가졌으면 저절로 향기로운데, ②어찌 꼭 바람이 불어야만 그런 일이 성립하겠는가(향기롭겠는가).

참고 **사향**(麝香) : 사향노루 수컷의 배꼽과 불두덩을 싸고 있는 향주머니를 쪼개어서 말린 향료.

①유 복 막 향 진 ②복 진 신 빈 궁 ③유 세 막 사 진 ④세 진 원 상
〔33〕 **有福莫享盡**하라 **福盡身貧窮**이라 **有勢莫使盡**하라 **勢盡冤相**
봉 ⑤복 혜 상 자 석 ⑥세 혜 상 자 공 ⑦인 생 교 여 치 ⑧유 시
逢이니라 **福兮常自惜**하고 **勢兮常自恭**하라 **人生驕與侈**는 **有始**
다 무 종
多無終이니라

〔해석〕 ①복이 있다고 모두 다 누리지 말아라. ②복이 다하면 몸이 빈궁해진다. ③권세가 있다고 함부로 부리지 말아라. ④권세가 다하면 원수와 서로 만나게 된다. ⑤복이 있거든 항상 스스로 아끼고, ⑥권세가 있거든 항상 몸소 삼가라. ⑦인생에 있어서 교만함과 사치스러움은 ⑧시작은 있으나 나중이 없음이 많다.

①왕 참 정 사 류 명 왈②유 유 여 부 진 지 교 이 환 조 물 ③유 유
〔34〕 **王參政四留銘**에 **曰留有餘不盡之巧**하야 **以還造物**하고 **留有**
여 부 진 지 록 이 환 조 정 ④유 유 여 부 진 지 재 이 환 백
餘不盡之祿하야 **以還朝廷**하고 **留有餘不盡之財**하야 **以還百**
성 ⑤유 유 여 부 진 지 복 이 환 자 손
姓하고 **留有餘不盡之福**하야 **以還子孫**이니라

〔해석〕 ①왕참정의 사류명에 이르기를 ②"여유를 두어 재주를 다 쓰지 않았다가 조물주에게 돌려 주고, ③여유를 두어 녹을 다 쓰지 않았다가 나라에 돌려 주며, ④여유를 두어 재산을 다 쓰지 않았다가 백성에게 돌려 주고, ⑤여유를 두어 복을 다 누리지 않았다가 자손에게 돌려 주어라." 고 하였다.

참고 **왕참정**(王參政) : 중국 북송(北宋) 진종(眞宗) 때의 정치가로, 이름은 단(旦).
사류명(四留銘) : 네 가지의 유의할 일.

①황 금 천 량 미 위 귀 ②득 인 일 어 승 천 금
〔35〕 **黃金千兩**이 **未爲貴**요 **得人一語**가 **勝千金**이니라

〔해석〕 ①황금 천 냥이 귀한 것이 아니라, ②다른 사람의 좋은 말 한 마디를 듣는 것이 천금보다 낫다.

①교 자 졸 지 노 ②고 자 낙 지 모
〔36〕 **巧者**는 **拙之奴**요 **苦者**는 **樂之母**니라

〔해석〕 ①재주 있는 사람은 재주 없는 사람의 노예가 되고, ②고생하는 것은 즐거움의 근본이다.

①소 선 난 감 중 재 ②심 경 불 의 독 행
〔37〕 **小船**은 **難堪重載**요 **深逕**은 **不宜獨行**이니라

〔해석〕 ①작은 배는 무겁게 실으면 감당하지 못하고, ②으슥한 길은 혼자 다니기에 좋지 않다.

①황금 미시귀 ②안락 치전다
〔38〕 **黃金**이 **未是貴**요 **安樂**이 **値錢多**니라

〔해석〕 ①황금이 귀한 것이 아니라, ②편안하고 즐거움이 보다 값진 것이다.

①재가 불회요빈객 ②출외 방지소주인
〔39〕 **在家**에 **不會邀賓客**이면 **出外**에 **方知少主人**이니라

〔해석〕 ①자기 집으로 손님을 맞아 대접할 줄 모르면, ②밖에 나갔을 때에 (다른 집에 가보면) 비로소 주인이 적은 것을 알게 된다.

①빈거요시무상식 ②부주심산유원친
〔40〕 **貧居鬧市無相識**이요 **富住深山有遠親**이니라

〔해석〕 ①가난하게 살면 번화한 시장거리에 살아도 서로 아는 사람이 없고, ②넉넉하게 살면 깊은 산골에 살아도 먼 친척이 찾아온다.

①인의 진종빈처단 ②세정 변향유전가
〔41〕 **人義**는 **盡從貧處斷**이요 **世情**은 **便向有錢家**니라

〔해석〕 ①사람의 의리는 다 가난 때문에 끊어지고, ②세상의 인정은 곧 돈 있는 집으로 향한다.

①영색무저항 ②난색비하횡
〔42〕 **寧塞無底缸**이언정 **難塞鼻下橫**이니라

〔해석〕 ①차라리 밑 빠진 항아리는 메울 수가 있지만, ②코 밑에 가로놓인 입은 막기가 어렵다.

①인정 ②개위군중소
〔43〕 **人情**은 **皆爲窘中疎**니라

〔해석〕 ①사람의 정은 ②모든 것이 군색한 데서 멀어진다.

①사기 왈②교천례묘 비주불향 ③군신붕우 비주불의
〔44〕 **史記**에 **曰郊天禮廟**에 **非酒不享**이요 **君臣朋友**에 **非酒不義**요
④투쟁상화 비주불권 ⑤고 주유성패이불가봉음지
鬪爭相和에 **非酒不勸**이라 **故**로 **酒有成敗而不可泛飮之**니라

〔해석〕 ①사기에 이르기를 ②"하늘에 제사 지내고 사당에 제사지내는 데는 술이 아니면 제물(祭物)을 받지 않을 것이며, ③임금과 신하, 친구 사이에도 술이 아니면 그 의리가 두터워지지 않을 것이며, ④싸움을 한 후 서로 화해하는 데도 술이 아니면 권하지 못한다. ⑤그러므로, 술은 성공과 실패가 있으니 이를 마시되 함부로 하여서는 안된다.

참고 사기(史記) : 중국 한(漢)나라의 사마 천(司馬遷)이 황제(黃帝)로부터 한나라 무제(武帝)까지의 역대 왕조의 발자취를 적은 기전체(記傳体)의 역사책으로, 모두 130권임.

①자 왈② 사지어도③ 이치악의악식자 ④미족여의야
〔45〕 **子**가 **曰士志於道而恥惡衣惡食者**는 **未足與議也**니라

〔해석〕 ①공자가 말하기를 ②"선비가 도(道)에 뜻을 두면서 ③나쁜 옷과 나쁜 음식을 먹는 것을 부끄럽게 여기는 사람과는 ④서로 같이 의논할 것이 못 된다."라고 하였다.

①순 자 왈②사 유 투 우 즉 현 교 불 친 ③군 유 투 신 즉 현 인 부 지
〔46〕 荀子가 曰士有妬友則賢交不親하고 君有妬臣則賢人不至니라

〔해석〕①순자가 말하기를 ②"선비가 친구를 시기하면 어진 사람과 사귀되 친할 수 없고, ③임금이 신하를 시기하면 어진 사람이 오지 않는다."라고 하였다.

①천 불 생 무 록 지 인 ②지 부 장 무 명 지 초
〔47〕 天不生無祿之人하고 地不長無名之草이니라

〔해석〕 ①하늘은 녹(祿) 없는 사람을 태어나게 하지 않고, ②땅은 이름 없는 풀을 기르지 않는다.

①대 부 유 천 ②소 부 유 근
〔48〕 大富는 由天하고 小富는 由勤이니라

〔해석〕 ①큰 부자는 하늘의 뜻에 달려 있고, ②작은 부자는 부지런한 데에서 온다.

①성 가 지 아 석 분 여 금 ②패 가 지 아 용 금 여 분
〔49〕 成家之兒는 惜糞如金하고 敗家之兒는 用金如糞이니라

〔해석〕 ①집을 일으킬 아이는 똥을 아끼기를 금과 같이 하고, ②집을 망칠 아이는 돈 쓰기를 똥과 같이 한다.

①강 절 소 선 생 왈②한 거 신 물 설 무 방 ③재 설 무 방 변 유 방
〔50〕 康節邵先生이 曰閑居에 愼勿說無妨하라 纔說無妨便有妨

④상 구 물 다 능 작 질 ⑤쾌 심 사 과 필 유 앙 ⑥여 기 병 후
이니라 爽口勿多能作疾이요 快心事過必有殃이라 與其病後

능 복 약 ⑦불 약 병 전 능 자 방
能服藥으론 不若病前能自防이니라

〔해석〕 ①강절 소 선생이 말하기를 ②"편안하고 한가롭게 살 때 삼가하여 걱정거리가 없다고 말하지 말라. ③겨우 걱정할 것이 없다고 말하자마자 곧 걱정거리가 생길 것이다. ④입에 맞는다고 음식을 너무 많이 먹으면 병이 생길 것이고, ⑤마음에 쾌적한 일이라고 하여 지나치다 보면 반드시 재앙이 따르게 된다. ⑥병이 든 후에 약을 먹는 것보다는 ⑦병이 들기 전에 스스로 예방하는 것이 좋다."고 하였다.

①재 동 제 군 수 훈 왈②묘 약 난 의 원 채 병 ③횡 재 불 부 명
〔51〕 梓潼帝君垂訓에 曰妙藥도 難醫冤債病이요 橫財도 不富命

궁 인 ④생 사 사 생 군 막 원 ⑤해 인 인 해 여 휴 진 ⑥천
窮人이라 生事事生을 君莫怨하고 害人人害를 汝休嗔하라 天

지 자 연 개 유 보 ⑦원 재 아 손 근 재 신
地自然皆有報하니 遠在兒孫近在身이니라

〔해석〕 ①재동제군이 훈계하여 말하기를 ②"아무리 묘한 약이라도 원한의 병은 고치기 어

렵고, ③뜻밖에 생긴 재물도 운수가 궁한 사람을 부자가 되게 할 수는 없다. ④일을 저지르고 나서 일이 생겼다고 원망하지 말고, ⑤남을 해치고 나서 남이 해치는 것을 꾸짖지 말라. ⑥하늘과 땅 사이의 모든 일에는 갚음이 있으니, ⑦그것이 멀면 자손에게 있고, 가까우면 자기 몸에 있다." 라고 하였다.

참고 **재동제군**(梓潼帝君) : 도가(道家)에서 받들어 모시는 신.

〔52〕 ①花落花開開又落(화락화개개우락)하고 ②錦衣布衣更換着(금의포의갱환착)이라 ③豪家未必常富貴(호가미필상부귀)요 ④貧家未必長寂寞(빈가미필장적막)이라 ⑤扶人未必上青霄(부인미필상청소)요 ⑥推人未必塡邱壑(추인미필전구학)이라 ⑦勸君凡事(권군범사)를 莫怨天(막원천)하라 ⑧天意於人(천의어인)에 無厚薄(무후박)이니라

〔해석〕 ①꽃은 졌다가 피고, 피었다가 또 진다. ②비단옷도 다시 베옷으로 바꿔 입게 된다. ③재산이 많은 사람이라고 해서 언제까지나 부자인 것은 아니며, ④가난한 집이라고 해서 반드시 언제까지나 적막하랴. ⑤사람을 붙잡아 올려도 반드시 하늘에는 오르지 못할 것이며, ⑥사람을 밀어뜨린다고 해서 반드시 깊은 골짜기에 굴러 떨어지지는 않을 것이다. ⑦그대에게 권하노니, 모든 일을 하늘에 대고 원망하지 말라. ⑧하늘의 뜻은 사람에게 후하고 박함이 없다.

〔53〕 ①堪歎人心毒似蛇(감탄인심독사사)라 ②誰知天眼轉如車(수지천안전여차)요 ③去年妄取東隣物(거년망취동린물)이니 ④今日還歸北舍家(금일환귀북사가)라 ⑤無義錢財湯潑雪(무의전재탕발설)이요 ⑥儻來田地水推沙(당래전지수추사)니라 ⑦若將狡譎爲生計(약장교휼위생계)면 ⑧恰似朝雲暮落花(흡사조운모락화)니라

〔해석〕 ①사람의 마음이 독하기가 뱀 같음을 한탄하노라. ②누가 하늘의 보는 눈이 수레바퀴처럼 돌아가고 있음을 알랴. ③지난 해에 망녕되이 동쪽 이웃에 있는 물건을 탐내어 가져 왔더니, ④오늘은 물려나 북쪽 집으로 돌아갔구나. ⑤불의로써 얻은 재물은 끓는 물에 뿌린 눈이요, ⑥나쁜 짓으로써 얻은 밭은 물에 밀려온 모래이다. ⑦만일, 간교한 속임수로써 생계(生計)를 삼는다면 ⑧그것은 마치 아침에 떠오르는 구름이나 저녁에 지는 꽃과 같다.

〔54〕 ①無藥可醫卿相壽(무약가의경상수)요 ②有錢難買子孫賢(유전난매자손현)이니라

〔해석〕 ①약이라 하여 모두 재상의 수명(壽命)을 고치는 것은 아니며, ②돈이 있어도 자손의 어짐은 사기 어려울 것이다.

〔55〕 ①一日清閑(일일청한)이면 ②一日仙(일일선)이니라

〔해석〕 ①단 하루라도 마음이 맑고 한가하면, ②그 하루는 신선이 된 것과 같다.

十二. 성심편(省心篇)(下)

◈ 자기의 마음을 살펴 반성하고 수양하라는 글.

〔1〕 ①眞宗皇帝御製에 曰 ②知危識險이면 終無羅網之門이요 ③擧善薦賢이면 自有安身之路라 ④施仁布德은 乃世代之榮昌이요 ⑤懷妬報冤은 與子孫之爲患이라 ⑥損人利己면 終無顯達雲仍이요 ⑦害衆成家면 豈有長久富貴리오 ⑧改名異體는 皆因巧語而生이요 ⑨禍起傷身은 皆是不仁之召니라

〔해석〕 ①진종 황제의 어제에 이르기를 ②"위태로움을 알고 험한 것을 알면 아무래도 그물을 벌여 놓은 문과 같은 법망에 걸리는 일이 없을 것이며, ③착한 사람을 받들고 어진 사람을 추천하면, 스스로 몸이 편안할 것이다. ④어짐을 베풀고 덕을 폄은 곧 대대로 번영을 가져올 것이며, ⑤시기하는 마음을 품고 원한을 보복함은 자손에게 근심을 끼치는 것이며, ⑥다른 사람을 해롭게 하여 자기를 이롭게 한다면 끝내 현명한 자손이 없을 것이고, ⑦모든 백성을 해롭게 하여 가문을 이룬다면 어찌 오래오래 부귀를 누릴 수가 있겠는가. ⑧이름을 바꾸고 몸을 달리함은 보다 교묘한 말 때문에 생기고, ⑨재앙으로써 몸이 상하게 됨은 그 모두가 다 어질지 못함이 불러들이는 것이다.

참고 **진종 황제**(眞宗皇帝 ; 968~1022) : 중국 송(宋)나라의 제 3 대 황제. 이름은 항(恒). 경덕(景德) 원년(1004년)에 요(遼)의 성종(成宗)이 남침했을 때 스스로 나아가 이를 정벌했음.
어제(御製) : 임금이 지은 시문(詩文).

〔2〕 ①神宗皇帝御製에 曰 ②遠非道之財하고 ③戒過度之酒하며 ④居必擇隣하고 ⑤交必擇友하며 ⑥嫉妬勿起於心하고 ⑦讒言을 勿宣於口하며 ⑧骨肉貧者를 莫疎하고 ⑨他人富者를 莫厚하며 ⑩克己는 以勤儉爲先하고 ⑪愛衆은 以謙和爲首하며 ⑫常思已往之非하고 ⑬每念未來之咎하라 ⑭若依朕之斯言이면 ⑮治國家而可久니라

〔해석〕 ①신종 황제의 어제에 이르기를 ②"사람으로서 마땅히 지켜야 할 도리(道理)가 아닌 재물이라면 이를 멀리하고, ③술을 지나치게 마시는 것을 주의하며, ④반드시 이웃을 가려서 살고, ⑤반드시 친구를 가려서 사귀며, ⑥다른 사람을 시기하는 마음을 갖지 말고, ⑦다른 사람을 헐뜯는 말을 하지 말며, ⑧집이 가난한 친척을 소홀히 하지 말고, ⑨다른 사람의 부유함에 아첨하지 말며, ⑩사사로운 욕심을 버림에는 부지런하며 아껴쓰는 것이 첫째이다. ⑪사람을 사랑하되 겸손하고 화목한 것을 첫째로 삼고, ⑫언제나 지난 날의 잘못을 생각하며, ⑬또 언제나 미래의 허물을 염두에 두어라. ⑭만일, 나의 이 말을 따른다면 ⑮나라와 집안을 오래오래 다스릴 수 있을 것이다."라고 하였다.

참고 **신종 황제**(神宗皇帝 ; 1048～1085) : 중국 북송(北宋)의 제 6 대 황제. 왕 안석(王安石)을 기용하여 나랏일을 새롭게 하고자 하였으나, 내정 파탄 등으로 뜻을 이루지 못하였음.

〔3〕 ①고종황제어제(高宗皇帝御製)에 왈(曰) ②일성지화(一星之火)도 능소만경지신(能燒萬頃之薪)하고 ③반구비언(半句非言)도 오손평생지덕(誤損平生之德)이라 ④신피일루(身被一縷)나 상사직녀지로(常思織女之勞)하고 ⑤일식삼손(日食三飧)이나 매념농부지고(每念農夫之苦)하라 ⑥구탐투손(苟貪妬損)은 종무십재안강(終無十載安康)하고 ⑦적선존인(積善存仁)이면 필유영화후예(必有榮華後裔)니라 ⑧복연선경(福緣善慶)은 다인적행이생(多因積行而生)이요 ⑨입성초범(入聖超凡)은 진시진실이득(盡是眞實而得)이니라

〔해석〕 ①고종 황제의 어제에 이르기를 ②"한 점의 불티가 넓고 넓은 숲을 불사르고, ③반 마디의 그릇된 말이 평생의 덕을 손상시킨다. ④몸에 한 올의 실을 감았어도 항상 베 짜는 여인의 수고로움을 생각하고, ⑤하루 세 끼 밥을 먹되 항상 농부의 수고로움을 생각하라. ⑥진실로 탐내고 시기하여 다른 사람에게 손해를 끼치면 마침내 십년 동안의 편안함도 없을 것이며, ⑦착함을 쌓고 어짊을 보존한다면 반드시 후에 자손에게 영광이 있을 것이다. ⑧복이라는 것은 착함 때문에 오는 것이니 착한 일을 많이 함으로써 생기는 것이며, ⑨범용(凡庸)을 넘어 성인의 경지에 들어가는 것은 모두가 다 진실함으로써 얻어지는 것이다."라고 하였다.

참고 **고종 황제**(高宗皇帝 ; 1107～1187) : 중국 남송(南宋)의 초대 황제로, 휘종(徽宗)의 아들. 1127년에 금(金)나라가 쳐들어오자 굴욕적인 화약을 맺음.

〔4〕 ①왕량(王良)이 왈(曰) ②욕지기군(欲知其君)커든 선시기신(先視其臣)하고 ③욕지기인(欲知其人)커든 선시기우(先視其友)하고 ④욕지기부(欲知其父)커든 선시기자(先視其子)하라 ⑤군성신충(君聖臣忠)하고 ⑥부자자효(父慈子孝)이니라

〔해석〕 ①왕량이 말하기를 ②"그 임금을 알려고 한다면 먼저 그 신하를 보고, ③그 사람을 알려고 한다면 먼저 그 친구를 보고, ④그 아버지를 알려고 한다면 먼저 그 자식을 보라. ⑤임금이 거룩하면 그 신하가 충성스럽고, ⑥아버지가 인자하면 그 자식이 효성스럽다."라고 하였다.

참고 **왕 량**(王良) : 중국 춘추(春秋) 시대의 진(晋)나라 사람으로, 말을 매우 잘 탔다고 함.

①가 어 ②운 수 지 청 즉 무 어 ③인 지 찰 즉 무 도

〔5〕 家語에 云水至淸則無魚하고 人至察則無徒니라

〔해석〕 ①가어에 이르기를 ②"물이 지극히 맑으면 고기가 없고, ③사람이 지극히 똑똑하면 따르는 사람이 없다."라고 하였다.

참고 **가어**(家語) : 공자가어 (孔子家語)를 말함. 공자의 말과 행동 및 그 제자와의 문답을 적은 책. 처음에는 27권이었으나 후에 10권 44책이 됨.

①허 경 종 왈 ②춘 우 여 고 ③행 인 오 기 니 녕 ④추 월 양 휘

〔6〕 許敬宗이 曰春雨는 如膏나 行人은 惡其泥濘하고 秋月은 揚輝나

⑤도 자 증 기 조 감

盜者는 憎其照鑑이니라

〔해석〕 ①허 경종이 말하기를 ②"봄비는 땅을 기름지게 하지만 ③길 가는 사람은 그 진 땅을 미워하고, ④가을달은 높게 떠올라 비추지만 ⑤도둑놈은 그 밝음을 미워한다."라고 하였다.

참고 **허 경종**(許敬宗) : 중국 당(唐)나라 때의 정치가로, 자는 연족(延族).

①경 행 록 운 ②대 장 부 견 선 명 고 ③중 명 절 어 태 산 ④용 심

〔7〕 景行錄에 云大丈夫는 見善明故로 重名節於泰山하고 用心

정 고 ⑤경 사 생 어 홍 모

精故로 輕死生於鴻毛니라

〔해석〕 ①경행록에 이르기를 ②"대장부는 착함을 보는 데 밝으므로 ③명예와 절개를 태산보다 중하게 여기고, ④마음씀이 깨끗하므로 ⑤삶과 죽음을 홍모보다 가볍게 여긴다."라고 하였다.

참고 **홍모**(鴻毛) : 글자 그대로의 뜻은 '기러기의 털'이지만, '매우 가벼운 것'을 나타낼 때 씀.

①민 인 지 흉 ②요 인 지 선 ③제 인 지 급 ④구 인 지 위

〔8〕 悶人之凶하고 樂人之善하며 濟人之急하고 救人之危니라

〔해석〕 ①다른 사람의 흉한 일은 민망히 여기고, ②다른 사람의 좋은 일은 기뻐하며, ③다른 사람이 매우 위급할 때는 건져주고, ④다른 사람이 위험할 때는 구해주라.

①경 목 지 사 공 미 개 진 ②배 후 지 언 기 족 심 신

〔9〕 經目之事도 恐未皆眞이어늘 背後之言을 豈足深信이리요

〔해석〕 ①눈으로 직접 경험한 일도 모두가 다 참되지 않을까 두려운데, ②뒤에서 쑥덕거리는 말을 어찌 족히 믿겠는가.

①불 한 자 가 급 승 단 ②지 한 타 가 고 정 심

〔10〕 不恨自家汲繩短하고 只恨他家苦井深이로다

〔해석〕 ①자기 집의 두레박 줄이 짧은 것은 탓하지 않고, ②다만 남의 집 우물이 깊은 것만을 탓한다.

①장 람 만 천 하 ②죄 구 박 복 인
〔11〕 贓濫이 滿天下하되 罪拘薄福人이니라

〔해석〕 ①부정한 방법으로 재물을 얻은 사람이 세상에 가득하지만, ②죄는 복 없는 사람에게만 걸린다.

①천 약 개 상 불 풍 즉 우 ②인 약 개 상 불 병 즉 사
〔12〕 天若改常이면 不風即雨요 人若改常 이면 不病即死니라

〔해석〕 ①하늘이 만일 떳떳한 도리에 벗어나면 바람이 아니면 비가 오고, ②사람이 만일 떳떳한 도리에 벗어나면 병들지 않으면 죽음이 온다.

①장 원 시 ②운 국 정 천 심 순 ③관 청 민 자 안 ④처 현 부 화 소
〔13〕 壯元詩에 云國正天心順이요 官淸民自安이라 妻賢夫禍少요
⑤자 효 부 심 관
子孝父心寬이니라

〔해석〕 ①장원시에 이르기를 ②"나라가 바르면 하늘의 뜻도 순하고, ③벼슬아치가 깨끗하면 백성도 저절로 편안해진다. ④아내가 현명하면 그 남편에게는 화가 적고, ⑤자식이 효성스러우면 그 아버지의 마음은 너그러워진다." 라고 하였다.

참고 **장원시(壯元詩)** : 과거 시험에 첫째로 급제한 사람의 시.

①자 왈 ②목 종 승 즉 직 ③인 수 간 즉 성
〔14〕 子가 曰木從繩則直하고 人受諫則聖이니라

〔해석〕 ①공자가 말하기를 ②"나무는 먹줄을 좇으면 곧아지고, ③사람이 다른 사람의 간하는 말을 받아들이면 거룩해진다." 라고 하였다.

①일 파 청 산 경 색 유 ②전 인 전 토 후 인 수 ③후 인 수 득 막 환 희
〔15〕 一派靑山景色幽러니 前人田土後人收라 後人收得莫歡喜
④갱 유 수 인 재 후 두
하라 更有收人在後頭니라

〔해석〕 ①한 줄기 푸른 산은 그 경치가 그윽한데, ②그 땅은 옛 사람이 가꾸던 밭을 후세 사람이 차지했다. ③후인(後人)들이여, 그 땅을 차지했다고 해서 기뻐하지 말라. ④그 땅을 다시 차지할 사람은 우리 뒤에 또 있다.

①소 동 파 왈 ②무 고 이 득 천 금 ③불 유 대 복 필 유 대 화
〔16〕 蘇東坡曰無故而得千金이면 不有大福이라 必有大禍이니라

〔해석〕 ①소 동파가 말하기를 ②"아무 까닭 없이 천금을 얻는 것은 ③무슨 큰 복이 있어서가 아니라, 반드시 재앙이 있어서이다." 라고 하였다.

참고 **소 동파**(蘇東坡 ; 1036~1101) : 중국 북송(北宋) 때의 문인으로, 본래의 이름은 소 식(蘇軾). 아버지 순(洵), 아우 철(轍)과 함께 삼소(三蘇)라고 불리며, 당송 팔대가(唐宋八大家)의 한 사람. 왕안석(王安石)과 대립하여 쫓겨났으나, 후에 다시 기용됨. 서화에도 능하였으며, 저서에 〈동파전집(東坡全集)〉이 있음.

①강 절 소 선 생 왈 ②유 인 내 문 복 ③여 하 시 화 복 ④아 휴 인
〔17〕 康節邵先生이 曰有人이 來問卜하되 如何是禍福고 我虧人

시 화 ⑤인 휴 아 시 복
是禍이요 人虧我是福이니라

〔해석〕 ①강절 소 선생이 말하기를 ②"어떤 사람이 찾아와서 점쳐 달라고 하며, ③어떤 것이 화며 복이냐고 했다. ④내가 다른 사람을 해롭게 하면 이것이 화요, ⑤다른 사람이 나를 해롭게 하면 이것이 복이다." 라고 하였다.

①대 하 천 간 ②야 와 팔 척 ③양 전 만 경 ④일 식 이 승
〔18〕 大廈千間이라도 夜臥八尺이요 良田萬頃이라도 日食二升이니라

〔해석〕 ①천 간이나 되는 큰 집일지라도 ②밤에 잘 때에는 여덟 자면 족하고, ③좋은 밭이 만 평이나 있더라도 ④하루에 두 되면 족하다.

①구 주 영 인 천 ②빈 래 친 야 소 ③단 간 삼 오 일 ④상 견 불 여 초
〔19〕 久住令人賤이요 頻來親也疎라 但看三五日에 相見不如初라

〔해석〕 ①남의 집에 오래 머물면 남이 천하게 여기고, ②자주 오면 친하던 것도 멀어진다. ③오직 사흘이나 닷새 사이인데도 ④서로 보는 눈이 처음과 같지 않다.

①갈 시 일 적 여 감 로 ②취 후 첨 배 불 여 무
〔20〕 渴時一滴은 如甘露요 醉後添盃는 不如無이니라

〔해석〕 ①목마를 때의 한 방울의 물은 단 이슬과도 같고, ②술 취한 후에 잔을 더함은 없는 것보다 못하다.

①주 불 취 인 인 자 취 ②색 불 미 인 인 자 미
〔21〕 酒不醉人人自醉요 色不迷人人自迷니라

〔해석〕 ①술이 사람을 취하게 하는 것이 아니라 사람이 스스로 취하는 것이요, ②색이 사람을 미혹(迷惑)시키는 것이 아니라 사람이 스스로 미혹하는 것이다.

①공 심 약 비 사 심 ②하 사 불 변 ③도 념 약 동 정 념 ④성 덕
〔22〕 公心이 若比私心이면 何事不辨이며 道念이 若同情念이면成德
다 시
多時니라

〔해석〕 ①공(여럿)을 위하는 마음이 사(사사로움)를 위하는 마음에 비할 수 있다면 ②무슨 일인들 가려내지 못하랴. ③도리를 지키려는 마음이 만약 남녀의 정념과 같다면 ④덕을 이룬 지가 오래일 것이다.

①염 계 선 생 왈 ②교 자 언 졸 자 묵 ③교 자 로 졸 자 일 ④교
〔23〕 濂溪先生曰巧者言하고 拙者默하며 巧者勞하고 拙者逸하며 巧
자 적 졸 자 덕 ⑤교 자 흉 졸 자 길 ⑥오 호 천 하 졸
者賊하고 拙者德하며 巧者凶하고 拙者吉하나니 嗚呼라 天下拙이면
형 정 철 ⑦상 안 하 순 풍 청 폐 절
刑政이 徹하여 上安下順하며 風淸弊絶이니라

〔해석〕 ①염계 선생이 말하기를 ②"교묘한 사람은 말을 잘하고, 서툰 사람은 말이 없다. ③교묘한 사람은 수고롭고, 서툰 사람은 한가하다. ④교묘한 사람은 다른 사람에게 해를 끼치고, 서툰 사람은 행복하다. ⑤교묘한 사람은 흉하고, 서툰 사람은 길하다.

⑥아, 세상이 겸손하면 정치가 철저히 다스려져서 ⑦임금은 편하고 백성은 순하며, 풍속은 맑고 나쁜 습관은 없어진다." 라고 하였다.

참고 **염계**(濂溪) : 주 돈이(周敦頤 ; 1017~1073)를 말함. 염계는 그의 호이며, 시호는 원공(元公). 중국 북송(北宋)의 유학자로, 송학(宋學)의 아버지로 불리며, 〈태극도설(太極圖說)〉·〈통서(通書)〉를 지어 지금까지의 인생관에다 우주관을 보태었음.

①역 왈②덕 미 이 위 존 ③지 소 이 모 대 ④무 화 자 선 의
〔24〕 **易**에 **曰德微而位尊**하고 **智小而謀大**면 **無禍者**는 **鮮矣**니라

〔해석〕 ①주역에 이르기를 ②"덕은 적은데 지위가 높고, ③지혜가 적으면서도 꾀하는 것이 크다면, ④화가 없는 사람은 드물 것이다." 라고 하였다.

참고 **주역**(周易) : 삼역(三易)의 하나로, 중국 상고 시대에 복희씨(伏羲氏)가 그린 괘(卦)에 대하여 공자(孔子)가 깊은 원리를 붙인 책. 주대(周代)에 대성되었기 때문에 '주역'이라 함.

①설 원 왈②관 태 어 환 성 ③병 가 어 소 유 ④화 생 어 해 태
〔25〕 **說苑**에 **曰官怠於宦成**하고 **病加於小愈**하며 **禍生於懈怠**하고
⑤효 쇠 어 처 자 ⑥찰 차 사 자 ⑦신 종 여 시
孝衰於妻子니 **察此四者**하여 **愼終如始**니라

〔해석〕 ①설원에 이르기를 ②관리는 벼슬이 높아짐에 따라 게을러지고, ③질병은 조금씩 나아지는 데서 더 심해지며, ④재앙은 게으른 데서 생기고, ⑤효도는 아내와 자식이 생기는 데서 흐려진다. ⑥그러므로, 이 네 가지를 살펴 ⑦삼가하여 처음과 나중이 같게 하라." 고 하였다.

참고 **설원**(說苑) : 군도(君道)·신술(臣術)·건본(建本)·입절(立節)·귀덕(貴德)·복은(復恩) 등 20편으로 나누어서 처음에 서설(序說)을 말하고, 뒤에 일화(逸話)를 나열한 책으로 20권임. 한(漢)나라의 유 향(劉向)이 지음.

①기 만 즉 일 ②인 만 즉 상
〔26〕 **器滿則溢**하고 **人滿則喪**이니라

〔해석〕 ①그릇은 가득 차면 넘치고, ②사람도 운수가 차면 잃게 된다.

①척 벽 비 보 ②촌 음 시 경
〔27〕 **尺璧非寶**요 **寸陰是競**이니라

〔해석〕 ①한 자 되는 둥근 구슬을 보배로 여기지 말고, ②한 치의 시간이라도 다투라.

①양 갱 수 미 ②중 구 난 조
〔28〕 **羊羹**이 **雖美**나 **衆口難調**니라

〔해석〕 ①양고기국이 비록 맛이 좋아도 ②여러 사람의 입에 다 맞기는 어렵다.

①익 지 서 운②백 옥 투 어 니 도 불 능 오 예 기 색 ③군 자
〔29〕 **益智書**에 **云白玉**은 **投於泥塗**라도 **不能汚穢其色**이요 **君子**는
행 어 탁 지 불 능 염 란 기 심 ④고 송 백 가 이 내 설 상
行於濁地라도 **不能染亂其心**하나니 **故**로 **松栢**은 **可以耐雪霜**이요
⑤명 지 가 이 섭 위 난
明智는 **可以涉危難**이니라

〔해석〕 ①익지서에 이르기를 ②"흰 구슬은 진흙 속에 던져도 그 빛은 능히 더러워지지 않고, ③군자는 혼탁한 곳에 갈지라도 그 마음은 능히 어지럽게 물들지 않는다. ④그러므로, 소나무와 동백나무는 눈과 서리를 이겨내고 ⑤밝은 지혜는 위급하고 곤란한 일을 헤쳐 나갈 수 있다." 라고 하였다.

①입 산 금 호 이 ②개 구 고 인 난
〔30〕 入山擒虎는 易어니와 開口告人은 難이니라

〔해석〕 ①산에 들어가 호랑이를 잡기는 쉬우나, ②입을 열어 다른 사람에게 사실을 말하기는 어려운 것이다.

①원 수 불 구 근 화 ②원 친 불 여 근 린
〔31〕 遠水는 不救近火요 遠親은 不如近隣이니라

〔해석〕 ①멀리 있는 물은 가까이에서 붙은 불을 끄지 못하고, ②먼 곳에 있는 친척은 가까운 이웃보다 못하다.

①태 공 왈 ②일 월 수 명 부 조 복 분 지 하 ③도 인 수 쾌
〔32〕 太公이 曰日月이 雖明이나 不照覆盆之下하고 刀刃이 雖快나

불 참 무 죄 지 인 ④비 재 횡 화 불 입 신 가 지 문
不斬無罪之人하고 非災橫禍는 不入愼家之門이니라

〔해석〕 ①태공이 말하기를 ②"해와 달이 비록 밝지만 엎어 놓은 항아리(동이)의 밑은 비추지 못하고, ③칼날이 비록 잘 들어도 죄 없는 사람은 베지 못하며, ④나쁜 재앙이나 뜻하지 않은 화는 조심하는 집 문에는 들어오지 못한다." 라고 하였다.

①태 공 왈 ②양 전 만 경 ③불 여 박 예 수 신
〔33〕 太公이 曰良田萬頃이라도 不如薄藝隨身이니라

〔해석〕 ①태공이 말하기를 ②"좋은 밭 만 이랑도 ③아주 작은 재주 한 가지를 몸에 가진 것만 못하다." 라고 하였다.

①성 리 서 운 ②접 물 지 요 ③기 소 불 욕 물 시 어 인 ④행 유 부
〔34〕 性理書에 云接物之要는 己所不欲을 勿施於人하고 行有不

득 반 구 제 기
得이어든 反求諸己니라

〔해석〕 ①성리서에 이르기를 ②"사물(事物)을 접할 때 중요한 것은 ③자기가 하고 싶지 않은 것을 다른 사람에게 베풀지 말고, ④행하여 얻지 못하는 것이 있거든 돌이켜 그 책임을 자기에게서 구해야 한다." 라고 하였다.

①주 색 재 기 사 도 장 ②다 소 현 우 재 내 상 ③약 유 세 인 도 득
〔35〕 酒色財氣四堵墻에 多少賢愚在內廂이라 若有世人이 跳得

출 ④변 시 신 선 불 사 방
出이면 便是神仙不死方이니라

〔해석〕 ①술과 여색과 재물과 기운 이 네 가지로 쌓은 담 안에 ②수 많은 어진 사람과 어리

석은 사람이 안방과 곁방에 들어 있는 것과 같다. ③만일, 세상 사람들이 이곳에서 뛰쳐나올 수가 있다면 ④그것이 바로 신선과 마찬가지로 죽지 않는 방법이다.

十三. 입교편(立敎篇) ◈ 가르침의 근본 요강을 깨우치는 글.

〔1〕 子가 曰立身有義而孝爲本이요 喪祀有禮而哀爲本이요 戰陣有列而勇爲本이요 治政有理而農爲本이요 居國有道而嗣爲本이요 生財有時而力爲本이니라

(①자 왈 ②입신유의이효위본 ③상사유례이애위본 ④전진유열이용위본 ⑤치정유리이농위본 ⑥거국유도이사위본 ⑦생재유시이력위본)

〔해석〕 ①공자가 말하기를 ②"입신함에 의로움이 있으니 효도가 그 근본이 되고, ③상사에는 예도가 있으니 슬퍼함이 그 근본이 되고, ④싸움터에는 질서가 있으니 용맹이 그 근본이 되고, ⑤나라를 다스리는 데는 이치가 있으니 농사가 그 근본이 되고, ⑥나라를 보존하는 데는 도리가 있으니 대를 잇는 것이 그 근본이 되고, ⑦재물을 만드는 데는 때가 있으니 노력이 그 근본이 된다."라고 하였다.

〔2〕 景行錄에 云爲政之要는 曰公與淸이요 成家之道는 曰儉與勤이니라

(①경행록 운 ②위정지요 왈공여청 ③성가지도 왈검여근)

〔해석〕 ①경행록에 이르기를 ②"정치(政治)를 하는 데 중요한 것은 공정하고 깨끗이 하는 것이며, ③집을 이루는 길은 검소함과 부지런함이다."라고 하였다.

〔3〕 讀書는 起家之本이요 循理는 保家之本이요 勤儉은 治家之本이요 和順은 齊家之本이니라

(①독서 기가지본 ②순리 보가지본 ③근검 치가지본 ④화순 제가지본)

〔해석〕 ①글을 읽는 것은 집을 일으키는 근본이며, ②도리를 따르는 것은 집을 보존하는 근본이며, ③부지런하고 검소한 것은 집을 잘 다스리는 근본이며, ④화목하고 순한 것은 집을 정돈하여 가지런히 하는 근본이다.

〔4〕 孔子三計圖에 云一生之計는 在於幼하고 一年之計는 在於春하고 一日之計는 在於寅이니 幼而不學이면 老無所知요 春若不耕이면 秋無所望이요 寅若不起면 日無所辦이니라

(①공자삼계도 운 ②일생지계 재어유 ③일년지계 재어춘 ④일일지계 재어인 ⑤유이불학 노무소지 ⑥춘약불경 추무소망 ⑦인약불기 일무소판)

〔해석〕 ①공자가 삼계도에 이르기를 ②"한평생의 계획은 어릴 때에 있고, ③일년의 계획은 봄에 있으며, ④하루의 계획은 새벽에 있다. ⑤어렸을 때 배우지 않으면 늙어서 아는 바가 없고, ⑥봄에 밭을 갈지 않으면 가을에 바랄 바가 없으며, ⑦새벽에 일어나지 않으면 그 날에는 할 바가 없다."라고 하였다.

참고 삼계도(三計圖) : 세 가지의 계획, 즉 일생, 일년, 하루의 계획. 이 외에 일년, 십년, 일생의 세 가지 계획도 있음.

①성리서 운②오교지목 ③부자유친 ④군신유의 ⑤부부유별 ⑥장유유서 ⑦붕우유신

〔5〕 **性理書**에 **云五教之目**은 **父子有親**하며 **君臣有義**하며 **夫婦有別**하며 **長幼有序**하며 **朋友有信**이니라

〔해석〕 ①성리서에 이르기를 ②"다섯 가지 가르쳐야 하는 것은, ③아버지와 자식은 친해야 하며, ④임금과 신하는 의리가 있어야 하며, ⑤남편과 아내는 분별이 있어야 하며, ⑥어른과 아이는 차례가 있어야 하며, ⑦친구 사이에는 믿음이 있어야 한다."라고 하였다.

①삼강 ②군위신강 ③부위자강 ④부위부강

〔6〕 **三綱**은 **君爲臣綱**이요 **父爲子綱**이요 **夫爲婦綱**이니라

〔해석〕 ①삼강이란, ②임금은 신하의 본(모범)이 되는 것이고, ③아버지는 자식의 본(모범)이 되는 것이고, ④남편은 아내의 본(모범)이 되는 것이다.

참고 삼강(三綱) : 유교 도덕에 있어서 기본이 되는 세 가지 것으로서, 임금과 신하, 아버지와 자식, 남편과 아내 사이에 마땅히 지켜야 할 도리.

①왕촉 왈②충신 불사이군 ③열녀 불갱이부

〔7〕 **王蠋**이 **曰忠臣**은 **不事二君**이요 **烈女**는 **不更二夫**니라

〔해석〕 ①왕 촉이 말하기를 ②"충신은 두 임금을 섬기지 않고, ③열녀(烈女)는 두 남편을 섬기지 않는다."라고 하였다.

참고 왕 촉(王蠋) : 중국 전국(戰國) 시대 때의 제(齊)나라 사람으로, 연(燕)나라에게 졌으나 항복하지 않고 자살했음.

①충자왈②치관 막약평 ③임재 막약렴

〔8〕 **忠子曰治官**은 **莫若平**이요 **臨財**엔 **莫若廉**이니라

〔해석〕 ①충자가 말하기를 ②"벼슬아치는 공평한 것만한 것이 없고, ③재물을 대할 때는 청렴한 것만한 것이 없다."라고 하였다.

①장사숙좌우명 왈②범어 필충신 ③범행 필독경 ④음식 필신절 ⑤자획 필해정 ⑥용모 필단장 ⑦의관 필정숙 ⑧보리 필안상 ⑨거처 필정정 ⑩작사 필모

〔9〕 **張思叔座右銘**에 **曰凡語**를 **必忠信**하며 **凡行**을 **必篤敬**하며 **飮食**을 **必愼節**하며 **字劃**을 **必楷正**하며 **容貌**를 **必端莊**하며 **衣冠**을 **必整肅**하며 **步履**를 **必安詳**하며 **居處**를 **必正靜**하며 **作事**를 **必謀**

시 ⑪출 언 필 고 행 ⑫상 덕 필 고 지 ⑬연 락 필 중 응
始하며 出言을 必顧行하며 常德을 必固持하며 然諾을 必重應하고
⑭견 선 여 기 출 ⑮견 악 여 기 병 ⑯범 차 십 사 자 ⑰개 아 미 심 성
見善如己出하며 見惡如己病하라 凡此十四者는 皆我未深省
⑱서 차 당 좌 우 ⑲조 석 시 위 경
이라 書此當座右하여 朝夕視爲警하노라

〔해석〕 ①장 사숙의 좌우명에 이르기를 ②"무릇 말을 할 때에는 반드시 정성스럽고 참되게 하며, ③무릇 행실은 반드시 돈독하고 공경히 하며, ④음식은 반드시 삼가고 알맞게 먹어야 하며, ⑤글씨는 반드시 똑똑하고 바르게 쓰며, ⑥몸가짐은 반드시 단정하고 엄숙하며, ⑦옷매무새는 반드시 단정히 하며, ⑧걸음걸이는 반드시 점잖게 하며, ⑨사는 곳은 반드시 바르고 조용해야 하며, ⑩일을 할 때에는 반드시 계획을 세워서 시작하며, ⑪말을 할 때에는 반드시 그것을 실천할 수 있는지 없는지를 생각해서 하며, ⑫보통 때에 반드시 덕을 굳게 가지며, ⑬일을 허락할 때는 반드시 신중히 하며, ⑭다른 사람의 착한 일을 보거든 내 일과 같이 생각하며, ⑮악한 일을 보거든 자기 자신의 질병인 것과 같이 생각하라. ⑯무릇 이 열 네 가지는 ⑰모두 아직도 내가 깊이 깨닫지 못한 것이다. ⑱이것을 자기 눈앞에 써 붙이고 ⑲밤낮으로 보고 경계하여라."고 하였다.

참고 **장 사숙**(張思叔) : 중국 북송(北宋) 때의 학자로, 성리학자(性理學者)인 정 이천(程伊川)의 제자.

①범 익 겸 좌 우 명 왈 ②일 불 언 조 정 이 해 변 보 차 제 ③이 불 언
〔10〕 范益謙座右銘에 曰一不言朝廷利害邊報差除하고 二不言
주 현 관 원 장 단 득 실 ④삼 불 언 중 인 소 작 과 악 지 사 ⑤사
州縣官員長短得失하고 三不言衆人所作過惡之事하고 四
불 언 사 진 관 직 추 시 부 세 ⑥오 불 언 재 리 다 소 염 빈 구 부
不言仕進官職趨時附勢하고 五不言財利多少厭貧求富하고
⑦육 불 언 음 설 희 만 평 론 여 색 ⑧칠 불 언 구 멱 인 물 간 색 주 식
六不言淫媟戲慢評論女色하고 七不言求覓人物干索酒食
⑨우 인 부 서 신 불 가 개 탁 침 체 ⑩여 인 배 좌 불 가 규 인
하고 又人付書信을 不可開坼沈滯요 與人拜坐에 不可窺人
사 서 ⑪범 입 인 가 불 가 간 인 문 사 ⑫범 차 인 물 불 가 손 괴
私書요 凡入人家에 不可看人文字요 凡借人物에 不可損壞
불 환 ⑬범 끽 음 식 불 가 간 택 거 취 ⑭여 인 동 처 불 가 자
不還이요 凡喫飮食에 不可揀擇去取요 與人同處에 不可自
택 편 리 ⑮범 인 부 귀 불 가 탄 선 저 훼 ⑯범 차 수 사 유 범 지
擇便利요 凡人富貴를 不可歎羨詆毁니 凡此數事에 有犯之
자 ⑰족 이 견 용 심 지 부 정 ⑱어 정 심 수 신 대 유 소 해 ⑲인
者면 足以見用心之不正이라 於正心修身에 大有所害라 因

서 이 자 경
書以自警하노라

〔해석〕 ①범 익겸의 좌우명에 이르기를 ②"첫째, 조정에서의 이해와 변방으로부터의 보고와 관직의 임명에 관하여 말하지 말고, ③둘째, 주와 현의 관원이 옳고 그름과 얻고 잃음에 관하여 말하지 말고, ④셋째, 여러 사람이 저지른 악한 일을 말하지 말며, ⑤넷째, 벼슬하게 된 내막과 기회를 좇아 세도에 아부하는 일에 관하여 말하지 말며, ⑥다섯째, 재물과 이익의 많고 적음이나 가난을 싫어하고 부(富)를 바라는 일을 말하지 말며, ⑦여섯째, 음탕하고 난잡한 농지거리나 여색에 관한 생각을 말하지 말며, ⑧일곱째, 다른 사람의 물건을 탐내거나 술과 음식을 뒤져 찾지 말며, ⑨다른 사람이 전해 달라는 편지를 뜯어 보거나 지체해서는 안 되며, ⑩다른 사람과 함께 있으면서 남의 개인적인 글을 엿보아서는 안 되며, ⑪무릇 다른 집에 갔을 때 남의 글을 보지 말며, ⑫다른 사람의 물건을 빌었을 때에는 이것을 손상하여 돌려보내선 안 되며, ⑬무릇 음식을 먹되 가려 먹지 말며, ⑭다른 사람과 함께 있으면서 자신의 편리함만을 취하지 말며, ⑮무릇 다른 사람의 재물 많고 귀한 것을 가히 부러워하거나 헐뜯지 말라. ⑯무릇 이 몇 가지 일을 지키지 못하는 사람이 있다면 ⑰능히 그 마음씀이 바르지 못함을 알 수 있으며, ⑱마음을 바르게 하고 몸을 닦는 데 크게 해로울 것이다. ⑲그러므로, 이 글을 써서 스스로 경계한다." 라고 하였다.

①무 왕 문 태 공 왈 ②인 거 세 상 하 득 귀 천 빈 부 부 등 ③원 문
〔11〕 武王이 問太公曰人居世上에 何得貴賤貧富不等고 願聞
설 지 욕 지 시 의 ④태 공 왈 ⑤부 귀 여 성 인 지 덕 개 유
說之하여 欲之是矣이로다 太公이 曰富貴如聖人之德하여 皆由
천 명 ⑥부 자 용 지 유 절 ⑦불 부 자 가 유 십 도
天命이어니와 富者는 用之有節하고 不富者는 家有十盜니라

〔해석〕 ①무왕이 태공에게 묻기를 ②"사람이 세상을 사는 데 왜 귀하고 천한 것과 재물이 많고 적은 것이 고르지 않습니까? ③원컨데 이를 설명하여 주십시오. 알고자 합니다." 라고 하였다. ④태공이 아뢰기를 ⑤"부귀라는 것은 성인의 덕과 같아서 모두가 천명에 말미암거니와, ⑥부자는 그 씀씀이가 절도 있고, ⑦가난한 자는 그 집에 열 가지 도둑이 있기 때문입니다." 라고 하였다.

참고 **무왕**(武王; 서기전 1169~1116) : 중국 주(周)나라 문왕(文王)의 아들로, 이름은 발(發). 아우 단(旦)과 협력하여 주왕(紂王)을 토벌한 후, 은조(殷朝)를 쳐서 주 왕조를 세움.

①무 왕 왈 ②하 위 십 도 ③태 공 왈 ④시 숙 불 수 위 일 도 ⑤수 적 불
〔12〕 武王이 曰何謂十盜이오 太公曰時熟不收 爲一盜요 收積不
료 위 이 도 ⑥무 사 연 등 침 수 위 삼 도 ⑦용 나 불 경 위 사 도
了爲二盜요 無事燃燈寢睡 爲三盜요 慵懶不耕이 爲四盜요
⑧불 시 공 력 위 오 도 ⑨전 행 교 해 위 륙 도 ⑩양 녀 태 다 위
不施功力이 爲五盜요 專行巧害는 爲六盜요 養女太多가 爲

칠 도 ⑪주 면 나 기 위 팔 도 ⑫탐 주 기 욕 위 구 도 ⑬강 행 질
七盜요 晝眠懶起는 爲八盜요 貪酒嗜慾이 爲九盜요 强行嫉
투 위 십 도
妬爲十盜니다

〔해석〕 ①무왕이 말하기를 ②"무엇이 열 가지 도둑이오?"라고 물었다. ③태공이 말하기를 ④"곡식이 제 때에 익은 것을 거둬들이지 않는 것이 첫째 도둑이요, ⑤거두어 쌓은 것을 마치지 않는 것이 둘째 도둑이요, ⑥일 없이 등불을 켜 놓고 자는 것이 세째 도둑이요, ⑦게을러서 밭갈이하지 않는 것이 네째 도둑이요, ⑧공력을 베풀지 않는 것이 다섯째 도둑이요, ⑨오로지 교활하고 해로운 일만 행하는 것이 여섯째 도둑이요, ⑩딸이 너무 많은 것이 일곱째 도둑이요, ⑪낮잠이나 자고 아침에 늦게 일어나는 것이 여덟째 도둑이요, ⑫술을 탐내고 욕망을 즐기는 것이 아홉째 도둑이요, ⑬다른 사람을 매우 시기하는 것이 열째 도둑입니다."라고 하였다.

①무 왕 왈 ②가 무 십 도 이 불 부 자 여 하 ③태 공 왈 ④인 가 필
〔13〕 武王이 曰家無十盜而不富者는 如何닛고 太公이 曰人家에必
유 삼 모 ⑤무 왕 왈 ⑥하 명 삼 모 ⑦태 공 왈 ⑧창 고 누 람 불 개
有三耗니라 武王이 曰何名三耗닛고 太公이 曰倉庫漏濫不蓋
서 작 난 식 위 일 모 ⑨수 종 실 시 위 이 모 ⑩포 살 미 곡
하여 鼠雀亂食이 爲一耗요 收種失時가 爲二耗요 抛撒米穀
예 천 위 삼 모
穢賤이 爲三耗니라

〔해석〕 ①무왕이 말하기를 ②"집에 열 가지 도둑이 없는 데도 부유하지 못한 것은 어째서 그렇습니까?"라고 물었다. ③태공이 말하기를 ④"그런 사람의 집에는 반드시 삼모가 있을 것입니다."라고 하였다. ⑤무왕이 다시 말하기를 ⑥"삼모란 무엇을 이름입니까?"라고 하였다. ⑦태공이 말하기를 ⑧"창고가 새는 데도 막지 않아서 쥐와 새들이 어지럽게 먹어대는 것이 첫째 소모요, ⑨거두고 씨 뿌리는 때를 놓치는 것이 둘째 소모요, ⑩곡식을 땅에 흘려 더럽히고 천하게 다루는 것이 세째 소모입니다."라고 하였다.

①무 왕 왈 ②가 무 삼 모 이 불 부 자 여 하 ③태 공 왈 ④인 가 필
〔14〕 武王이 曰家無三耗而不富者는 如何닛고 太公이 曰人家에必
유 일 착 이 오 삼 치 사 실 오 역 육 불 상 칠 노 팔 천 구 우 십 강
有一錯二誤三痴四失五逆六不祥七奴八賤九愚十强하여
⑤자 초 기 화 ⑥비 천 강 앙
自招其禍요 非天降殃이니다

〔해석〕 ①무왕이 말하기를 ②"집에 삼모도 없는데 부유하지 못한 것은 어째서 그렇습니까?"라고 하였다. ③태공이 말하기를 ④"그런 사람의 집에는 반드시 첫째는 착(錯; 일을 그르치는 것), 둘째는 오(誤; 일을 잘못하는 것), 세째는 치(痴; 어리석은 것), 네

째는 실(失 ; 실수하는 것), 다섯째는 역(逆 ; 인륜을 거역하는 것), 여섯째는 불상(不祥 ; 상서롭지 못한 것), 일곱째는 노(奴 ; 노예 행세하는 것), 여덟째는 천(賤 ; 천한 것), 아홉째는 우(愚 ; 우둔한 것), 열째는 강(强 ; 지나치게 강한 것)이 있어서 ⑤스스로 그 화를 부르는 것이요, ⑥하늘이 재앙을 내리는 것은 아닙니다." 라고 하였다.

①무 왕 왈②원 실 문 지 ③태 공 왈④양 남 불 교 훈 위 일 착
〔15〕 武王이 曰願悉聞之이오 太公이 曰養男不敎訓이 爲一錯이요
⑤영 해 불 훈 위 이 오 ⑥초 영 신 부 불 행 엄 훈 위 삼 치 ⑦미 어
嬰孩不訓이 爲二誤요 初迎新婦不行嚴訓이 爲三痴요 未語
선 소 위 사 실 ⑧불 양 부 모 위 오 역 ⑨야 기 적 신 위 육
先笑가 爲四失이요 不養父母가 爲五逆이요 夜起赤身이 爲六
불 상 ⑩호 만 타 궁 위 칠 노 ⑪애 기 타 마 위 팔 천 ⑫끽 타
不祥이요 好挽他弓이 爲七奴요 愛騎他馬가 爲八賤이요 喫他
주 권 타 인 위 구 우 ⑬끽 타 반 명 붕 우 위 십 강 ⑭무 왕
酒勸他人이 爲九愚요 喫他飯命朋友가 爲十强이니다 武王이
왈⑮심 미 성 재 시 언 야
曰甚美誠哉라 是言也라

〔해석〕 ①무왕이 말하기를 ②"원컨대 그를 자세히 다 듣고자 합니다." 라고 하였다. ③태공이 말하기를 ④"아들은 기르되 가르치지 않는 것이 첫째의 그르침이며, ⑤어린이를 타이르지 않는 것이 둘째의 잘못이며, ⑥새 아내를 맞아들이되 엄하게 가르치지 않는 것이 세째의 어리석음이며, ⑦말하기 전에 먼저 웃기부터 하는 것이 네째의 실수이며, ⑧부모를 봉양하지 않는 것이 다섯째의 인륜을 거역하는 것이며, ⑨밤에 알몸으로 일어나는 것이 여섯째의 상서롭지 못함이며, ⑩다른 사람의 활을 빌어 당기기를 좋아하는 것이 일곱째의 노예처럼 구는 것이며, ⑪다른 사람의 말을 타기 좋아하는 것이 여덟째의 천함이며, ⑫다른 사람의 술을 얻어 마시면서 다른 사람에게 술을 권하는 것이 아홉째의 어리석음이며, ⑬다른 사람의 밥을 빌어 먹으면서 친구에게 주는 것이 열째의 뻔뻔스러움입니다." 라고 하였다. ⑭이를 듣고 무왕이 말하기를 ⑮"참으로 훌륭하고 정성스런 옳은 말이오." 라고 하였다.

十四. 치정편(治政篇) ◈ 나라의 정치를 바르게 하는 데에 관한 글.

①명 도 선 생 왈②일 명 지 사 구 유 존 심 어 애 물 ③어 인 필 유
〔1〕 明道先生이 曰一命之士도 苟有存心於愛物이면 於人에 必有
소 제
所濟니라

〔해석〕 ①명도 선생이 말하기를 ②"처음으로 벼슬에 임명된 선비도 진실로 물건을 사랑하

는 마음이 있다면 ③다른 사람으로부터 반드시 도움받게 될 것이다." 라고 하였다.

참고 **명도**(明道 ; 1032~1085) : 중국 북송(北宋) 때의 대유학자로, 성은 정(程), 이름은 호(顥), 자는 백순(伯淳), 명도는 호임. 주 돈이(周敦頤)에게서 배웠으며, 우주와 사람의 본성은 같다고 했음.

①당 태 종 어 제 운 ②상 유 휘 지 ③중 유 승 지 ④하 유 부 지
〔2〕 **唐太宗御製**에 **云上有麾之**하고 **中有乘之**하고 **下有附之**하니
⑤폐 백 의 지 ⑥창 름 식 지 ⑦이 봉 이 록 민 고 민 지 ⑧하 민
幣帛衣之요 **倉廩食之**하니 **爾俸爾祿**이 **民膏民脂**니라 **下民**은
이 학 상 창 난 기
易虐이어니와 **上蒼**은 **難欺**니라

〔해석〕 ①당 태종이 어제에 이르기를 ②"위에는 지시하는 사람이 있고, ③중간에는 이에 의하여 다스리는 사람이 있고, ④그 아래에는 이에 따르는 사람이 있다. ⑤예물로써 옷을 만들어 입고, ⑥곳간에 거두어 둔 곡식으로써 밥을 지어 먹으니, ⑦너희의 봉록(俸祿)은 모두가 다 백성들의 기름이다. ⑧아래에 있는 백성을 학대하기는 쉽지만, 위에 있는 파란 하늘은 속이기 어렵다." 라고 하였다.

참고 **당 태종**(唐太宗 ; 598~649) : 중국 당(唐)나라의 제 2 대 임금. 본래의 이름은 이 세민(李世民)이며, 당나라의 실질적인 건설자임.

①동 몽 훈 왈 ②당 관 지 법 유 유 삼 사 ③왈 청 왈 신 왈 근 ④지
〔3〕 **童蒙訓**에 **曰當官之法**이 **唯有三事**하니 **曰淸曰愼曰勤**이라 **知**
차 삼 자 지 소 이 지 신 의
此三者면 **知所以持身矣**니라

〔해석〕 ①동몽훈에 이르기를 ②"관직에 있는 자로서 마땅히 지켜야 할 법은 오직 세 가지이니, ③청렴한 마음과 신중함과 부지런함이다. ④이 세가지를 알면 몸가질 바를 알 것이다." 라고 하였다.

참고 **동몽훈**(童蒙訓) : 중국 송(宋)나라 때 여 본중(呂本中)이 어린이들을 가르치기 위해 지은 책.

①당 관 자 필 이 폭 노 위 계 ②사 유 불 가 ③당 상 처 지 필 무
〔4〕 **當官者**는 **必以暴怒爲戒**하여 **事有不可**어든 **當詳處之**면 **必無**
부 중 ④약 선 폭 노 지 능 자 해 ⑤기 능 해 인
不中이며 **若先暴怒**면 **只能自害**라 **豈能害人**이리요.

〔해석〕 ①관리는 반드시 매우 화내는 것을 경계하라. ②일에 불가함이 있거든 ③마땅히 상세하게 처리하면 반드시 맞지 않는 것이 없으며, ④만일 화부터 먼저 내면 오직 자신을 해롭게 할 뿐이니, ⑤어찌 남을 해롭게 할 수 있겠는가.

①사 군 여 사 친 ②사 장 관 여 사 형 ③여 동 료 여 가 인
〔5〕 **事君**을 **如事親**하고 **事長官**을 **如事兄**하고 **與同僚**를 **如家人**하고
④대 군 리 여 노 복 ⑤애 백 성 여 처 자 ⑥처 관 사 여 가 사
待羣吏를 **如奴僕**하고 **愛百姓**을 **如妻子**하고 **處官事**를 **如家事**
연 후 ⑦능 진 오 지 심 ⑧여 유 호 말 부 지 ⑨개 오 심 유 소 미
然後에 **能盡吾之心**이니 **如有毫末不至**면 **皆吾心**에 **有所未**

진 야
盡也니라

〔해석〕 ①임금 섬기기를 어버이 섬기듯이 하고, ②웃사람 섬기기를 형을 섬기듯이 하고, ③친구 대하기를 자기 집 식구같이 하고, ④아전을 대하기를 자기 집 종과 같이 하고, ⑤백성 사랑하기를 아내와 자식 사랑하듯 하고, ⑥나랏일 처리하는 것을 집안 일하는 것과 같이 한 후에야 ⑦능히 최선을 다했다고 할 수 있을 것이다. ⑧만일 털끝만큼이라도 다하지 못한 점이 있으면 ⑨모두가 내 마음에 다하지 못한 것이 있기 때문이다.

①혹 문 ②부 좌 령 자 야 ③부 소 욕 위 영 혹 부 종 내 하
〔6〕 或이 問簿는 佐令者也니 簿所欲爲를 令或不從이면 奈何닛고
④이 천 선 생 왈 ⑤당 이 성 의 동 지 ⑥금 령 여 부 불 화 변 시 쟁
伊川先生이 曰當以誠意動之니라 今令與簿不和는 便是爭
사 의 ⑦영 시 읍 지 장 약 능 이 사 부 형 지 도 사 지 ⑧과
私意요 令은 是邑之長이니 若能以事父兄之道로 事之하여 過
즉 귀 기 선 즉 유 공 불 귀 어 령 ⑨적 차 성 의 기 유 부 동
則歸己하고 善則唯恐不歸於令하여 積此誠意면 豈有不動
득 인
得人이리오.

〔해석〕 ①어떤 사람이 묻기를 ②"부는 영을 보좌하는 사람이니, ③부가 하고자 하는 바를 영이 혹시 따르지 않는다면 어떻게 하겠는가?"라고 하였다. ④이천 선생이 말하기를 ⑤"이것은 마땅히 성의로써 움직여야 한다. ⑥지금 영이 부와 화목하지 않은 것은 곧 사사로운 생각으로 다투는 것이다. ⑦영은 고을의 장관이니 만일 아버지와 형을 섬기는 도리로 섬겨 ⑧잘못이 있다면 자기에게로 돌리고, 잘한 일이 있다면 영에게로 돌아가지 않을 것을 염려하여, ⑨이같은 성의를 쌓아 간다면 어찌 사람을 움직이지 못하겠는가?" 라고 하였다.

참고 **부(簿)** : 지방 장관인 영(令) 밑에 딸린 옛 중국의 벼슬 이름.
이천(伊川 ; 1033~1107) : 중국 북송(北宋) 때의 학자로, 성은 정(程), 이름은 이(頤), 자는 정숙(正淑), 이천은 호임. 정 호(程顥)의 아우로, 이천백(伊川伯)에 봉해졌기 때문에 '이천 선생'이라 불림. 처음으로 이기(理氣)의 철학을 말하였고, 유교 도덕에 철학적 기초를 더했음. 저서에는 〈역전(易傳)〉·〈어록(語錄)〉 등이 있음.

①유 안 례 문 림 민 ②명 도 선 생 왈 ③사 민 각 득 수 기 정
〔7〕 劉安禮가 問臨民한대 明道先生이 曰使民으로 各得輸其情이니라
④문 어 리 왈 ⑤정 기 이 격 물
問御吏한대 曰正己以格物이니라

〔해석〕 ①유 안례가 백성을 대하는 도리를 묻자 ②명도 선생이 말하기를 ③"백성으로 하여금 각각 그들의 뜻을 모두 다 펴게 하여라." 고 하였다. ④관리를 다스리는 방법을 묻자, ⑤"자기 자신을 올바르게 함으로써 사물의 이치를 깨닫게 하라." 고 하였다.

참고 **유 안례**(劉安禮) : 중국 북송(北宋) 때의 사람으로 자는 원소(元素). 한고제(漢高帝)의 손자. 독서와 음악을 즐겼고, 저서에 〈병풍부(屛風賦)〉가 있음.

①포 박 자 왈②영 부 월 이 정 간 ③거 정 확 이 진 언 ④차 위 충 신
〔8〕 抱朴子가 曰迎斧鉞而正諫하며 據鼎鑊而盡言이면 此謂忠臣
야
也니라

〔해석〕 ①포박자가 이르기를 ②"도끼를 맞이하는 한이 있더라도(도끼에 맞아 죽더라도) 바르게 간하고, ③가마솥에 넣어서 죽이려 해도 옳은 말을 다하면 ④이를 충신이라 하느니라." 고 하였다.

참고 포박자(抱朴子) : ① 중국 동진(東晋) 초기의 도가(道家)로, 성은 갈(葛), 이름은 홍(洪), 포박자는 그의 호임. 신선(神仙)·도술(道術)을 좋아하고, 평생을 그 수련에 노력했음. 저서에 〈포박자〉·〈신선전(神仙傳)〉 등이 있음.

② 갈 홍이 동진 초(317)에 지은 책. 신선의 법을 설명하고, 도덕과 정치를 논하였음. 내외편 (內外篇) 2 편으로 되어 있음.

十五. 치가편(治家篇) ◈ 가정생활과 운명

①사 마 온 공 왈②범 제 비 유 ③사 무 대 소 무 득 전 행 ④필 자
〔1〕 司馬温公이 曰凡諸卑幼는 事無大小를 毋得專行하고 必咨
품 어 가 장
稟於家長이니라

〔해석〕 ①사마 온공이 말하기를 ②"모든 손아래 사람들은 ③일의 크고 작음을 가림이 없이 제 멋대로 행동하지 말고, ④반드시 집안 어른께 여쭈어 보고 해야 한다." 고 하였다.

①대 객 부 득 불 풍 ②치 가 부 득 불 검
〔2〕 待客에 不得不豊이요 治家에 不得不儉이니라

〔해석〕 ①손님 접대는 풍성히 아니 할 수 없으며, ②살림살이는 검소하게 아니 할 수 없다.

①태 공 왈②치 인 외 부 ③현 녀 경 부
〔3〕 太公이 曰痴人은 畏婦하고 賢女는 敬夫니라

〔해석〕 ①태공이 말하기를 ②"어리석은 사내는 아내를 두려워하고, ③어진 아내는 남편을 공경한다." 라고 하였다.

①범 사 노 복 ②선 념 기 한
〔4〕 凡使奴僕에 先念飢寒이니라

〔해석〕 ①무릇 종을 부리는 데는 ②먼저 그들의 춥고 배고픔을 생각하라.

①자 효 쌍 친 락 ②가 화 만 사 성
〔5〕 子孝雙親樂이요 家和萬事成이니라

〔해석〕 ①자식이 효도하면 어버이는 즐거우며, ②집안이 화목하면 모든 일이 이루어진다.

①시 시 방 화 발 ②야 야 비 적 래
〔6〕 時時防火發하고 夜夜備賊來니라

〔해석〕 ①항상 불이 나는 것을 예방하고, ②밤마다 도둑이 드는 것을 방비하여라.

①경 행 록 운 ②관 조 석 지 조 안 ③가 이 복 인 가 지 흥 체
〔7〕 景行録에 云觀朝夕之早晏하여 可以卜人家之興替니라

〔해석〕 ①경행록에 이르기를 ②"아침 저녁의(밥이) 이르고 늦음을 보면 ③가히 그 사람의 집안이 흥한 지 망한 지를 점칠 수 있다."라고 하였다.

①문 중 자 왈 ②혼 취 이 논 재 ③이 로 지 도 야
〔8〕 文仲子가 曰婚娶而論財는 夷虜之道也니라

〔해석〕 ①문중자가 말하기를 ②결혼하고 장가드는 데 있어서 재물을 따지는 것은 ③오랑캐나 하는 일이다."라고 하였다.

참고 **문중자**(文仲子) : 중국 수(隨)나라 왕도(王道)의 사시(私諡 ; 죽은 후에 그의 제자들이 지음). 벼슬도 했으나, 후진 양성에 힘씀.

十六. 안의편(安義篇)

◈ 의(義)에 안주(安住)하는 인륜(人倫)에 관한 글.

①안 씨 가 훈 왈 ②부 유 인 민 이 후 유 부 부 ③유 부 부 이 후
〔1〕 顔氏家訓에 曰夫有人民而後에 有夫婦하고 有夫婦而後에
유 부 자 ④유 부 자 이 후 유 형 제 ⑤일 가 지 친 차 삼 자 이
有父子하고 有父子而後에 有兄弟하니 一家之親은 此三者而
이 의 ⑥자 자 이 왕 지 우 구 족 ⑦개 본 어 삼 친 언 고 ⑧어 인
已矣라 自玆以往으로 至于九族이 皆本於三親焉故로 於人
륜 위 중 야 ⑨불 가 부 독
倫에 爲重也이니 不可不篤이니라

〔해석〕 ①안씨의 가훈에 이르기를 ②"대저 사람이 있은 후에야 부부가 있고, ③부부가 있은 후에야 부자가 있으며, ④부자가 있은 후에야 형제가 있는 법이니, ⑤한 집의 친함은 이 세 가지 뿐이다. ⑥이에서부터 나아가 구족(九族)에 이르기까지는 ⑦모두가 삼친에 근본을 두고 있으므로, ⑧이것을 인륜에 있어 가장 중요하게 여기고 ⑨가히 돈독하게 아니 하지 못한다."고 하였다.

참고 **안씨 가훈**(顔氏家訓) : 중국 북제(北齊) 나라의 안 지추(顔之推)가 지은 두 권의 책.
구족(九族) : 고조부, 증조부, 조부, 아버지, 자기, 아들, 손자, 증손, 현손을 말함.

①장 자 왈 ②형 제 위 수 족 ③부 부 위 의 복 ④의 복 파 시 갱
〔2〕 莊子가 曰兄弟는 爲手足하고 夫婦는 爲衣服이니 衣服破時엔更
득 신 ⑤수 족 단 처 난 가 속
得新이나 手足斷處엔 難可續이니라

〔해석〕 ①장자가 말하기를 ②"형제는 손발과 같고, ③부부는 옷과 같으니, ④옷이 떨어졌을때는 새 것으로 갈아입을 수 있으나, ⑤손발이 잘린 곳은 잇기가 어렵다." 라고 하였다.

①소 동 파 운②부 불 친 혜 빈 불 소 ③차 시 인 간 대 장 부 ④부 즉 진
〔3〕 蘇東坡가 云富不親兮貧不疎는 此是人間大丈夫요 富則進
혜 빈 즉 퇴 ⑤차 시 인 간 진 소 배
兮貧則退는 此是人間眞小輩니라

〔해석〕 ①소 동파가 말하기를 ②"부유하다고 하여도 친하지 않고, 가난하다고 하여 멀리하지 않아야 ③이것이 인간(人間)의 대장부이며 ④부유하다고 하여 가깝게 지내고, 가난하다고 하여 멀리하는 것은⑤이것이 인간 중의 참으로 졸장부이다." 라고 하였다.

十七. 준례편(遵禮篇) ◈ 상호간에 예의를 좇는 데에 관한 글.

①자 왈②거 가 유 례 고 장 유 변 ③규 문 유 례 고 삼 족 화
〔1〕 子가 曰居家有禮故어야 長幼辨하고 閨門有禮故어야 三族和하며
④조 정 유 례 고 관 작 서 ⑤전 렵 유 례 고 융 사 한 ⑥군 려
朝廷有禮故어야 官爵序하고 田獵有禮故어야 戎事閑하며 軍旅
유 례 고 무 공 성
有禮故어야 武功成이니라

〔해석〕 ①공자가 말하기를 ②"집안에 예의가 있음으로써 어른과 아이의 구별이 있고,③ 부녀자가 거처하는 방에 예의가 있음으로써 삼족이 화목하며, ④조정에 예의가 있음으로써 벼슬에 차례가 있고 ⑤사냥하는 데에도 예의가 있어야 무기에서도 시비가 없으며, ⑥군대에도 예의가 있어야 무공이 이루어진다." 라고 하였다.

①자 왈②군 자 유 용 이 무 례 위 난 ③소 인 유 용 이 무 례
〔2〕 子가 曰君子가 有勇而無禮면 爲亂하고 小人이 有勇而無禮면
위 도
爲盜니라

〔해석〕 ①공자가 말하기를 ②"군자에게 용맹만 있고 예의가 없으면 세상을 어지럽게 하고, ③소인에게 용맹만 있고 예의가 없으면 도둑이 된다." 라고 하였다.

①증 자 왈②조 정 막 여 작 ③향 당 막 여 치 ④보 세 장 민 막
〔3〕 曾子가 曰朝廷엔 莫如爵이고 鄕黨엔 莫如齒이며 輔世長民엔 莫
여 덕
如德이니라

〔해석〕 ①증자가 말하기를 ②"조정에는 벼슬만한 것이 없고, ③향리에는 나이가 많은 사람

보다 더 나은 사람은 없으며 ④나랏일을 잘 하고 백성을 잘 다스리는 데에는 덕만한 것이 없다."라고 하였다.

참고 증자(曾子 ; B.C. 506～?: 중국 춘추(春秋)시대 노(魯)나라의 사상가. 본명은 증삼(曾參)인데, 증자는 그를 높이어 일컫는 말임. 공자(孔子)의 제자로서 효도를 강조하였음.

①노 소 장 유 천 분 질 서 ②불 가 패 리 이 상 도 야
〔4〕 老少長幼는 天分秩序이므로 不可悖理而傷道也니라

〔해석〕 ①늙은이와 젊은이, 어른과 아이는 하늘이 정한 차례이므로 ②올바른 이치를 어기고 도리를 상하게 해서는 안된다.

①출 문 여 견 대 빈 ②입 실 여 유 인
〔5〕 出門如見大賓하고 入室如有人이니라

〔해석〕 ①문밖을 나섰을 때에는 큰 손님을 만나는 듯이 주의하고 ②방안에 들어 올 때에는 안에 다른 사람이 있는 듯이 주의하여라.

①약 요 인 중 아 ②무 과 아 중 인
〔6〕 若要人重我면 無過我重人이니라

〔해석〕 ①만일 다른 사람이 나를 중하게 여기기를 원한다면 ②내가 먼저 그를 중하게 여겨야 한다.

①부 불 언 자 지 덕 ②자 부 담 부 지 과
〔7〕 父不言子之德고 子不談父之過니라

〔해석〕 ①아버지는 그 아들의 덕을 말하지 말고 ②아들은 그 아버지의 허물을 말하지 말라.

十八. 언어편(言語篇) ◈ 언어 생활을 신중히 하라는 글.

①유 회 왈 ②언 부 중 리 ③불 여 불 언
〔1〕 劉會가 曰言不中理면 不如不言이니라

〔해석〕 ①유회가 말하기를 ②"말이 이치에 맞지 않으면 ③말하지 아니함만 같지 못하다." 라고 하였다.

참고 유 회(劉會) : 어느 때 어떤 사람인지 알 수 없음.

①일 언 부 중 ②천 어 무 용
〔2〕 一言不中이면 千語無用이니라

〔해석〕 ①한 마디 말이 이치에 맞지 않으면, ②천 마디 말도 쓸 데 없다.

①군 평 왈 ②구 설 자 화 환 지 문 ③멸 신 지 부 야
〔3〕 君平이 曰口舌者는 禍患之門이요 滅身之斧也이니라

〔해석〕 ①군평이 말하기를 ②"입과 혀라는 것은 화와 근심의 문(門)이고, ③그것은 몸을 망치는 도끼이다."라고 하였다.

참고 **군평**(君平) : 중국 전한(前漢) 시대 무제(武帝) 때의 사람으로, 점을 잘 쳤음.

①이인지언 난여면서 ②상인지어 이여형극 ③일언반구 중치천금 ④일어상인 통여도할

〔4〕 **利人之言**은 **煖如綿絮**하고 **傷人之語**는 **利如荊棘**하여 **一言半句 - 重値千金**이요 **一語傷人**에 **痛如刀割**이니라

〔해석〕 ①사람을 이롭게 하는 말은 그 따뜻함이 솜과 같고, ②사람을 상하게 하는 말은 그 날카로움이 가시와 같으므로, ③한 마디 말은 그 무게가 천금과도 같고, ④한 마디 말이 사람을 다치는 아픔은 칼로 베는 것과 같다.

①구시상인부 ②언시할설도 ③폐구심장설 ④안신처처뢰

〔5〕 **口是傷人斧**요 **言是割舌刀**이니 **閉口深藏舌**이면 **安身處處牢**니라

〔해석〕 ①입은 사람을 다치게 하는 도끼요, ②말은 혀를 베는 칼이므로, ③입을 막고 혀를 깊이 감추면 ④몸이 어느 곳에 있으나 편안할 것이다.

①봉인차설삼분화 ②미가전포일편심 ③불파호생삼개구 ④지공인정양양심

〔6〕 **逢人且說三分話**하고 **未可全抛一片心**이라 **不怕虎生三個口**요 **只恐人情兩樣心**이니라

〔해석〕 ①사람을 만나거든 공손하게 말하되 셋으로 나누어 하고, ②자기가 지니고 있는 한 조각 마음까지 다 던지지 말라. ③호랑이에게 세 입이 생기는 것을 두려워하기 보다는 ④단지 사람의 두 가지 마음을 두려워 하여라.

①주봉지기천종소 ②화불투기일구다

〔7〕 **酒逢知己千鍾少**요 **話不投機一句多**니라

〔해석〕 ①자기를 알아주는(뜻이 맞는) 친구를 술로써 만나서 마시면 천 잔도 적고, ②말은 그 뜻이 맞지 않으면 한 마디라도 많다.

十九. 교우편 (交友篇) ◈ 벗을 참되게 사귀는 데에 관한 글.

①자 왈 ②여선인거 여입지란지실 ③구이불문기향 즉여지화의 ④여불선인거 여입포어지사 ⑤구이불문기취 역여지화의 ⑥단지소장자 적 ⑦칠지소장자 흑 ⑧시

〔1〕 **子**가 **曰與善人居**면 **如入芝蘭之室**하여 **久而不聞其香**하되 **即與之化矣**요 **與不善人居**면 **如入鮑魚之肆**하여 **久而不聞其臭**하되 **亦與之化矣**니 **丹之所藏者**는 **赤**하고 **漆之所藏者**는 **黑**이라 **是**

이 군자 필신기소여처자언
以로 君子는 必愼其所與處者焉이니라

〔해석〕 ①공자가 말하기를 ②"착한 사람과 함께 있으면 마치 향기로운 지초와 난초가 있는 방에 들어간 것과 같아서 ③오랫동안 그 향기를 맡지 않아도 곧 더불어 동화되고, ④착하지 않은 사람과 함께 있으면 마치 생선 가게에 있는 것과 같아서 ⑤오랫동안 그 나쁜 냄새를 맡지 않아도 곧 더불어 동화된다. ⑥붉은 것을 지니면 붉어지고, ⑦검은 것을 지니면 검어진다. ⑧그러므로 군자는 반드시 그와 함께 있는 것을 삼가야 한다." 라고 하였다.

①가어 운②여호인동행 여무로중행 ③수불습의 시
〔2〕 家語에 云與好人同行이면 如霧露中行하여 雖不濕衣라도 時

시유윤 ④여무식인동행 여측중좌 ⑤수불오의 시
時有潤하고 與無識人同行이면 如廁中坐하여 雖不汚衣라도 時

시문취
時聞臭니라

〔해석〕 ①가어에 이르기를 ②"학문을 좋아하는 사람과 같이 가면 마치 안개 속을 가는 것과 같아서 ③비록 옷은 젖지 않아도 때때로 윤택함이 있고, ④무식한 사람과 같이 가면 마치 화장실(뒷간)에 앉은 것과 같아서 ⑤비록 옷은 더럽혀지지 않더라도 때때로 그 냄새가 난다." 라고 하였다.

①자 왈②안평중 선여인교 ③구이경지
〔3〕 子가 曰晏平仲은 善與人交하여 久而敬之온여

〔해석〕 ①공자가 말하기를 ②"안 평중은 남과 사귀기를 훌륭하게 하였다. ③한 번 사귀면 오래도록 상대를 공경하였다." 라고 하였다.

참고 **안 평중**(晏平仲) : 중국 춘추(春秋) 시대 제(齊)나라의 재상으로, 이름은 영(嬰), 평중은 자임.

①상식 만천하 ②지심능기인
〔4〕 相識이 滿天下하되 知心能幾人고

〔해석〕 ①서로 얼굴을 아는 사람이 세상에 가득하여도, ②마음 속을 아는 사람은 과연 얼마나 되겠는가?

①주식형제 천개유 ②급난지붕 일개무
〔5〕 酒食兄弟는 千個有로되 急難之朋은 一個無니라

〔해석〕 ①술과 음식을 함께 먹을 형제는 천 명이나 되지만, ②매우 급하고 어려울 때 도와줄 친구는 한 명도 없다.

①불결자화 휴요종 ②무의지붕 불가교
〔6〕 不結子花는 休要種이요 無義之朋은 不可交니라

〔해석〕 ①열매를 맺지 않는 꽃은 심지 말고, ②의리 없는 친구는 가히 사귀지 말라.

①군자지교 담여수 ②소인지교 감약례
〔7〕 君子之交는 淡如水하고 小人之交는 甘若醴니라

〔해석〕 ①군자의 사귐은 물과 같이 맑고, ②소인의 사귐은 단술과 같이 달콤하다.

◈ 명심보감의 원문(原文)을 한문(漢文) 그대로 실었다. 이것을 이제까지 배운 지식을 토대로 스스로의 힘이나 옥편 또는 국어사전을 이용하여 읽고 해석하여 보자.

二十. 부행편(婦行篇)

◈ 부녀자의 올바른 행실에 관한 글.

〔1〕 益知書云女有四德之譽一曰婦德二曰婦容三曰婦言四曰婦工也.

〔2〕 婦德者不必才名絶異婦容者不必顔色美麗婦言者不必辯口利詞婦工者不必技巧過人也.

〔3〕 其婦德者淸貞廉節守分整齊行止有恥動靜有法此爲婦德也婦容者洗浣塵垢衣服鮮潔沐浴及時一身無穢此爲婦容也婦言者擇師而說不談非禮時然後言人不厭其言此爲婦言也婦工者專勤紡績勿好暈酒供具甘旨以奉賓客此爲婦工也.

〔4〕 此四德者是婦人之所不可缺者爲之甚易務之在正依此而行是爲婦節.

〔5〕 犬公曰婦人之禮語必細.

〔6〕 賢婦令夫貴惡婦令夫賤.

〔7〕 家有賢妻夫不遭橫禍.

〔8〕 賢妻和六親佞婦破六親.

二十一. 증보편(增補篇)

◈ 명심보감의 초략본이 오래 유행됨에 따라 군살이 붙은 글들임.

〔1〕 周易曰善不積不足以成名惡不積不足以滅身小人以小善爲无益而弗爲也以小惡爲无傷而弗去也故惡積而不可掩罪大而不可解.

〔2〕 履霜堅氷至臣弑其君子弑其父非一旦一夕之事其由來者漸矣.

二十二. 팔반가팔수(八反歌八首〈録桂宮誌〉)

◈ 여덟가지의 반대되는 것을 들어서 지은 시가(詩歌)로 계궁지(桂宮誌)에 수록되어 있는 글.

〔1〕 幼兒或詈我我心覺懽喜父母嗔怒我我心反不甘一喜懽一不甘待兒

待父心何懸勸君今日逢親怒也應將親作兒看.

〔2〕兒曹出千言君聽常不厭父母一開口便道多閑管非閑管親掛牽皓首白頭多諳諫勸君敬奉老人言莫教乳口爭長短.

〔3〕幼兒屎糞穢君心無厭忌老親涕唾零反有憎嫌意六尺軀來何處父精母血成汝體勸君敬待老來人壯時爲爾筋骨敝.

〔4〕看君晨入市買餠又買餻少聞供父母多說供兒曹親未啖兒先飽子心不比親心好勸君多出買餠錢供養白頭光陰少.

〔5〕市間賣藥肆惟有肥兒丸未有壯親者何故兩般看兒亦病親亦病醫兒不比醫親症割股還是親的肉勸君亟保雙親命.

〔6〕富貴養親易親常有未安貧賤養兒難兒不受饑寒一條心兩條路爲兒終不如爲父勸君養親如養兒凡事莫推家不富.

〔7〕養親只有二人常與兄弟爭養兒雖十人君皆獨自任兒飽煖親常問父母饑寒不在心勸君養親須竭力當初衣食被君侵.

〔8〕親有十分慈君不念其恩兒有一分孝君就揚其名待親暗待兒明誰識高堂養子心勸君漫信兒曹孝兒曹親子在君身.

二十三. 효행 속편(孝行 續篇)

◈ 부모에게 효도를 하는 데에 관한 글. 속편(續篇).

〔1〕孫順家貧與其妻傭作人家以養母有兒每奪母食順謂妻曰兒奪母食兒可得母難再求乃負兒往歸醉山北郊欲埋掘地忽有甚奇石鐘驚恠試撞之舂容可愛妻曰得此奇物殆兒之福埋之不可順以爲然將兒與鐘還家懸於樑撞之王聞鐘聲淸遠異常而覈聞其實曰昔郭巨埋子天賜金釜今孫順埋兒地出石鐘前後符同賜家一區歲給米五十石.

〔2〕尙德値年荒癘疫父母飢病濱死尙德日夜不解衣盡誠安慰無以爲養則刲髀肉食之母發癰吮之即瘉王嘉之賜賚甚厚命旌其門立石紀事.

〔3〕都氏家貧至孝賣炭買肉無闕母饌一日於市晩而忙歸鳶忽攫肉都悲號至家鳶旣投肉於庭一日母病索非時之紅柹都徧徨柹林不覺日昏有虎屢遮前路以示乘意都乘至百餘里山村訪人家投宿俄而主人饋祭飯而有紅柹都喜問柹之來歷且述己意答曰亡父嗜柹故每秋擇柹二百個藏諸窟中而至此五月則完者不過七八今得五十個完者故心異之是天感君孝遺以二十顆都謝出門外虎尙俟伏乘至家曉鷄喔喔後母以天命終都有血淚.

二十四. 염의편(廉義篇)

◈ 사람의 염치와 의리에 관한 글.

〔1〕 印觀賣綿於市有署調者以穀買之而還有鳶攫其綿墮印觀家印觀歸于署調曰鳶墮汝綿於吾家故還汝署調曰鳶攫綿與汝天也吾何爲受印觀曰然則還汝穀署調曰吾與汝者市二日穀已屬汝矣二人相讓幷棄於市掌市官以聞王並賜爵.

〔2〕 洪基燮少貧甚無料一日早婢兒踊躍獻七兩錢曰此在鼎中米可數石柴可數駄天賜天賜公驚曰是何金即書失金人推去等字付之門楣而待俄而姓劉者來問書意公悉言之劉曰理無失金於人之鼎内果天賜也盍取之公曰非吾物何劉俯伏曰小的昨夜爲竊鼎來還憐家勢蕭條而施之今感公之廉价良心自發誓不更盜願欲常待勿慮取之公即還金曰汝之爲良則善矣金不可取終不受後公爲判書其子在龍爲憲宗國舅劉亦見信身家大昌.

〔3〕 高句麗平原王之女幼時好啼王戱曰以汝將歸于愚温達及長欲下嫁于上部高氏女以王不可食言固辭終爲温達之妻蓋温達家貧行乞養母時人目爲愚温達也一日温達自山中負楡皮而來王女訪見曰吾乃子之匹也乃賣首飾而買田宅器物頗富多養馬以資温達終爲顯榮.

二十五. 권학편(勸學篇)

◈ 어릴 때부터 시간을 아껴서 착실히 배우라는 글.

〔1〕 朱子曰勿謂今日不學而有來日勿謂今年不學而有來年日月逝矣歲不我延嗚呼老矣是誰之愆.

〔2〕 少年易老學難成一寸光陰不可輕未覺池塘春草夢階前梧葉已秋聲.

〔3〕 陶淵明詩云盛年不重來一日難再晨及時當勉勵歲月不待人.

〔4〕 荀子曰不積跬步無以至千里不積小流無以成江河.

천자문

千字文

[1] 천 지 현 황	[2] 우 주 홍 황	[3] 일 월 영 측
天地玄黃	宇宙洪荒	日月盈昃
하늘은 아득히 멀어 검게 보이고 땅은 그 빛이 누르다. 주 현(玄)은 적회색(赤灰色)으로 하늘색을 나타내며, 황(黃)은 누런색이다. 황(黃)은 중국의 국토를 대표하는 색으로 황하(黃河)·황해(黃海) 등의 어원(語源)이 됨.	하늘과 땅 사이는 한없이 너르고 커서 끝이 없다는 뜻. 주 우주(宇宙)란 하늘과 땅 사이〈天地間〉이며, 홍(洪)은 크고 황(荒)은 거칠고 너르다는 뜻. 즉 세상의 너름을 말함.	해는 서쪽으로 기울고 달은 한 달에 한 번 이즈러지다가 찬다. 주 영(盈)은 차고〈滿〉 측(昃)은 기울어진다는 말. 해〈日〉는 정오를 지나면 서쪽으로 기울고 달〈月〉은 이즈러지다가 차게〈滿〉 된다.
天地玄黃	宇宙洪荒	日月盈昃

天	地	玄	黃	宇	宙	洪	荒	日	月	盈	昃
하늘 천	땅 지	검을 현	누를 황	집 우	집 주	넓을 홍	거칠 황	날 일	달 월	찰 영	기울 측
天	地	玄	黃	宇	宙	洪	荒	日	月	盈	昃
天	地	玄	黃	宇	宙	洪	荒	日	月	盈	昃

[4] 진 숙 열 장	[5] 한 래 서 왕	[6] 추 수 동 장
辰宿列張	**寒来暑往**	**秋收冬藏**
별들도 제자리가 있어 하늘에 너르게 벌려 있다는 말. 주 진(辰)은 하늘의 12궁(十二宮), 숙(宿)은 28숙(二十八宿)을 말하며 모두 하늘의 성좌(星座)를 일컫는다.	추위가 오면 더위는 물러 간다는 말로서 사철의 바뀜을 뜻함. 주 사계절(四季節)은 춘하 추동(春夏秋冬)으로 항상 일정하게 순환하고 변한다는 말.	가을에 곡식을 거두어 들이고 겨울에는 소중히 갈무리한다. 주 봄〈春〉에 나서 여름〈夏〉에 자라니 인(仁)이요, 가을〈秋〉에 거두어서 겨울〈冬〉에 저장(貯藏)하는 것은 의(義)이다. 〈※ 예기(禮記)에서〉.
辰宿列張	寒來暑往	秋收冬藏

별 진	잘 숙	벌릴 렬	베풀 장	찰 한	올 래	더울 서	갈 왕	가을 추	거둘 수	겨울 동	감출 장
辰	宿	列	張	寒	来	暑	往	秋	收	冬	藏
辰	宿	列	張	寒	来	暑	往	秋	收	冬	藏

[7] 윤 여 성 세	[8] 율 여 조 양	[9] 운 등 치 우
閏餘成歲	**律呂調陽**	**雲騰致雨**
윤달의 남은 것으로 해〈歲〉를 이룬다는 말. 즉 3년마다 다가오는 윤달로써 해를 정함.	율과 여는 천지간의 음양을 고르게 한다는 말.	수증기가 증발하여 구름이 되고 두터워지면 비를 내리게 한다.
주 음력에서는 1년에 지구 공전기(地球公轉期)보다 10일과 몇 시간이 부족되므로 이를 모아 3년만에 한 달의 윤달을 두어 조정함.	주 율〈六律〉과 여〈六呂〉는 음악을 말함이니 이것으로 옛 중국에서는 음양(陰陽)을 조화하고 정돈(整頓)하였다고 함.	주 수기(水氣)는 올라가 구름이 되고 하늘에서 냉기(冷氣)를 만나면 비가 되어 내리는 자연(自然)의 기상(氣象)을 말함.
閏 餘 成 歲	律 呂 調 陽	雲 騰 致 雨

윤달 윤	남을 여	이룰 성	해 세	법률 률	음률 려	고를 조	볕 양	구름 운	오를 등	이룰 치	비 우
閏	餘	成	歲	律	呂	調	陽	雲	騰	致	雨
閏	餘	成	歲	律	呂	調	陽	雲	騰	致	雨

[10] 노 결 위 상	[11] 금 생 여 수	[12] 옥 출 곤 강
露結爲霜	金生麗水	玉出崑岡
이슬이 맺혀 찬 기운에 닿으면 서리가 된다. 주 여름, 가을이 되어 대기(大氣)가 서늘해지면 이슬이 맺히고 더욱 한기(寒氣)에 닿으면 얼어 서리가 된다는 뜻.	금은 여수에서 난다는 말. 주 옛날 중국의 여수(麗水)라는 곳에서 금(金)이 많이 나왔으므로 금은 여수에서 난다고 했음.	옥은 곤강이란 산에서 많이 나왔다는 말. 주 곤강(崑岡)이란 산이름으로, 옛 중국에서는 옥(玉)의 일종인 수정(水晶) 등이 이곳에서 많이 나왔다고 해서 한 말.
露結爲霜	金生麗水	玉出崑岡
이슬 로 · 맺을 결 · 할 위 · 서리 상	쇠 금 · 날 생 · 고울 려 · 물 수	구슬 옥 · 날 출 · 메 곤 · 뫼 강

露 結 爲 霜 金 生 麗 水 玉 出 崑 岡

露 結 爲 霜 金 生 麗 水 玉 出 崑 岡

[13] 검 호 거 궐	[14] 주 칭 야 광	[15] 과 진 이 내
劍號巨闕	珠稱夜光	果珍李柰
칼은 구야자가 만든 거궐 보검을 으뜸으로 한다는 말. 주 옛 중국 조(趙)나라의 보검〈四大名劍〉 중 하나를 거궐(巨闕)이라고 했음. 거궐 검은 칼날의 귀가 떨어진 것이 많았다.	구슬은 야광이라 하여 그 빛이 낮과 같이 밝았다는 말. 주 구슬〈珠〉은 수정옥(水晶玉)이나 진주(眞珠)의 종류로서 밤에도 빛을 발(發)했다고 함. 야광주는 9가지 종류가 있었다고 전한다.	열매 과일 중 오얏과 벚이 가장 보배롭고 으뜸이라는 말. 주 과물(果物)이란, 초목(草木)에 열리는 열매〈實〉를 말하며, 그 중에서 오얏과 벚의 진미가 신비스럽게 으뜸이었다는 뜻.
劍號巨闕	珠稱夜光	果珍李柰

칼 검	이름 호	클 거	집 궐	구슬 주	일컬을 칭	밤 야	빛 광	과실 과	보배 진	오얏 리	벚 내
劍	號	巨	闕	珠	稱	夜	光	果	珍	李	柰
劍	號	巨	闕	珠	稱	夜	光	果	珍	李	柰

[16] 채 중 개 강	[17] 해 함 하 담	[18] 인 잠 우 상
菜重芥薑	海鹹河淡	鱗潛羽翔
야채 중에는 겨자와 생강이 제일 큰 몫을 한다는 말. 주 중국에서는 반찬에 쓰이는 야채 조미료 중 겨자〈芥〉와 생강〈薑〉이 맛이 매워서 입 속을 상쾌하게 하였다 한다.	바닷물은 짜고 강물은 맛이 없고 맑다는 뜻. 주 물은 2종이 있는데 바닷물은 소금〈塩〉을 함유하여 짠맛이 나고 강물은 담담(淡淡)하고 무미 투명하다는 말. 담(淡)이란 싱거운 맛을 나타냄.	비늘 있는 물고기는 물 속에 잠기어 살고 날개 있는 새들은 공중을 날며 산다는 말. 주 인(鱗)은 비늘이 있는 물고기를 말하며, 우(羽)는 깃이 있는 날짐승을 지칭한다.

菜	重	芥	薑	海	鹹	河	淡	鱗	潛	羽	翔
나물 채	무거울 중	겨자 개	생강 강	바다 해	짤 함	물 하	맑을 담	비늘 린	잠길 잠	깃 우	날개 상

[19] 용 사 화 제	[20] 조 관 인 황	[21] 시 제 문 자
龍師火帝	**鳥官人皇**	**始制文字**
복희씨는 용으로써 벼슬 이름을 붙이고 신농씨는 불로써 벼슬 이름을 붙였다는 말. 주 중국의 상고 시대의 복희씨(伏羲氏)를 용사(龍師)라 하였고 신농씨(神農氏)를 화제(火帝) 또는 염제(炎帝) 라고 일컫는 데서 나온 말.	소호씨 때는 봉황이 나타났다 해서 새 이름으로 벼슬을 기록하고 황제 때는 인문이 갖추어 졌으므로 인황이라함. 주 금천 소호(小昊)씨 때에 봉황이 나타나 조관(鳥官)이라 불렀으며 황제(黃帝) 때에 문명이 갖춰져 인황(人皇)으로 불림. ※ 3황(三皇)은 천황(天皇)·지황(地皇)·인황(人皇).	복희씨는 창힐을 시켜 처음으로 글자를 만듦. 주 복희(伏羲)씨가 창힐(蒼頡)을 시켜 새와 짐승의 발자취를 보고 처음으로 글자를 만들었다는 고사(故事). 6서(六書)란 상형·지사·형성·회의·전주·가차를 말함.
龍 師 火 帝	鳥 官 人 皇	始 制 文 字
용 룡 / 스승 사 / 불 화 / 임금 제	새 조 / 벼슬 관 / 사람 인 / 임금 황	비로소 시 / 지을 제 / 글월 문 / 글자 자

龍 師 火 帝 鳥 官 人 皇 始 制 文 字

龍 師 火 帝 鳥 官 人 皇 始 制 文 字

[22] 내 복 의 상	[23] 추 위 양 국	[24] 유 우 도 당
乃服衣裳	**推位讓國**	**有虞陶唐**
황제 때에 호조라는 사람이 처음으로 옷을 만들어 입도록 하였다는 말. 주 상고 때에 새나 짐승의 가죽으로 몸을 가리던 것을 황제(黃帝) 때의 호조(胡曺)가 처음으로 옷을 만들었다는 고사.	천자의 자리와 나라를 남에게 양보하였다는 말. 주 자기 아들에게 천자를 물려주는 것이 아니라 덕(德)이 있는 자에게 양국(讓國)한 고대 중국의 진리를 말함. ※ 역성 혁명(易姓革命)이 아님.	요·순 임금이 차례로 덕이 있는자에게 나라를 물려준 고사. 주 유우(有虞)란 제순(帝舜)이며, 아들 상균(商均)대신 우(禹)에게, 도당(陶唐)이란 제요(帝堯)로서, 아들 단주(丹朱)대신 순(舜)에게 양국함을 말함.
乃服衣裳	推位讓國	有虞陶唐

乃	服	衣	裳	推	位	讓	國	有	虞	陶	唐
이에 내	옷 복	옷 의	치마 상	밀 추	자리 위	사양 양	나라 국	있을 유	나라이름 우	질그릇 도	당나라 당

乃 服 衣 裳 推 位 讓 國 有 虞 陶 唐

乃 服 衣 裳 推 位 讓 國 有 虞 陶 唐

[25] 조 민 벌 죄	[26] 주 발 은 탕	[27] 좌 조 문 도
弔民伐罪	周發殷湯	坐朝問道
백성을 구출하여 위문하고 죄 지은 임금을 벌하였다는 중국 고사. 주 백성을 편안케 하기 위해 폭군(暴君)을 몰아 낸 말로 하늘을 대신하여 덕 있는 자가 천자가 됐다는 고사. ※ 혁명의 시초.	하의 걸왕을 은의 탕왕이, 또 은의 주왕을 주 무왕이 몰아 냈다는 말. 주 주발(周發)은 주 무왕이요, 은탕(殷湯)은 은의 탕왕을 말함이며, 역성 혁명(易姓革命)을 일컬음.	조정에 앉아 백성들을 다스릴 올바른 길을 물었다는 말. 주 조(朝)는 정치하는 곳으로 인군(人君)이 신하에게 정치의 길을 묻기도 했다는 말. 조(朝)란 또 아침 일찍 임금을 뵈이는 것을 말한다.

弔 民 伐 罪 周 發 殷 湯 坐 朝 問 道

弔	民	伐	罪	周	發	殷	湯	坐	朝	問	道
조상 조	백성 민	칠 벌	허물 죄	두루 주	필 발	나라이름 은	끓을 탕	앉을 좌	아침 조	물을 문	길 도

弔 民 伐 罪 周 發 殷 湯 坐 朝 問 道

弔 民 伐 罪 周 發 殷 湯 坐 朝 問 道

[28] 수 공 평 장	[29] 애 육 여 수	[30] 신 복 융 강
垂拱平章	愛育黎首	臣伏戎羌
임금이 몸을 공손히 하고 밝게 백성을 다스렸다. 주 수(垂)는 조복(朝服)을 드리운다는 말이며 공(拱)은 손을 마주 잡는다는 말. 평장(平章)은 밝고 바르게란 말.	임금은 마땅히 백성을 사랑하고 돌보아야 된다는 말. 주 여수(黎首)란 건(巾)이 없는 검은 맨머리의 백성이요, 애육(愛育)은 애민이란 말이다.	덕으로 다스리면 오랑캐들도 복종한다는 말. 주 융(戎)과 강(羌)은 중국 서쪽 지방에 살던 만족(蠻族)의 이름이다. 옛 중국에서는 사방에 5호(五胡)의 오랑캐가 살았다고 함.
垂拱平章	愛育黎首	臣伏戎羌

드리울 수, 팔짱낄 공, 평할 평, 글 장, 사랑 애, 기를 육, 검을 려, 머리 수, 신하 신, 엎드릴 복, 오랑캐 융, 오랑캐 강

垂 拱 平 章 育 愛 黎 首 臣 伏 戎 羌

垂 拱 平 章 愛 育 黎 首 臣 伏 戎 羌

[31] 하 이 일 체	[32] 솔 빈 귀 왕	[33] 명 봉 재 수
遐邇壹體	率賓歸王	鳴鳳在樹
원근의 모든 나라가 왕의 덕에 감화되어 일체가 된다는 말.	덕화되면 서로 이끌고 복종하여 왕에게로 돌아온다는 말.	명군 성현이 나타나면 나무 위에서 봉황이 울어 서조(瑞兆)를 나타낸다는 말.
주 하(遐)는 먼 나라이며 이(邇)는 가까운 나라를 말함. 즉 인근의 여러 나라가 신복(臣伏)한다는 뜻.	주 솔빈(率賓)이란 솔토지빈(率土之賓)을 말하며 전국 판도(全國版圖)의 백성이 왕의 위덕(威德)에 귀복(歸服)한다는 뜻.	주 태평 성대가 되면 영조(靈鳥)인 봉황(鳳凰)이 나타나 찬미(讚美)한다는 말. 봉은 수놈이고 황은 암놈이다. 또 봉황은 오동나무에 깃들고 대나무 열매를 먹었다함.

遐 邇 壹 體 率 賓 歸 王 鳴 鳳 在 樹

遐	邇	壹	體	率	賓	歸	王	鳴	鳳	在	樹
멀 하	가까울 이	하나 일	몸 체	거느릴 솔	손 빈	돌아갈 귀	임금 왕	울 명	새 봉	있을 재	나무 수

遐 邇 壹 體 率 賓 歸 王 鳴 鳳 在 樹

遐 邇 壹 體 率 賓 歸 王 鳴 鳳 在 樹

[34] 백 구 식 장	[35] 화 피 초 목	[36] 뇌 급 만 방
白駒食場	化被草木	賴及萬方
임금의 감화는 짐승에게까지 미쳐 흰 망아지도 즐겁게 풀을 뜯는다는 말. 주 세상이 태평하면 짐승들까지 즐겁게 살며 불만이 없다는 뜻. 식장(食場)이란 마당에서 풀을 뜯어 먹는다는 말.	왕의 덕화는 비정의 초목에게까지도 미친다는 말. 주 왕의 선정(善政)으로 한 포기 한 그루의 초목까지도 복리(福利)를 받는다는 뜻. 화(化)는 감화(感化)를 가리킴.	만방에 어진 덕이 고르게 미친다는 말. 주 뇌(賴)는 행(幸)을 말함. 국리 민복(國利民福)의 행(幸)은 판도(版圖) 외의 나라까지 미친다는 뜻.

白 駒 食 場 化 被 草 木 賴 及 萬 方

흰 백	망아지 구	밥 식	마당 장	화할 화	입을 피	풀 초	나무 목	힘입을 뢰	미칠 급	일만 만	모 방

白 駒 食 場 化 被 草 木 賴 及 萬 方

白 駒 食 場 化 被 草 木 賴 及 萬 方

[37] 개 차 신 발	[38] 사 대 오 상	[39] 공 유 국 양
蓋此身髮	四大五常	恭惟鞠養
대개 사람의 몸과 털은 부모에게서 물려 받은 중요한 것이란 말. 주 신(身)은 신체(身体), 발(髮)은 발부(髮膚)를 말함. 대체로 사람의 몸은 지(地)·화(火)·수(水)·풍(風)으로 이루어 졌다고 믿었다.	4가지 큰 것과 5가지 떳떳함을 말함. 주 사대(四大)는 땅·물·불·바람〈地水火風〉, 5상(五常)은 인·의·예·지·신(仁義禮智信)을 가리킴. 왕은 마땅히 오상(五常)을 닦아야 했다.	부모가 길러 준 은혜를 공손히 생각하라는 뜻. 주 공(恭)은 공손히, 유(惟)는 오직, 국양(鞠養)은 부모가 자기를 길러 주신 것을 뜻함. 항상 부모 은공을 잊지 말라는 말.
蓋此身髮	四大五常	恭惟鞠養

덮을 개	이 차	몸 신	터럭 발	넉 사	큰 대	다섯 오	떳떳할 상	공손할 공	오직 유	기를 국	기를 양
蓋	此	身	髮	四	大	五	常	恭	惟	鞠	養
蓋	此	身	髮	四	大	五	常	恭	惟	鞠	養

[40] 기 감 훼 상	[41] 여 모 정 렬	[42] 남 효 재 량
豈敢毁傷	**女慕貞烈**	**男效才良**
어찌 감히 이 몸을 더럽히거나 상하게 할 수 있으리요 하는 말. 주 즉 자신을 훼상(毁傷)치 않는 것이 효도(孝道)의 처음이라는 것. 즉 효도의 첫 길을 가르친 말이다.	여자는 정조를 굳게 지키고 행실을 단정히 해야 한다는 말. 주 부인(婦人)은 정렬(貞烈)에 위배해서는 안 된다는 뜻. 정(貞)은 지조(志操), 열(烈)은 정렬(貞烈)을 말함.	남자는 재능을 닦고 어진 것을 본받아야 한다는 말. 주 남자(男子)는 잠시라도 좋지 못한 길에 들어가서는 안 됨을 훈계(訓戒)한 말.

豈	敢	毁	傷	女	慕	貞	烈	男	效	才	良
어찌 기	감히 감	헐 훼	상할 상	계집 녀	사모할 모	곧을 정	매울 렬	사내 남	본받을 효	재주 재	어질 량
豈	敢	毁	傷	女	慕	貞	烈	男	效	才	良
豈	敢	毁	傷	女	慕	貞	烈	男	效	才	良

[43] 지 과 필 개	[44] 득 능 막 망	[45] 망 담 피 단
知過必改	得能莫忘	罔談彼短
허물을 알면 반드시 고치라는 말. 주 자신의 단점을 발견했다면 즉각 고치기에 노력하라는 말. 올바른 것을 배워 장단점을 알게 되면 서슴없이 고쳐 나가야 한다.	사람이 능함을 알거든 잊지 말고 노력하라는 말. 주 능(能)이란 인간이 행해야 할 길이니 잊지 않고 노력하면 학문이 진취한다는 말.	남의 단점을 알았더라도 결코 말하지 말라는 뜻. 주 함부로 남의 흉을 보지 말라는 말. 대신 자기의 단점은 얼마나 많은가도 항상 깨달아야 한다.
知過必改	得能莫忘	罔談彼短

知	過	必	改	得	能	莫	忘	罔	談	彼	短
알 지	지날 과	반드시 필	고칠 개	얻을 득	능할 능	말 막	잊을 망	없을 망	말씀 담	저 피	짧을 단
知	過	必	改	得	能	莫	忘	罔	談	彼	短
知	過	必	改	得	能	莫	忘	罔	談	彼	短

[46] 미 시 기 장	[47] 신 사 가 복	[48] 기 욕 난 량
靡恃己長	信使可覆	器欲難量
자기의 장점을 믿지 말고 자랑 말며 교만하지 말라는 뜻. 주 자신의 장점(長點)은 마음의 즐거움이며, 타인에게는 자만(自慢)하지 말라. 교만하여 자랑하지 말라는 말임.	믿음이 움직일 수 없는 진리(眞理)라는 것을 알면 마땅히 거듭 행하라는 말. 주 약속(約束)은 신(信)으로서 반드시 실행(實行)하라는 말. 신(信)은 말이 진실하고 거짓이 없다는 뜻.	인간의 기량은 깊고 깊어 헤아리기 어렵다는 말. 주 기(器)란 기량(器量)·재능(才能)·도량(度量)을 말하며, 남이 용이(容易)하게 알지 못할 만큼 크고 넓어야 한다는 뜻.

靡	恃	己	長	信	使	可	覆	器	欲	難	量
아닐 미	믿을 시	몸 기	좋을 장	믿을 신	부릴 사	옳을 가	거듭 복	그릇다울 기	탐낼 욕	어려울 난	헤아릴 량

靡 恃 己 長 信 使 可 覆 器 欲 難 量

靡 恃 己 長 信 使 可 覆 器 欲 難 量

[49] 묵 비 사 염	[50] 시 찬 고 양	[51] 경 행 유 현
墨悲絲染	詩讚羔羊	景行維賢
흰 실에 검은 물감을 들이면 다시는 희게 되지 못 함을 슬퍼한 말. 주 즉 나쁜 버릇에 물드는 것을 경계(警戒)하라는 뜻. 사람도 착한 데에 물들면 착하게 되고 악한 데에 물들면 악하게 된다는 말.	시경 고양편에 주문왕의 덕이 소남국에까지 미쳤는 일을 칭찬한 말. 주 고양(羔羊)은 소남국 관리들이 문왕의 덕에 감화되어 염소〈羔〉나 양(羊)과 같이 온순해 졌다는 말.	행동을 빛나게 하는 사람은 어진 사람이 될 수 있다는 말. 주 경(景)은 크고 빛나고 분명하다는 뜻. 여러 가지 수양(修養)을 쌓고 보면 마침내는 대덕(大德)의 영역(領域)에 도달한다는 말.
墨 悲 絲 染	詩 讚 羔 羊	景 行 維 賢

墨	悲	絲	染	詩	讚	羔	羊	景	行	維	賢
먹 묵	슬플 비	실 사	물들일 염	글 시	기릴 찬	염소 고	양 양	볕 경	갈 행	벼리 유	어질 현

墨 悲 絲 染 詩 讚 羔 羊 景 行 維 賢

墨 悲 絲 染 詩 讚 羔 羊 景 行 維 賢

[52] 극 념 작 성	[53] 덕 건 명 립	[54] 형 단 표 정
剋念作聖	**德建名立**	**形端表正**
힘써 마음에 간직하고 수양을 쌓으면 성인이 된다는 말. 주 극(剋)은 모든 것을 참고 이겨 내어 꾸준히 노력한다는 뜻. 성인(聖人)은 도(道)에 통달해서 덕이 뛰어난 사람.	덕으로써 선행하여 이루어 지면 그 이름 또한 아름답게 나타난다는 말. 주 명립(名立)은 입신 양명(立身揚名)을 말함. 도(道)를 행하여 나타난 이름은 마치 물체(物体)와 그림자의 원리와 같다.	모습이 단정하고 깨끗하면 정직함이 표면에 나타난다는 말. 주 왕이 먼저 몸을 바르게 하면 벼슬아치는 충성되고 선비는 믿음이 있으며 백성은 마음이 착실하여진다는 말.

剋念作聖德建名立形端表正

剋	念	作	聖	德	建	名	立	形	端	表	正
이길 극	생각할 념	지을 작	성인 성	큰 덕	세울 건	이름 명	설 립	형상 형	끝 단	겉 표	바를 정

剋念作聖德建名立形端表正

剋念作聖德建名立形端表正

[55] 공 곡 전 성	[56] 허 당 습 청	[57] 화 인 악 적
空谷傳聲	虛堂習聽	禍因惡積
성현의 말은 마치 빈 골짜기에 소리가 전해지듯이 멀리 퍼져 나간다는 말. 주 공곡(空谷)은 빈 골짜기를 말함. 군자의 올바른 말은 마치 산울림처럼 널리 퍼져 그 말을 공경하여 본 받지 않는 자가 없다.	빈 집에서의 소리가 잘 들리듯이 착한 말은 천리 밖까지 울린다. 주 어디에서나 말을 삼가고 조심하라는 뜻. 아무도 없고 어두운 곳이라 해도 신령(神靈)스러운 눈은 어디에서나 보고 듣고 있다는 말.	악한 일을 하는 데서 재앙은 쌓인다. 주 항상 악행(惡行)이 없도록 근신(謹愼)해야 한다는 말. 사람은 스스로 악한 일을 하여 재앙을 부르는 일이 있어서는 안 된다.
空谷傳聲	虛堂習聽	禍因惡積

空	谷	傳	聲	虛	堂	習	聽	禍	因	惡	積
빌 공	골 곡	전할 전	소리 성	빌 허	집 당	익힐 습	들을 청	재화 화	인할 인	악할 악	쌓을 적
空	谷	傳	聲	虛	堂	習	聽	禍	因	惡	積
空	谷	傳	聲	虛	堂	習	聽	禍	因	惡	積

[58] 복 연 선 경	[59] 척 벽 비 보	[60] 촌 음 시 경
福緣善慶	尺璧非寶	寸陰是競
착하고 경사스러운 일로 인연해서 복이 생긴다는 말. 주 행복(幸福)이 오는 것은 선행(善行)의 결과이니 항상 선행토록 노력하라는 말. 착한 일을 하는 집에는 반드시 경사(慶事)가 따른다.	한자나 되는 구슬은 희귀할지는 모르나 결코 진정한 보배는 아니다. 주 지름이 한 자〈一尺〉가 되는 큰 구슬은 희귀(稀貴)한 보배이지만, 결코 거룩한 것이 될 수 없음.	진귀한 구슬보다 짧은 시간이 더 귀중하다는 말. 주 촌음(寸陰)은 짧은 시간을 말함. 광음(光陰)을 보배로 여기고 오로지 덕을 닦는 수업(修業)에 힘쓰라는 것.

福緣善慶尺璧非寶寸陰是競

福	緣	善	慶	尺	璧	非	寶	寸	陰	是	競
복 복	인연 연	착할 선	경사 경	자 척	구슬 벽	아닐 비	보배 보	마디 촌	그늘 음	이 시	다툴 경

福緣善慶尺璧非寶寸陰是競

福緣善慶尺璧非寶寸陰是競

[61] 자 부 사 군	[62] 왈 엄 여 경	[63] 효 당 갈 력
資父事君	曰嚴與敬	孝當竭力
아비 섬기는 효도의 도리(道理)로 임금을 섬겨야 한다는 뜻. 주 덕은 인륜(人倫)이 으뜸이고 인륜은 군신(君臣)·부자(父子)를 으뜸으로 했다. 즉 효자(孝子)·충신(忠臣)은 결국 한 마음에서 우러난다는 말.	그것은 엄숙히 하고 공경하는 것뿐이다 라는 뜻. 주 임금에게 부모 섬기듯 하면 가히 충신(忠臣)이 될 수 있다는 말. 즉 효도하는 마음이 충성(忠誠)하는 마음으로 통(通)한다는 뜻.	효도는 마땅히 살아 계실 때 힘을 다하여 섬기라는 말. 주 죽은 뒤에 효도할 수는 없다는 말. 즉 살아 생전에 힘이 미치는 한 부모 마음을 즐겁게 해 드리고 지성(至誠)껏 봉양(奉養)하라는 뜻.
資 父 事 君	曰 嚴 與 敬	孝 當 竭 力

資	父	事	君	曰	嚴	與	敬	孝	當	竭	力
도울 자	아비 부	섬길 사	임금 군	가로 왈	엄할 엄	더불 여	공경할 경	효도 효	마땅할 당	다할 갈	힘 력

資 父 事 君 曰 嚴 與 敬 孝 當 竭 力

資 父 事 君 曰 嚴 與 敬 孝 當 竭 力

[64] 충 즉 진 명	[65] 임 심 이 박	[66] 숙 흥 온 청
忠則盡命	臨深履薄	夙興温凊
충성은 목숨이 다 할 때까지 힘써 해야 한다는 말. 주 여의치 못할 시는죽음도 각오해야 충성이 된다는 말. 즉 충성과 효도의 방법의 차이점(差異點)을 말했음.	깊은 곳에 임하듯 엷은 곳을 밟듯 조심해서 행해야 한다는 말. 주 이는 충효(忠孝)의 길을 다하는 사람에게 이르는 말이다. 천지(天地)의 상도(常道)인 효도와 충성을 행(行)하는 도(道)를 말한 것.	일찍 일어나 추우면 덥게 해 드리고 더우면 서늘하게 해 드리라는 말. 주 즉 부모를 섬기는 자식의 마음 가짐은 부모의 몸을 즐겁게 또 편하게 해 드리고 밤의 잠자리〈夜寂〉와 새벽의 살핌〈問安〉을 다 하라는 말.
忠則盡命	臨深履薄	夙興温凊

忠	則	盡	命	臨	深	履	薄	夙	興	温	凊
충성 충	곧 즉	다할 진	목숨 명	임할 림	깊을 심	밟을 리	얇을 박	이를 숙	흥할 흥	따뜻할 온	서늘할 청

忠 則 盡 命 臨 深 履 薄 夙 興 温 凊

忠 則 盡 命 臨 深 履 薄 夙 興 温 凊

[67] 사 란 사 형	[68] 여 송 지 성	[69] 천 류 불 식
似蘭斯馨	如松之盛	川流不息
난초와 같이 멀리까지 향기가 난다는 말. 주 군자(君子)의 지조(志操)를 비유한 말이다. 즉 충효의 군자는 그 지조(志操)와 절개(節介)가 난초의 향기와도 같이 꽃답다는 말.	소나무 같이 변치 않고 성함을 말함. 주 즉 뭇 사람들로부터 우러름을 받는 군자의 절개(節介)와 지조(志操)는 성(盛)하기 마치 소나무〈松〉와 같다는 말.	냇물은 흘러서 쉬지 않는다는 말. 주 즉 쉬지 않고 닦으면 그 덕(德)이 높아지고 넓어지고 깊어져서 끝이 없듯이 평생(平生)을 게을리 해서는 안 된다는 말.

似 蘭 斯 馨 如 松 之 盛 川 流 不 息

似	蘭	斯	馨	如	松	之	盛	川	流	不	息
같을 사	난초 란	이 사	꽃다울 형	같을 여	솔 송	갈 지	성할 성	내 천	흐를 류	아니 불	쉴 식

似 蘭 斯 馨 如 松 之 盛 川 流 不 息

似 蘭 斯 馨 如 松 之 盛 川 流 不 息

[70] 연 징 취 영	[71] 용 지 약 사	[72] 언 사 안 정
淵澄取暎	容止若思	言辭安定
연못 물은 맑아서 속까지 비쳐 보인다는 말. 주 이는 군자의 마음씨를 말한 것으로 티끌 하나 없는 청정을 뜻한다. 그리하여 사물(事物)의 시비 정사(是非正邪)를 분명하게 볼 수 있다는 것을 말하였음.	앉으나 서나 나가거나 물러 가거나 언제나 자기에게 과실의 유무를 생각하라는 말. 주 용지(容止)는 용모 거지(容貌擧止)를 뜻함. 군자는 언제나 그 행동에 과실(過失)이 없도록 노력하고 마치 무슨 일을 생각하는 듯이 신중(愼重)히 하라는 말.	그리하여 말하는 것은 언제나 안정되어야 한다는 것. 주 즉 쓸 데 없는 말은 하지 말 것이며 경솔하고 수다스럽지 말아야 한다는 뜻. 즉 말은 아무렇게나 해버리지 말라는 교훈(敎訓).
淵澄取暎	容止若思	言辭安定

淵	澄	取	暎	容	止	若	思	言	辭	安	定
못 연	맑을 징	취할 취	비칠 영	얼굴 용	그칠 지	같을 약	생각 사	말씀 언	말씀 사	편안 안	정할 정
淵	澄	取	暎	容	止	若	思	言	辭	安	定
淵	澄	取	暎	容	止	若	思	言	辭	安	定

[73] 독 초 성 미

篤初誠美

처음을 독실하게 하는 것은 진실로 아름다운 일이다.

주 무슨 일에나 시작이 중하고 계획이 중하다는 말. 실패(失敗)가 없도록 하기 위하여 처음을 두텁게 주의(注意)를 기울이라는 뜻.

篤 初 誠 美

篤	初	誠	美
도타울 독	처음 초	정성 성	아름다울 미

[74] 신 종 의 령

愼終宜令

끝 맺음을 온전히 하도록 삼가는 것이 마땅하다는 말.

주 좋은 결과를 이루도록 신중히 처리하라는 말. 유종(有終)의 미(美)를 이룬다는 것은 완전한 유덕(有德)의 사(士)라야만 할 일이다.

愼 終 宜 令

愼	終	宜	令
삼갈 신	끝 종	마땅할 의	하여금 령

[75] 영 업 소 기

榮業所基

바른 행실은 입신 출세의 바탕이 된다는 말.

주 영업(榮業)이란 관리가 되는 길이다. 이상 말한 바와 같이 행실을 바르게 하면 그 행실은 입신출세(立身出世)의 바탕이 되는 것이다. 영(榮)은 영달(榮達), 업(業)은 사업(事業)을 말함.

榮 業 所 基

榮	業	所	基
영화 영	업 업	바 소	터 기

[76] 적 심 무 경

籍甚無竟

이렇게 하면 명성은 끝 없이 빛날 것이다.

주 사람은 죽어 이름을 빛내야 한다는 말. 사람의 높은 성가(聲價)는 그칠 때가 없이 후세(後世)까지도 칭찬(稱讚)을 받게 된다는 것.

籍 甚 無 竟

籍	甚	無	竟
문서 적	심할 심	없을 무	마침내 경

[77] 학 우 등 사

學優登仕

학문이 우수하면 벼슬에 오른다는 말.

주 등사(登仕)는 벼슬에 오르는 것으로서 이렇게 하려면 덕행(德行)을 닦고 학문(學問)을 쌓아야 된다는 것.

學 優 登 仕

學	優	登	仕
배울 학	넉넉할 우	오를 등	벼슬 사

[78] 섭 직 종 정

攝職從政

그렇게 되면 벼슬에 올라 소신대로 정사를 다스릴 수가 있다는 말.

주 옛날에는 벼슬하여 국정에 참여함을 최고의 명예로 알았기 때문에 생긴 말. 대개 대부(大夫)의 지위에 올라 국가의 요로(要路)에 서는 것을 말함.

攝 職 從 政

攝	職	從	政
잡을 섭	인 직	따를 종	정사 정

[79] 존 이 감 당	[80] 거 이 익 영	[81] 악 수 귀 천
存以甘棠	去而益詠	樂殊貴賤
주(周)나라 소공이 감당나무 밑에서 정무를 살펴 그 덕혜를 만민이 입었다는 고사. 소공이 돌아간 뒤에 백성들이 그 덕을 사모하여 감당나무를 소중히 보존하였다는 말. 감당편(甘棠篇)에 나오는 고사(故事).	소공이 죽은 후 백성들이 감당편에 노래를 남겨 그 덕을 잊지 않았다는 말. 주 소공(召公)은 주(周)의 성왕(成王)을 섬긴 서부 제후(西部諸侯)의 우두머리였음. 이름은 석(奭). 감당나무(甘棠)는 아가위나무임.	풍류는 사람의 귀천에 따라 각각 다르게 했다는 말. 주 무악(舞樂)은 人間의 귀하고 천함에 따라 천자(天子)는 8일(八佾), 제후(諸侯)는 6일(六佾), 대부(大夫)는 4일(四佾), 선비는 2일(二佾)로 하였다.
存 以 甘 棠	去 而 益 詠	樂 殊 貴 賤
보존할 존 / 써 이 / 달 감 / 아가위 당	갈 거 / 어조사 이 / 더할 익 / 읊을 영	풍류 악 / 다를 수 / 귀할 귀 / 천할 천

[82] 예 별 존 비	[83] 상 화 하 목	[84] 부 창 부 수
禮別尊卑	上和下睦	夫唱婦隨
예도는 높고 낮음에 따라 구별하여 질서를 바르게 하였다는 말. 주 또, 관혼상제(冠婚喪祭) 등의 예식(禮式)도 귀천 상하(貴賤上下)의 구별(區別)이 있어서 상하(上下)를 정연(整然)하게 가리며 섞이지 않는다.	높은 사람이 교화하면 아랫사람은 공경하고 화목하게 된다는 말. 주 임금이 신하(臣下)를 불쌍히 여기며, 신하는 군주(君主)를 존경하여 상하가 화목(和睦)하게 지낸다는 것을 가리킴.	남편이 무슨 일을 제의하면 아내는 남편을 따르되 결코 앞에 나서지 않는다는 말. 주 이는 존비(尊卑)의 질서를 말함이니 즉 양(陽)이 부르면 음(陰)이 화답(和答)하고 남자가 앞에 가면 여자는 뒤를 따른다는 부부의 도를 말함이다.
禮 別 尊 卑	上 和 下 睦	夫 唱 婦 隨
예도 례 / 분별할 별 / 높을 존 / 낮을 비	위 상 / 화할 화 / 아래 하 / 공경할 목	지아비 부 / 부를 창 / 아내 부 / 따를 수

[85] 외 수 부 훈

外受傅訓

밖에 나가서는 스승의 가르침〈傅訓〉을 받아 잘 지킨다는 뜻.

주 원래 10세가 되면 부훈(傅訓)을 받기 위하여 집 밖에 나가 스승의 가르침을 받았다. 또 13세가 되면 소학(小學)에 들어 간다고 했음.

外受傅訓

外	受	傅	訓
바깥 외	받을 수	스승 부	가르칠 훈

[86] 입 봉 모 의

入奉母儀

안에 들어가서는 어머니의 행동을 본받고 그 가르침을 지키라는 말.

주 의(儀)는 규범〈範〉이며, 모범 또는 표준을 뜻함.

入奉母儀

入	奉	母	儀
들 입	받들 봉	어미 모	거동 의

[87] 제 고 백 숙

諸姑伯叔

여러 고모와 백부 숙부는 아버지의 형제 자매이니 친척이다.

주 부모에게 형제 자매(兄弟姉妹)가 있으면 그들은 나에게 백부(伯父)·숙부(叔父)·고모(姑母)가 되니 모두 공경하고 상례(喪禮)를 중히 하였다는 말.

諸姑伯叔

諸	姑	伯	叔
모두 제	고모 고	맏 백	아저씨 숙

[88] 유 자 비 아

猶子比兒

조카들도 자식과 같이 비할 수 있으니 한가지로 여겨야 한다는 말.

주 조카〈姪〉는 내 형제의 자식이니 내 몸에서 난 자식과 다름이 없으며 예기(禮記)에 상복(喪服)을 같이 취급한 것을 보더라도 알 수 있음. 형수나 시숙의 복은 없음.

猶子比兒

猶	子	比	兒
같을 유	아들 자	견줄 비	아이 아

[89] 공 회 형 제

孔懷兄弟

형제는 서로 사랑하고 도우며 의좋게 지내야 한다는 말.

주 공(孔)이란 형제를 생각하는 사람의 지정(至情)이다. 사람으로서 언제나 잊혀지지 않는 것은 형제간이다. 형제간은 우애(友愛)를 으뜸으로 한다.

孔懷兄弟

孔	懷	兄	弟
매우 공	생각할 회	맏 형	아우 제

[90] 동 기 연 지

同氣連枝

형제는 부모의 기운을 같이 타고 났으니 나무에 비하면 나뉘어 자란 가지와 같다.

주 형제는 같은 부모의 몸에서 태어난 골육(骨肉)이니 한 줄기에서 자란 가지〈枝〉이며 잎〈葉〉과 같다.

同氣連枝

同	氣	連	枝
한가지 동	기운 기	연할 련	가지 지

[91] 교 우 투 분	[92] 절 마 잠 규	[93] 인 자 은 측
交友投分	**切磨箴規**	**仁慈隱惻**
벗을 사귀는 데는 분수를 다해서 의기(意氣)를 투합(投合)하여야 한다는 말. 주 교(交)는 정강이〈脛〉를 마주 비비듯 아주 친근하게 사귄다는 말이며, 투분(投分)은 정의(情誼)와 분수(分數)를 다 한다는 말.	학문과 덕행을 갈고 닦아 서로 장래를 경계하고 잘못을 바르게 인도(引導)해야 한다는 말. 주 절마(切磨)는 여절 여차(如切如磋)·여탁 여마(如琢如磨)의 준말로 갈고 다듬는다는 말. 문예(文藝)를 갈고 닦으라는 훈계사(訓戒辭).	어질고 자애로운 마음으로 측은하게 여긴다는 말. 주 인(仁)이란 두 사람〈二人〉의 합자(合字)이니 서로 사랑한다는 말이며, 자(慈)는 좀 더 부드러운 마음씨 즉 어머니의 사랑같은 것이다.
交 友 投 分	切 磨 箴 規	仁 慈 隱 惻
사귈 교 · 벗 우 · 던질 투 · 나눌 분	새길 절 · 갈 마 · 경계할 잠 · 법 규	어질 인 · 인자할 자 · 숨을 은 · 불쌍히여길 측

[94] 조 차 불 리	[95] 절 의 염 퇴	[96] 전 패 비 휴
造次弗離	**節義廉退**	**顚沛匪虧**
잠시 동안이라도 흐트러져서는 안 된다는 말. 주 조차(造次)는 잠시 동안이라는 뜻. 남을 동정하는 마음을 항상 간직해야 한다는 뜻.	절개·의리·청렴·사양은 군자의 조심 하여야 할 일이다. 주 절개(節介)가 있고 행하는 일이 도의(道義)에 맞고 또 청렴 결백(淸廉潔白)해서 명리(名利)를 탐하지 않는 것은 덕성(德性) 때문이다.	이는 엎드러지고 자빠져도 이지러지지 않는다는 말. 주 여기에서는 의(義)를 어떤 일이 있더라도 잊어서는 안 된다고 강조(强調)했음. 즉 환란에서라도 잊어서는 안 된다는 말.
造 次 弗 離	節 義 廉 退	顚 沛 匪 虧
잠깐 조 · 버금 차 · 아니 불 · 떠날 리	절개 절 · 옳을 의 · 청렴 렴 · 물러갈 퇴	엎드러질 전 · 자빠질 패 · 아닐 비 · 이지러질 휴

[97] 성 정 정 일

性靜情逸

성품이 고요하면 마음이 편안하다는 말.

주 고요함은 천성(天性)이요, 동작(動作)함은 인정(人情)이다. 정(情)에는 희·노·애·락·애·오·욕(喜怒哀樂愛惡慾)의 7정이 있어 나타나며 마음은 사물을 생각하는 곳이다.

性 靜 情 逸

性	靜	情	逸
성품 성	고요할 정	뜻 정	편안할 일

[98] 심 동 신 피

心動神疲

마음이 움직이면 정신이 피로해진다.

주 마음이 외물(外物)에 움직일 때에는 주체(主体)가 되는 정신까지도 그 누(累)를 받아 신성(神聖)한 활동을 못하고 자연히 피로(疲勞)해진다는 말.

心 動 神 疲

心	動	神	疲
마음 심	움직일 동	정신 신	피곤할 피

[99] 수 진 지 만

守眞志滿

사람이 본래의 진심을 지키면 뜻이 가득해 진다는 말.

주 참 마음을 지켜 잃지 않으면 만족(滿足)하고 여유(餘裕)가 있을 것이다. 이것이야말로 천명(天命)에 순종하는 군자의 도로써 뜻이 편안하다는 말.

守 眞 志 滿

守	眞	志	滿
지킬 수	참 진	뜻 지	가득할 만

[100] 축 물 의 이

逐物意移

물욕을 따라 탐내면 마음도 불선(不善)으로 변한다는 말.

주 조(燥)한 것이나 습(濕)한 것에 따라 가벼워지거나 무거워지지 않고 궁(窮)하고 달(達)한 것에 따라 절개를 바꾸지 말라는 뜻.

逐 物 意 移

逐	物	意	移
쫓을 축	재물 물	뜻 의	옮길 이

[101] 견 지 아 조

堅持雅操

맑고 바른 지조를 굳게 지키라는 말.

주 지조를 굳게 지키는 유덕(有德)한 사람은 남이 그를 존경하고 따라서 임금도 그를 믿게 된다는 말.

堅 持 雅 操

堅	持	雅	操
굳을 견	가질 지	바를 아	지조 조

[102] 호 작 자 미

好爵自縻

좋은 벼슬이 스스로 내 몸에 얽혀 들어 온다는 말.

주 왕과 뭇 사람들이 신임(信任)하면 언젠가는 좋은 벼슬이 그를 청하게 된다는 말. 몸이 닦아져야만 도(道)를 천하에 행할 수 있다는 뜻.

好 爵 自 縻

好	爵	自	縻
좋을 호	벼슬 작	스스로 자	얽어맬 미

[103] 도 읍 화 하

都邑華夏

왕성의 도읍을 화하에 정한다는 말.

주 도읍(都邑)이란 도회의 번화가를 말하는 것이나, 여기서는 왕성(王城)의 땅을 말함. 화하(華夏)는 중국 사람이 자기 나라를 자칭(自稱)한 것임.

都邑華夏

都	邑	華	夏
도읍 도	고을 읍	나라이름 화	나라 하

[104] 동 서 이 경

東西二京

동서에 두 서울이 있어 화하의 도읍이 됨.

주 동쪽과 서쪽에 두 서울이 있으니 동경(東京)은 낙양(洛陽)이요 서경(西京)은 장안(長安)이다. 이 2경(二京)은 빛나는 중국의 서울로 손색이 없다.

東西二京

東	西	二	京
동녘 동	서녘 서	두 이	서울 경

[105] 배 망 면 락

背邙面洛

동경인 낙양은 북망산을 등지고 낙수를 바라 보고 있다는 말.

주 이는 동경인 낙양(洛陽)의 지세(地勢)에 대해서 설명한 글이다. 또 다른 동경부(東京賦)에는 '낙수(洛水)를 거슬리고 황하를 등지고 있다(泝洛背河)'라 되어 있다.

背邙面洛

背	邙	面	洛
등 배	북망산 망	향할 면	낙수 락

[106] 부 위 거 경

浮渭據涇

서경인 장안은 위수 가에 있고 경수를 의지하고 있다는 말.

주 역시 서경인 장안(長安)에 대해서 지세를 쓴 글이다. 다른 서경부(西京賦)에는 '앞으로 종남산과 대일산이 솟아 있고 뒤로는 위수를 의지하고 경수가 옆으로 둘려 있다'라고 함.

浮渭據涇

浮	渭	據	涇
뜰 부	물이름 위	의지할 거	물이름 경

[107] 궁 전 반 울

宮殿盤鬱

궁과 전은 울창한 나무 사이에 빈틈없이 세워져 있다는 말.

주 깊숙히 서리어 있는 궁전은 반식(盤植)으로서 퍼져 있어 빈틈없이 세워진 건물(建物)의 웅장(雄壯)함을 나타내고 있다.

宮殿盤鬱

宮	殿	盤	鬱
궁궐 궁	대궐 전	서릴 반	나무다북할 울

[108] 누 관 비 경

樓觀飛驚

고루(高樓)와 관대(觀臺)는 하늘을 날을 듯 놀랍게 솟아 있다.

주 누각(樓閣)들은 하늘에 솟아 마치 새가 날개를 펴고 날아 가는 모습과도 같으며 우뚝 솟은 기세가 매우 장대(壯大)하다는 말.

樓觀飛驚

樓	觀	飛	驚
다락 루	대궐 관	날 비	놀랄 경

[109] 도 사 금 수

圖寫禽獸

궁전 내부에 새와 짐승의 그림이 그려져 있다는 말.

주 새와 짐승 그리고 용과 봉황, 기린 등을 본 떠서 그리고 아름다운 단청(丹靑)까지 곁들여 궁의 외관(外觀)과 장식(裝飾)의 화려(華麗)함을 설명한 글.

圖 寫 禽 獸

그림 도	본뜰 사	새 금	짐승 수

[110] 화 채 선 령

畫綵仙靈

신선과 신령들의 모습을 화려하게 채색하여 그렸다.

주 신선들과 구름의 기운(氣運), 하늘과 땅, 산신(山神), 바다의 신령들을 빛으로 구별하여 형상(形狀)을 아름답게 그려 놓았다는 말. 즉 궁중 장식의 웅장하고 화려한 것을 설명함.

畫 綵 仙 靈

그림 화	채색 채	신선 선	신령 령

[111] 병 사 방 계

丙舍傍啓

신하들이 쉬는 병사(丙舍)의 문은 정전(正殿) 옆에 열려 있다는 말.

주 병사(丙舍)는 10사(舍)중 세 번째의 건물이고 정전 옆으로 출입문이 나 있음. 즉, 금중(禁中)의 규모를 적은 글이다.

丙 舍 傍 啓

남녘 병	집 사	곁 방	열 계

[112] 갑 장 대 영

甲帳對楹

궁중에 있는 아름다운 휘장은 큰 기둥에 둘려 있다는 말.

주 앞의 병사(丙舍)에 비해서 휘장을 갑장(甲帳)이라 한 것이 절묘한 대구(對句)이다. 갑장은 유리·주옥·명월주·야광주 등으로 만들었다 함.

甲 帳 對 楹

갑옷 갑	휘장 장	마주볼 대	기둥 영

[113] 사 연 설 석

肆筵設席

돗자리를 깔아서 연회하는 좌석을 만들었다는 글.

주 그러한 장려(壯麗)한 궁전에서 때로는 천하의 제후(諸侯)를 불러 돗자리를 깔고 잔치를 베푼다. 땅에 깐 것을 연(筵), 그 위에 깐 것을 석(席)이라 한다.

肆 筵 設 席

베풀 사	대자리 연	베풀 설	자리 석

[114] 고 슬 취 생

鼓瑟吹笙

비파를 치고 생황(笙簧)을 부니, 잔치하는 풍류이다.

주 슬(瑟)은 25줄이 있는 악기로 거문고와 비슷하며, 생(笙)은 피리의 일종으로 박으로 만들었다 함. 이 역시 풍류의 화려함을 나타낸 글.

鼓 瑟 吹 笙

북 고	비파 슬	불 취	생황 생

[115] 승계납폐

陞階納陛

문무 백관이 섬돌을 올라 임금께 납폐하는 절차를 말함.

주 천자의 어전(御前)에 들어가는 구조(構造)를 말함. 천자의 대궐은 9척, 섬돌은 9턱, 양쪽으로 올라가는 길이 있는데 층계 쪽을 계(階), 평평한 쪽을 폐(陛)라 했음.

陞 階 納 陛

陞	階	納	陛
오를 승	층계 계	드릴 납	대궐섬돌 폐

[116] 변전의성

弁轉疑星

백관이 쓴 관의 움직이는 모습은 현란하여 별인 듯 의심스럽다는 말.

주 변(弁)은 관(冠)을 말하며, 옆에는 구슬이 달려 있음. 입궐(入闕)때 쓴 변의 구슬이 움직여 마치 하늘의 별들이 번쩍번쩍 빛나는 것같이 보인다는 말.

弁 轉 疑 星

弁	轉	疑	星
고깔 변	구를 전	의심할 의	별 성

[117] 우통광내

右通廣內

오른쪽은 광내전으로 통한다는 말.

주 도읍 화하(華夏)의 금중(禁中)의 규모가 매우 광활(廣闊)한 것을 말함. 광내전(廣內殿)은 비서(秘書)들이 집무하는 곳이다.

右 通 廣 內

右	通	廣	內
오른 우	통할 통	넓을 광	안 내

[118] 좌달승명

左達承明

왼쪽으로 가면 승명려(承明廬)에 닿는다는 말.

주 승명려(承明廬)는 수직(守直)하고 쉬는 곳으로서 여(廬)라고 하나, 일설에는 사기(史記)를 교열(校閱)하는 곳이라고도 함.

左 達 承 明

左	達	承	明
왼 좌	통달할 달	이을 승	밝을 명

[119] 기집분전

既集墳典

이미 여기에는 삼분(三墳)과 오전(五典)의 옛 서적을 모아 놓았다는 말.

주 삼분(三墳)은 3황(三皇)의 일을 실은 책이요, 5전(五典)은 5제(五帝)의 사적을 적은 책이다. 이런 책들을 이미 많이 모아 두었다는 말.

既 集 墳 典

既	集	墳	典
이미 기	모을 집	책이름 분	법 전

[120] 역취군영

亦聚羣英

또한 여러 영웅들을 모아 분전(墳典)을 강론하였다는 말.

주 삼분(三墳)과 오전(五典)으로 강론(講論)하여 치국(治國)하는 도(道)를 밝히고 영재(英才)를 길렀다는 뜻.

亦 聚 群 英

亦	聚	羣	英
또 역	모을 취	무리 군	영웅 영

[121] 두 고 종 례

杜藁鍾隷

명필인 두백도의 초서와 종요의 예서도 비치하였다.

주 두백도(杜伯度)는 후한(後漢) 때 사람으로 초서의 명필이며, 종요(鍾繇)는 위(魏)의 사람으로 예서의 명필이었다.

杜 藁 鍾 隷

杜	藁	鍾	隷
아가위 두	원고 고	쇠북 종	글씨 례

[122] 칠 서 벽 경

漆書壁經

글로는 과두의 글과 공자의 옛집에서 나온 경서가 있다.

주 과두(蝌蚪)는 대나무 쪽에 옻으로 칠해서 쓴 고문 시대(古文時代)의 과두 문자로 쓴 글을 말하며, 벽경(壁經)은 고문 상서(古文尚書)·논어(論語)·효경(孝經)의 옛 글을 말함.

漆 書 壁 經

漆	書	壁	經
옻칠할 칠	글 서	벽 벽	경서 경

[123] 부 라 장 상

府羅將相

관부에는 장수와 정승들이 벌려 늘어서 있다는 말.

주 부(府)는 공경(公卿), 대부(大夫)들이 관무(官務)를 처리하는 곳(정부)이며, 문관과 무관에 정승과 장수의 고위 관리들이 즐비하였다.

府 羅 將 相

府	羅	將	相
마을 부	벌릴 라	장수 장	정승 상

[124] 노 협 괴 경

路俠槐卿

큰 행길은 공경·대부들의 저택을 끼고 있다는 말.

주 괴경(槐卿)이란 삼공구경(三公九卿)임. 노(路)는 통로. 통로에 삼공구경(三公九卿)의 거마(車馬)가 즐비하게 이어진 것을 말함.

路 俠 槐 卿

路	俠	槐	卿
길 로	낄 협	삼공 괴	벼슬 경

[125] 호 봉 팔 현

户封八縣

귀척(貴戚)이나 공신에게 호, 현을 봉하였다는 말.

주 8현(八縣 : 1縣은 10,000호)의 호(戶 : 民戶 곧 民家)에서 나오는 조세(租稅)를 수입으로 삼도록 하였다.

户 封 八 縣

户	封	八	縣
집 호	봉할 봉	여덟 팔	고을 현

[126] 가 급 천 병

家給千兵

공신들에게는 또 1,000명의 병사를 주어 호위시켰다.

주 이 가병(家兵)은 제후(諸侯), 공신들에게 소속시켜 그 지휘(指揮)를 받도록 하였다.

家 給 千 兵

家	給	千	兵
집 가	줄 급	일천 천	군사 병

[127] 고 관 배 련

高冠陪輦

높은 관을 쓰고 천자의 연을 배종케 한다는 말.

주 연(輦)은 천자가 타는 수레를 말한다. 높은 관을 쓰고 천자의 수레를 모시고 갈 때의 위의(威儀)는 더욱 엄숙하였다는 뜻.

高冠陪輦

高	冠	陪	輦
높을 고	갓 관	모실 배	연 련

[128] 구 곡 진 영

驅轂振纓

수레를 빨리 몰게 하니 관의 끈이 크게 흔들리는 모습도 화려하다는 말.

주 대신(大臣)들이 높다란 관을 쓰고 천자의 수레를 모시고 갈 때의 화려한 위의(威儀)는 더욱 휘황함을 말함.

驅轂振纓

驅	轂	振	纓
몰 구	속바퀴 곡	떨칠 진	갓끈 영

[129] 세 록 치 부

世祿侈富

대대로 내리는 녹은 사치스럽고도 많아 부귀 영화를 누렸다는 말.

주 녹(祿)이란 왕으로부터 받는 봉급을 말한다. 즉 세신(世臣)들은 세록(世祿)을 받아 부귀 영화(富貴榮華)를 누렸다는 것을 나타낸 글.

世祿侈富

世	祿	侈	富
대대 세	녹봉 록	사치할 치	부자 부

[130] 거 가 비 경

車駕肥輕

말은 살 찌고 수레는 가볍다는 말.

주 비경(肥輕)은 비마 경구(肥馬輕裘)의 준말. 즉 공신들은 질이 좋은 가벼운 갑옷으로 단장하고 살찐 말을 타고 다녔다는 뜻.

車駕肥輕

車	駕	肥	輕
수레 거	수레 가	살찔 비	가벼울 경

[131] 책 공 무 실

策功茂實

공을 기록함이 성하고 충실하다는 말.

주 공을 세운 사람은 부귀를 누리므로 이를 훈공자(勳功者)라 하였으며 공적을 기록(記錄)하는 일은 진(秦)나라 시황제(始皇帝) 때부터 시작한 것이라 한다.

策功茂實

策	功	茂	實
꾀 책	공치사할 공	성할 무	충실할 실

[132] 늑 비 각 명

勒碑刻銘

공적을 비석에 기록하고 글을 지어 돌에 새긴다는 말.

주 비(碑)는 분묘(墳墓) 앞에 세운 돌, 또는 아무 곳에나 공을 기록하여 세운 돌이며, 명(銘)은 훈공을 금석(金石)에 기록하는 것을 말함.

勒碑刻銘

勒	碑	刻	銘
새길 륵	비석 비	새길 각	기록할 명

[133] 반 계 이 윤

磻溪伊尹

문왕은 반계에서 강태공을 맞고 탕왕은 이윤을 맞아 들였다.

주 문왕(文王)은 주(周) 왕이며 반계(위수)가에서 태공망(太公望) 여상(呂尙)을 맞아 나라를 일으켜 흥하게 하고 은(殷)의 탕왕(湯王)은 신야(新野)에서 이윤(伊尹)을 맞아 선정을 베풂.

磻溪伊尹

磻	溪	伊	尹
반계 반	시내 계	저 이	다스릴 윤

[134] 좌 시 아 형

佐時阿衡

위급한 때를 도와 공을 세워 아형이 되었다는 말.

주 이윤(伊尹)이 하(夏)의 걸왕(桀王)을 내몰고 은나라를 일으켜 국태 민안(國泰民安)을 가져와 아형(阿衡)의 벼슬에 올랐다는 고사(故事).

佐時阿衡

佐	時	阿	衡
도울 좌	때 시	벼슬이름 아	저울대 형

[135] 엄 택 곡 부

奄宅曲阜

주공의 공에 보답코져 노 나라곡부에 큰 저택을 정해주었다는 말.

주 주(周)의 성왕(成王)이 숙부 주공(周公)에게 위대한 공적에 보답하고자 노(魯) 나라를 주고 그 서울 곡부(曲阜)에 큰 저택을 마련하여 살게 하였다는 글.

奄宅曲阜

奄	宅	曲	阜
매우 엄	집 택	굽을 곡	둔덕 부

[136] 미 단 숙 영

微旦孰營

이것은 주공이 아니면 감히 누가 이런 큰 일을 이루리요.

주 주공 단(周公 旦)이 아니면 누구도 그런 성대한 집을 곡부(曲阜) 땅에 짓게 하겠느냐는 말. 노나라는 지방이 7백리요, 수레가 천승(千乘)이었다고 함.

微旦孰營

微	旦	孰	營
작을 미	아침 단	누구 숙	마스릴 영

[137] 환 공 광 합

桓公匡合

환공이 천하를 바로 잡아 제후를 모아 맹약을 지키도록 한 글.

주 제(齊)의 환공(桓公)은 주(周)의 천자(天子)를 받들어 패업(霸業)을 일으킨 분으로 스스로 맹주(盟主)가 되어 제후(諸侯)를 9번이나 회합 시켜 맹약(盟約)을 지키게 하고 바로 잡음.

桓公匡合

桓	公	匡	合
굳셀 환	벼슬이름 공	바를 광	모둘 합

[138] 제 약 부 경

濟弱扶傾

약한 자는 구제하고 기울어가는 나라를 붙들어 일으켰다.

주 제후와의 맹약으로 위태로운 것을 구해 주고 기울어지는 운수를 바로잡아 붙들어서 주나라의 왕실을 지키고 오랑캐를 물리친 환공(桓公)의 이야기를 적은 글.

濟弱扶傾

濟	弱	扶	傾
구제할 제	약할 약	도울 부	기울어질 경

[139] 기 회 한 혜

綺回漢惠

기리계(綺里季)는 한(漢)나라 혜제(惠帝)의 태자 자리를 회복 시켜 주었다는 말.

주 네 현자〈四賢者〉 가운데 한 사람인 기리계가 혜제(惠帝)의 태자 자리를 지켜 드렸다는 고사(故事).

綺 回 漢 惠

綺	回	漢	惠
비단 기	회복할 회	한나라 한	은혜 혜

[140] 열 감 무 정

說感武丁

부열(傅說)은 무정(武丁)의 꿈에 나타나 그를 감동시켰다는 말.

주 은(殷)나라의 현인(賢人) 부열(傅說)은 은나라 천자 고종(高宗)의 꿈에 나타나 잘 이끌어 주었기 때문에 뒤에 은(殷)의 정승이 되었다는 글.

說 感 武 丁

說	感	武	丁
기꺼울 열	감동할 감	호반 무	장정 정

[141] 준 예 밀 물

俊乂密勿

준걸과 재사들이 조정에 빽빽히 모여 들었다는 말.

주 뛰어난 사람〈俊傑〉과 재사(才士)들이 조정에 모여 애써 일을 하였다는 글. 준(俊)은 1,000사람 중에 뛰어난 사람이요, 예(乂)는 100 사람 중에 뛰어난 사람을 이름.

俊 乂 密 勿

俊	乂	密	勿
준걸 준	어질 예	빽빽할 밀	정성스러울 물

[142] 다 사 식 녕

多士寔寧

많은 인재들이 있어 나라는 실로 편안하였다는 글.

주 즉 강태공·부열·이윤·주공·환공·상산사호(商山四皓一四賢者) 등 많은 준예 다사(俊乂多士)들이 나라를 부강시켜 국태민안(國泰民安)하였다는 이야기.

多 士 寔 寧

多	士	寔	寧
많을 다	선비 사	참 식	편안할 녕

[143] 진 초 갱 패

晉楚更霸

진나라와 초나라가 다시 패권(覇權)을 잡았다.

주 진(晋)의 문공(文公)과 초(楚)의 장왕(莊王)이 제(齊)의 환공(桓公) 이후 다시 제후의 우두머리가 되어 어진 정사를 폈다는 고사(故事).

晉 楚 更 霸

晉	楚	更	霸
나라이름 진	초나라 초	다시 갱	으뜸 패

[144] 조 위 곤 횡

趙魏困橫

조나라와 위나라는 연횡(連橫) 때문에 진나라에 곤란을 받았다는 말.

주 조(趙)나라와 위(魏)나라는 장의(張儀)의 연횡책(連橫策)을 따른 까닭에 진(秦)나라로부터 많은 곤란을 받았다는 고사(故事).

趙 魏 困 橫

趙	魏	困	橫
조나라 조	위나라 위	곤할 곤	가로 횡

[145] 가 도 멸 괵

假途滅虢

길을 빌어 괵국(虢國)을 멸하니 빌려준 우국도 망했다는 고사(故事).

주 진(晋)의 헌공(獻公)이 괵국(虢國)을 치고자 우국(虞國)에게 길을 빌려달라 하여 괵국을 치고는 돌아오는 길에 우국도 멸망 시켰다는 이야기. 입술이 없으면 이가 시리다는 이치를 몰랐다.

假途滅虢

빌 가 · 길 도 · 멸할 멸 · 나라이름 괵

[146] 천 토 회 맹

踐土會盟

진 문공이 천토(踐土)에서 제후를 모아 서로 맹세하게 했다는 글.

주 진문공(晋文公)이 주양왕(周襄王)을 천토(踐土)에 뫼시고 제후들을 모아 생혈(牲血)을 뿌려 군사상의 일을 약속하는 맹세를 시킨 고사(故事).

踐土會盟

밟을 천 · 흙 토 · 모을 회 · 맹세 맹

[147] 하 준 약 법

何遵約法

소하(蕭何)는 한 고조와 더불어 약법(約法) 3장을 지키게 하였다.

주 한고조(漢高祖) 유방(劉邦)은 진(秦)을 멸한 후 약법 3장으로 다스릴 때 소하(蕭何)가 이를 도우기 위하여 9조목의 법을 만들어 지키게 하였다는 말.

何遵約法

어찌 하 · 지킬 준 · 맹세할 약 · 법 법

[148] 한 폐 번 형

韓弊煩刑

한비(韓非)는 번거로운 형벌을 시행하다가 도리어 나라가 지쳤다는 이야기.

주 한(韓)의 공자(公子) 한비(韓非)는 진시황(秦始皇)을 도와 가혹(苛酷)한 형벌을 시행하다가 도리어 폐가 많아 정사가 무너지고 나라가 지쳤다는 글.

韓弊煩刑

한나라 한 · 폐단 폐 · 번거로울 번 · 형벌 형

[149] 기 전 파 목

起翦頗牧

진나라에 백기(白起)와 왕전(王翦)의 명장이 있고 조나라에 염파(廉頗) 이목(李牧)의 명장이 있었다.

주 진(秦)나라에 백기(白起)·왕전(王翦) 같은 장수가 있었으며, 조(趙)나라에 염파(廉頗)·이목(李牧) 같은 장수가 있었다. 특히 염파는 80이 넘어서도 용맹을 떨쳤음.

起翦頗牧

일어날 기 · 엷을 전 · 비뚤어질 파 · 기를 목

[150] 용 군 최 정

用軍最精

이 네 장수는 군사를 지휘하기를 정밀하고 능숙하게 했다는 말.

주 이 네 장수는 군략(軍略)과 용병(用兵)에 있어 가장 뛰어난 명장들이었다는뜻.

用軍最精

쓸 용 · 군사 군 · 가장 최 · 정교할 정

[151] 선 위 사 막

宣威沙漠

위엄을 북방 사막(沙漠)에까지 떨쳤다는 말.

주 장수들은 전쟁에 이겨 그 위세를 북방 오랑캐들이 사는 사막에까지 떨쳤다는 이야기. 사막(沙漠)은 몽고(蒙古)의 고비사막을 일컬음.

宣威沙漠

펼 선 · 위엄 위 · 모래 사 · 모래벌 막

[152] 치 예 단 청

馳譽丹青

무공과 명예를 채색(彩色)으로 그려 후세에까지 전하게 하였다.

주 한(漢)나라 선제(宣帝)는 11명의 공신을 기린각(麒麟閣)에 단청(丹靑)으로 그리게 하고, 후한(後漢) 명제(明帝)는 32명을 남궁운대(南宮雲臺)에 그려 명성은 말을 달리듯 전해졌다는 말.

馳譽丹青

달릴 치 · 기릴 예 · 붉을 단 · 푸를 청

[153] 구 주 우 적

九州禹跡

9주(九州)를 정한 것은 우(禹) 임금의 공적의 자취요.

주 하(夏)의 우왕(禹王)이 수토(水土)를 정비해서 중국을 9주로 나누어 다스렸다. 즉 기·연·청·서·양·형·예·양·옹(冀·兗·靑·徐·揚·荊·豫·梁·雍)의 9주(九州)

九州禹跡

아홉 구 · 고을 주 · 임금 우 · 자취 적

[154] 백 군 진 병

百郡秦并

진(秦)나라는 천하를 통일하여 전국을 100군(百郡)으로 나누었다.

주 진(秦)나라는 천하를 통일하여 6국을 합쳐 전국을 100군으로 나누어 다스렸다. 실은 103군이나, 100군이란 군의 수효가 많다는 뜻이다.

百郡秦并

일백 백 · 고을 군 · 진나라 진 · 합할 병

[155] 악 종 항 대

嶽宗恒岱

5악(五嶽) 중에서는 항산(恒山)과 태산이 조종이라는 말.

주 5악(五嶽)은 태산(泰山)·화산(華山)·형산(衡山)·항산(恒山)·숭산(嵩山)이며 대(岱)는 태산(泰山)의 일명이다.

嶽宗恒岱

큰산 악 · 마루 종 · 항상 항 · 산이름 대

[156] 선 주 운 정

禪主云亭

봉선(封禪)의 제사를 드리는 데는 운운산(云云山)과 정정산(亭亭山)을 가장 소중히 하였다.

주 왕이 혁명 후 천지의 신에게 제사를 드렸는데 먼저 태산에서 천신(天神)께 제사 드리고 다음 운운산(云云山)과 정정산(亭亭山)에서 지신(地神)께 제사 드렸다.

禪主云亭

터닦을 선 · 어른 주 · 이를 운 · 정자 정

[157] 안문자새

鴈門紫塞

안문산(鴈門山)이 있고 만리장성이 둘러 있다.

주 산서성(山西省) 북방에 구름을 뚫을만큼 높은 봉우리로 기러기가 날아다닌 안문산(鴈門山)이 있고, 서쪽 감숙성(甘肅省)에서 동쪽 산해관(山海關)까지는 만리의 장성이 있다.

기러기 안 · 문 문 · 자주빛 자 · 막을 새

[158] 계전적성

雞田赤城

북쪽에 계전(鷄田)이 있고 만리장성 밖에 돌이 붉은 적성(赤城)이 있다.

주 산서성(山西省) 대동부(大同府) 새방 밖에 계전(鷄田)이란 땅이 있고, 만리장성 밖 옛날 치우(蚩尤)가 살던 붉은 돌의 적성(赤城)이 있다. 즉 명소·명물을 소개함.

닭 계 · 밭 전 · 붉을 적 · 재 성

[159] 곤지갈석

昆池碣石

곤지(昆池)는 운남 곤명현에 있고 갈석(碣石)은 부평현에 있다.

주 곤명지(昆明池)는 한무제(漢武帝)가 수군(水軍)을 연습시키기 위하여 장안 서남쪽에 판 못이요, 갈석(碣石)은 북방 동해 가에 우뚝 선 산을 말함이다

맏 곤 · 못 지 · 우뚝선돌 갈 · 돌 석

[160] 거야동정

鉅野洞庭

거야(鉅野)는 태산 동편에 있고 동정호(洞庭湖)는 원강 남쪽에 있다.

주 거야(鉅野)는 산동성(山東省)에 있는 광대한 들이고, 동정호(洞庭湖)는 호남성(湖南省)에 있는 중국 제일의 호수. 즉 큰 못, 험한 산, 넓은 들, 깊은 호수 등 산택소호(山澤沼湖)를 들었다.

클 거 · 들 야 · 골 동 · 뜰 정

[161] 광원면막

曠遠緜邈

모든 산과 호수 벌판들이 멀리 이어져 아득하다는 말.

주 면막(綿邈)은 멀리 보이는 모양을 말하며, 험산(險山)·광야(曠野)·인공지(人工池)·명호(名湖)들이 수 없이 널려 있다는 뜻.

넓을 광 · 멀 원 · 연할 면 · 아득할 막

[162] 암수묘명

巖岫杳冥

산과 골짜기·바위는 마치 동굴과도 같아 깊고 컴컴하다는 말.

주 즉 5악(五嶽)과, 안문(鴈門)·갈석(碣石)·적성(赤城) 등 산악을 이름이니 중국 9주에는 명산 대천(名山大川), 소호(沼湖) 등이 기묘하다는 것을 말함.

바위 암 · 멧부리 수 · 깊을 묘 · 어두울 명

[163] 치 본 어 농

治本於農

농사로써 나라 다스리는 근본을 삼았다는 말.

주 옛날 중국에서는 먹고 입는 것이 가장 중요하였기에 씨 뿌리고 거두는 농본정책을 나라 다스리는 기본 정책으로 삼았다.

治本於農

다스릴 치	근본 본	어조사 어	농사 농

[164] 무 자 가 색

務茲稼穡

봄에 심고 가을에 거두는 일에 힘썼다는 말.

주 즉 창고가 가득 차 있어야 백성들이 예절을 안다고 했으며, 입고 먹는 것은 백성들의 근본이요, 심고 거두는 것은 백성들의 임무라고 하였다.

務茲稼穡

힘쓸 무	이 자	심을 가	거둘 색

[165] 숙 재 남 묘

俶載南畝

봄이 되면 비로소 양지 바른 남쪽 밭에 나가 경작을 시작한다.

주 묘(畝)는 주(周)나라의 제도로서 사방 6자를 보(步)라 하고 100보를 1묘(一畝)라 하였다. 봄이 되면 남쪽 밭에 나가 경작을 하도록 나라에서는 적극 권장하였다.

俶載南畝

일으킬 숙	일 재	남녘 남	밭이랑 묘

[166] 아 예 서 직

我藝黍稷

나는 정성을 다하여 기장과 피를 심으리라.

주 띠와 가시덤불을 치우고 기장과 피같은 곡식을 심어 농사 짓는 일에 부지런히 힘쓴다는 말. 나〈我〉는 농부(農夫)를 가리킨 말이다.

我藝黍稷

나 아	심을 예	기장 서	피 직

[167] 세 숙 공 신

稅熟貢新

곡식이 익으면 조세(租稅)를 내고 신곡으로 종묘에 제사를 올린다.

주 백성은 납세(納稅)를 소홀히 해서는 안 된다는 것을 강조하고 신곡으로 조상에게 보은감사(報恩感謝)의 제사를 올리는 마음을 갖게 한 것이다.

稅熟貢新

세납 세	익을 숙	바칠 공	새 신

[168] 권 상 출 척

勸賞黜陟

농사를 잘 지은 사람은 상을 주고 게을러 잘못한 자는 내쫓는다는 말.

주 백성이나 관리나 다 같이 3년 동안 그 성적을 조사하여 잘 한 사람은 승진 또는 포상하고, 잘못한 자는 내쫓아 농사짓기의 소중함을 알렸다.

勸賞黜陟

권할 권	상줄 상	물리칠 출	올릴 척

[169] 맹 가 돈 소

孟軻敦素

현인 맹자(孟子)는 두텁고 소박했다는 말.

주 맹자(孟子)는 이름이 가(軻)이며 노(魯)나라 공족(公族)인 맹손씨(孟孫氏)의 자손으로 자사(子思)에게 배웠다. 그는 하늘에서 받은 소성(素性)을 지키려 마음을 도탑게 길렀다.

孟軻敦素

맏 맹	굴대 가	도타울 돈	바탕 소

[170] 사 어 병 직

史魚秉直

사어(史魚)는 그 성격이 곧고 매우 강직하였다는 말.

주 사어(史魚)는 사관(史官)의 성(姓)이 어(魚)라는 사람으로 위(衛)나라 대부(大夫)이며 이름은 유(鰌)다. 그는 매우 정직하고 올바르며 어떤 일에도 곧은 것을 잃지 않았다.

史魚秉直

사기 사	물고기 어	잡을 병	곧을 직

[171] 서 기 중 용

庶幾中庸

마음 속에 중용(中庸)을 두고 거기에 가까와지기를 바라야 한다.

주 중용(中庸)의 도(道)는 넘치지도 않고 모자라지도 않으며 기울어지지도 않는 것을 말한다. 즉 소박하고 정직하며 부지런하고 거만하지 말아야 한다.

庶幾中庸

무리 서	거진 기	가운데 중	떳떳할 용

[172] 노 겸 근 칙

勞謙謹勅

그러자면 근로하고 겸손하며 삼가하고 자기 몸을 경계하고 바로잡아야 한다.

주 근로하고 겸손한 군자(君子)에게 길이 있으니 이것이 중용(中庸)이다. 그러기에 더욱 삼가하고 나의 몸을 경계하고 항상 바로잡아야 한다고 가르치고 있다.

勞謙謹勅

수고로울 로	겸손할 겸	삼갈 근	신칙할 칙

[173] 영 음 찰 리

聆音察理

목소리를 듣고서 의중의 생각을 살핀다는 말.

주 선비된 사람은 남의 말을 들을 때에 그의 음성으로서 그 사람의 생각하는 바를 깨달아야 한다. 즉 말하는 것이 도리에 맞는지 아닌지를 살필 것이기에 무겁고 온화하게 해야 한다.

聆音察理

들을 령	소리 음	살필 찰	이치 리

[174] 감 모 변 색

鑑貌辨色

용모와 안색을 보고 그 마음 속을 밝히어 짐작한다는 말.

주 곧 군자(君子)는 항상 말을 조심하고 용모를 단정히 하여 어떠한 경우라도 과실이 없어야 한다는 것을 일깨우고 있다. 7정(七情)을 잘 표현하여야 한다는 뜻.

鑑貌辨色

볼 감	모양 모	판단할 변	빛 색

[175] 이 궐 가 유

貽厥嘉猷

군자는 착하고 아름다운 것을 후세까지 남길 것이요,

주 가유(嘉猷)는 무슨 일에서나 그 일에 마땅한 방법을 얻는 생각, 즉 좋은 계획을 말한다. 괴〈猷〉는 임금과 나라 다스리는 좋은 괴를 가리킴.

貽厥嘉猷

끼칠 이 · 그것 궐 · 아름다울 가 · 꾀 유

[176] 면 기 지 식

勉其祗植

그 올바른 도를 공경하여 자기 몸에 심어주도록 힘써야 한다는 말.

주 지식(祇植)이란 근신(謹愼)해서 착한 행동을 자기 몸에 심는 것을 말한다. 즉 항상 과실이 없도록 조심하고 적합한 실덕을 심어 갖추도록 힘써야 한다는 뜻.

勉其祗植

힘쓸 면 · 그 기 · 공경할 지 · 심을 식

[177] 성 궁 기 계

省躬譏誡

자기 몸을 살펴 기롱(譏弄)이나 경계(警戒)함이 있을까 조심하고 반성한다.

주 기(譏)란 작은 말로 그 사람의 결점을 완곡하게 말해주는 것임. 그래서 군자는 "지위는 교만한 데 이르지 말아야 하고 봉록은 사치한 데 이르지 말도록" 스스로 경계함.

省躬譏誡

살필 성 · 몸 궁 · 나무랄 기 · 경계할 계

[178] 총 증 항 극

寵增抗極

임금의 사랑이 더할수록 교만하지 말고 그 정도를 지키라는 말.

주 항(抗)이란 결국 잘난 체 한다, 즉 교만해진다는 말. 극(極)은 대들보, 즉 맨 끝 또는 그 정도를 말함. 총(寵)이란 윗사람으로부터 귀여움과 사랑을 받는 것.

寵增抗極

사랑할 총 · 더할 증 · 겨룰 항 · 지극할 극

[179] 태 욕 근 치

殆辱近恥

위태(危殆)롭고 욕(辱)된 일을 하면 부끄러움이 몸에 닥친다는 말.

주 임금의 총애(寵愛)를 믿고 실수를 자주 하면 금시에 부끄러움을 받게 된다. 벼슬이 높아질수록 위로부터는 혐의를 받기 쉽고 아래로부터는 미움을 받기 쉽기 때문이다.

殆辱近恥

위태할 태 · 욕될 욕 · 가까울 근 · 부끄러울 치

[180] 임 고 행 즉

林皐幸卽

치욕이 가까이 오면 차라리 산간 수풀에 가서 한가하게 지내는 것이 행(幸)이리라.

주 권세(權勢)라는 것은 자기 몸에 화를 미치게 할 수도 있으니 그 기미를 사전에 알면 용감히 물러설 수 있는 식량(識量)이 있어야 한다는 것을 가르치고 있다.

林皐幸卽

수풀 림 · 못언덕 고 · 다행할 행 · 나아갈 즉

[181] 양 소 견 기

兩疏見機

소광(疏廣)과 소수(疏受)는 기틀(때)을 보아 고향으로 돌아갔다는 말.

주 소광(疏廣)은 한성제(漢成帝) 때 태자(太子)의 태부(太傅)였고 소수(疏受)는 소부(少傅)였으며 소광(疏廣)의 조카였음. 이 두 분은 오래 벼슬에 있지 못할 것을 알고 스스로 사직하고 물러간 사람들이다.

兩 疏 見 機

兩	疏	見	機
둘 량	드물 소	볼 견	기틀 기

[182] 해 조 수 핍

解組誰逼

"인끈을 풀어 놓고 떠나가니 누가 핍박(逼迫)하리요."라는 말.

주 '인끈을 풀다'는 벼슬 이름을 새긴 도장에 달린 끈을 허리에서 풀어 놓는다는 말이니, 즉 벼슬을 사직한다는 말. 선견지명(先見之明)이 있는 자는 적당한 때 미련 없이 떠나간다.

解 組 誰 逼

解	組	誰	逼
풀 해	인끈 조	누구 수	핍박할 핍

[183] 색 거 한 처

索居閑處

퇴직하여 한가(閑暇)한 곳에 가서 살면서 세상을 보낸다는 말.

주 몸이 귀히 된 소광 소수는 "족한 것을 알면 욕보지 않는다." 하고, "그칠 곳을 알면 위태하지 않다."고 하여 2,000석의 봉록을 받고 있을 때 사직하고 물러가니 뒤에 화를 입지 않았다 한다.

索 居 閑 處

索	居	閑	處
찾을 색	살 거	한가할 한	곳 처

[184] 침 묵 적 료

沉默寂寥

고향으로 돌아와 조용히 사니 아무 일도 없고 고요하기만 하구나.

주 금의환향(錦衣還鄕)하여 조용히 사니 시기로 인한 무고도 없고, 명예에 오손도 없고, 부귀영화에 막힘이 없이 하늘이 준 목숨을 다 살 수 있다는 말.

沈 默 寂 寥

沈	默	寂	寥
잠길 침	잠잠할 묵	고요할 적	쓸쓸할 료

[185] 구 고 심 론

求古尋論

옛 사람의 글을 구(求)하고 그 도를 찾아 묻는다는 것.

주 고(古)는 열 사람의 입〈十口〉이니 여러 해를 지난 과거를 말하며, 논(論)은 지극히 마땅한 도리를 말하는 의논(議論)을 뜻함.

求 古 尋 論

求	古	尋	論
구할 구	예 고	찾을 심	생각 론

[186] 산 려 소 요

散慮逍遙

세상의 모든 생각을 흩어 버리고 자연 속에 평화로이 놀며 즐긴다.

주 즉, 우유배회(優遊徘徊)하며 한가한 속에서도 스스로 마음을 달래며 욕심 없이 세상 일을 떠나 은거(隱居)하니 정말 평화롭고 즐겁다는 뜻.

散 慮 逍 遙

散	慮	逍	遙
흩어질 산	생각 려	노닐 소	노닐 요

[187] 흔 주 누 견

欣奏累遣

기쁨은 아뢰고 더러움은 흘려보내니

주 그렇게 하면 흔희(欣喜)의 정이 내심(內心)에 움직여 세상의 번거로움은 사라진다는 뜻. "그치어 만족할 줄 아는 계획으로, 욕되고 위태로운 누를 면했다."

欣 奏 累 遣

기쁠 흔 · 아뢸 주 · 더럽힐 루 · 보낼 견

[188] 척 사 환 초

慼謝歡招

슬픈 것은 사례(謝禮)하여 없어지고 즐거움은 부르듯이 온다는 말.

주 이렇게 되면 외물(外物)의 번거로운 것은 모두 쫓아 버리고 슬픈 마음은 비는 것처럼 없어져 버리고 보면 자연히 환희(歡喜)의 정만을 불러오게 된다는 말이다.

慼 謝 歡 招

슬플 척 · 물러갈 사 · 기뻐할 환 · 부를 초

[189] 거 하 적 력

渠荷的歷

개천의 연꽃은 또렷이 빛나 아름답다는 말.

주 연꽃은 싱싱하고 아름다우며 향기 또한 그윽하여 은자(隱者)가 사는 곳의 한아(閑雅)한 풍경을 말한 것이다.

渠 荷 的 歷

개천 거 · 연꽃 하 · 꼭그러할 적 · 역력할 력

[190] 원 망 추 조

園莽抽條

동산에 우거진 풀들은 가지를 높이 뻗고 있다는 말.

주 봄·여름의 풀과 꽃이 핀 유서(幽棲)의 동산(東山)속 수륙(水陸)의 경치를 말한 것이다.

園 莽 抽 條

동산 원 · 풀 망 · 빼낼 추 · 곁가지 조

[191] 비 파 만 취

枇杷晩翠

비파(枇杷) 나무는 늦은 겨울에도 그 잎이 푸르고,

주 눈이 오는 겨울이 되어도 푸른 빛이 변치 않는 상반목(常般木)이 있는가 하면……, 취(翠)는 비취의 빛깔, 즉 푸른 색깔을 말함.

枇 杷 晩 翠

비파나무 비 · 비파나무 파 · 늦을 만 · 푸를 취

[192] 오 동 조 조

梧桐早彫

오동(梧桐)나무 잎은 가을이 되면 일찍 말라 떨어져 버린다는 말.

주 가을철만 되어도 잎이 시들어 떨어지는 나무도 있다는 것을 설명한 글이다. 즉 원림(園林)의 경치를 말함.

梧 桐 早 彫

오동 오 · 오동 동 · 이를 조 · 시들 조

[193] 진 근 위 예

陳根委翳

묵은 고목의 뿌리는 시들어 마르고,

주 가을철과 겨울철이 되면 묵은 뿌리와 마른 나무들은 아무렇게나 쓰러진 채 버려져 있고……, 즉 원림(園林)의 거친 풍경을 말함.

陳根委翳

묵을 진 · 뿌리 근 · 시들어질 위 · 가릴 예

[194] 낙 엽 표 요

落葉飄颻

떨어진 잎들은 바람에 펄펄 날린다는 말.

주 낙엽(落葉)들은 바람에 날려 쓸쓸한 풍경을 나타내니 1년 4철이 대자연의 법칙 속에 자꾸만 바뀌어져서 또 한 해가 저무는 것을 은연 중 나타낸 말이다.

落葉飄颻

떨어질 락 · 잎사귀 엽 · 나부낄 표 · 나부낄 요

[195] 유 곤 독 운

遊鵾獨運

곤어(鵾魚)는 큰 고기라서 홀로 헤엄쳐 논다는 말.

주 북해(北海)에 산다는 곤어(鵾魚)는 그 크기가 이루 말로 할 수 없을 만큼 대단하며 본 사람이 없는 상상(想像)의 조류(鳥類)이다.

遊鵾獨運

놀 유 · 곤새 곤 · 홀로 독 · 움직일 운

[196] 능 마 강 소

凌摩絳霄

곤어(鵾魚)가 붕새로 화하여 붉은 하늘을 마음대로 날아다닌다.

주 곤어가 화한 붕새는 봉황(鳳凰)의 일종으로 서조(瑞鳥)로 여기는 상상조(想像鳥). 강소(絳霄)는 붉은 동쪽 하늘, 즉 한가로이 사는 그윽한 풍경을 말한 것임.

凌摩絳霄

업신여길 릉 · 닦을 마 · 붉을 강 · 하늘 소

[197] 탐 독 완 시

耽讀翫市

왕충(王充)은 글 읽기를 즐겨하여 항상 저자에 나가서 책을 구경하니,

주 후한(後漢) 때의 왕충(王充)은 어찌나 글읽기를 좋아하였는지 낙양(洛陽) 저자 안에 있는 서점에까지 가서 책을 읽었다는 말.

耽讀翫市

즐길 탐 · 읽을 독 · 구경할 완 · 저자 시

[198] 우 목 낭 상

寓目囊箱

글을 눈으로 한번 보면 잊지 않아 글을 주머니와 상자(箱子)에 넣어 둠과 같다고 함.

주 왕충(王充)이 이와 같이 때때로 시장에 나가 서적을 애독(愛讀)하여 오로지 두 눈의 시력을 책 주머니와 상자 속에 쏟는다는 이야기.

寓目囊箱

붙일 우 · 눈 목 · 주머니 낭 · 상자 상

[199] 이 유 유 외

易輶攸畏

군자(君子)는 쉽고 아무렇지도 않을 일을 두려워 하고….

注 모든 사물(事物)을 경솔(輕率)히 여기고 업신여겨 신중(愼重)히 하지 않는 것은 군자로서 경계해야 할 일이다. ※덕이 터럭같이 가벼우면 올바른 일을 하지 못한다.

易輶攸畏

易	輶	攸	畏
쉬울 이	가벼울 유	어조사 유	두려울 외

[200] 속 이 원 장

屬耳垣墻

말을 할 때에는 마치 남이 담에 귀를 대고 듣는 것처럼 여기라는 말.

注 '벽(壁)에도 귀가 있다'는 속담(俗談)과 같이 군자는 언제나 말을 함부로 경솔하게 하지 말라는 뜻.

屬耳垣墻

屬	耳	垣	墻
붙일 속	귀 이	담 원	담 장

[201] 구 선 손 반

具膳飡飯

반찬을 갖추어 밥을 먹으니

注 예(禮)를 결(缺)하여 식사를 해서는 안된다. 그것은 군자는 담박(淡泊)한 것을 편안히 여기는 때문. 선(膳)이란 요리한 음식을 여러가지 갖춘 것을 말함.

具膳飡飯

具	膳	飡	飯
갖출 구	먹을 선	밥 손	밥 반

[202] 적 구 충 장

適口充腸

입에 맞아 배를 채우면 된다는 말.

注 음식을 먹을 때는 지나치게 맛있는 것을 좋아하거나 또는 편식(偏食)을 하거나 허욕을 부려 양(量)에 넘게 먹지 않아야 한다는 것.

適口充腸

適	口	充	腸
맞갖을 적	입 구	채울 충	창자 장

[203] 포 어 팽 재

飽飫烹宰

배가 부르면 아무리 좋은 음식도 맛을 몰라 먹기 싫고

注 팽재(烹宰)란 음식을 맛있게 요리 했다는 것. 즉 "시장이 반찬이다."라는 말과 같이 배가 차면 맛도 분간키 어렵고 먹기도 싫다는 말.

飽飫烹宰

飽	飫	烹	宰
배부를 포	먹기싫을 어	삶을 팽	삶을 재

[204] 기 염 조 강

飢厭糟糠

반대로 배가 고프면 재강이나 쌀겨도 맛이 있다는 말.

注 먹을 것이 없어 주렸을 때는 술 재강이나 쌀겨같은 먹지 못할 변변치 못한 것이라도 꿀맛같이 맛이 있다는 뜻.

飢厭糟糠

飢	厭	糟	糠
굶을 기	만족할 염	재강 조	겨 강

[205] 친 척 고 구

親戚故舊

친척(親戚)이나 친구들을 대접할 때에는…

주 친(親)은 동성(同姓)간의 일가(一家)를 말하며, 척(戚)은 이성(異姓)간의 혈연(血緣)을 이름이며, 고구(故舊)는 옛 친구를 가리킨다.

親 戚 故 舊

일가 친	겨레 척	연고 고	친구 구

[206] 노 소 이 량

老少異糧

늙은이와 젊은이의 음식을 달리 해야 한다는 말.

주 늙은이는 연하고 자양이 많은 음식을 드려야 하며, 50세부터 달라지기 시작한다. 60세에는 자주 고기를 먹게 하고, 70세에는 두 가지 반찬, 80세에는 진귀한 음식, 90세에는 음식이 항상 자리에 있어야 한다.

老 少 異 糧

늙을 로	젊을 소	다를 이	양식 량

[207] 첩 어 적 방

妾御績紡

아내나 첩(妾)은 길쌈을 한다는 말.

주 대체로 여자의 임무는 주로 길쌈과 바느질이다. 아내가 남편을 받드는 첫째 임무로 길쌈을 꼽는다. 첩(妾)이란 아내 다음 가는 여자를 말함.

妾 御 績 紡

첩 첩	모실 어	길쌈 적	길쌈할 방

[208] 시 건 유 방

侍巾帷房

안방(房)에서는 수건(手巾)과 빗을 가지고 남편을 섬겨야 한다.

주 아내가 남편을 받드는 둘째 임무로는 안방에서 수건과 빗을 들어 시중을 드는 것을 말한다. 시(侍)는 곁에서 잘 뫼시는 것을 이름.

侍 巾 帷 房

모실 시	수건 건	장막 유	방 방

[209] 환 선 원 결

紈扇圓潔

깁으로 만든 부채는 둥글고 깨끗하며

주 방안에 있는 품위(品位) 있는 물건으로는 얇은 깁 또는 흰 깁으로 만든 둥근 부채가 있고… ※ 깁(紈)이란 얇고 흰 명주를 말함.

紈 扇 圓 潔

깁 환	부채 선	둥글 원	깨끗할 결

[210] 은 촉 위 황

銀燭煒煌

은 촛대의 촛불은 휘황(輝煌) 찬란하다는 말.

주 또 방안에는 환하게 빛나는 촛불을 켜 놓는 규모 있는 은 촛대도 갖추어져 있다는 말. 방안의 기구와 품위 있는 물건들의 아담한 모습을 말함.

銀 燭 煒 煌

은 은	촛불 촉	환할 위	빛날 황

[211] 주 면 석 매

晝眠夕寐

낮에는 졸고 밤에는 일찍 자니 한가한 사람의 일이요,

주 낮에 일이 없는 한가한 때는 잠시 낮잠을 잘 수도 있고 밤이 되면 편히 잠을 자는데 한가하고 안락(安樂)함을 설명한 말이다.

晝 眠 夕 寐

낮 주	졸음 면	저녁 석	잠잘 매

[212] 남 순 상 상

藍筍象床

푸른 대순〈竹筍〉과 상아(象牙)로 장식한 침상(床)이 한가한 사람이 거처하는 기물이다.

주 푸른 대쪽을 엮어서 만든 자리와 상아(象牙)로 장식한 침대에서 생활하니 거처(居處)하는 곳의 청아(淸雅)하고 부족함이 없는 정경(情景)을 나타낸 글.

藍 筍 象 床

쪽 람	죽순 순	코끼리 상	평상 상

[213] 현 가 주 연

絃歌酒讌

거문고 타고 술과 노래로 잔치하니,

주 현(絃)이란 줄이 있는 현악기를 말함. 거문고 같은 악기를 타며 손님을 청해 놓고 노래와 술로 흥겨운 잔치를 벌린다는 말.

絃 歌 酒 讌

줄풍류 현	노래 가	술 주	잔치 연

[214] 접 배 거 상

接杯擧觴

손님과 더불어 크고 작은 술잔으로 서로 주고받으며 즐긴다.

주 접배(接杯)란 잔을 주고받는다는 말. 상(觴)이란 술잔이기는 하나 잔 속에 술이 가득차 있는 것을 말한다.

接 杯 擧 觴

사귈 접	잔 배	들 거	잔 상

[215] 교 수 돈 족

矯手頓足

손을 들고 발을 굴러 춤을 추니,

주 손을 불러 모아 놓고 술을 마시다가 흥(興)이 났을 때에는 가락에 맞추어 즐겁게 춤을 춘다는 형용(形容)이다.

矯 手 頓 足

들 교	손 수	꾸벅거릴 돈	발 족

[216] 열 예 차 강

悅豫且康

기쁘고 즐거우며 살아가는 모습이 편안하기 그지없다는 말.

주 즉 한가할 때에는 손님과 더불어 술 마시고 노래 부르고 춤추는 즐거운 생활을 묘사한 말이다. 한거부(閑居賦)에 "음악이 퍼져오자 발을 굴러 춤 추고 소리 높여 노래한다"는 말도 있다.

悅 豫 且 康

기쁠 열	미리 예	또 차	편안할 강

[217] 적 후 사 속

嫡後嗣續

적실(嫡室)에서 낳은 자식으로 대를 잇는다는 말.

주 적(嫡)은 정실(正室) 아내를 말하며, 사(嗣)는 자손 또는 대(代)를 잇는다는 뜻. 가계(家系)는 반드시 정실의 맏아들이 이어갔다.

嫡 後 嗣 續

정실 적 · 뒤 후 · 자손 사 · 이을 속

[218] 제 사 증 상

祭祀蒸嘗

조상에게 제사(祭祀)하되 겨울에는 증(蒸)이라 하고 가을에는 상(嘗)이라 한다.

주 증(蒸)은 겨울 제사요, 상(嘗)은 가을 제사를 말함. 즉 맏아들로써 대(代)를 계승(繼承)하고 조상에게 제사 올리는 것은 인간의 자식으로서는 중대한 책임이라는 말.

祭 祀 蒸 嘗

제사 제 · 제사 사 · 찔 증 · 맛볼 상

[219] 계 상 재 배

稽顙再拜

이마를 숙여 두 번 절하니 예를 갖춤이요,

주 계상(稽顙)이란 이마를 땅에 대고 엎드렸다가 다시 머리를 드는 것이며, 재배(再拜)란 조상에게 제사를 올릴 때 반드시 두 번 절함을 말한다.

稽 顙 再 拜

머리숙일 계 · 이마 상 · 두번 재 · 절 배

[220] 송 구 공 황

悚懼恐惶

송구(悚懼)하고 두렵고 황송(惶悚)하니 공경함이 지극하다는 말.

주 3년상(三年喪)을 뫼실 때는 슬픔과 정성을 다해야 하고 제사(祭祀) 때에는 청정(淸淨)과 공경(恭敬)을 다해야 한다고 가르침.

悚 懼 恐 惶

송구할 송 · 두려울 구 · 두려울 공 · 두려울 황

[221] 전 첩 간 요

牋牒簡要

편지와 글은 간단(簡單)하게 요약(要約)해서 할 것이다.

주 대체로 남과 편지를 왕래할 때에는 번잡하지 않게 간단하게 요점만 따서 하는 것이 예이다. ※ 전첩(牋牒)이란 편지를 말함.

牋 牒 簡 要

글 전 · 편지 첩 · 간략할 간 · 중요로울 요

[222] 고 답 심 상

顧答審詳

말대답〈對答〉을 할 때에는 잘 생각하고 살펴서 자세하게 해야 한다는 말.

주 고답(顧答)이란 급히 대답치 않고 조심하고 생각해서 답하는 것. 즉 편지의 답장도 잘 알 수 있게 써야 한다는 것.

顧 答 審 詳

돌아볼 고 · 대답할 답 · 살필 심 · 자세할 상

[223] 해 구 상 욕	[224] 집 열 원 량	[225] 여 라 독 특
骸垢想浴	**執熱願涼**	**驢騾犢特**
몸에 때가 있으면 목욕(沐浴)할 것을 생각한다. 주 더러운 것을 꺼리고 깨끗한 것을 좋아함은 사람의 상정(常情)이다. 항상 더러운 것을 없애고 몸을 단정히 해야만 마음도 깨끗해지니 말이다.	뜨거운 것을 잡으면 본능적으로 서늘한 것을 찾게 된다. 주 즉 인간이란 5감(五感)이 있어 더우면 찬 것을 원하고 서늘하면 따뜻한 것을 바라게 된다. 결국 인간의 상정(常情)을 말한 것이다.	나귀와 노새와 송아지와 소는, 주 나귀〈驢〉는 당나귀요, 노새〈騾〉는 말과 나귀의 사이에서 난 것이며, 소〈特〉는 큰 소, 즉 황소를 가리키는 말이다.
骸 垢 想 浴	執 熱 願 涼	驢 騾 犢 特
뼈 해 · 때 구 · 생각할 상 · 목욕할 욕	잡을 집 · 뜨거울 열 · 원할 원 · 서늘할 량	나귀 려 · 노새 라 · 송아지 독 · 숫소 특

[226] 해 약 초 양	[227] 주 참 적 도	[228] 포 획 반 망
駭躍超驤	**誅斬賊盜**	**捕獲叛亡**
놀라고 뛰고 달리며 논다는 말. 주 즉 가축(家畜)의 살아가는 모습을 적은 글이다. 옛 중국 시대에 있던 가축의 종류도 말하고 있다. 약(躍)은 억제하기 어려울만큼 크게 뛰는 모습.	역적(逆賊)과 도둑〈盜賊〉은 잡아서 죽이고, 베어 물리치며, 주 적(賊)이란 남을 해치고도 마음에 거리낌이 없는 자를 말하며, 도(盜)는 남의 물건을 훔친 자를 말한다.	배반(背叛)하고 도망(逃亡)하는 자는 사로잡아 죄를 주어 법을 밝힌다는 말. 주 반(叛)이란 임금을 배반하고 자기가 임금이 되려는 자를 말하며, 망(亡)은 나쁜 일을 저지르고 도망해 달아난 사람을 말함.
駭 躍 超 驤	誅 斬 賊 盜	捕 獲 叛 亡
놀랄 해 · 뛸 약 · 뛰어넘을 초 · 말뛸 양	벌줄 주 · 죽일 참 · 역적 적 · 도둑 도	사로잡을 포 · 얻을 획 · 배반할 반 · 도망할 망

[229] 포 사 요 환

布射遼丸

여포(呂布)는 활을 잘 쏘았고 웅의료(熊宜僚)는 탄환(彈丸)을 잘 굴렸다는 말.

주 후한(後漢) 말의 여포(呂布)는 활을 잘 쏘아 유비(劉備)와 원술(袁術)의 싸움을 막았고, 전국(戰國) 시대의 웅의료(熊宜僚)는 탄환을 잘 굴려 초왕(楚王)이 송(宋)을 크게 이겼다는 고사

布射遼丸

베 포 · 쏠 사 · 동관 료 · 총알 환

[230] 혜 금 완 소

嵇琴阮嘯

혜강(嵇康)의 거문고 타기와 완적(阮籍)의 휘파람 소리는 모두 유명하였다는 말.

주 진(晋)나라 죽림칠현(竹林七賢)의 한 사람인 혜강(嵇康)은 거문고를 잘 탔으며, 역시 칠현의 한 사람인 완적(阮籍)은 봉황이 우는 것 같은 휘파람 소리를 잘 불어 유명하다는 말.

嵇琴阮嘯

메 혜 · 거문고 금 · 성 완 · 휘파람 소

[231] 염 필 윤 지

恬筆倫紙

몽염(蒙恬)은 붓을 처음 만들었고 채륜(蔡倫)은 종이를 처음으로 만들었다.

주 진(秦)나라 명장 몽염(蒙恬)이 토끼 털로 붓을 처음 만들었고, 후한(後漢) 때 환관(宦官) 채륜(蔡倫)이 누에고치에서 나오는 솜으로 종이를 처음 만들었다는 고사(故事).

恬筆倫紙

편할 염 · 붓 필 · 인륜 륜 · 종이 지

[232] 균 교 임 조

鈞巧任釣

마균(馬鈞)은 교묘한 재주로 지남거(指南車)를 만들었고 임공자(任公子)는 처음으로 낚시를 만들었다.

주 한(漢)의 명제(明帝) 때의 마균(馬鈞)은 교묘한 재주가 뛰어나 지남거(指南車)를 만들었고, 임공자(任公子)는 낚시를 처음 만들어 사람들에게 생선을 실컷 먹였다 한다.

鈞巧任釣

설흔근 균 · 교묘할 교 · 맡길 임 · 낚시 조

[233] 석 분 이 속

釋紛利俗

이 여덟 사람들은 어지러운 것을 풀어 없애 세속(世俗)을 이(利)롭게 하였으니,

주 위 여포(呂布), 웅의료(熊宜僚), 혜강(嵇康), 완적(阮籍), 몽염(蒙恬), 채륜(蔡倫), 마균(馬鈞), 임공자(任公子)들은 모두 세속(世俗)을 이롭게 한 사람들이다.

釋紛利俗

풀 석 · 어지러울 분 · 이로울 리 · 풍속 속

[234] 병 개 가 묘

並皆佳妙

위 사람들은 모두 다 아름답고 묘(妙)한 재주를 가졌다는 말.

주 모두가 다 능한 재주와 기술이 있어 세상을 이롭게 하고 사람들에게 유익하고 편리한 생활을 하도록 도와준 분들이라는 말.

並皆佳妙

아우를 병 · 다 개 · 아름다울 가 · 묘할 묘

[235] 모 시 숙 자

毛施淑姿

모장(毛嬙)과 서시(西施)는 모양이 맑고 아름다워,

주 월왕(越王) 구천(句踐)의 사랑하던 첩 모장(毛嬙)과 오왕(吳王) 부차(夫差)의 첩 서시(西施)는 모두 모습이 아름답고 고와 절세(絶世)의 미인들이었다.

毛 施 淑 姿

毛	施	淑	姿
털 모	베풀 시	맑을 숙	맵시 자

[236] 공 빈 연 소

工嚬姸笑

묘하게 찡그리는 모습은 흉내 낼 수 없이 예쁘고, 웃는 모습은 곱기 한이 없었다.

주 그들의 아름다운 모습은 말할 것 없고, 즐거운 일이 있어 웃을 때는 그만두고라도 마음 속에 근심이 있어 찡그리는 모습까지도 예쁘게 보여 남이 흉내낼 수 없었다는 말.

工 嚬 姸 笑

工	嚬	姸	笑
공교할 공	눈살찌푸릴 빈	고울 연	웃음 소

[237] 연 시 매 최

年矢每催

세월은 활과 같이 매양 최촉(催促)하여 빠르게 지나가니,

주 연시(年矢)란 광음(光陰)을 말함. 세월 가는 것이 빛과 같고 강한 화살같이 빠르게 지나가니,

年 矢 每 催

年	矢	每	催
세월 년	살 시	매양 매	재촉할 최

[238] 희 휘 낭 요

羲暉朗曜

날마다 뜨는 아침 햇빛은 밝게 빛나고 있다.

주 태양(太陽)빛이 온 세상을 비추어 만물에 혜택을 주고 있다는 말. 희(羲)는 태양, 휘(暉)는 달을 가리킴.

羲 暉 朗 曜

羲	暉	朗	曜
기운 희	햇빛 휘	밝을 랑	빛날 요

[239] 선 기 현 알

璇璣懸斡

구슬로 만든 혼천의(渾天儀)가 공중에 매달려 돌고 있으니,

주 선기(璇璣)란 순(舜)임금 때 아름다운 구슬로 별의 모양을 만들어 천문(天文)을 측량하는 기계 위에 매달아 놓은 혼천의(渾天儀)를 말한다.

璇 璣 懸 斡

璇	璣	懸	斡
옥이름 선	잔구슬 기	달릴 현	돌 알

[240] 회 백 환 조

晦魄環照

그믐이 되면 달은 빛이 없다가 돌면서 보름이 되면 다시 밝은 달이 되어 빛을 낸다는 말.

주 달이 지구의 둘레를 돌면서 이지러져서 어두워졌다가, 둥근 달이 되어 다시 밝은 빛을 낸다. 즉 궤도를 돌면서 삭(朔), 망(望)을 나타내는 것.

晦 魄 環 照

晦	魄	環	照
그믐 회	달빛 백	두를 환	비칠 조

[241] 지 신 수 우

指薪脩祐

섶에 불이 타는 것과 같이 열정을 갖고 인도(人道)를 행하면 복을 닦을 수 있다.

주 사람은 늙어서 죽기 전에 착한 일을 많이 하여 자기 몸에 행복을 받아야 한다는 것을 가르친 말.

指 薪 修 祐

가리킬 지	땔나무 신	닦을 수	도울 우

[242] 영 유 길 소

永綏吉邵

그렇게 하면 영구(永久)히 편안하고 길(吉)함이 높으리라.

주 섶(薪)에 불이 자꾸 이어 타듯이 착한 일을 꾸준히 자꾸만 쌓아 나가면 마음도 편안하고 길(吉)한 일이 많이 있으리라는 말.

永 綏 吉 邵

오랠 영	편할 유	길할 길	높을 소

[243] 구 보 인 영

矩步引領

걸음을 바로 걷고 옷깃을 여미니 위의가 당당하다는 말.

주 구보(矩步)란 법도에 맞게 조심해서 걷는 걸음걸이를 말하며, 인령(引領)은 목을 세워서 자세(姿勢)를 반듯하게 한 모양을 말한다.

矩 步 引 領

법 구	걸음 보	이끌 인	옷깃 령

[244] 부 앙 낭 묘

俯仰廊廟

궁전과 사당 안에서는 머리를 들기도 하고 내리기도 해서 예의를 지킨다.

주 낭(廊)이란 궁전같은 큰 건물의 복도를 말하며, 묘(廟)는 조상의 영(靈)을 제사 지내는 사당이다. 즉 모든 것을 법도에 맞게 행하라는 뜻.

俯 仰 廊 廟

엎드릴 부	우러러볼 앙	행랑 랑	사당 묘

[245] 속 대 긍 장

束帶矜莊

띠를 단속(團束)하여 단정히 하므로써 씩씩한 긍지(矜持)를 갖는다는 말.

주 속(束)이란 성복(盛服)을 몸에 갖추는 것이며, 대(帶)는 큰 띠를 말한다. 즉 예용(禮容)을 잃지 않아야 한다는 말.

束 帶 矜 莊

묶을 속	띠 대	높일 긍	씩씩할 장

[246] 배 회 첨 조

徘徊瞻眺

이리저리 거닐며 바라보는 것을 모두 예의에 맞게 한다.

주 즉 집에 들어설 때는 아래를 보고 들어서서 문을 닫은 뒤에는 뒤를 돌아보지 말아야 한다는 것. 조정에서는 그 위의(威儀)를 잃어서는 안 된다는 말.

徘 徊 瞻 眺

배회할 배	배회할 회	쳐다볼 첨	바라볼 조

[247] 고 루 과 문

孤陋寡聞

외롭고 비루(鄙陋)해서 듣고 보는 것이 적으면,

주 고루(孤陋)란 재주와 지능이 없고 식견(識見)이 좁은 것을 말하며, 과문(寡聞)이란 보고 들은 바가 적어 견문(見聞)이 좁은 것을 가리킴.

孤 陋 寡 聞

외로울 고 · 더러울 루 · 적을 과 · 들을 문

[248] 우 몽 등 초

愚蒙等誚

어리석고 몽매(蒙昧)한 자들과 같아서 남의 책망을 듣게 마련이다.

주 듣고 보는 것이 없어 학식이 부족하면 세상의 무지(無知)·몽매(蒙昧)한 자들과 똑같이 취급당해 일일이 꾸짖음을 당한다는 말.

愚 蒙 等 誚

어리석을 우 · 몽매할 몽 · 무리 등 · 꾸짖을 초

[249] 위 어 조 자

謂語助者

한문의 조사(助詞), 즉 도움을 주는 말에는 다음 네 글자가 있다.

주 어조(語助)란 조사(助詞)인데 글귀를 성립(成立)시키고 말을 만들어 나가는 데 없어서는 안 되는 글자를 말함이다.

謂 語 助 者

일컬을 위 · 말씀 어 · 도울 조 · 놈 자

[250] 언 재 호 야

焉哉乎也

많은 조사 중 특히 언(焉), 재(哉), 호(乎), 야(也)의 네 글자가 많이 쓰이고 있다.

주 무릇 사람이 학문을 닦았다면 그 글의 결말을 잘 맺어야 한다. 그래서 언(焉)·재(哉)·호(乎)·야(也)의 4자를 사용할 줄 안다는 것은 학문을 어느 정도 닦았다는 말이 되기도 한다.

焉 哉 乎 也

어찌 언 · 그런가 재 · 그런가 호 · 이끼 야

필수 고사성어 교양숙어
(必須 故事成語 敎養熟語)

1200여 개 숙어, 일반 숙어와 **고사성어**(故事成語)들이다.

숙어는 **'넉 자(字) 정도의 짧은 글자로 다른 백 마디 말을 대신하는 간결한 묘미'**가 있기에, 또 예부터 역사의 흐름에 따라 익어온 말이므로 모든 사람이 제나름의 지식 정도에 따라 곧잘 쓰고 있다.

예식장의 주례사(主禮辭) // **상관의 훈시** // **기자**(記者). **문필가의 짤막한 글** // **선거 연설** // **교장의 훈하** // **강연, 강의, 만담** // **심지어 두세 사람의 좌담**에서까지 숙어(熟語)는 애용된다.

여기 실린 **숙어**(熟語)와 **고사성어**(故事成語)는 **중학교 과정**의 기초적인 중요한 것부터 고교 및 사회 각계에서 널리 쓰이며 또한 **대학 입시** 및 **각종 시험 문제**에 노오는 **정도가 높은 고차적**(高次的)**인 것을 골고루** 뽑았으므로, 이를 완전히 익힌다면 언어 생활이 풍부하고 윤택해져 지식인으로서의 긍지를 갖게 될 것이다.

더욱 **대학 입시나 회사 및 각급 공무원의 각종 시험 대비**에도 숙어에는 완전할 것이다.

朱子 十悔訓 (주자 십회훈)

不 孝 父 母 死 後 悔 (부모에게 효도하지 않으면 돌아가신 후에 뉘우친다)
不 親 宗 族 疏 後 悔 (종족에게 친절하지 않으면 헤어진 후에 뉘우친다)
不 接 賓 客 去 後 悔 (손님을 접대하지 않으면 가신 후에 뉘우친다)
不 治 垣 墻 盜 後 悔 (담을 쳐놓지 않으면 도적맞은 후에 뉘우친다)
春 不 耕 種 秋 後 悔 (봄에 심지 않으면 추수한 후에 뉘우친다)
少 不 勤 學 老 後 悔 (젊어서 부지런히 배우지 않으면 늙은 후에 뉘우친다)
色 不 謹 愼 病 後 悔 (몸을 조심하지 않으면 병든 후에 뉘우친다)
富 不 節 用 貧 後 悔 (부할 때 절약하여 쓰지 않으면 가난한 후에 뉘우친다)
念 不 思 難 敗 後 悔 (분개할 때 어려움을 생각지 않으면 실패 후에 뉘우친다)
酒 中 妄 言 醒 後 悔 (주중에 망동의 말을 술 깬 후에 뉘우친다)

勸學文 朱子訓 (권학문 주자훈)

勿謂今日不學而有來日 (오늘 배우지 않아도 내일이 있다고 이르지 말며)
勿謂今年不學而有來年 (금년에 배우지 않아도 내년이 있다고 이르지 말아라)
日 月 逝 矣 歲 不 我 延 (날과 달은 가고 해는 나와 함께 늦어지지 않으니)
嗚 呼 老 矣 是 誰 之 愆 (슬프다 늙어서 후회한들 이것이 뉘 허물이겠는가)
少 年 易 老 學 難 成 (소년은 늙기 쉽고 배움은 이루기 어려우니)
一 寸 光 陰 不 可 輕 (일초의 시간인들 가볍게 여기지 말아라)
未 覺 池 塘 春 草 夢 (연못 가에 봄풀 꿈을 미처 깨지 못하여서)
階 前 梧 葉 已 秋 聲 (뜰앞에 오동잎이 이미 가을 소리를 전하도다)

*** 가가대소 呵呵大笑**

소리를 크게 내어 웃음.
참고 껄껄거리며〈呵, 呵〉 크게〈大〉 웃는〈笑〉 것.

呵 껄껄 웃을 가
呵 껄껄 웃을 가
大 큰 대
笑 웃을 소

*** 가공무역 加工貿易**

외국에서 원재료를 수입하여 이를 가공하여 제품한 후, 다시 수출하는 방식의 무역.
참고 장인〈工〉(기술자를 뜻함)을 더하여〈加〉(기술을 가하여) 무역하여〈貿〉 바꾸는〈易〉 것.

加 더할 가
工 장인 공
貿 무역할 무
易 바꿀 역

*** 가담항설 街談巷說**

길거리나 항간에 떠도는 소문.
참고 이 거리〈街〉의 말〈談〉과 저 거리〈巷〉의 말〈說〉.

街 거리 가
談 말씀 담
巷 거리 항
說 말씀 설

*** 가렴주구 苛斂誅求**

가혹하게 세금을 징수하며, 무리하게 재물을 빼앗음.
참고 가혹하게〈苛〉 거두며〈斂〉 벌 주어서〈誅〉 구하는〈求〉 것.

苛 가혹할 가
斂 거둘 렴
誅 벌 줄 주
求 구할 구

*** 가인박명 佳人薄命**

용모가 아름다운 여자는 수명이 짧음.
참고 아름다운〈佳〉 사람〈人〉은 목숨〈命〉이 엷음〈薄〉(짧음).

佳 아름다울 가
人 사람 인
薄 엷을 박
命 목숨 명

*** 가정맹어호 苛政猛於虎**

가혹한 정치로 말미암아 백성에게 미치는 해는 범의 해보다도 맹렬함.
참고 가혹한〈苛〉 정사〈政〉는 범〈虎〉 보다〈於〉 사나움〈猛〉.

苛 가혹할 가
政 정사 정
猛 사나울 맹
於 어조사 어
虎 범 호

*** 각골난망 刻骨難忘**

남에게 입은 은혜가 뼈에 새기어져 잊히어지지 아니함.
참고 뼈〈骨〉에 새기어〈刻〉 잊기〈忘〉 어려운〈難〉 것.

刻 새길 각
骨 뼈 골
難 어려울 난
忘 잊을 망

*** 각골통한 刻骨痛恨**

뼈에 사무쳐 마음 속 깊이 맺힌 원한.
참고 뼈〈骨〉에 새기도록〈刻〉 아픈〈痛〉 한〈恨〉.

刻 새길 각
骨 뼈 골
痛 아플 통
恨 한할 한

*** 각인각색 各人各色**

각 사람이 모두 다름.
참고 각각〈各〉의 사람〈人〉이 각각〈各〉의 빛〈色〉.

各 각각 각
人 사람 인
各 각각 각
色 빛 색

*** 각자도생 各自圖生**

제 각기 살 길을 도모함.
참고 각각〈各〉 스스로〈自〉가 삶〈生〉을 꾀하는〈圖〉 것.

各 각각 각
自 스스로 자
圖 꾀할 도
生 살 생

*** 각주구검 刻舟求劍**

배에서 물에 칼을 떨어뜨리고 떨어진 자리에 암표(暗標)를 하였다가 배가 정박한 뒤에 칼을 찾는다는 뜻으로, 사람이 미련해서 융통성이 없음을 비유한 말.
참고 배〈舟〉에 새기어〈刻〉 칼〈劍〉을 구하는〈求〉 것.

刻 새길 각
舟 배 주
求 구할 구
劍 칼 검

*** 간뇌도지 肝腦塗地**

참혹한 죽음을 당해 간과 뇌가 땅에 떨어져 으깨어지고 더럽혀짐. 나라를 위하여 죽음도 두려워 하지않음.
참고 간〈肝〉과 머릿골〈腦〉을 땅〈地〉에 바르는〈塗〉 것.

肝 간 간
腦 머릿골 뇌
塗 바를 도
地 땅 지

*** 간담상조 肝膽相照**

깊이 감추어 둔 마음 속을 서로 알려서 통함.

참고 간〈肝〉과 쓸개〈膽〉를 서로〈相〉 비추어〈照〉 보이는 것.

肝 간 / 膽 쓸개 / 相 서로 / 照 비칠 — 간담상조

*** 간부사원 幹部社員**

회사 수뇌부(首腦部)가 되는 사원.

참고 단체〈社〉 관원〈員〉 중, 줄기〈幹〉의 부문〈部〉이 되는 사람.

幹 줄기 / 部 부문 / 社 단체 / 員 관원 — 간부사원

*** 간성지재 干城之材**

무사에 뛰어난 재주. 또는 그러한 사람.

참고 방패〈干〉나 재〈城〉와 같은〈之〉 재목〈材〉.

干 방패 / 城 재 / 之 의 / 材 재목 — 간성지재

*** 감개무량 感慨無量**

감개가 한이 없음. 사물에 대한 회포의 느낌이 한이 없음.

참고 슬픈〈慨〉 느낌〈感〉을 헤아릴〈量〉 수 없는〈無〉 것.

感 느낄 / 慨 슬퍼할 / 無 없을 / 量 헤아릴 — 감개무량

*** 감불생심 敢不生心**

감히 엄두도 내지 못함.

참고 감히〈敢〉 마음〈心〉이 나지〈生〉 못하는〈不〉 것.

敢 감히 / 不 못할 / 生 날 / 心 마음 — 감불생심

*** 감언이설 甘言利說**

남의 비위에 들도록 꾸민 달콤한 말과 이로운 조건을 내세워 꾀는 말.

참고 달콤한〈甘〉 말〈言〉과 이로운〈利〉 말〈說〉.

甘 달 / 言 말씀 / 利 이로울 / 說 말씀 — 감언리설

*** 감지덕지 感之德之**

대단히 고맙게 여기어 어찌할 줄을 모름.

참고 이〈之〉를 고맙게 여기고〈感〉 이〈之〉를 은덕〈德〉으로 여기는 것.

感 고맙게 여길 / 之 이 / 德 은덕 / 之 이 — 감지덕지

*** 감탄고토 甘呑苦吐**

달면 삼키고 쓰면 뱉는다는 뜻이니, 사리의 옳고 그름을 돌보지 않고, 자기의 비위에 맞으면 좋아하고, 맞지 아니하면 싫어한다는 말.

참고 달면〈甘〉 삼키고〈呑〉 쓰면〈苦〉 토하는〈吐〉 것.

甘 달 / 呑 삼킬 / 苦 쓸 / 吐 토할 — 감탄고토

*** 갑남을녀 甲男乙女**

갑이란 남자와 을이란 여자의 뜻으로, 신분도 없고, 이름도 알려지지 않은 평범한 사람들.

참고 아무개〈甲〉 사내〈男〉와 아무개〈乙〉 계집〈女〉.

甲 아무개 / 男 사내 / 乙 아무개 / 女 계집 — 갑남을녀

*** 갑론을박 甲論乙駁**

① 서로 논박〈論駁〉함. ② 서로 잘못된 것을 공격하여 말함.

참고 아무개〈甲〉가 논의하는〈論〉 것을 아무개〈乙〉가 논박하는〈駁〉 것.

甲 아무개 / 論 논의할 / 乙 아무개 / 駁 논박할 — 갑론을박

*** 강구연월 康衢烟月**

① 강구(康衢)에 흐르는 안온(安穩)한 풍경. 태평(泰平)스러운 기상. ② 태평한 세월.

참고 오거리〈康〉와 네거리〈衢〉에 밥 짓는 연기〈烟〉가 자욱한 세월〈月〉.

康 오거리 / 衢 네거리 / 烟 연기 / 月 세월 — 강구연월

*** 강호지인 江湖之人**

강호에 있는 사람. 곧 벼슬하지 아니하는 사람.

참고 강〈江〉과 호수〈湖〉의〈之〉 사람〈人〉.

江 강 / 湖 호수 / 之 의 / 人 사람 — 강호지인

*** 개과천선 改過遷善**

지나간 허물을 고치고 착하게 됨.

참고 허물〈過〉을 고치어〈改〉 착한〈善〉 길로 옮기는〈遷〉 것.

改 고칠 / 過 허물 / 遷 옮길 / 善 착할 — 개과천선

성어	뜻	한자 풀이	독음
＊ 개점휴업 開店休業	가게는 열고 있으나, 세월이 없어 휴업한 것과 같은 상태. 참고 가게〈店〉를 열고〈開〉 있으나 업〈業〉을 쉬고〈休〉 있는 모양.	開 열 店 가게 休 쉴 業 업	개점휴업
＊ 객반위주 客反爲主	손이 도리어 주인 노릇함. 주객 전도(主客顚倒). 참고 손〈客〉이 도리켜〈反〉 주인〈主〉이 되는〈爲〉 것.	客 손 反 돌이킬 爲 될 主 주인	객반위주
＊ 거두절미 去頭截尾	①머리와 꼬리를 잘라 버림. ②앞뒤의 잔 사실은 빼놓고 요점만 말함. 참고 머리〈頭〉를 버리고〈去〉 꼬리〈尾〉를 끊는〈截〉 것.	去 버릴 頭 머리 截 끊을 尾 꼬리	거두절미
＊ 거세개탁 擧世皆濁	온 세상이 다 흐림. 곧 지위의 고하를 막론하고 모든 사람이 다 바르지 않음. 참고 온통〈擧〉 세상〈世〉이 다〈皆〉 흐린〈濁〉 것.	擧 온통 世 세상 皆 다 濁 흐릴	거세개탁
＊ 거안사위 居安思危	안락한 경우에 있을 때 위태로움(어려움)을 생각하며 정신을 가다듬음. 참고 편안함〈安〉에 있을〈居〉 때 위태로움〈危〉을 생각하는〈思〉 것.	居 있을 安 편안할 思 생각할 危 위태할	거안사위
＊ 거자일소 去者日疎	죽은 사람에 대해서는 날이 가면 갈수록 점점 잊어버리게 된다는 뜻. 곧 서로 떨어져 있으면 점점 소원해짐. 참고 간〈去〉 사람〈者〉은 날〈日〉로 성기게〈疎〉 되는 것.	去 갈 者 사람 日 날 疎 성길	거자일소
＊ 거재두량 車載斗量	아주 많음. 또는 썩 많아서 귀하지 않음을 이르는 말. 참고 수레〈車〉에 싣고〈載〉 말〈斗〉로 헤아리는〈量〉 것.	車 수레 載 실을 斗 말 量 헤아릴	거재두량
＊ 건곤일색 乾坤一色	하늘과 땅이 다 한 색임. 참고 하늘〈乾〉과 땅〈坤〉이 한〈一〉 빛〈色〉.	乾 하늘 坤 땅 一 한 色 빛	건곤일색
＊ 건국이념 建國理念	나라를 세운 큰 목표. ※이념(理念) : 이성(理性)으로부터 얻은 최고의 개념으로, 온 경험을 통제하는 주체(主體). 참고 나라〈國〉를 세우는〈建〉 도리〈理〉와 생각〈念〉.	建 세울 國 나라 理 도리 念 생각	건국리념
＊ 건전재정 健全財政	경상 세출입으로 운영되어 나가는 재정. 경비의 절약과 비모채 주의(非募債主義)가 그 특징임. 넓은 뜻으로는 균형 재정과 같은 뜻으로 쓰임. 참고 건강하고〈健〉 온전히〈全〉 재물〈財〉을 다스리는〈政〉 것.	健 건강할 全 온전할 財 재물 政 다스릴	건전재정
＊ 걸아득금 乞兒得錦	분수 밖에 생긴 일을 지나치게 자랑한다는 말. 참고 빌어〈乞〉 먹는 아이〈兒〉(거지 아이)가 비단〈錦〉을 얻은〈得〉 것.	乞 빌 兒 아이 得 얻을 錦 비단	걸아득금
＊ 걸인연천 乞人憐天	부당한 걱정을 함. 불행한 처지에 있는 사람이 행복한 사람을 동정한다는 뜻. 참고 빌어〈乞〉 먹는 사람〈人〉이 하늘〈天〉을 불쌍히 여김〈〈憐〉과 같은 것.	乞 빌 人 사람 憐 불쌍히 여길 天 하늘	걸인련천

＊ 격물치지 格物致知

①사물의 이치를 궁구하여 앎에 다다르는 것. ②사물의 이치를 연구하여 지식을 명확히 함.

참고 만물〈物〉을 궁구하여〈格〉 앎〈知〉에 이르는〈致〉 것.

格 궁구할 격 / 物 만물 물 / 致 이를 치 / 知 알 지

＊ 격세지감 隔世之感

딴 세대(世代)와 같이 몹시 달라진 느낌.

참고 먼〈隔〉 세대〈世〉와 같은 느낌〈感〉.

隔 멀 격 / 世 세대 세 / 之 의 지 / 感 느낄 감

＊ 격화파양 隔靴爬痒

시원스런 효과를 나타내지 못함.

참고 구두〈靴〉를 사이에 띄우고〈隔〉(신고) 발의 가려움〈痒〉을 긁는〈爬〉 것.

隔 사이 뜰 격 / 靴 구두 화 / 爬 긁을 파 / 痒 가려울 양

＊ 견강부회 牽强附會

말을 억지로 끌어다 붙이어서 조건이나 이치에 맞도록 함. 궤변(詭辯).

참고 억지로〈强〉 끌어 당겨〈牽〉 모아〈會〉 붙이는〈附〉 것.

牽 끌어 당길 견 / 强 억지쓸 강 / 附 붙일 부 / 會 모을 회

＊ 견금여석 見金如石

대의(大義)를 위해서 부귀 영화를 돌보지 않는다는 말.

참고 금〈金〉 보기〈見〉를 돌〈石〉과 같이〈如〉 하는 것.

見 볼 견 / 金 금 금 / 如 같을 여 / 石 돌 석

＊ 견리사의 見利思義

이익되는 것이 있을지라도 의리를 생각해 보고 취할 것인가 아닌가를 결정하라는 말.

참고 이로운 것〈利〉을 보면〈見〉 먼저 의리〈義〉를 생각하라〈思〉.

見 볼 견 / 利 이로울 리 / 思 생각할 사 / 義 의리 의

＊ 견마지로 犬馬之勞

①임금이나 나라에 충성을 다하는 노력. ②자기의 노력을 겸손하게 일컫는 말. 견마지성(犬馬之誠).

참고 개〈犬〉와 말〈馬〉의〈之〉 수고〈勞〉.

犬 개 견 / 馬 말 마 / 之 의 지 / 勞 수고로울 로

＊ 견마지양 犬馬之養

부모를 공경하지 않음.

참고 개〈犬〉와 말〈馬〉의〈之〉 기름〈養〉.

犬 개 견 / 馬 말 마 / 之 의 지 / 養 기를 양

＊ 견문발검 見蚊拔劍

조그만 일에도 발끈 성을 내는 소견 좁은 사람을 비유하는 말.

참고 모기〈蚊〉를 보고〈見〉 칼〈劍〉을 빼는〈拔〉 것.

見 볼 견 / 蚊 모기 문 / 拔 뺄 발 / 劍 칼 검

＊ 견물생심 見物生心

물건을 보면 욕심이 생김.

참고 물건〈物〉을 보면〈見〉 마음〈心〉이 생기는〈生〉 것.

見 볼 견 / 物 물건 물 / 生 생길 생 / 心 마음 심

＊ 견선여갈 見善如渴

착한 것을 보거든 그것을 본받아 그 즉시 실천에 옮기라는 뜻

참고 착한〈善〉 것을 보기〈見〉를 목마른〈渴〉 것 같이〈如〉 하라.

見 볼 견 / 善 착할 선 / 如 같을 여 / 渴 목마를 갈

＊ 견위수명 見危授命

나라의 위태로움을 보고는 목숨을 아끼지 않고 나라를 위하여 싸움.

참고 위태로움〈危〉을 보면〈見〉 목숨〈命〉을 주는〈授〉 것.

見 볼 견 / 危 위태할 위 / 授 줄 수 / 命 목숨 명

＊ 견이불식 見而不食

보고도 먹지 못함.

참고 보고〈見〉도〈而〉 먹지〈食〉 못하는〈不〉 것.

見 볼 견 / 而 말 이을 이 / 不 못할 불 / 食 먹을 식

*** 견인불발 堅忍不拔**

굳게 참고 버티어 마음을 빼앗기지 아니함.

참고 굳게〈堅〉 참아〈忍〉 빼기지〈拔〉 아니하는〈不〉 것.

견인불발: 堅 굳을 / 忍 참을 / 不 아닐 / 拔 뺄

*** 결사반대 決死反對**

목숨을 내어걸고 반대함. 한사코 반대함.

참고 죽음〈死〉을 정하고〈決〉(마음 먹고) 반대하며〈反〉 대하는〈對〉 것.

결사반대: 決 정할 / 死 죽을 / 反 반대할 / 對 대할

*** 결의형제 結義兄弟**

남남끼리 형제가 되는 친족(親族)의 의리(義理)를 맺음.

참고 의리〈義〉의 형〈兄〉과 아우〈弟〉로 맺는〈結〉 것.

결의형제: 結 맺을 / 義 의리 / 兄 형. 맏. / 弟 아우

*** 결자해지 結者解之**

맺은 사람이 풀어야 한다는 뜻으로 자기가 저지른 일에 대하여서는 자기가 해결을 하여야 한다는 말.

참고 맺은〈結〉 사람〈者〉이 이〈之〉를 풀어야〈解〉 하는 것.

결자해지: 結 맺을 / 者 사람 / 解 풀 / 之 이

*** 결초보은 結草報恩**

〔중국 춘추 시대에 진(晋)나라의 위무자의 아들 과(顆)가 아버지 죽은 후에 서모를 개가 시켜 순사(殉死)하지 않게 하였더니, 후에 위 과가 전쟁에 나가 싸울 때에 그 서모의 아버지의 혼이 적군의 앞길에 풀을 잡아 맺어 적을 넘어뜨려 위 과에게 붙잡히게 하였다는 고사에서 온 말〕 죽어 혼령이 되어도 은혜를 잊지 않고 갚음.

참고 풀〈草〉을 맺어〈結〉 은혜〈恩〉를 갚는〈報〉 것.

결초보은: 結 맺을 / 草 풀 / 報 갚을 / 恩 은혜

*** 겸양지덕 謙讓之德**

겸손한 태도로 남에게 사양하는 덕을 말함.

참고 겸손하여〈謙〉 사양함〈讓〉의〈之〉 덕〈德〉.

겸양지덕: 謙 겸손할 / 讓 사양할 / 之 의 / 德 덕

*** 경거망동 輕擧妄動**

경솔하고 망녕되게 행동함.

참고 가벼이〈輕〉 행하고〈擧〉 망녕되이〈妄〉 움직이는〈動〉 것.

경거망동: 輕 가벼울 / 擧 행할 / 妄 망녕될 / 動 움직일

*** 경국지색 傾國之色**

나라 안에 으뜸가는 미인. 임금이 혹하여 나라가 뒤집히어도 모를 만하게 뛰어난 예쁜 미인(美人)이라는 뜻. 경성지색(傾城之色).

참고 나라〈國〉를 기울게 할〈傾〉 정도의〈之〉 색〈色〉(낯)(미인).

경국지색: 傾 기울어질 / 國 나라 / 之 의 / 色 색. 낯.

*** 경당문노 耕當問奴**

일은 그 방면의 전문가에게 물음이 좋음.

참고 밭 갈기〈耕〉는 마땅히〈當〉 사내 종〈奴〉에게 물어야〈問〉 함.

경당문노: 耕 밭 갈 / 當 마땅할 / 問 물을 / 奴 사내 종

*** 경로사상 敬老思想**

늙은이를 공경하는 생각.

참고 늙은이〈老〉를 공경하는〈敬〉 생각〈思, 想〉.

경로사상: 敬 공경할 / 老 늙은이 / 思 생각 / 想 생각할

*** 경묘탈쇄 輕妙脫灑**

(주로 예술품 따위가) 경쾌하고 묘하며 속된 데가 없이 깨끗하고 말쑥함. ※ ① 경묘(輕妙):경쾌하고 교묘함. ② 탈쇄(脫灑):속기(俗氣)를 벗어나서 깨끗함.

참고 가볍고〈輕〉 묘하며〈妙〉 속세를 벗어나고〈脫〉 깨끗한〈灑〉 것.

경묘탈쇄: 輕 가벼울 / 妙 묘할 / 脫 벗을 / 灑 깨끗할

표제어	뜻	풀이	음
* 경산조수 耕山釣水	속세를 떠나 자연을 벗해 한가로운 생활을 함. 참고 뫼〈山〉에서 밭 갈며〈耕〉 물〈水〉에서 낚시질하는〈釣〉 것.	耕 밭 갈 山 뫼 釣 낚을 水 물	경산조수
* 경세제민 經世濟民	세상을 다스리고 백성을 구제함. 참고 세상〈世〉을 다스리고〈經〉 백성〈民〉을 구제하는〈濟〉 것.	經 다스릴 世 세상 濟 구제할 民 백성	경세제민
* 경이원지 敬而遠之	존경하기는 하되 가까이 하지는 아니함. 참고 공경〈敬〉하되〈而〉 이〈之〉를 멀리하는〈遠〉 것.	敬 공경할 而 말 이을 遠 멀 之 이	경이원지
* 경전하사 鯨戰鰕死	강한 자들끼리의 싸움에 약한 자가 끼어 아무 관계 없이도 피해를 입는다는 말. 참고 고래〈鯨〉들의 싸움〈戰〉에 새우〈鰕〉가 죽는〈死〉 것.	鯨 고래 戰 싸움 鰕 새우 死 죽을	경전하사
* 경제개발 經濟開發	경제의 개발. 인간의 생활에 필요한 자원을 찾아내어 필요한 물건을 더 많이 생산하는 것. 참고 세상을 다스리고〈經〉 백성을 건지는〈濟〉 일을 열어〈開〉 피게〈發〉 하는 것.	經 다스릴 濟 건질 開 열 發 필	경제개발
* 경천동지 驚天動地	크게 세상을 몹시 놀라게 함. 참고 하늘〈天〉을 놀래고〈驚〉 땅〈地〉을 움직이는〈動〉 것.	驚 놀랠 天 하늘 動 움직일 地 땅	경천동지
* 경천위지 經天緯地	온 천하를 경륜하여 다스림. 천하를 다스리는 것을 베틀에서 베를 짜는 데에 비유한 말. 날〈經〉은 세로 줄, 씨〈緯〉는 가로 줄. 참고 하늘〈天〉을 날〈經〉로 하고 땅〈地〉을 씨〈緯〉로 하는 것.	經 날 天 하늘 緯 씨 地 땅	경천위지
* 계란유골 鷄卵有骨	공교롭게 일이 방해가 됨. 참고 닭〈鷄〉의 알〈卵〉에도 뼈〈骨〉가 있는〈有〉 것.	鷄 닭 卵 알 有 있을 骨 뼈	계란유골
* 계명구도 鷄鳴狗盜	①얕은 꾀를 가진 사람을 말함. ②행세(行世)하는 사람이 배워서는 아니될, 천한 기능(技能)을 가진 사람. 참고 닭〈鷄〉의 울음〈鳴〉 소리 흉내나 개〈狗〉를 흉내 내었다는 도둑〈盜〉.	鷄 닭 鳴 울 狗 개 盜 도둑	계명구도
* 계엄령 戒嚴令	①경계를 엄중히 하는 명령. ②전시나 사변 또는 국가 비상 사태를 당하여 군사상으로나 공공(公共)의 안녕 실서를 유지할 목적으로 일정한 지역을 병력으로써 경계함을 명령하는 일. 계엄이 선포되면 그 지역내의 행정 및 사법권의 일부 또는 전부를 계엄 사령관이 관할하게 됨. 계엄에는 경비 계엄과 비상 계엄의 두 가지가 있음. 참고 엄하게〈嚴〉 경계하는〈戒〉 명령〈令〉.	戒 경계할 嚴 엄할 令 명령	계엄령
* 계옥지수 桂玉之愁	남의 나라에 사는 괴로움. 계옥(桂玉). ※계옥(桂玉): 땔나무는 멀리 달에 있는 계수나무처럼 구하기가 귀하여 비싸고 먹을 쌀은 옥 같이 값나간다는 말로, 시량(柴糧)이 아주 귀함을 이름.	桂 계수나무 玉 구슬 之 의 愁 슬픔	계옥지수

참고 계수나무〈桂〉(※ 땔나무)와 구슬〈玉〉(※ 쌀)의〈之〉 구하기 힘든 슬픔〈愁〉.

* **고굉지신 股肱之臣**

임금이 가장 믿고 중하게 여기는 신하.
다리〈股〉와 팔뚝〈肱〉의〈之〉 신하〈臣〉.

고굉지신: 股 다리 / 肱 팔뚝 / 之 의 / 臣 신하

* **고국산천 故國山川**

고국 땅. 본국(本國)의 산과 물.
참고 연고〈故〉 있는 나라〈國〉의 메〈山〉와 내〈川〉

고국산천: 故 연고 / 國 나라 / 山 뫼 / 川 내

* **고군분투 孤軍奮鬪**

①외로운 군력으로 대적과 싸움.
②홀로 여럿을 상대로 하여 싸움.
참고 외로운〈孤〉 군사〈軍〉로 힘써〈奮〉 싸우는〈鬪〉 것.

고군분투: 孤 외로울 / 軍 군사 / 奮 힘쓸 / 鬪 싸울

* **고금동색 古今同色**

예나 지금이나 변함이 없음. 고금 동연(古今同然).
참고 예〈古〉나 이제〈今〉의 빛〈色〉이 한가지〈同〉인 것.

고금동색: 古 예 / 今 이제 / 同 한가지 / 色 빛

* **고도성장 高度成長**

높은 정도로 자람.
참고 높은〈高〉 정도〈度〉로 자람〈長〉을 이루는〈成〉 것.

고도성장: 高 높을 / 度 정도 / 成 이룰 / 長 자랄

* **고두사죄 叩頭謝罪**

머리를 조아리고 사죄함.
참고 머리〈頭〉를 꾸벅거리며〈叩〉 허물〈罪〉을 사죄하는〈謝〉 것.

고두사죄: 叩 꾸벅거릴 / 頭 머리 / 謝 사죄할 / 罪 허물

* **고량진미 膏粱珍味**

살찐 고기와 좋은 곡식으로 만든 맛있는 음식.
참고 기름〈膏〉과 좋은 곡식〈粱〉의 진기한〈珍〉 맛〈味〉.

고량진미: 膏 기름 / 粱 좋은 곡식 / 珍 진기할 / 味 맛

* **고립무의 孤立無依**

외로와 의지할 데가 없음.
참고 외로이〈孤〉 서서〈立〉 의지할〈依〉 데가 없는〈無〉 것.

고립무의: 孤 외로울 / 立 설 / 無 없음 / 依 의지할

* **고복격양 鼓腹擊壤**

태평 성대(泰平聖代)를 즐김을 형용하여 이르는 말.
참고 배〈腹〉를 북치고〈鼓〉(두드리고) 땅〈壤〉을 치며〈擊〉 노래하는 것.

고복격양: 鼓 북칠 / 腹 배 / 擊 칠 / 壤 땅

고성낙일 孤城落日

여명(餘命)이 얼마 남지 않은 대단히 처량한 정상의 비유.
참고 외로운〈孤〉 성〈城〉에 해〈日〉가 떨어지는〈落〉 것.

고성락일: 孤 외로울 / 城 재(성) / 落 떨어질 / 日 해

* **고식지계 姑息之計**

당장에 편한 것만 취하는 계책. 일시 미봉(彌縫)하는 계책. 고식책(姑息策).
참고 잠깐〈姑〉 쉼〈息〉의〈之〉 꾀〈計〉.

고식지계: 姑 잠깐 / 息 쉴 / 之 의 / 計 꾀

* **고심초사 苦心焦思**

마음을 괴롭히며 애를 태움. 노심 초사(勞心焦思).
참고 마음〈心〉을 괴롭히며〈苦〉 생각〈思〉을 태우는〈焦〉 것.

고심초사: 苦 괴로울 / 心 마음 / 焦 탈 / 思 생각

* **고용증대 雇用增大**

고용(雇用)을 늘리는 일. ※ '고용(雇用)'은 삯을 주고 사람을 부리는 일.
참고 품팔〈雇〉 사람 쓰는〈用〉 일을 크게〈大〉 더하는〈增〉 것.

고용증대: 雇 품팔이할 / 用 쓸 / 增 더할 / 大 클

＊ 고육지계 苦肉之計

적을 속이는 수단으로서 제 몸을 괴롭히는 것도 돌보지 않고 쓰는 계책. 고육책(苦肉策).

참고 몸〈肉〉을 괴롭히며〈苦〉 적을 속이는 꾀〈計〉.

苦 괴로울 고
肉 몸 육
之 의 지
計 꾀 계

＊ 고장난명 孤掌難鳴

'외손뼉이 울랴'와 같은 뜻으로, 일을 혼자 하여서는 잘 되는 것이 아니라는 말. 또는 상대자가 서로 같으니까 말다툼이나 싸움이 된다는 말.

참고 외로운〈孤〉 손바닥〈掌〉은 울기〈鳴〉 어려운〈難〉 것.

孤 외로울 고
掌 손바닥 장
難 어려울 난
鳴 울 명

＊ 고진감래 苦盡甘來

고생이 끝나면 즐거움이 옴.

참고 쓴〈苦〉(괴로운) 것이 다하면〈盡〉 단〈甘〉(좋은) 것이 오는〈來〉 것.

苦 쓸(괴로울) 고
盡 다할 진
甘 달 감
來 올 래

＊ 고침단금 孤枕單衾

홀로 쓸쓸히 자는 여자의 이부자리.

참고 외로운〈孤〉 베개〈枕〉와 홑〈單〉(외로운) 이불〈衾〉.

孤 외로울 고
枕 베개 침
單 홑(외로울) 단
衾 이불 금

＊ 고침단명 高枕短命

베개를 높이 베면 오래 못 산다는 말.

참고 베개〈枕〉를 높이〈高〉 하면 목숨〈命〉이 짧아짐〈短〉.

高 높을 고
枕 베개 침
短 짧을 단
命 목숨 명

＊ 고희 古稀

예로부터 사람이 70세까지는 살기가 어렵다는 데서 나온 말로, 곧 '70세를 이름. ※ 출전〈두보〉:酒債尋常行處有 人生七十古來稀.

참고 옛〈古〉부터 드문〈稀〉 것.

古 옛 고
稀 드물 희

＊ 곡학아세 曲學阿世

정도에 벗어난 학문으로 세상 사람들에게 아첨함.

참고 학문〈學〉을 굽히어〈曲〉 세상〈世〉에 아첨하는〈阿〉 것.

曲 굽을 곡
學 학문 학
阿 아첨할 아
世 세상 세

＊ 골육상잔 骨肉相殘

친족간에 서로 해치고 죽이고자 함.

참고 뼈〈骨〉와 살〈肉〉(친족)이 서로〈相〉 죽이는〈殘〉 것.

骨 뼈 골
肉 살 육
相 서로 상
殘 죽일 잔

＊ 공근박람 恭勤博覽

공손하고 근면하며 널리 서책을 읽음.

참고 공손하고〈恭〉 부지런하여〈勤〉 널리〈博〉 보는〈覽〉 것.

恭 공손할 공
勤 부지런할 근
博 넓을 박
覽 볼 람

＊ 공동사회 共同社會

실재적(實在的)·유기적 생활체로, 감정·충동·욕망의 자연적인 통일인 본질 의사(本質意思)에 그 터전을 두는 사회(社會).

참고 함께〈共, 同〉 모여〈社, 會〉 사는 것.

共 함께 공
同 함께 동
社 모일 사
會 모을 회

＊ 공동선언 共同宣言

둘 이상의 개인이나, 단체 또는 국가가 공동으로 발표하는 선언.

참고 함께〈共, 同〉 널리 펴는〈宣〉 말〈言〉.

共 함께 공
同 함께 동
宣 널리 펼 선
言 말씀 언

＊ 공명정대 公明正大

공명하고 정대함. 떳떳함. ※ 공명(公明):사사로움이 없이 공변되고 명백함. 정대(正大):바르고 옳아서 사사로움이 없음.

참고 공평하고〈公〉 밝고〈明〉 바르고〈正〉 큰〈大〉 것.

公 공평할 공
明 밝을 명
正 바를 정
大 큰 대

* 공산명월 空山明月

①사람이 없는 빈 산에 외로이 비치는 밝은 달. ②화투(花鬪) 짝의 한 가지. 산과 달을 그리었음. ③ '대머리'를 농으로 일컫는 말.

참고 빈〈空〉 뫼〈山〉(산)의 밝은〈明〉 달〈月〉.

空 빌 / 山 뫼 / 明 밝을 / 月 달 — **공산명월**

* 공산주의 共產主義

①재산을 공유(共有)로 하는 주의. ②생산 수단의 사회적 공유를 토대로 하여, 계급 없는 사회를 실현하고자 지향(志向)하며, 자본주의 사회를 비판하고 계급 투쟁으로써 프롤레타리아 혁명을 주장하는 학설 및 그런 운동

참고 낳은 것〈產〉(재산)을 함께〈共〉함이 옳다고〈義〉 주장하는〈主〉 것.

共 함께 / 產 낳을 / 主 주장할 / 義 옳을 — 공산주의

* 공수래공수거 空手來空手去

빈 손으로 왔다가 빈 손으로 간다는 뜻으로, 사람이 세상에 태어났다가 허무하게 죽는다는 말.

참고 빈〈空〉 손〈手〉으로 와서〈來〉 빈〈空〉 손〈手〉으로 가는〈去〉 것.

空 빌 / 手 손 / 來 올 / 空 빌 / 手 손 / 去 갈 — 공수래공수거

* 공중누각 空中樓閣

①공중에 누각을 짓는 것처럼 근거가 없는 가공(架空)의 사물. ②신기루(蜃氣樓).

참고 빈〈空〉 가운데〈中〉의 다락〈樓〉과 누각〈閣〉.

空 빌 / 中 가운데 / 樓 다락 / 閣 누각 — 공중루각

* 공중도덕 公衆道德

공중의 공통적 복리를 위하여 일반 사람들이 서로 지켜야 할 사회적·윤리적인 도덕.

참고 여러〈公〉 무리〈衆〉의 도리〈道〉와 덕〈德〉.

公 여러 / 衆 무리 / 道 도리 / 德 덕 — 공중도덕

* 공평무사 公平無私

어느 쪽으로도 치우치지 않고 공정하여 사사로움이 없음.

참고 공변되고〈公〉 평평하여〈平〉 사사로움〈私〉이 없는〈無〉 것.

公 공변될 / 平 평평할 / 無 없을 / 私 사사 — 공평무사

* 공행공반 空行空返

노력해야 얻는다는 말. 행하는 것이 없으면 제게 돌아오는 것도 없음.

참고 행함〈行〉이 없으면〈空〉 돌아옴〈返〉이 없는〈空〉 것.

空 없을 / 行 행할 / 空 없을 / 返 돌아올 — 공행공반

* 과공비례 過恭非禮

지나치게 공손하면 아첨이 되는 것이니 무슨 일이나 지나친 것은 좋지 않다는 말.

참고 지나친〈過〉 공손함〈恭〉은 예도〈禮〉가 아님〈非〉.

過 지나칠 / 恭 공손할 / 非 아닐 / 禮 예도 — 과공비례

* 과대망상 誇大妄想

자기의 능력·재산·용모 같은 것을 과장하여 그것을 사실이거니 하고 믿는 생각.

참고 크게〈大〉 자랑하여〈誇〉 망녕되이〈妄〉 생각하는〈想〉 것.

誇 자랑할 / 大 큰 / 妄 망녕될 / 想 생각 — 과대망상

* 과부적중 寡不敵衆

적은 수효는 많은 수효를 대적하지 못함. 중과 부적(衆寡不敵).

참고 적은〈寡〉 것이 무리〈衆〉와 대적하지〈敵〉 못하는〈不〉 것.

寡 적을 / 不 못할 / 敵 대적할 / 衆 무리 — 과부적중

* 과부추일 夸父追日

'중국의 상고(上古)시대에 과부(夸父)〈※'과(夸)'는 성(姓)〉가 해의 그림자를 쫓다 이루지 못하고 목이 말라 죽었다는 고사'에서, 자기의 역량을 모르고 큰 일을 계획함을 말함.

참고 과부〈夸父〉가 해〈日〉를 쫓는〈追〉 것.

夸 큰 체할 / 父 아비 / 追 쫓을 / 日 해 — 과부추일

＊ 과유불급 過猶不及

지나친 것이나 모자란 것이나 다 같이 좋지 않음. 사물(事物)은 중용(中庸)을 중히 여김.

참고 지나친〈過〉 것은 오히려〈猶〉 미치지〈及〉 아니하는〈不〉 것.

過 지나칠 / 猶 오히려 / 不 아닐 / 及 미칠 — 과유불급

＊ 과전불납리 瓜田不納履

의심 받을 만한 장소에서 남에게 의심 받을 만한 행위는 아예 하지 말라는 뜻. ※ '納履'는 신들메를 맨다는 뜻.

참고 오이〈瓜〉(참외) 밭〈田〉에서는 신〈履〉을 들이지〈納〉 아니하는〈不〉 것.

瓜 오이(참외) / 田 밭 / 不 아닐 / 納 들일 / 履 신 — 과전불납리

＊ 관광여행 觀光旅行

다른 지방이나 나라의 풍경·문물·풍속 등을 보기 위하여 하는 여행.

참고 경치〈光〉를 보며〈觀〉 여행하는〈旅, 行〉 것.

觀 볼 / 光 경치 / 旅 여행할 / 行 여행 — 관광려행

＊ 관문돌파 關門突破

국경이나 요새지에 세운 난관을 뚫고 나감.

참고 관〈關〉의 문〈門〉을 부딪쳐〈突〉 깨뜨리는〈破〉 것.

關 관 / 門 문 / 突 부딪칠 / 破 깨뜨릴 — 관문돌파

＊ 관민일체 官民一體

온 국민이 한 마음 한 뜻이 됨을 이르는 말.

참고 벼슬아치〈官〉와 백성〈民〉이 한〈一〉 몸〈體〉인 것.

官 벼슬 / 民 백성 / 一 한 / 體 몸 — 관민일체

＊ 관선변호 官選辯護

형사 사건에 있어서 피고인이 빈곤(貧困), 기타 사유로 변호인을 선임할 수 없는 경우 법원이 직권(職權)으로 선정하는 변호.

참고 관가〈官〉에서 가려〈選〉 주어 말 잘하여〈辯〉 보호하는〈護〉 것.

官 관가 / 選 가릴 / 辯 말 잘할 / 護 보호할 — 관선변호

＊ 관포지교 管鮑之交

'옛날 중국의 관 중(管仲)과 포 숙(鮑叔)이 매우 사이 좋게 교제하였다는 옛 일이 었었던' 말에서, 친구 사이의 매우 다정하고 허물 없는 교제를 이르는 말.

참고 관 중〈管〉과 포 숙〈鮑〉의〈之〉 사귐〈交〉.

管 성(姓) / 鮑 성(姓) / 之 의 / 交 사귈 — 관포지교

＊ 관혼상제 冠婚喪祭

남자의 성인 의식·결혼 의식·장사 의식·제사 의식. 이것을 통틀어 사례(四禮)라 함.

참고 갓〈冠〉 쓰는 것과 혼인하는〈婚〉 것, 복 입는〈喪〉 것과 제사〈祭〉 지내는 것.

冠 갓 / 婚 혼인할 / 喪 복 입을 / 祭 제사 — 관혼상제

＊ 괄목상대 刮目相對

괄목하고 대면함. 남의 학식이 부쩍 는 것을 놀라 쓰는 말.

참고 눈〈目〉을 비비고〈刮〉 서로〈相〉 대하는〈對〉 것.

刮 비빌 / 目 눈 / 相 서로 / 對 대할 — 괄목상대

＊ 광명정대 光明正大

언행이 떳떳하고 정당함.

참고 빛나고〈光〉 밝고〈明〉 바르고〈正〉 큰〈大〉 것.

光 빛날 / 明 밝을 / 正 바를 / 大 큰 — 광명정대

＊ 괘관은퇴 掛冠隱退

벼슬을 버리고 물러남.

참고 갓〈冠〉을 벗어 나무에 걸어〈掛〉 놓고 물러나〈退〉 숨는〈隱〉 것.

掛 걸 / 冠 갓 / 隱 숨을 / 退 물러날 — 괘관은퇴

＊ 교각살우 矯角殺牛

결점이나 흠을 고치려다가 수단이 지나쳐서 그르친다는 뜻.

참고 뿔〈角〉을 바로 잡다가〈矯〉 소〈牛〉를 죽이는〈殺〉 것.

矯 바로잡을 / 角 뿔 / 殺 죽일 / 牛 소 — 교각살우

* **교부초래 敎婦初來**

아내는 처음 시집 왔을 때에 가르쳐야 함.

참고 아내〈婦〉(또는 며느리)는 처음〈初〉 올〈來〉 때에 가르침〈敎〉.

敎 가르칠 / 婦 아내 / 初 처음 / 來 올 — 교부초래

* **교사불여졸성 巧詐不如拙誠**

꾀보다 정성이 중요하다는 말.

참고 교묘하게〈巧〉 속임〈詐〉은 졸렬한〈拙〉 정성〈誠〉만 같지〈如〉 못한〈不〉 것.

巧 교묘할 / 詐 속일 / 不 못할 / 如 같을 / 拙 졸할 / 誠 정성 — 교사불여졸성

* **교언영색 巧言令色**

남의 환심을 사기 위해 아첨하는 교묘한 말과 보기 좋게 꾸미는 얼굴 빛.

참고 교묘한〈巧〉 말〈言〉과 좋은〈令〉 낯 빛〈色〉.

巧 교묘할 / 言 말씀 / 令 좋을 / 色 낯빛 — 교언령색

* **교우이신 交友以信**

믿음으로 벗을 사귐.

참고 믿음〈信〉으로써〈以〉 벗〈友〉을 사귀는〈交〉 것.

交 사귈 / 友 벗 / 以 써 / 信 믿을 — 교우이신

* **교주고슬 膠柱鼓瑟**

비파나 거문고의 기둥을 아교풀로 고착시키면 한 가지 소리 밖에 나지 않는 것처럼, 변통성이 없는 소견을 비유하는 말.

참고 기둥〈柱〉을 아교로 붙이고〈膠〉 비파〈瑟〉를 치는〈鼓〉 것.

膠 아교로 붙일 / 柱 기둥 / 鼓 북 칠 / 瑟 비파 — 교주고슬

* **교천언심 交淺言深**

사귄 지 얼마 안 되는 사람에게, 된 소리 안 된 소리 지껄이어 어리석다는 뜻.

참고 사귐〈交〉은 얕은데〈淺〉 말〈言〉은 깊은〈深〉 것.

交 사귈 / 淺 얕을 / 言 말씀 / 深 깊을 — 교천언심

* **교토사이주구팽 狡兎死而走狗烹**

필요할 때는 소중하게 쓰다가 그 소용이 없어지면 몰인정하게 내버리는 세상 인심을 비유로 이른 말.

참고 교활한〈狡〉 토끼〈兎〉가 죽으〈死〉니〈而〉 토끼를 잡으려고 달리던〈走〉 개〈狗〉도 함께 삶는〈烹〉 것.

狡 교활할 / 兎 토끼 / 死 죽을 / 而 말 이을 / 走 달릴 / 狗 개 / 烹 삶을 — 교토사이주구팽

* **구곡간장 九曲肝臟**

굽이굽이 깊이 든 마음 속. 깊은 마음 속.

참고 아홉〈九〉굽이〈曲〉의 간〈肝〉과 오장〈臟〉.

九 아홉 / 曲 굽을 / 肝 간 / 臟 오장 — 구곡간장

* **구국간성 救國干城**

나라를 지키는 방패와 성이란 뜻으로, 국토 방위의 군인을 가리킴.

참고 나라〈國〉를 구원하는〈救〉 방패〈干〉와 재〈城〉(성).

救 구원할 / 國 나라 / 干 방패 / 城 재 — 구국간성

* **구두시험 口頭試驗**

시험관이 문제를 말로 물으면 말로 대답하는 시험.

참고 머리〈頭〉를 맞대고 입〈口〉으로 물어 시험하는〈試, 驗〉것.

口 입 / 頭 머리 / 試 시험할 / 驗 시험할 — 구두시험

* **구미속초 狗尾續貂**

훌륭한 것에 하찮은 것이 뒤를 이음.

참고 담비〈貂〉(족제비 비슷한 동물) 꼬리를 갓에 단 사람의 뒤를 이어〈續〉 개〈狗〉 꼬리〈尾〉를 갓에 붙인 사람이 지나가는 것.

狗 개 / 尾 꼬리 / 續 이을 / 貂 담비 — 구미속초

* **구밀복검 口蜜腹劍**

입으로는 꿀 같이 달콤한 말을 하면서 속에는 칼 같은 마음을 품어 해칠 생각을 가짐.

참고 입〈口〉에는 꿀〈蜜〉, 배〈腹〉(마음) 속에는 칼〈劍〉.

口 입 / 蜜 꿀 / 腹 배 (마음) / 劍 칼 — 구밀복검

* **구사일생 九死一生**

죽을 고비를 여러 차례 겪고 겨우 살아 남. 썩 위험한 고비를 겪음.

참고 아홉〈九〉 번 죽었다가〈死〉 다시 한〈一〉 번 살아난〈生〉 것 같이.

九 아홉 / 死 죽을 / 一 하나 / 生 살 구사일생

* **구상유취 口尙乳臭**

입에서 아직 젖내가 난다는 뜻으로 언어와 행동이 유치함을 일컬음. 치발불급(齒髮不及).

참고 입〈口〉에 아직〈尙〉 젖〈乳〉 냄새〈臭〉가 나는 것.

口 입 / 尙 아직 / 乳 젖 / 臭 냄새 구상유취

* **구세제민 救世濟民**

세상과 백성을 죄악과 불행에서 건져 냄.

참고 세상〈世〉을 구원하고〈救〉 백성〈民〉을 건지는〈濟〉 것.

救 구원할 / 世 세상 / 濟 건질 / 民 백성 구세제민

* **구속영장 拘束令狀**

검사의 신청으로 판사가 발부하는 피의자(被疑者)의 신체를 구속할 수 있는 명령서.

참고 잡아〈拘〉 묶을〈束〉 수 있는 명령〈令〉 문서〈狀〉.

拘 잡을 / 束 묶을 / 令 명령 / 狀 문서 구속령장

* **구수회의 鳩首會議**

여럿이 한 자리에 모여 앉아 머리를 맞대고 의논함.

참고 모이어〈會〉 머리를〈首〉를 모아서〈鳩〉 의논하는〈議〉 일.

鳩 모을 / 首 머리 / 會 모일 / 議 의논할 구수회의

* **구습타파 舊習打破**

낡은 습관을 깨뜨려 버림.

참고 옛〈舊〉버릇〈習〉을 치고〈打〉 깨뜨리는〈破〉 것.

舊 옛 / 習 버릇 / 打 칠 / 破 깨뜨릴 구습타파

* **구십춘광 九十春光**

① 봄의 석달 구십 일 동안. ② 노인의 마음이 청년같이 젊음을 이름.

참고 구십〈九十〉 일의 봄〈春〉 빛〈光〉.

九 아홉 / 十 열 / 春 봄 / 光 빛 구십춘광

* **구우일모 九牛一毛**

썩 많은 가운데서 가장 적은 것을 일컫는 말.

참고 아홉〈九〉 마리 소〈牛〉 중의 털〈毛〉 하나〈一〉.

九 아홉 / 牛 소 / 一 하나 / 毛 털 구우일모

* **구이지학 口耳之學**

들은 풍월격으로 아무런 연구성이 없는 학문. 금방 들은 것을 그대로 남에게 이야기하는 정도의 얕고 천박한 학문.

참고 입〈口〉과 귀〈耳〉 만의〈之〉 배움〈學〉.

口 입 / 耳 귀 / 之 의 / 學 배울 구이지학

* **구전문사 求田問舍**

붙일 논밭을 구하고 살 집을 물음. 곧 국가 대사는 뜻이 없고 일신상 이익에만 마음을 씀.

참고 밭〈田〉을 구하고〈求〉 집〈舍〉을 묻는〈問〉 것.

求 구할 / 田 밭 / 問 물을 / 舍 집 구전문사

* **구절양장 九折羊腸**

꼬불꼬불한 험한 산길.

참고 아홉〈九〉번 굽어진〈折〉 양〈羊〉의 창자〈腸〉.

九 아홉 / 折 굽힐 / 羊 양 / 腸 창자 구절양장

* **구중심처 九重深處**

대궐 안 깊은 곳. 깊숙한 곳. 구중궁궐(九重宮闕).

참고 담장을 아홉〈九〉 번 거듭한〈重〉 깊은〈深〉 곳〈處〉.

九 아홉 / 重 거듭할 / 深 깊을 / 處 곳 구중심처

* **구태의연 舊態依然**

옛 모양 그대로임.

참고 옛〈舊〉 모양〈態〉대로 전과 같이〈依〉 그러한〈然〉 것.

舊 옛 / 態 모양 / 依 전과같을 / 然 그럴 구태의연

*** 국군장병 國軍將兵**

우리 나라 군대의 모든 군인.

참고 나라〈國〉 군사〈軍〉의 장수〈將〉와 병졸〈兵〉.

國 나라 / 軍 군사 / 將 장수 / 兵 병졸 — 국군장병

*** 국난극복 國難克服**

나라의 위태로운 상태나 어려운 고비를 이기어 나감.

참고 나라〈國〉의 어려움〈難〉을 이기어〈克〉 정복하는〈服〉 것.

國 나라 / 難 어려울 / 克 이길 / 服 정복할 — 국난극복

*** 국리민복 國利民福**

국가의 이익과 국민의 행복.

참고 나라〈國〉의 이로움〈利〉과 백성〈民〉의 복〈福〉.

國 나라 / 利 이로울 / 民 백성 / 福 복 — 국리민복

*** 국민소득 國民所得**

국민 전체가 일정한 기간에 생산· 획득하는 재화(財貨)를 화폐로 환산·평가한 그 총액.

참고 나라〈國〉 백성〈民〉의 얻은〈得〉 바〈所〉.

國 나라 / 民 백성 / 所 바 / 得 얻을 — 국민소득

*** 국민총생산 國民總生產**

한 나라 국민이 일년 동안 생산한 재화와 용역의 총량을 화폐로 표시한 것.

참고 나라〈國〉 백성〈民〉이 모두〈總〉 낳은〈生, 產〉 것 .

國 나라 / 民 백성 / 總 모두 / 生 낳을 / 產 낳을 — 국민총생산

*** 국민총화 國民總和**

모든 국민이 한 마음 한 뜻이 됨.

참고 나라〈國〉의 백성〈民〉이 모두〈總〉 화목한〈和〉 것.

國 나라 / 民 백성 / 總 모두 / 和 화목할 — 국민총화

*** 군계일학 群鷄一鶴**

닭 무리 속에 끼어 있는 한 마리의 학이란 뜻으로, 평범한 사람 가운데의 뛰어난 사람을 이르는 말. 계군일학(鷄群一鶴).

참고 닭〈鷄〉의 무리〈群〉 중 하나〈一〉의 두루미〈鶴〉.

群 무리 / 鷄 닭 / 一 하나 / 鶴 두루미 — 군계일학

*** 군령엄정 軍令嚴正**

군대의 명령이 엄격하고 공정함.

※ 군령(軍令):① 군사·군중(軍中) 또는 진중(陣中)의 명령. ② 한 나라 원수(元首)가 통수권(統帥權)을 가지고 군에 내리는 명령.

참고 군사〈軍〉의 명령〈令〉이 엄하고〈嚴〉 바른〈正〉 것.

軍 군사 / 令 명령 / 嚴 엄할 / 正 바를 — 군령엄정

*** 군사부일체 君師父一體**

임금·스승·아버지의 은혜는 같다는 뜻.

참고 임금〈君〉과 스승〈師〉과 아비〈父〉는 한〈一〉 몸〈體〉.

君 임금 / 師 스승 / 父 아비 / 一 하나 / 體 몸 — 군사부일체

*** 군신유의 君臣有義**

오륜(五倫)의 하나. 임금과 신하의 도리(道理)는 의리(義理)에 있음.

참고 임금〈君〉과 신하〈臣〉는 의리〈義〉가 있어야〈有〉 하는 것.

君 임금 / 臣 신하 / 有 있을 / 義 의리 — 군신유의

*** 군웅할거 群雄割據**

군웅이 저마다 한 지방씩을 차지하여 세력을 떨치는 일. 중국의 전국 시대의 사회 상태 등.

참고 영웅〈雄〉의 무리〈群〉들이 나뉘어〈割〉 웅거하는〈據〉 것.

群 무리 / 雄 영웅 / 割 나눌 / 據 웅거할 — 군웅할거

*** 군자대로행 君子大路行**

군자는 큰 길을 택하여 간다는 뜻으로, 덕행과 학행(學行)에 있어서 남의 모범 인물이 되려면 밝고 바르게 행동하라는 경우에 비유하는 말.

참고 어진〈仁〉 분〈子〉은 큰〈大〉 의리의 길〈路〉로 감〈行〉.

君 어진이 / 子 경칭(분) / 大 큰 / 路 길 / 行 갈 — 군자대로행

*** 군자삼락 君子三樂**

맹자(孟子)가 말한 군자의 세 가지 즐거움. 곧 부모가 살아 계시며 형제가 무고한 것, 하늘과 사람에 부끄러움이 없는 것, 천하의 영재(英才)를 얻어 교육하는 것이라 했음.

참고 군자〈君〉인 분〈子〉의 세〈三〉 가지 즐거움〈樂〉.

君	군자
子	경칭(분)
三	석
樂	즐길

군자삼락

*** 궁여지책 窮餘之策**

매우 궁박하여 어려운 끝에 짜 낸 한 가지 꾀. 궁여 일책(窮餘一策).

참고 궁한〈窮〉 나머지〈餘〉의〈之〉 꾀〈策〉.

窮	궁할
餘	남을
之	의
策	꾀

궁여지책

*** 궁조입회 窮鳥入懷**

궁할 때는 적(敵)에게도 의지함.

참고 궁한〈窮〉 새〈鳥〉가 사람의 품〈懷〉 안으로 날아 드는〈入〉 것.

窮	궁할
鳥	새
入	들
懷	품을

궁조입회

*** 권농정책 勸農政策**

농사를 권장하는 정책.

참고 농사〈農〉를 권하는〈勸〉 다스리는〈政〉 꾀〈策〉.

勸	권할
農	농사
政	다스릴
策	꾀

권농정책

*** 권모술수 權謀術數**

목적을 위해서는 수단을 가리지 않고 인정이나 도덕도 없이 권세와 모략과 중상 등 온갖 수단과 방법을 쓰는 술책.

참고 권세〈權〉와 꾀함〈謀〉(모략)과 재주〈術〉와 꾀〈數〉.

權	권세
謀	꾀할
術	재주
數	꾀

권모술수

*** 권불십년 權不十年**

아무리 높은 권세라도 10 년을 가지 못한다는 말.

참고 권세〈權〉는 열〈十〉 해〈年〉를 넘기지 못하는〈不〉 것.

權	권세
不	못할
十	열
年	해

권불십년

*** 권선징악 勸善懲惡**

착한 일을 권장하고 악한 일을 징계함.

참고 착함〈善〉을 권하고〈勸〉 악함〈惡〉을 징계하는〈懲〉 것.

勸	권할
善	착할
懲	징계할
惡	악할

권선징악

*** 권토중래 捲土重來**

한 번 패하였다가 세력을 회복하여 다시 쳐 들어 옴.

참고 흙〈土〉을 걷우어〈捲〉(말아 올리면서) 거듭〈重〉(다시) 오는〈來〉 것.

捲	걷을
土	흙
重	거듭할
來	올

권토중래

*** 귀거래 歸去來**

'도 연명(陶淵明)의 귀거 래사'에서 온 말. 벼슬을 버리고 시골로 돌아감.

참고 갔다가〈去〉 돌아〈歸〉 오는〈來〉 것.

歸	돌아올
去	갈
來	올

귀거래

*** 귀곡천계 貴鵠賤鷄**

먼 데 것을 귀히 여기고 가까운 것을 천하게 여김.

참고 따오기〈鵠〉(해오라기 비슷한 새)를 귀히 여기고〈貴〉 닭〈鷄〉을 천하게 여김〈賤〉.

貴	귀히여길
鵠	따오기
賤	천히여길
鷄	닭

귀곡천계

*** 귀불망천 貴不忘賤**

귀하게 되어서도 천했을 때 일을 잊지 아니함.

참고 귀하여서〈貴〉 천한〈賤〉 때를 잊지〈忘〉 않는〈不〉 것.

貴	귀할
不	아닐
忘	잊을
賤	천할

귀불망천

*** 균등수혜 均等受惠**

고르게 나누어 혜택을 받음.

참고 고르고〈均〉 같게〈等〉 은혜〈惠〉를 받는〈受〉 것.

均	고를
等	같을
受	받을
惠	은혜

균등수혜

*** 극기복례 克己復禮**

자기의 사욕이나 사념을 양심과 이성으로 눌러 이기어 응당 알아서 지켜야 할 사람의 도리를 좇아 행한다는 뜻.

참고 자기〈己〉를 이기고〈克〉 예도〈禮〉로 돌아가는〈復〉 것.

克	이길
己	자기
復	돌아갈
禮	예도

극기복례

*** 근묵자흑 近墨者黑**

나쁜 사람과 사귀면 그 버릇에 물들기 쉽다는 말. 근주자 필적(近朱者必赤).

참고 먹〈黑〉을 가까이 하는〈近〉 사람〈者〉은 검어지는〈黑〉 것.

近 가까울 墨 먹 者 사람 黑 검을 — 근묵자흑

*** 근주자적 近朱者赤**

나쁜 사람을 가까이 사귀면 그 버릇에 젖기 쉬움을 이르는 말.

참고 붉은〈朱〉 것을 가까이 하는〈近〉 사람〈者〉은 붉어지는〈赤〉 것.

近 가까울 朱 붉을 者 사람 赤 붉을 — 근주자적

*** 금과옥조 金科玉條**

금옥과 같이 귀중히 여기어 신봉하는 법칙이나 규정. 매우 귀중한 법칙이나 규정.

참고 금〈金〉 같은 법률〈科〉과 구슬〈玉〉 같은 조목〈條〉.

金 금 科 법률 玉 구슬 條 조목 — 금과옥조

*** 금란지계 金蘭之契**

벗 사이의 깊은 교분. 정의(情誼). '출전:二人同心 其利斷金; 同心之言 其臭如蘭'

참고 쇠〈金〉 같은 마음과 난초〈蘭〉 같은 향기〈香〉의〈之〉 맺음〈契〉

金 쇠 蘭 난초 之 의 契 맺을 — 금란지계

*** 금상첨화 錦上添花**

'여창잉첨 금상화(麗唱仍添錦上花)'라는 왕 안석(王安石)의 글'에서 온 말. 좋은 일에 또 좋은 일이 더함.

참고 비단〈錦〉 위〈上〉에 꽃〈花〉을 더하는〈添〉 것.

錦 비단 上 위 添 더할 花 꽃 — 금상첨화

*** 금석지감 今昔之感**

지금과 옛적과를 비교하여 생각할 때 그 차이가 심함을 보고 느끼는 정.

참고 이제〈今〉와 옛날〈昔〉의〈之〉 느낌〈感〉.

今 이제 昔 옛 之 의 感 느낄 — 금석지감

*** 금석지교 金石之交**

쇠나 돌처럼 굳고 변함이 없는 교분. 금석지계(金石之契).

참고 쇠〈金〉와 돌〈石〉의〈之〉 굳음 같은 사귐〈交〉.

金 쇠 石 돌 之 의 交 사귈 — 금석지교

*** 금석지언 金石之言**

쇠나 돌처럼 굳고 변함 없는 귀중한 말.

참고 쇠〈金〉와 돌〈石〉의〈之〉 굳음 같은 말〈言〉.

金 쇠 石 돌 之 의 言 말씀 — 금석지언

*** 금성철벽 金城鐵壁**

아주 튼튼한 방어 진지. 금성탕지(金城湯池).

참고 쇠〈金〉 성〈城〉과 쇠〈鐵〉 벽〈壁〉.

金 쇠 城 재(성) 鐵 쇠 壁 바람벽 — 금성철벽

*** 금성탕지 金城湯池**

매우 튼튼하고 잘된 성지(城池). ※ 城池:성과 그 주위에 파 놓은 못.

참고 쇠〈金〉의 성〈城〉과 끓는〈湯〉 못〈池〉.

金 쇠 城 재(성) 湯 끓일 池 못 — 금성탕지

*** 금수강산 錦繡江山**

① 비단에 수를 놓은 듯이 아름다운 땅. ② 우리 나라.

참고 비단〈錦〉에 수 놓은〈繡〉 큰 내〈江〉와 뫼〈山〉(산).

錦 비단 繡 수 놓을 江 큰 내 山 뫼 — 금수강산

*** 금수령 禁狩令**

사냥을 금지하는 법령.

참고 사냥함〈狩〉을 금하는〈禁〉 명령〈令〉.

禁 금할 狩 사냥할 令 명령 — 금수령

*** 금슬지락 琴瑟之樂**

① 금실지락(琴瑟之樂). 부부 사이의 화목한 즐거움. ② 준 금실(琴瑟).

참고 거문고〈琴〉와 비파〈瑟〉의〈之〉 즐기는〈樂〉 모양.

琴 거문고 瑟 비파 之 의 樂 즐길 — 금슬지락

＊ 금시초문 今時初聞

이제야 비로소 처음으로 들음.
참고 이제〈今〉의 때〈時〉에 처음〈初〉 듣는〈聞〉 것.

今 이제 / 時 때 / 初 처음 / 聞 들을 — 금시초문

＊ 금오옥토 金烏玉兎

해와 달. 일월(日月). ※ ①금오(金烏):태양 속에 세 발 가진 까마귀가 있다는 상상(想像)에서 유래하여, 태양. ②옥토(玉兎):달에는 옥토끼가 있다고 상상하여, 달.
참고 금〈金〉 까마귀〈烏〉와 옥〈玉〉 토끼〈兎〉.

金 금 / 烏 까마귀 / 玉 옥 / 兎 토끼 — 금오옥토

＊ 금의야행 錦衣夜行

아무 보람이 없는 행동을 비유한 말.
참고 비단〈錦〉 옷〈衣〉을 입고 밤〈夜〉에 가는〈行〉 것.

錦 비단 / 衣 옷 / 夜 밤 / 行 갈 — 금의야행

＊ 금의환향 錦衣還鄕

출세를 하고 고향에 돌아옴. 금의 주행(錦衣晝行)·환마(還馬).
참고 비단〈錦〉 옷〈衣〉으로 고향〈鄕〉에 돌아오는〈還〉 것.

錦 비단 / 衣 옷 / 還 돌아올 / 鄕 고향 — 금의환향

＊ 금지옥엽 金枝玉葉

①임금의 자손이나 집안. ②귀여운 자손. ③아름다운 구름의 형용.
참고 금〈金〉 가지〈枝〉와 옥〈玉〉 잎사귀〈葉〉.

金 금 / 枝 가지 / 玉 옥 / 葉 잎 — 금지옥엽

＊ 기간산업 基幹産業

국민 경제의 기본이 되는 산업.
참고 바탕〈基〉과 줄기〈幹〉가 되는, 낳는〈産〉 업〈業〉.

基 바탕 / 幹 줄기 / 産 낳을 / 業 업 — 기간산업

＊ 기거동작 起居動作

사람의 살아가는 모든 동작. 기거 동정(起居動靜).
참고 일어나고〈起〉 앉아 있고〈居〉 움직이며〈動〉 행하는〈作〉 것.

起 일어날 / 居 있을 / 動 움직일 / 作 행할 — 기거동작

＊ 기고만장 氣高萬丈

① 성이 몹시 남. ② 씩씩한 기운이 크게 떨침. ※ 일이 뜻대로 잘 될 때에 기꺼워하거나 또는 성을 낼 때에, 그 기운이 펄펄 나는 일.
참고 기운〈氣〉의 높이〈高〉가 일만〈萬〉 길〈丈〉(사람의 키).

氣 기운 / 高 높을 / 萬 일만 / 丈 길(키) — 기고만장

＊ 기사회생 起死回生

중병으로 죽을 뻔하다가 도로 살아나 회복됨.
참고 죽음〈死〉에서 일어나〈起〉 삶〈生〉으로 돌아 오는〈回〉 것.

起 일어날 / 死 죽을 / 回 돌아 올 / 生 살 — 기사회생

＊ 기상천외 奇想天外

①보통 사람이 생각할 수 없는 엉뚱한 생각. ②상식을 벗어난 아주 엉뚱한 생각.
참고 하늘〈天〉 바깥〈外〉의 기이한〈奇〉 생각〈想〉.

奇 기이할 / 想 생각 / 天 하늘 / 外 바깥 — 기상천외

＊ 기성안혼 技成眼昏

재주는 좋으나 눈이 어두워졌다는 뜻으로 좋은 것이 소용이 없어졌음을 가리키는 말.
참고 재주〈技〉가 이루어지자〈成〉 눈〈眼〉이 어두워지는〈昏〉 것.

技 재주 / 成 이룰 / 眼 눈 / 昏 어두울 — 기성안혼

＊ 기승전결 起承轉結

시문을 짓는 격식. 시의 처음을 기(起)라 하고 처음의 뜻을 받아 쓰는 것을 승(承)이라 하고, 중간에 뜻을 한 번 바꾸는 것을 전(轉)이라 하고, 전편(全編)을 거두어서 맺는 것을 결(結)이라 함. 기승전락(起承轉落)·기승전합(起承轉合). 기승전렴(起承轉斂).

起 일어날 / 承 이을 / 轉 굴릴 / 結 맺을 — 기승전결

참고 일어나고〈起〉 잇고〈承〉 굴려서〈轉〉 맺는〈結〉 것.

* 기왕지사 旣往之事

이왕에 지난 일. 이미 지난 일.
참고 이미〈旣〉 지나 감〈往〉의〈之〉 일〈事〉.

旣 이미 / 往 갈 / 之 의 / 事 일 — 기왕지사

* 기우취적 騎牛吹笛

농촌의 한가로운 풍경이나 신선경을 말함.
참고 소〈牛〉를 타고〈騎〉 피리〈笛〉를 부는〈〈吹〉 것.

騎 말 탈 / 牛 소 / 吹 불 / 笛 피리 — 기우취적

* 기호지세 騎虎之勢

'범을 타고 가다가 도중에서 내리면 범에게 물리게 될테니 내릴 수 없다는 뜻'에서, ①한 번 시작한 일을 중도에서 그만 둘 수 없다는 말. ②걷잡을 수 없는 기세.
참고 범〈虎〉을 탄〈騎〉 기세〈勢〉.

騎 말탈 / 虎 범 / 之 의 / 勢 기세 — 기호지세

* 낙락장송 落落長松

긴 가지가 축축 늘어진 키가 큰 소나무
참고 가지를 떨어뜨린〈落, 落〉 긴〈長〉 솔〈松〉

落 떨어질 / 落 떨어질 / 長 긴 / 松 솔 — 락락장송

* 낙미지액 落眉之厄

눈 앞에 닥친 재앙.
참고 눈썹〈眉〉에 떨어진〈落〉 재앙〈厄〉.

落 떨어질 / 眉 눈썹 / 之 의 / 厄 재앙 — 락미지액

* 낙양지가귀 洛陽紙價貴

'훌륭한 글을 다투어 베끼느라고 종이의 수요가 늘어 값이 오르더라는 고사(故事)'에서, ①문장의 훌륭함을 칭찬할 때 쓰는 말. ②저서(著書)가 호평(好評)을 받아 매우 잘 팔림.
참고 낙양〈洛陽〉의 종이〈紙〉 값〈價〉이 귀하여지는〈貴〉 것.

洛 물 이름 / 陽 볕 / 紙 종이 / 價 값 / 貴 귀할 — 락양지가귀

* 낙화유수 落花流水

①떨어지는 꽃과 흐르는 물. ②낙화에 정이 있으면 유수 또한 정이 있어 그것을 띄워서 흐를 것이란 뜻으로, 곧 남녀에는 서로 생각하는 정이 있다는 비유.
참고 떨어지는〈落〉 꽃〈花〉과 흐르는〈流〉 물〈水〉.

落 떨어질 / 花 꽃 / 流 흐를 / 水 물 — 락화류수

* 난공불락 難攻不落

공격하기가 어려워 좀처럼 함락(陷落)되지 아니함.
참고 치기〈攻〉 어려워〈難〉 떨어지지〈落〉 아니하는〈不〉 것.

難 어려울 / 攻 칠 / 不 아닐 / 落 떨어질 — 난공불락

* 난형난제 難兄難弟

누구를 형이라 아우라 분간하기 어려움. 곧 비슷비슷함을 일컬음. 막상막하(莫上莫下)
참고 형〈兄〉·아우〈弟〉를 따지기 어려움〈難〉.

難 어려울 / 兄 형 / 難 어려울 / 弟 아우 — 난형난제

* 남가일몽 南柯一夢

'중국 당(唐)나라의 소설 남가기(南柯記)'에서 유래한 말. 꿈과 같이 헛된 한 때의 부귀와 영화. 남가지몽.(南柯之夢)
참고 남녘〈南〉 가지〈柯〉에서 꾼 하나〈一〉의 꿈〈夢〉.

南 남녘 / 柯 가지 / 一 하나 / 夢 꿈 — 남가일몽

* 남귤북지 南橘北枳

강남(江南)의 귤을 강북(江北)에 옮겨 심으면 탱자나무로 변함. 곧 사람은 사는 곳의 환경에 따라 착하게도 되고, 악하게도 됨. ※ 강은 양자강.

南 남녘 / 橘 귤 / 北 북녘 / 枳 탱자 — 남귤북지

참고 양자강 남쪽〈南〉의 귤〈橘〉을 양자강 북쪽〈北〉에 심으면 탱자나무〈枳〉가 됨.

＊ 남남북녀 南男北女

우리 나라에서, 남쪽 지방은 남자가, 북쪽 지방은 여자가 아름답다는 말.
참고 남녘〈南〉은 사내〈男〉, 북녘〈北〉은 여자〈女〉.

南 남녘 남
男 사내 남
北 북녘 북
女 여자 녀

＊ 남녀유별 男女有別

남녀 사이에는 분별이 있음.
참고 사내〈男〉와 계집〈女〉은 분별〈別〉이 있는〈有〉 것.

男 사내 남
女 계집 녀
有 있을 유
別 분별할 별

＊ 남대문입납 南大門入納

주소도 모르는 채 집을 찾거나 또는 그런 편지. 서울에서 김 서방 찾기.
참고 남대문〈南大門〉으로 들이는〈入, 納〉 것.

南 남녘 남
大 큰 대
門 문 문
入 들 입
納 들일 납

＊ 남부여대 男負女戴

사내는 지고 계집은 이고 감. 곧 가난한 사람이 떠돌아 다니면서 삶을 일컫는 말.
참고 사내〈男〉는 지고〈負〉 계집〈女〉은 이는〈戴〉 것.

男 사내 남
負 질 부
女 계집 녀
戴 일 대

＊ 남상 濫觴

'양자강(揚子江) 같은 대하(大河)도 근원은 잔을 잠글 만한 세류(細流)'라는 뜻에서, 사물의 처음. 시작(始作). 기원(起源).
참고 술잔〈觴〉에 넘치는〈濫〉 것.

濫 넘칠 람
觴 술잔 상

＊ 남아수독오거서 男兒須讀五車書

남자는 모름지기 수레 다섯에 실을 만한 많은 책을 읽어야 한다는 뜻.
※ 출전〈杜甫題栢學士茅屋詩〉: 富貴必從勤苦得 男兒須讀五車書.
참고 사내〈男〉 아이〈兒〉는 모름지기〈須〉 다섯〈五〉 수레〈車〉의 책〈書〉을 읽어야〈讀〉 하는 것.

男 사내 남
兒 아이 아
須 모름지기 수
讀 읽을 독
五 다섯 오
車 수레 거
書 책 서

＊ 낭중지추 囊中之錐

주머니 속에 든 송곳이 끝이 뾰족하여 밖으로 나오는 것과 같이, 재능이 뛰어난 사람은 많은 사람 중에 섞여 있을지라도 눈에 드러난다는 뜻.
참고 주머니〈囊〉 속〈中〉의〈之〉 송곳〈錐〉.

囊 주머니 낭
中 속(안) 중
之 의 지
錐 송곳 추

＊ 낭중취물 囊中取物

주머니 속에 있는 것을 꺼낸다는 뜻이니, 곧 썩 쉬운 일을 말함.
참고 주머니〈囊〉 안〈中〉(속)의 물건〈物〉을 취〈取〉하는 것.

囊 주머니 낭
中 안(속) 중
取 취할 취
物 물건 물

＊ 내우외환 內憂外患

나라 안팎의 근심 걱정.
참고 안〈內〉의 근심〈憂〉과 밖〈外〉의 근심〈患〉.

內 안 내
憂 근심 우
外 바깥 외
患 근심 환

＊ 내유외강 內柔外剛

겉으로는 굳게 보이나 속(내심)은 부드러움.
참고 안〈內〉은 부드럽고〈柔〉 밖〈外〉은 굳센〈剛〉 것.

內 안 내
柔 부드러울 유
外 바깥 외
剛 굳셀 강

＊ 노기충천 怒氣沖天

잔뜩 성이 나 있음.
참고 성난〈怒〉 기운〈氣〉이 하늘〈天〉로 날아 오르는〈沖〉 것

怒 성낼 노
氣 기운 기
沖 날아오를 충
天 하늘 천

*** 노류장화 路柳墻花**

길 가의 버드나무와 담 아래 꽃이라는 뜻에서, 창부(娼婦)·기생(妓生) 등 화류계(花柳界) 여성을 비유하는 말.

참고 길〈路〉 가의 버들〈柳〉과 담〈墻〉 밑의 꽃〈花〉.

路 길 로 / 柳 버들 류 / 墻 담(담장) 장 / 花 꽃 화

*** 노심초사 勞心焦思**

마음으로 애를 쓰며 속을 태움.

참고 마음〈心〉으로 수고하며〈勞〉 생각〈思〉을 태우는〈焦〉 것.

勞 수고로울 로 / 心 마음 심 / 焦 탈 초 / 思 생각 사

*** 녹음방초 綠陰芳草**

푸른 나무 그늘과 꽃다운 풀, 곧 성하(盛夏)의 경치.

참고 푸른〈綠〉 그늘〈陰〉과 꽃다운〈芳〉 풀〈草〉.

綠 푸를 록 / 陰 그늘 음 / 芳 꽃다울 방 / 草 풀 초

*** 녹의홍상 綠衣紅裳**

연두 저고리에 다홍 치마, 곧 젊은 여자의 곱게 치장한 복색.

참고 푸른〈綠〉 웃옷〈衣〉과 붉은〈紅〉 치마〈裳〉.

綠 푸를 록 / 衣 웃옷 의 / 紅 붉을 홍 / 裳 치마 상

*** 논공행상 論功行賞**

공의 유무·대소를 논결하여 각각 알맞는 상을 주는 일.

참고 공〈功〉을 논의하여〈論〉 상주는〈賞〉 일을 행하는〈行〉 것.

論 논의할 론 / 功 공 공 / 行 행할 행 / 賞 상 줄 상

*** 농가성진 弄假成眞**

장난삼아 거짓으로 한 것이 진심으로 한 것같이 됨.

참고 거짓〈假〉 희롱한〈弄〉 것이 참〈眞〉을 이루는〈成〉 것.

弄 희롱할 롱 / 假 거짓 가 / 成 이룰 성 / 眞 참 진

*** 농와지희 弄瓦之喜**

딸을 낳은 즐거움. 농와지경(弄瓦之慶).

참고 실패〈瓦〉를 희롱함〈弄〉의〈之〉 즐거움〈喜〉.

弄 희롱할 롱 / 瓦 실패 와 / 之 의 지 / 喜 즐거울 희

*** 농자천하지대본 農者天下之大本**

농사를 짓는 일은 세상의 모든 일의 근본이 된다는 뜻.

참고 농사〈農〉란 것〈者〉은 하늘〈天〉아래〈下〉의〈之〉 큰〈大〉 근본〈本〉.

農 농사 농 / 者 것 자 / 天 하늘 천 / 下 아래 하 / 之 의 지 / 大 큰 대 / 本 근본 본

*** 농장지희 弄璋之喜**

아들을 낳은 즐거움. 농장지경(弄璋之慶).

참고 홀〈璋〉(구슬의 일종)을 가지고 즐기는〈弄〉 즐거움〈喜〉.

弄 즐길 롱 / 璋 홀(구슬) 장 / 之 의 지 / 喜 즐거울 희

*** 누란지위 累卵之危**

쌓아 놓은 새알처럼 몹시 위험한 상태.

참고 알〈卵〉을 포갠〈累〉 것 같이 위태한〈危〉 것.

累 포갤 루 / 卵 알 란 / 之 의 지 / 危 위태할 위

*** 능대능소 能大能小**

능히 크게도 하고 작게도 함. 재주와 주변이 좋아 모든 일에 두루 능함.

참고 능히〈能〉 크게〈大〉 하고 능히〈能〉 작게〈小〉 하는 것.

能 능할 능 / 大 큰 대 / 能 능할 능 / 小 작을 소

*** 능서불택필 能書不擇筆**

진정으로 뛰어난 재주를 가진 사람은 연장의 좋고 나쁨에 관계 없이 일을 잘 해낸다는 말.

참고 글씨〈書〉에 능한〈能〉 사람은 붓〈筆〉을 가리지〈擇〉 아니하는〈不〉 것.

能 능할 능 / 書 글씨 서 / 不 아닐 불 / 擇 가릴 택 / 筆 붓 필

*** 다기망양 多岐亡羊**

① 학문의 길이 너무 다방면으로 갈리어서 진리를 찾기가 어려움을 비유한 말. ② 방침(方針)이 많아서 도리어 갈 바를 모름.

多 많을 다 / 岐 가닥 나뉠 기 / 亡 잃을 망

참고 길이 많은〈多〉 가닥으로 나뉘어져〈岐〉 양〈羊〉을 잃는〈亡〉 것.

羊 양 양

* 다다익선 多多益善

많음수록 더욱 좋음.
참고 많으면〈多〉 많을수록〈多〉 좋음〈善〉을 더하는〈益〉 것.

多 많을 다
多 많을 다
益 더할 익
善 좋을 선

* 다수가결 多數可決

많은 수의 사람들이 찬성하는 의견으로 옳다고 결정함.
참고 많은〈多〉 수〈數〉가 옳다〈可〉하여 그렇게 정하는〈決〉 것.

多 많을 다
數 셈 수
可 옳을 가
決 정할 결

* 단금지교 斷金之交

사귀는 정이 매우 깊은 벗. 〔출전: 二人同心 其利斷金〕.
참고 쇠〈金〉를 끊을〈斷〉 만큼의 강하고 굳은 마음의 사귐〈交〉.

斷 끊을 단
金 쇠 금
之 의 지
交 사귈 교

* 단도직입 單刀直入

①한칼로 대적을 거침없이 쳐들어감. ②요점을 바로 풀이하여 들어감. ③군말을 빼고 바로 목적하는 것을 말함.
참고 홑〈單〉칼〈刀〉(※ 한칼의 뜻)로 바로〈直〉 들어감〈入〉.

單 홑 단
刀 칼 도
直 바로 직
入 들 입

* 단말마 斷末魔

숨이 끊어질 때의 고통. 임종시(臨終時)를 말함.
참고 목숨의 마지막 끝〈末〉을 끊는〈斷〉 마귀〈魔〉(귀신).

斷 끊을 단
末 끝 말
魔 마귀 마

* 단사두갱 簞食豆羹

하찮은 음식.
참고 소쿠리〈簞〉의 밥〈食〉과 나무 제기〈豆〉(나무로 된 祭器)의 국〈羹〉.

簞 소쿠리 단
食 밥 사
豆 나무 제기 두
羹 국 갱

* 단사표음 簞食瓢飮

①간소한 음식물. ②소박한 생활. ③구차한 생활. 일단사 일표음(一簞食 一瓢飮).
참고 바구니〈簞〉에 담은 밥〈食〉과 표주박〈瓢〉에 마실〈飮〉 물.

簞 바구니 단
食 밥 사
瓢 표주박 표
飮 마실 음

* 단사호장 簞食壺漿

①작은 분량의 음식물 ②길 갈 때 휴대하는 음식. ③노상에서 군대를 환영하기 위하여 갖춘 음식의 뜻에서 적군을 환영한다는 뜻으로 전용(轉用)함.
참고 소쿠리〈簞〉(도시락)의 밥〈食〉과 병〈壺〉의 즙〈漿〉(물).

簞 소쿠리 단
食 밥 사
壺 병 호
漿 즙(액체) 장

* 단순호치 丹脣皓齒

썩 아름다운 여자의 얼굴 모양. 미인(美人)의 용모.
참고 붉은〈丹〉 입술〈脣〉과 흰〈皓〉 이〈齒〉.

丹 붉을 단
脣 입술 순
皓 흴 호
齒 이 치

* 담수지교 淡水之交

물처럼 맑은 사귐. 곧 군자의 담담한 사귐을 말함.
참고 민물〈淡〉의 물〈水〉 같음의〈之〉 사귐〈交〉

淡 민물 담
水 물 수
之 의 지
交 사귈 교

* 당구풍월 堂狗風月

무식한 사람도 유식한 사람과 같이 있으면 감화를 받는다는 말. '서당 개 삼 년에 풍월한다'.
참고 서당 집〈堂〉의 개〈狗〉는 바람〈風〉과 달〈月〉을 읊음.

堂 집 당
狗 개 구
風 바람 풍
月 달 월

* 당랑거철 螳螂拒轍

약한 자가 상대할 수 없는 강자에게 대듦의 비유.
참고 버마재비〈螳, 螂〉(사마귀)가 수레바퀴〈轍〉를 막는〈拒〉 것.

螳 버마재비 당
螂 버마재비 랑
拒 막을 거
轍 수레바퀴 철

자국

* **대경실색 大驚失色**

크게 놀라서 얼굴 빛을 잃음.

참고 크게〈大〉 놀라〈驚〉 낯 빛〈色〉(낯의 색)을 잃는〈失〉 것.

大 클 대 / 驚 놀랄 경 / 失 잃을 실 / 色 낯빛 색

* **대기만성 大器晩成**

'노자(老子)의 《大方無隅 大器晩成》에서 유래한 말'. 큰 솥이나 큰 종같은 것을 주조하는 데에는 시간이 오래 걸리듯이 사람도 큰 재주는 일찍 성취되는 것이 아니란 말.

참고 큰〈大〉 그릇〈器〉은 늦게〈晩〉 이루어〈成〉지는 것.

大 큰 대 / 器 그릇 기 / 晩 늦을 만 / 成 이룰 성

* **대대손손 代代孫孫**

대대로 내려오는 자손.

참고 세대〈代〉와 세대〈代〉, 손자〈孫〉와 또 그의 손자〈孫〉

代 세대 대 / 代 세대 대 / 孫 손자 손 / 孫 손자 손

* **대서특필 大書特筆**

특히 드러나게 큰 글자로 씀. 대서특서(大書特書)

참고 큰〈大〉 글〈書〉로 특별하게〈特〉 쓴 글씨〈筆〉.

大 큰 대 / 書 글 서 / 特 특별할 특 / 筆 글씨 필

* **대의명분 大義名分**

인륜(人倫)상 중대한 의리(義理)와 명분(名分).

참고 큰〈大〉 의리〈義〉와 이름〈名〉에 따른 직분〈分〉.

大 클 대 / 義 의리 의 / 名 이름 명 / 分 직분 분

* **대인군자 大人君子**

말과 행실이 옳고 점잖은 사람. 덕이 높은 사람.

참고 덕이 큰〈大〉 사람〈人〉과 군자〈君〉인 사람〈子〉.

大 큰 대 / 人 사람 인 / 君 군자 군 / 子 사람 자

* **대자대비 大慈大悲**

넓고 커서 가이 없는 자비(慈悲). 특히 관음 보살이 중생(衆生)을 사랑하고 불쌍히 여기는 마음.

참고 크게〈大〉 사랑하고〈慈〉 크게〈大〉 슬퍼하는〈悲〉 마음.

大 클 대 / 慈 사랑 자 / 大 클 대 / 悲 슬퍼할 비

* **대한색구 大寒索裘**

소 잃고 외양간 고치기 식의 때 늦음을 말함. ※ 제일 추운 대한(大寒)에 갖옷(모피로 안을 댄 옷)을 찾는다는 말.

참고 큰〈大〉 추위〈寒〉에 갖옷〈裘〉을 찾는〈索〉것.

大 클 대 / 寒 추울 한 / 索 찾을 색 / 裘 갖옷 구

* **덕불고 德不孤**

덕이 있는 사람은 외롭지 않고 반드시 따르는 사람이 있다는 뜻. ※ 출전(論語):덕불고 필유인(德不孤必有隣).

참고 덕〈德〉은 외롭지〈孤〉 않은〈不〉 것.

德 덕 덕 / 不 아닐 불 / 孤 외로울 고

* **도로무공 徒勞無功**

헛되게 수고만 하고 보람이 없음.

참고 헛되이〈徒〉 수고하고〈勞〉 공〈功〉이 없는〈無〉 것.

참고

徒 헛될 도 / 勞 수고로울 로 / 無 없을 무 / 功 공 공

* **도룡지기 屠龍之技**

용을 잡는 재주가 있다는 뜻으로, 쓸데 없는 재주를 일컫는 말.

참고 용〈龍〉을 죽이는〈屠〉 재주〈技〉.

屠 죽일 도 / 龍 용 룡 / 之 의 지 / 技 재주 기

* **도원결의 桃園結義**

촉한(蜀漢)을 세운 유 비(劉備)·관우(關羽)·장 비(張飛), 세 사람이 젊은 시절에 도원에서 의형제를 맺고 생사를 같이하기로 맹세한 유명한 고사.

桃 복숭아 도 / 園 동산 원 / 結 맺을 결 / 義 의리 의

참고 복숭아〈桃〉 동산〈園〉에서 의리〈義〉를 맺음〈結〉.

*** 도탄지고 塗炭之苦**

진흙탕을 밟고 탄화(炭火)에 떨어짐과 같은 쓰라림. 곧 극도로 곤궁함을 말함.

참고 진흙〈塗〉과 숯〈炭〉(숯불)에 빠짐의〈之〉 쓰라림〈苦〉.

塗 진흙 / 炭 숯 / 之 의 / 苦 쓰라릴 — 도탄지고

*** 독불장군 獨不將軍**

①여러 사람과 사이가 틀어져 외롭게 된 사람. ②무슨 일이나 제 생각대로 처리하여 나가는 사람. ③혼자서는 장군이 못 된다는 뜻으로, 남과 협조하여야 한다는 말.

참고 홀로는〈獨〉 군사〈軍〉의 장수〈將〉가 되지 못하는〈不〉 것.

獨 홀로 / 不 못할 / 將 장수 / 軍 군사 — 독불장군

*** 독서망양 讀書亡羊**

'독서에 정신이 쏠려 기르던 양을 잃었다'는 뜻으로, 마음이 딴 데 쏠려 길을 잃는 것을 비유.

참고 책〈書〉을 읽다가〈讀〉 양〈羊〉을 잃는〈亡〉 것.

讀 읽을 / 書 책 / 亡 잃을 / 羊 양 — 독서망양

*** 독서백편의자현 讀書百遍意自見**

책을 백 번 읽으면 그 뜻은 저절로 알아 진다는 뜻.

참고 책〈書〉 읽음〈讀〉을 일백〈百〉 번 두루하면〈遍〉 뜻〈意〉이 스스로〈自〉 나타나는〈見〉 것.

讀 읽을 / 書 책 / 百 일백 / 遍 두루 / 意 뜻 / 自 스스로 / 見 나타날 — 독서백편의자현

*** 독서삼도 讀書三到**

독서의 법은 구도(口到)·안도(眼到)·심도(心到)에 있다 함이니, 즉 입으로 다른 말을 하지 아니하고, 눈으로는 딴 것을 보지 말고, 마음을 하나로 가다듬고 반복 숙독하면, 그 진의(眞意)를 깨닫게 된다는 뜻.

참고 책〈書〉을 읽을〈讀〉 때 세〈三〉 가지에 이르는〈到〉 것.

讀 읽을 / 書 책 / 三 석 / 到 이를 — 독서삼도

*** 독서삼매 讀書三昧**

오직 책 읽기에만 골몰하는 일.

참고 책〈書〉을 읽는〈讀〉 데에만 거듭〈三〉 눈이 어두워진다는〈昧〉(마음이 빠진다는 뜻) 것.

讀 읽을 / 書 책 / 三 거듭 / 昧 어두울 — 독서삼매

*** 독서상우 讀書尙友**

책을 읽으므로써, 옛날의 현인(賢人)들과 벗이 될 수 있다는 뜻.

참고 책〈書〉을 읽어〈書〉 벗〈友〉을 높이는〈尙〉 것.

讀 읽을 / 書 책 / 尙 높을 / 友 벗할 — 독서상우

*** 독숙공방 獨宿空房**

①빈 방에서 혼자 잠. ②부부가 서로 별거함. 흔히 여자가 남편 없이 혼자 지냄을 뜻함. 독수 공방 (獨守空房).

참고 홀로〈獨〉 빈〈空〉 방〈房〉에서 자는〈宿〉 것.

獨 홀로 / 宿 잘 / 空 빌 / 房 방 — 독숙공방

*** 독야청청 獨也靑靑**

홀로 푸르리라.

참고 홀로〈獨也〉 푸른〈靑, 靑〉 것.

獨 홀로 / 也 어조사 / 靑 푸를 / 靑 푸를 — 독야청청

*** 돌불연불생연 突不燃不生煙**

아니 땐 굴뚝에 연기 날까? 곧 어떤 소문이든지 반드시 그런 소문이 날만한 원인이 있다는 뜻.

참고 불 태우지〈燃〉 아니하면〈不〉 굴뚝〈突〉에 연기〈煙〉가 나지〈生〉 아니하는〈不〉 것.

突 굴뚝 / 不 아닐 / 燃 불 태울 / 不 아닐 / 生 날 / 煙 연기 — 돌불연불생연

* **동가식서가숙 東家食西家宿**

'옛날 중국의 어떤 계집이 재물이 많고 음식이 훌륭한 동쪽 집에서 먹고, 아름다운 사내가 있는 서쪽 집에서 자기를 원하였다'는 이야기에서 나온 말. 먹을 곳, 잘 곳이 없어 떠도는 사람. 또는 그런 짓.

참고 동녘〈東〉 집〈家〉에서 먹고〈食〉 서녘〈西〉 집〈家〉에서 자는〈宿〉 것.

東 동녘 / 家 집 / 食 먹을 / 西 서녘 / 家 집 / 宿 잘 — 동가식서가숙

* **동가홍상 同價紅裳**

'같은 값이면 다홍 치마'란 말과 같은 뜻. 곧 같은 값이면 좋은 물건을 가진다는 뜻.

참고 같은〈同〉 값〈價〉이면 붉은〈紅〉 치마〈裳〉.

同 같을 / 價 값 / 紅 붉을 / 裳 치마 — 동가홍상

* **동고동락 同苦同樂**

괴로움과 즐거움을 함께 함.

참고 함께〈同〉 괴로와 하고〈苦〉 함께〈同〉 즐거워 하는〈樂〉 것.

同 함께 / 苦 괴로울 / 同 함께 / 樂 즐길 — 동고동락

* **동량지재 棟樑之材**

한 집이나 또는 한 나라를 맡아 다스릴 만한 큰 인재(人材). 약 동량(棟樑)·동량재(棟樑材).

참고 기둥〈棟〉이나 들보〈樑〉의〈之〉 재목〈材〉.

棟 기둥 / 樑 들보 / 之 의 / 材 재목 — 동량지재

* **동문서답 東問西答**

어떤 물음에 대하여 당치도 않은 엉뚱한 대답을 함. 문동 답서(問東答書).

참고 동녘〈東〉을 묻는데〈問〉 서녘〈西〉을 대답하는〈答〉 것.

東 동녘 / 問 물을 / 西 서녘 / 答 대답할 — 동문서답

* **동문수학 同門修學**

한 스승 밑에서 같이 학문을 닦고 배움. 동문 동학(同門同學).

참고 같은〈同〉 문〈門〉에서 배움〈學〉을 닦는〈修〉 것.

同 같을 / 門 문 / 修 닦을 / 學 배울 — 동문수학

* **동병상련 同病相憐**

① 같은 병을 앓는 사람끼리 서로 가엾게 여김. ② 어려운 처지에 있는 사람끼리 서로 동정하고 도움.

참고 같은〈同〉 병〈病〉이 있는 사람은 서로〈相〉 불쌍히 여기는〈憐〉 것.

同 같을 / 病 병 / 相 서로 / 憐 불쌍히 여길 — 동병상련

* **동분서주 東奔西走**

사방으로 이리저리 바삐 돌아다님. 동치 서주(東馳西走).

참고 동녘〈東〉으로 분주하고〈奔〉 서녘〈西〉으로 달아나는〈走〉 것.

東 동녘 / 奔 분주할 / 西 서녘 / 走 달아날 — 동분서주

* **동상이몽 同床異夢**

한 침상에서 다른 꿈을 꾼다는 데서, 같은 일을 하거나 같이 살면서 생각을 서로 달리함을 비유한 말. 동상각몽(同床各夢).

참고 같은〈同〉 잠자리〈床〉에서 다른〈異〉 꿈〈夢〉을 꾸는 것.

同 같을 / 床 잠자리 / 異 다를 / 夢 꿈 — 동상이몽

* **동서고금 東西古今**

동양이나 서양에 있어서의 예나, 지금.

참고 동녘〈東〉과 서녘〈西〉의 예〈古〉와 이제〈今〉.

東 동녘 / 西 서녘 / 古 예 / 今 이제 — 동서고금

* **동성동본 同姓同本**

같은 성에다 같은 관향(貫鄕). 성도 같고 본(本)도 같음.

참고 성〈姓〉이 같고〈同〉 근본〈本〉(본관－本貫)이 같은〈同〉 것.

同 같을 / 姓 성 / 同 같을 / 本 근본 — 동성동본

* **동족방뇨 凍足放尿**

어떠한 사물이 한 때의 도움이 될 뿐 바로 효력이 없어짐을 일컫는 말.

참고 언〈凍〉 발〈足〉에 오줌〈尿〉을 놓는〈放〉(누는) 것.

凍 얼 / 足 발 / 放 놓을 / 尿 오줌 — 동족방뇨

* **두문불출** 杜門不出

①집에만 들어 있어 밖에 나가지 아니함. ②집에서 은거(隱居) 생활만 하고 사회의 일이나 관직에 나오지 아니함.

참고 문〈門〉을 막고〈杜〉 나가지〈出〉 아니하는〈不〉 것.

杜 막을 / 門 문 / 不 아닐 / 出 날 — 두문불출

* **등고자비** 登高自卑

①일을 하는 데는 반드시 차례를 밟아야 한다는 말. ②지위가 높아질수록 스스로를 낮춘다는 말.

참고 높은〈高〉곳에 오르면〈登〉 스스로〈自〉를 낮춘다〈卑〉.

登 오를 / 高 높을 / 自 스스로 / 卑 낮을 — 등고자비

* **등용문** 登龍門

'용문(龍門)은 황하(黃河) 상류에 있는 급류의 곳으로, 잉어가 거기에 올라가서 용이 된다'는 전설에서, ①뜻을 이루어 크게 영달함. 입신 출세(立身出世). ②입신 출세의 관문(關門).

참고 오르면〈登〉 용〈龍〉으로 화하는 문〈門〉.

登 오를 / 龍 용 / 門 문 — 등용문

* **등하불명** 燈下不明

등잔 밑이 어둡다는 뜻으로, 가까이 있는 것이 도리어 알아 내기 어려움을 이르는 말.

참고 등〈燈〉 아래〈下〉가 밝지〈明〉 아니한〈不〉것.

燈 등잔 / 下 아래 / 不 못할 / 明 밝을 — 등하불명

* **등화가친** 燈火可親

가을이 들어 서늘하면 밤에 등불을 가까이 하여 글 읽기에 심기(心氣)가 좋다는 뜻.

참고 등잔〈燈〉 불〈火〉에 친함이〈親〉 가하다〈可〉(※ 옳다 또는 할 수 있다의 뜻)

燈 등잔 / 火 불 / 可 가할 / 親 가까울 — 등화가친

* **마이동풍** 馬耳東風

남의 비평이나 의견을 조금도 귀담아 듣지 아니하고 곧 흘려 버림을 일컫는 말.

참고 말〈馬〉의 귀〈耳〉에 동녘〈東〉 바람〈風〉.

馬 말 / 耳 귀 / 東 동녘 / 風 바람 — 마이동풍

* **마행처우역거** 馬行處牛亦去

일정한 차이는 있을 수 있으나 한 사람이 할 수 있는 일이면 다른 사람도 노력만 하면 할 수 있다는 말.

참고 말〈馬〉이 가는〈行〉 곳〈處〉이면 소〈牛〉도 또한〈亦〉 지나 갈〈去〉수 있음.

馬 말 / 行 갈 / 處 곳 / 牛 소 / 亦 또한 / 去 갈 — 마행처우역거

* **막비운수** 莫非運數

운명(運命)의 지배(支配)가 아닌 것이 없음.

참고 운수〈運, 數〉가 아닌〈非〉 것이 없는〈莫〉 것.

莫 없을 / 非 아닐 / 運 운수 / 數 운수 — 막비운수

* **막상막하** 莫上莫下

우열(優劣)의 차가 없음. 비슷함. 차상 차하(差上差下).

참고 위〈上〉도 없고〈莫〉 아래〈下〉도 없는〈莫〉것.

莫 없을 / 上 위 / 莫 없을 / 下 아래 — 막상막하

* **막역지교** 莫逆之交

허물 없는 아주 친밀한 사귐.

참고 서로 거스릴〈逆〉 수 없음〈莫〉의〈之〉 사귐〈交〉.

莫 없을 / 逆 거스를 / 之 의 / 交 사귈 — 막역지교

* **만경창파** 萬頃滄波

한 없이 넓고 넓은 바다.

참고 백 이랑〈頃〉의 일만〈萬〉 곱이나 되는 푸른〈滄〉 물결〈波〉. ※'이랑'은 한 두둑과 한 고랑을 합한것.

萬 일만 / 頃 백 이랑 / 滄 푸를 / 波 물결 — 만경창파

* **만고불후** 萬古不朽

아주 무궁한, 오랜 세월이 지나도 썩거나 사라지지 아니함.

참고 만〈萬〉년 옛날〈古〉이 되어도 썩지〈朽〉 아니하는〈不〉 것.

萬 일만 / 古 옛 / 不 아닐 / 朽 썩을 — 만고불후

* 만고절색 萬古絕色

만고에 유가 없을 만큼 뛰어난 미색(美色). ※ 미색(美色):① 아름다운 빛깔. ②여자의 고운 얼굴 또는 아름다운 여자.

참고 만년〈萬〉 옛날〈古〉이 되어도 다시 없을〈絕〉 색〈色〉(미인).

萬 일만 만 / 古 옛 고 / 絕 다시 없을 절 / 色 색 색

* 만고풍상 萬古風霜

이 세상에서 오랜 동안 겪어온 갖가지 고생.

참고 만년〈萬〉 옛날〈古〉 동안의 바람〈風〉과 서리〈霜〉.

萬 일만 만 / 古 옛 고 / 風 바람 풍 / 霜 서리 상

* 만구성비 萬口成碑

여러 사람이 칭찬하는 것이 송덕비(頌德碑)를 세우는 것과 같다는 말.

참고 일만〈萬〉 사람의 입〈口〉(말)이 비석〈碑〉을 이루는〈成〉 것.

萬 일만 만 / 口 입 구 / 成 이룰 성 / 碑 비석 비

* 만민평등 萬民平等

모든 백성의 자격·권리·의무 등이 차별이 없이 고르고 동등함.

참고 많은〈萬〉 백성〈民〉이 평평하고〈平〉 같은〈等〉 것.

萬 많을 만 / 民 백성 민 / 平 평평할 평 / 等 같을 등

* 만반진수 滿盤珍羞

소반이나 상에 가득히 차린 귀하고 맛있는 음식.

참고 쟁반〈盤〉에 가득 찬〈滿〉 진기하고〈珍〉 맛있는 음식〈羞〉.

滿 찰 만 / 盤 쟁반 반 / 珍 진기할 진 / 羞 맛있는 음식 수

* 만복지원 萬福之源

만복의 근원. 부부의 결합을 축복하는 말.

참고 일만〈萬〉 가지 복〈福〉의〈之〉 근원〈源〉.

萬 일만 만 / 福 복 복 / 之 의 지 / 源 근원 원

* 만사형통 萬事亨通

모든 일이 막힘 없이 잘 됨.

참고 만〈萬〉 가지 일〈事〉이 형통하게〈亨〉 통하는〈通〉 것.

萬 일만 만 / 事 일 사 / 亨 형통할 형 / 通 통할 통

* 만산홍엽 滿山紅葉

단풍이 들어 온 산에 붉은 잎이 가득한 모양.

참고 메〈山〉(산)에 붉은〈紅〉 잎〈葉〉이 가득한〈滿〉 것.

滿 가득할 만 / 山 뫼(산) 산 / 紅 붉을 홍 / 葉 잎 엽

* 만수무강 萬壽無疆

오래오래 삶. 얼마나 또는 언제까지라고 정함이 없이 오래 삶.

참고 일만〈萬〉 나이〈壽〉(살)까지 사나움〈疆〉이 없는〈無〉 것.

萬 일만 만 / 壽 나이 수 / 無 없을 무 / 疆 사나울 강

* 만승지국 萬乘之國

천자(天子)의 나라. ※ 만승(萬乘): ①일만 채의 병거(兵車). ②천자 또는 천자의 자리.

참고 일만〈萬〉 대〈乘〉(수레)의〈之〉 그것을 가진 나라〈國〉.

萬乘 일만 수레. 대. 만승 / 之 의 지 / 國 나라 국

* 만시지탄 晩時之歎

기회를 놓친 한탄.

참고 때〈時〉가 늦음〈晩〉의〈之〉 탄식〈歎〉.

晩 늦을 만 / 時 때 시 / 之 의 지 / 歎 탄식할 탄

* 만신창이 滿身瘡痍

①온 몸이 상처 투성이가 됨. ② 사물이 성한 데가 없을 만큼 결함이 많음.

참고 부스럼〈瘡〉과 상처〈痍〉가 몸〈身〉에 가득 찬〈滿〉 것.

滿 찰 만 / 身 몸 신 / 瘡 부스럼 창 / 痍 상처 이

* 만추가경 晩秋佳景

늦가을의 아름다운 경치.

참고 늦은〈晩〉 가을〈秋〉의 아름다운〈佳〉 경치〈景〉.

晩 늦을 만 / 秋 가을 추 / 佳 아름다울 가

		景 경치 경
* 만화방창 萬化方暢	따뜻한 봄날에 온갖 생물이 피어나 자람. 참고 일만〈萬〉 가지가 화하여〈化〉(화해서 변하여) 바야흐로〈方〉 자라는〈暢〉 것.	萬 일만 만 化 화할 화 方 바야흐로 방 暢 자랄 창
* 망극지통 罔極之痛	① 임금이나 어버이의 상사(喪事)에 쓰는 말. 한이 없는 슬픔. 준 망극(罔極). 참고 다함〈極〉이 없음〈罔〉의〈之〉 원통함〈痛〉	罔 없을 망 極 다할 극 之 의 지 痛 원통할 통
* 망매해갈 望梅解渴	어려운 처지를 기지(機智)로 이겨 내는 것을 말함. ※ 매실(梅實)은 시기(신 맛) 때문에 이야기만 들어도 침이 돌아 해갈이 된다는 말. 참고 목이 마른 군졸이 매화〈梅〉나무 열매를 바라보고〈望〉 목마름〈渴〉을 푼〈解〉 것.	望 바랄 망 梅 매화 매 解 풀 해 渴 목마를 갈
* 망양보뢰 亡羊補牢	뒤에 잘못을 후회하고 고침. '소 잃고 외양간 고친다'와 같은 말. 참고 양〈羊〉을 잃고〈亡〉 우리〈牢〉를 기우는〈補〉(※ 여기서는 고치는) 것.	亡 잃을 망 羊 양 양 補 기울 보 牢 우리 뢰
* 망운지정 望雲之情	자식이 타향에서 고향의 부모를 그리는 마음. 참고 고향 하늘의 구름〈雲〉을 바라보는〈望〉 뜻〈情〉(마음).	望 바랄 망 雲 구름 운 之 의 지 情 뜻 정
* 망중한 忙中閑	바쁜 가운데의 한가한 때. 참고 바쁜〈忙〉 가운데〈中〉 한가한〈閑〉 것.	忙 바쁠 망 中 가운데 중 閑 한가할 한
* 매검매우 賣劍買牛	전쟁을 그치고 농사를 짓게 함. 참고 칼〈劍〉을 팔아〈賣〉 소〈牛〉를 사는〈買〉 것.	賣 팔 매 劍 칼 검 買 살 매 牛 소 우
* 매연공해 煤煙公害	그을음 섞인 연기에 의한 공해. 참고 그을음〈煤〉 연기〈煙〉가 여럿〈公〉에 해로운〈害〉 것.	煤 그을음 매 煙 연기 연 公 여러 공 害 해로울 해
* 매염봉우 賣鹽逢雨	일에 마(魔)가 끼어 잘 안된다는 뜻. 참고 소금〈鹽〉 팔다가〈賣〉 비〈雨〉를 만나는〈逢〉 것.	賣 팔 매 鹽 소금 염 逢 만날 봉 雨 비 우
* 매점매석 買占賣惜	물건 값이 오를 눈치를 보고 혼자 이익을 보려고 막 사두는 것과, 물가의 폭등에 의한 폭리를 목표로 어떤 상품의 매출을 꺼리는 일. 참고 물건을 사서〈買〉 점령하고〈占〉 파는〈賣〉 것은 아끼는〈惜〉 것.	買 살 매 占 점령할 점 賣 팔 매 惜 아낄 석
* 맥수지탄 麥秀之歎	고국의 멸망을 한탄함. ※ '은(殷)나라의 신하였던 기자(箕子)가 은나라가 망한 후 그 폐허에 보리만 자라는 것을 보고 한탄하였다'는 고사(故事). 참고 보리〈麥〉 이삭 나옴〈秀〉의〈之〉 탄식〈歎〉.	麥 보리 맥 秀 이삭 나올 수 之 의 지 歎 탄식할 탄
* 맹모단기 孟母斷機	맹자가 학문을 다 마치지도 않고 집에 돌아오자 그 어머니가 짜던 베를 칼로 잘라, 학문을 중도에 그만 둔다는 것은 짜던 베의 날을 끊는 것과 같다고 경계한 것.	孟 성 맹 母 어미 모 斷 끊을 단 機 베틀 기

참고 맹자〈孟〉의 어머니〈母〉가 베틀〈機〉의 베를 끊은〈斷〉 것.

*** 맹모삼천지교 孟母三遷之敎**

맹자의 어머니가 맹자를 가르치기 위하여 세 번 이사했다는 고사. 처음에 공동 묘지 가까이 살다가 맹자가 장사 지내는 흉내를 내서, 시전 가까이 옮겼더니 이번에는 물건 파는 흉내를 내므로, 다시 글방 있는 곳으로 옮겨 공부를 시켰다 함.

참고 맹자〈孟〉의 어머니〈母〉가 세〈三〉 번 집을 옮긴〈遷〉 것의〈之〉 가르침〈敎〉.

孟 성 맹
母 어미 모
三 석 삼
遷 옮길 천
之 의 지
敎 가르칠 교

*** 면종복배 面從腹背**

표면으로는 복종하는 체하면서 내심(內心)으로는 배반함.

참고 얼굴〈面〉은 좇으며〈從〉(따르며) 마음〈腹〉속으로는 배반하는〈背〉 것.

面 얼굴 면
從 좇을 종
腹 마음 복
背 배반할 배

*** 멸사봉공 滅私奉公**

사(私)를 버리고 공(公)을 위하여 힘써 일함.

참고 사사로움〈私〉을 멸하고〈滅〉 공변된〈公〉 것을 받드는〈奉〉 것.

滅 멸할 멸
私 사사 사
奉 받들 봉
公 공변될 공

*** 명견만리 明見萬里**

① 먼 곳의 일을 환하게 앎. ② 먼 앞일을 환히 내다 봄.

참고 일만〈萬〉 이수〈里〉를 밝게〈明〉 보는〈見〉 것.

明 밝힐 명
見 볼 견
萬 일만 만
里 이수 리

*** 명경지수 明鏡止水**

① 맑은 거울과 조용한 물. 맑고 고요한 심경(心境)을 이름. ② 사념(邪念)이 없이 맑고 깨끗한 마음.

참고 맑은〈明〉 거울〈鏡〉과 머물러〈止〉 잔잔한 물〈水〉.

明 밝을 명
鏡 거울 경
止 머무를 지
水 물 수

*** 명명백백 明明白白**

더 이렇다 할 여지 없이 아주 뚜렷하고 환함. 잘잘못이나 옳고 그름이 아주 분명함.

참고 밝고〈明, 明〉 또 밝은〈白, 白〉 것.

明 밝을 명
明 밝을 명
白 밝을 백
白 밝을 백

*** 명모호치 明眸皓齒**

미인의 아름다움을 형용하는 말.

참고 밝은〈明〉 눈동자〈眸〉와 흰〈皓〉 이〈齒〉

明 밝을 명
眸 눈동자 모
皓 흴 호
齒 이 치

*** 명산대천 名山大川**

이름난 산과 큰 내. 경치가 뛰어나고 이름난 곳.

참고 이름난〈名〉 메〈山〉와 큰〈大〉 내〈川〉.

名 이름날 명
山 뫼 산
大 큰 대
川 내 천

*** 명실상부 名實相符**

이름과 실제가 딱 들어 맞음. 이름 그대로 임.

참고 이름〈名〉과 실제〈實〉가 서로〈相〉 들어맞는〈符〉 것.

名 이름 명
實 실제 실
相 서로 상
符 들어맞을 부

*** 명약관화 明若觀火**

불을 보는 듯이 분명함. 뻔함.

참고 밝기〈明〉가 불〈火〉을 보는〈觀〉 것과 같은〈若〉 것.

明 밝을 명
若 같을 약
觀 볼 관
火 불 화

*** 명재경각 命在頃刻**

목숨이 경각에 있음. 곧 금방 숨이 끊어질 지경에 이름.

참고 목숨〈命〉이 잠깐〈頃〉의 시각〈刻〉에 있는〈在〉 것.

命 목숨 명
在 있을 재
頃 잠깐 경
刻 시각 각

*** 모골송연 毛骨竦然**

아주 끔찍한 일을 당하거나 볼 때에 두려워 몸이나 털 끝이 으쓱하여 진다는 말.

참고 털〈毛〉과 뼈〈骨〉가 두려운〈竦〉 모양〈然〉

毛 털 모
骨 뼈 골
竦 두려워할 송
然 (접미사) 연

※ '然'은 상태를 나타내는 접미사. | 상태

*** 모수자천 毛遂自薦**

제가 저를 추천함. '조(趙)나라 때 모수(毛遂)가 자진하여 초(楚)나라에 가서 구원을 청한 옛일'에서온 말.
참고 모 수〈毛遂〉라는 사람이 스스로〈自〉 자기를 천거한〈薦〉 것.

毛 성 / 遂 드디어 / 自 스스로 / 薦 천거할 — 모수자천

*** 목불식정 目不識丁**

일자 무식(一字無識). 목불 지서(目不知書). '낫 놓고 기역자(ㄱ)도 모른다'는 뜻.
참고 눈〈目〉이 곰배정〈丁〉자를 알지〈識〉 못하는〈不〉 것.

目 눈 / 不 못할 / 識 알 / 丁 곰배 — 목불식정

*** 목불인견 目不忍見**

눈으로 차마 더 볼 수 없음. 또는 그러한 참상(慘狀).
참고 눈〈目〉으로 참고〈忍〉 보지〈見〉 못하는〈不〉 것.

目 눈 / 不 못할 / 忍 참을 / 見 볼 — 목불인견

*** 목전지계 目前之計**

눈 앞에 보이는 한 때만 생각하는 꾀.
참고 눈〈目〉 앞〈前〉의〈之〉 꾀〈計〉.

目 눈 / 前 앞 / 之 의 / 計 꾀 — 목전지계

*** 몽리지역 蒙利地域**

하천이나 저수지의 물이 흘러 수리의 혜택을 입는 지역.
참고 이로움〈利〉을 입는〈蒙〉 땅〈地〉의 구역〈域〉.

蒙 입을 / 利 이로울 / 地 땅 / 域 구역 — 몽리지역

*** 무골호인 無骨好人**

뼈 없이 좋은 사람. 곧 아주 순하여 남의 비위에 두루 맞는 사람.
참고 뼈〈骨〉 없이〈無〉 좋은〈好〉 사람〈人〉.

無 없을 / 骨 뼈 / 好 좋을 / 人 사람 — 무골호인

*** 무념무상 無念無想**

무아(無我)의 경지에 이르러 일체의 상념(想念)이 없음. 무상 무념(無想無念).
참고 생각〈念〉도 없고〈無〉 생각하는〈想〉 것도 없는〈無〉 것.

無 없을 / 念 생각 / 無 없을 / 想 생각할 — 무념무상

*** 무단정치 武斷政治**

무력(武力)으로써 전제적(專制的)으로 베푸는 정치.
참고 호반〈武〉(무반)들이 결단하여〈斷〉 정사〈政〉를 다스리는〈治〉 것.

武 호반 / 斷 결단할 / 政 정사 / 治 다스릴 — 무단정치

*** 무력도발 武力挑發**

무력으로 난을 일으킴.
참고 호반〈武〉의 힘〈力〉으로 집적거려〈挑〉 일을 일으키는〈發〉 것.

武 호반 / 力 힘 / 挑 집적거릴 / 發 일어날 — 무력도발

*** 무릉도원 武陵桃園**

①신선이 살았다는 전설적인 중국의 명승지. ②이 세상과 따로 떨어진 별천지. 준 도원(桃園).
참고 무릉〈武陵〉(地名)에 있는 복숭아〈桃〉 동산〈園〉.

武 호반 / 陵 언덕 / 桃 복숭아 / 園 동산 — 무릉도원

*** 무병장수 無病長壽**

병 없이 오래도록 삶.
참고 병〈病〉이 없이〈無〉 목숨〈壽〉이 긴〈長〉 것.

無 없을 / 病 병 / 長 길 / 壽 목숨 — 무병장수

무소부지 無所不知

모르는 것이 없음.
참고 알지〈知〉 못하는〈不〉 바〈所〉가 없는〈無〉 것.

無 없을 / 所 바 / 不 못할 / 知 알 — 무소부지

*** 무소불위 無所不爲**

못할 짓이 없음. 못할 일이 없음.
참고 하지〈爲〉 못할〈不〉 바〈所〉가 없는〈無〉 것.

無 없을 / 所 바 / 不 못할 — 무소불

爲 할(될) 위

* **무아도취** 無我陶醉

즐기거나 좋아하는 것에 정신이 쏠려서 취하다시피 되어 자기 자신을 잊어 버리고 있는 상태.

참고 나〈我〉 없는〈無〉 상태로 술 취하고〈醉〉 즐기는〈陶〉 것.

無 없을 / 我 나 / 陶 즐길 / 醉 술 취할 — 무아도취

* **무아지경** 無我之境

마음이 한 곳에 온통 쏠려 자기를 잊고 있는 경지.

참고 나〈我〉 없음〈無〉의〈之〉 지경〈境〉(형편-그러한 상태를 뜻함).

無 없을 / 我 나 / 之 의 / 境 지경(형편) — 무아지경

* **무위도식** 無爲徒食

아무 하는 일 없이 먹기만 함.

참고 하는〈爲〉 것 없이〈無〉 다만〈徒〉 먹기만〈食〉 하는 것.

無 없을 / 爲 할 / 徒 다만 / 食 먹을 — 무위도식

* **무장무애** 無障無礙

장애되는 것이나 거리끼는 것이 조금도 없음.

참고 막힘〈障〉도 없고〈無〉 거리낌〈礙〉도 없는〈無〉 것.

無 없을 / 障 막힐 / 無 없을 / 礙 거리낄 — 무장무애

* **무전취식** 無錢取食

돈 없이 남의 파는 음식을 먹고 값을 치르지 아니함.

참고 돈〈錢〉 없이〈無〉 먹는〈食〉 것을 취하는〈取〉(잡아 가지는) 것.

無 없을 / 錢 돈 / 取 취할 / 食 먹을 — 무전취식

* **무풍지대** 無風地帶

①바람이 불지 아니한 지역. ②다른 곳에서 일어난 재난(災難)이 미치지 아니하여 평화롭고 안전한 곳.

참고 바람〈風〉이 없는〈無〉 땅〈地〉의 띠〈帶〉(허리띠·벨트 따위).

無 없을 / 風 바람 / 地 땅 / 帶 띠 — 무풍지대

* **무호동중이작호** 無虎洞中狸作虎

범 없는 골에 토끼가 스승이라. 뛰어난 사람이 없는 곳에서 되지도 못한 자가 "내가 제일이라."고 뻐기는 꼴.

(준) 무호 동중(無虎洞中).

참고 범〈虎〉이 없는〈無〉 골〈洞〉 가운데〈中〉 너구리〈狸〉가 범〈虎〉 노릇을 행하는〈作〉 것.

無 없을 / 虎 범 / 洞 골 / 中 가운데 / 狸 너구리 / 作 행할 / 虎 범 — 무호동중리작호

* **문경지교** 刎頸之交

죽고 살기를 같이 하여 목이 떨어져도 두려워하지 않을 만큼 친한 사귐. 또는 그런 벗.

참고 목〈頸〉이 잘려도〈刎〉 두려워하지 않는 사귐〈交〉.

刎 목 자를 / 頸 목 / 之 의 / 交 사귈 — 문경지교

* **문방사우** 文房四友

문방에 꼭 있어야 할 네 벗. 곧 종이·붓·먹·벼루.

참고 글〈文〉 방〈房〉의 네〈四〉 벗〈友〉.

文 글월 / 房 방 / 四 넉 / 友 벗 — 문방사우

* **문일지십** 聞一知十

한 가지를 듣고 열 가지를 미루어 앎. 재주의 총명함을 비유한 말.

참고 하나〈一〉를 들으면〈聞〉 열〈十〉을 아는〈知〉 것.

聞 들을 / 一 한 / 知 알 / 十 열 — 문일지십

* **문전성시** 門前成市

권세가 드날리거나 부자가 되어 집 문 앞이 방문객으로 저자를 이루다시피 한다는 말. 문전 약시(門前若市).

참고 문〈門〉 앞〈前〉에 저자〈市〉를 이루는〈成〉 것.

門 문 / 前 앞 / 成 이룰 / 市 저자 — 문전성시

* **문전옥답** 門前沃畓

집 앞 가까이에 있는 좋은 논. 곧 많은 재산을 일컫는 말.

참고 문〈門〉 앞〈前〉의 기름진〈沃〉 논〈畓〉.

門 문 / 前 앞 / 沃 기름질 / 畓 논 — 문전옥답

* **물각유주 物各有主**
물건에는 제 각기 임자가 있음.
참고 물건〈物〉에는 제각기〈各〉 주인〈主〉이 있는〈有〉 것.
物 물건 물 / 各 제각기 각 / 有 있을 유 / 主 주인 주

* **물실호기 勿失好機**
좋은 기회를 놓치지 말라.
참고 좋은〈好〉 기회〈機〉를 잃지〈失〉 말라〈勿〉.
勿 말(말라) 물 / 失 잃을 실 / 好 좋을 호 / 機 기회 기

* **물아일체 物我一體**
주관(主觀)과 객관(客觀)이 혼연이 한 덩이가 됨. 나와 남의 구별이 없음.
참고 만물〈物〉과 내〈我〉가 한〈一〉 몸〈體〉.
物 만물 물 / 我 나 아 / 一 한 일 / 體 몸 체

* **물외한인 物外閒人**
세상 물정의 번잡을 피하여 한가롭게 지내는 사람.
참고 만물〈物〉 바깥〈外〉의 한가한〈閒〉 사람〈人〉.
物 만물 물 / 外 바깥 외 / 閒 한가할 한 / 人 사람 인

* **미대난도 尾大難掉**
일의 끝이 크게 벌어져서 처리하기가 힘듦. 미대 부도〈尾大不掉〉.
참고 꼬리〈尾〉가 커서〈大〉 흔들기〈掉〉 어려운〈難〉 것.
尾 꼬리 미 / 大 큰 대 / 難 어려울 난 / 掉 흔들 도

* **미사여구 美辭麗句**
아름다운 말과 훌륭한 글귀. 미구(美句).
참고 아름다운〈美〉 말〈辭〉과 고운〈麗〉 글귀〈句〉.
美 아름다울 미 / 辭 말 사 / 麗 고울 려 / 句 글귀 구

* **미생지신 尾生之信**
‘중국 노 나라의 미생(尾生)이란 사람이 한 여자와 다리 밑에서 만나기로 약속을 하였는데 때가 지나도 오지 않는 여자를 기다리다, 별안간 물이 붇는데도 떠나지 않고 있다가 마침내 물에 빠져 죽었다’는 고사. 곧, 굳게 신의를 지킨다는 뜻. 혹은 어리석고 지나치게 정직함을 이르는 말.
참고 미생〈尾生〉의〈之〉 믿음〈信〉.
尾 성(姓) 미 / 生 날 생 / 之 의 지 / 信 믿을 신

* **미풍양속 美風良俗**
아름답고 좋은 풍속.
참고 아름다운〈美〉 풍속〈風〉과 좋은〈良〉 풍속〈俗〉.
美 아름다울 미 / 風 풍속 풍 / 良 좋을 량 / 俗 풍속 속

* **민간여신 民間與信**
은행 등에서 민간에게 돈을 대여하는 것.
참고 백성〈民〉 사이〈間〉에 믿고〈信〉 주는〈與〉 것.
民 백성 민 / 間 사이 간 / 與 줄 여 / 信 믿을 신

* **민족자존 民族自尊**
①자기 겨레를 스스로 높임. ②자중하여 스스로 자기 겨레의 품위를 유지함.
참고 겨레〈族〉의 백성〈民〉이 스스로〈自〉 높이는〈尊〉 것.
民 백성 민 / 族 겨레 족 / 自 스스로 자 / 尊 높을 존

* **민족정기 民族正氣**
겨레의 올바른 기상(氣象). 민족의 바른 기풍(氣風).
참고 겨레〈族〉 백성〈民〉의 바른〈正〉 기운〈氣〉.
民 백성 민 / 族 겨레 족 / 正 바를 정 / 氣 기운 기

민족중흥 民族中興
쇠퇴했던 민족이 중간에 가서 다시 일어남.
참고 겨레〈族〉 백성〈民〉이 가운데〈中〉에 다시 일어나는〈興〉 것.
民 백성 민 / 族 겨레 족 / 中 가운데 중 / 興 일어날 흥

* **밀월여행 蜜月旅行**
신혼 여행(新婚旅行).
참고 꿀〈蜜〉 같이 달콤한 세월〈月〉의 여행〈旅行〉.
蜜 꿀 밀 / 月 달 월 / 旅 여행할 려 / 行 여행 행

＊ 박옥혼금 璞玉渾金

①갈지 않은 옥과 제련되지 않은 쇳덩어리. ②사람이 순박하고 꾸밈이 없는 모양의 비유.

참고 소박한〈璞〉(쪼아 갈지 않은) 옥(玉)과 한데 섞인〈渾〉(제련하지 않은) 금〈金〉(금이 섞인 쇳덩어리).

璞 소박할 박
玉 옥 옥
渾 한데 섞일 혼
金 금(쇠) 금

＊ 박이부정 博而不精

널리 알되 정밀하지 못함.

참고 넓기는〈博〉 하지만〈而〉 세밀하지〈精〉 아니한〈不〉 것.

博 넓을 박
而 말이을 이
不 아닐 부
精 세밀할 정

＊ 박장대소 拍掌大笑

손바닥을 치며 크게 웃음.

참고 손바닥〈掌〉으로 손뼉을 치며〈拍〉 크게〈大〉 웃는〈笑〉 것.

拍 손뼉칠 박
掌 손바닥 장
大 큰 대
笑 웃을 소

＊ 반관반민 半官半民

정부와 민간이 공동으로 출자(出資)하여 경영하는 사업 형태.

참고 반〈半〉은 관가〈官〉에서 반〈半〉은 백성〈民〉이 내는 것.

半 반 반
官 관가 관
半 반 반
民 백성 민

＊ 반목질시 反目疾視

서로 미워하고 질투하는 눈으로 봄. 눈을 흘기면서 미워함.

참고 눈〈目〉을 돌이키며〈反〉 미워하는〈疾〉 눈으로 보는〈視〉 것.

反 돌이킬 반
目 눈 목
疾 미워할 질
視 볼 시

＊ 반의지희 斑衣之戲

'노래자(老來子)가 70세가 넘어서도 때때옷을 입고 부모님 앞에서 춤을 추었다는 고사'에서 유래된 말로, 지극한 효성을 말함.

참고 아롱진〈斑〉 옷〈衣〉을 입고 노는〈戲〉 것.

斑 아롱질 반
衣 옷 의
之 의 지
戲 놀 희

＊ 반포지효 反哺之孝

반포하는 효성. ※ 반포(反哺):① 부모의 은혜를 갚음. ②새새끼가 자란 뒤에 늙은 어미새에게 먹을 것을 물어다 주는 것. ③안갚음.

참고 돌이키어〈反〉 먹임〈哺〉(섬김의 뜻)의〈之〉 효도〈孝〉.

反 돌이킬 반
哺 먹일 포
之 의 지
孝 효도 효

＊ 발본색원 拔本塞源

폐단의 근원(根源)을 아주 뽑아서 없애 버림.

참고 근본〈本〉을 뽑아 내고〈拔〉 근원〈源〉을 막는〈塞〉 것.

拔 뽑아 낼 발
本 근본 본
塞 막을 색
源 근원 원

＊ 발분망식 發憤忘食

분발(憤發)하여 끼니까지 잊음. ※발분(發憤):가라 앉았던 마음과 힘을 돋우어 이르킴. 분발(憤發).

참고 분함〈憤〉(분한 마음)을 일으켜〈發〉 먹는〈食〉 것을 잊는〈忘〉 것.

發 일어날 발
憤 분할 분
忘 잊을 망
食 먹을 식

＊ 발산개세 拔山蓋世

힘은 산을 뽑고, 기(氣)는 세상을 덮을 만큼 용장(勇壯)한 기상(氣象)의 형용. ※ 출전:力拔山兮氣蓋世〈項羽〉.

참고 힘은 뫼〈山〉(산)를 뽑을〈拔〉 수 있으니 기운이 세상〈世〉을 덮는〈蓋〉 것.

拔 뽑아 낼 발
山 뫼 산
蓋 덮을 개
世 세상 세

＊ 발췌초록 拔萃抄錄

여럿 가운데 뛰어난 것을 뽑아 간단히 적어 둔 것.

참고 모은〈萃〉 가운데 뽑아 내어〈拔〉 베껴〈抄〉 기록하는〈錄〉 것.

拔 뽑아 낼 발
萃 모을 췌
抄 베낄 초
錄 기록할 록

＊ 방관자명 傍觀者明

당국(當局)한 사람보다도 곁에서 보는 사람이 냉정(冷靜)하여 더 밝게 봄.

참고 곁〈傍〉에서 보는〈觀〉 사람〈者〉이 밝은〈明〉 것.

傍 곁 방
觀 볼 관
者 사람 자
明 밝을 명

✻ **방방곡곡 坊坊曲曲**

한 군데도 빠짐 없는 여러 곳. 도처(到處). (준) 곡곡(曲曲).
참고 동네〈坊, 坊〉마다 구석〈曲, 曲〉마다.

坊 동네 방
坊 동네 방
曲 구석 곡
曲 구석 곡

✻ **방약무인 傍若無人**

좌우에 사람이 없는 것 같이 언어나 행동에 어렴성이 없음.
참고 곁〈傍〉에 사람〈人〉이 없는〈無〉 것 같이〈若〉.

傍 곁 방
若 같을 약
無 없을 무
人 사람 인

✻ **방저원개 方底圓蓋**

네모 진 밑 바닥에 둥근 뚜껑이란 뜻으로, 사물이 서로 맞지 아니함을 가리키는 말.
참고 밑〈底〉이 모난〈方〉 그릇에 둥근〈圓〉 덮개〈蓋〉를 하는 것.

方 모 방
底 밑 저
圓 둥글 원
蓋 덮을(덮개) 개

✻ **배수지진 背水之陣**

①물을 등지고 치는 진법(陣法). 물러가지 못하고 싸우게만 됨. ②위험을 무릅쓰고 전력을 다하여 일의 성패를 겨루는 경우의 비유.
참고 물〈水〉을 등지고〈背〉 친 진〈陣〉.

背 등질 배
水 물 수
之 의 지
陣 진 진

✻ **배은망덕 背恩忘德**

남한테 입은 은덕(恩德)을 잊어서 저버림.
참고 은혜〈恩〉를 배반하고〈背〉 은덕〈德〉을 잊는〈忘〉 것.

背 배반할 배
恩 은혜 은
忘 잊을 망
德 은덕 덕

✻ **배중사영 杯中蛇影**

의심이 많은 것을 말함. '문설주에 걸린 활에 그린 뱀의 그림자가 술잔에 비치자 그에 놀라 병을 앓게 되었다는 고사'.
참고 잔〈杯〉 가운데〈中〉의 뱀〈蛇〉의 그림자〈影〉.

杯 잔 배
中 가운데 중
蛇 뱀 사
影 그림자 영

✻ **백골난망 白骨難忘**

죽어 백골이 되어도 깊은 은덕을 잊을 수 없다는 말.
참고 죽어서 살이 썩고 흰〈白〉 뼈〈骨〉가 되어도 잊기〈忘〉 어려운〈難〉 것.

白 흰 백
骨 뼈 골
難 어려울 난
忘 잊을 망

✻ **백귀야행 百鬼夜行**

온갖 귀신이 밤에 몰려 다닌다는 뜻으로, 곧 ①야릇한 짓을 하는 자가 덤벙거림을 이름. ②악인(惡人)이 때를 얻어서 발호(跋扈)하는 일의 비유.
참고 많은〈百〉 귀신〈鬼〉이 밤〈夜〉에 다님〈行〉.

百 많을 백
鬼 귀신 귀
夜 밤 야
行 다닐 행

✻ **백년가약 百年佳約**

젊은 남녀가 결혼하여 한 평생을 아름답게 지내자는 언약. 백년 가기(百年佳期).
참고 일백〈百〉 해〈年〉를 함께 살아갈 아름다운〈佳〉 약속〈約〉.

百 일백 백
年 해 년
佳 아름다울 가
約 약속할 약

✻ **백년하청 百年河淸**

'중국의 황하(黃河)가 항상 흐리어 맑을 때가 없다'는 데서 나온 말로, 아무리 오래 되어도 사물이 이루어지기 어려움을 일컫는 말.
참고 일백〈百〉 해〈年〉를 지나면 강 물〈河〉이 맑아질〈淸〉런지?

百 일백 백
年 해 년
河 물 하
淸 맑을 청

✻ **백년해로 百年偕老**

부부가 화락하게 함께 늙음.
참고 일백〈百〉 해〈年〉를 함께〈偕〉 늙는〈老〉 것.

百 일백 백
年 해 년
偕 함께 해
老 늙을 로

✻ **백로횡강 白露橫江**

이슬이 내리는 밤에 달빛이 환히 비치니, 배를 타고 강 위에서 바라보는 이에게는 흡사 이슬이 강의 양편을

白 흰 백
露 이슬 로
橫 가로지를 횡

가로 지른 듯이 보이는 정취를 말함.
참고 흰〈白〉 이슬〈露〉이 강〈江〉을 가로지르는〈橫〉 것.

江 강 — 강

* **백면서생 白面書生**

글만 읽고 세상 일에 경험이 없는 사람.
참고 흰〈白〉 얼굴〈面〉의 글〈書〉 선비〈生〉.
※ '生'은 말 끝에 붙여서, '선비·자기의 겸칭, 또는 일반적으로 '사람' 등의 뜻을 나타냄.

白 흰 / 面 얼굴 / 書 글 / 生 (선비) — 백면서생

* **백문불여일견 百聞不如一見**

백 번 듣는 것이 한 번 보는 것만 못하다는 뜻으로, 뭣이든지 실지로 경험해야 확실히 안다는 말.
참고 백〈百〉 번 듣는〈聞〉 것이 한〈一〉 번 보는〈見〉 것만 같지〈如〉 못한〈不〉 것.

百 일백 / 聞 들을 / 不 못할 / 如 같을 / 一 한 / 見 볼 — 백문불여일견

* **백미 白眉**

여럿 가운데서 가장 뛰어난 사람.
※ '촉한(蜀漢)의 마양(馬良)의 다섯 형제는 모두 재주가 있었는데 그 중 눈썹 속에 흰 털이 있었던 양(良)이 가장 뛰어났다'는 고사에서.
참고 흰〈白〉 눈썹〈眉〉.

白 흰 / 眉 눈썹 — 백미

* **백의민족 白衣民族**

옛부터 흰 옷을 숭상하여 즐겨 입은 데서 한국 민족의 일컬음.
참고 흰〈白〉 옷〈衣〉의 겨레〈族〉 백성〈民〉.

白 흰 / 衣 옷 / 民 백성 / 族 겨레 — 백의민족

* **백이숙제 伯夷叔齊**

중국 은(殷) 나라의 처사(處士). 고죽군(孤竹君)의 아들. 백이는 형, 숙제는 아우. 무왕(武王)이 은(殷)을 치려는 것을 말리다가 듣지 않으므로, 주(周) 나라의 곡식 먹기를 부끄럽게 여기어 수양산(首陽山)에 들어 가 고사리를 캐어 먹으며 살다가 굶어 죽음.
참고 형 백이〈伯夷〉와 아우 숙제〈叔齊〉.

伯 맏 / 夷 상할 / 叔 아재비 / 齊 가지런할 — 백이숙제

* **백의종군 白衣從軍**

벼슬이 없는 사람으로 군대를 따라 전장(戰場)으로 감.
참고 흰〈白〉 옷〈衣〉으로 군사〈軍〉를 좇는〈從〉(따라가는) 것.

白 흰 / 衣 옷 / 從 좇을 / 軍 군사 — 백의종군

* **백의천사 白衣天使**

흰 옷을 입은 간호원을 아름답게 일컫는 말.
참고 흰〈白〉 옷〈衣〉의 하늘〈天〉 사자〈使〉.

白 흰 / 衣 옷 / 天 하늘 / 使 사신 — 백의천사

* **백전노장 百戰老將**

세상의 온갖 풍파를 다 겪은 사람. 백전 노졸(百戰老卒).
참고 일백〈百〉 번을 싸운〈戰〉 늙은〈老〉 장수〈將〉.

百 일백 / 戰 싸울 / 老 늙을 / 將 장수 — 백전로장

* **백전백승 百戰百勝**

싸움마다 번번이 다 이김.
참고 백〈百〉 번 싸워서〈戰〉 백〈百〉 번 이기는〈勝〉 것.

百 일백 / 戰 싸울 / 百 일백 / 勝 이길 — 백전백승

* **백절불굴 百折不屈**

수 없이 꺾어도 결코 굽히지 아니함. 만난(萬難)을 극복하여 이겨 나감. 백절 불요(百折不撓).
참고 백〈百〉 번 꺾어도〈折〉 굽히지〈屈〉 아니하는〈不〉 것.

百 일백 / 折 꺾을 / 不 아닐 / 屈 굽힐 — 백절불굴

* **백중지간 伯仲之間**

① 맏형과 그 다음. ② 서로 어금버금하여 맞섬. 우열(優劣)이 없는 것을 일컫는 말. 준 백중(伯仲).

伯 맏 / 仲 버금 / 之 의 / 間 사이 — 백중지간

참고 맏이〈伯〉와 버금〈仲〉(다음)의〈之〉 사이〈間〉.

* **백척간두 百尺竿頭**

높은 장대 끝에 섰다는 말로, 막다른 위험에 빠진 것을 일컫는 말.

참고 일백〈百〉 자〈尺〉 장대〈竿〉의 머리〈頭〉(끝).

百 일백 / 尺 자 / 竿 장대 / 頭 머리 — 백척간두

* **백팔번뇌 百八煩惱**

불교에서 말하는 백 여덟 가지의 마음의 괴로움을 말함.

참고 일백〈百〉 여덟〈八〉 가지 뇌〈腦〉의 번거로움〈煩〉.

百 일백 / 八 여덟 / 煩 번거로울 / 腦 뇌 — 백팔번뇌

* **백해무익 百害無益**

해는 되어도 이로울 것은 전혀 없음. 백해 무일리(百害無一利).

참고 백〈百〉 가지 해롭고〈害〉 유익한〈益〉 것은 없는〈無〉 것.

百 일백 / 害 해 / 無 없을 / 益 유익할 — 백해무익

* **백화쟁발 百花爭發**

온갖 꽃이 다투어 핌.

참고 일백〈百〉 가지 꽃〈花〉이 다투어〈爭〉 피는〈發〉 것.

百 일백 / 花 꽃 / 爭 다툴 / 發 필 — 백화쟁발

* **번문욕례 繁文縟禮**

번거롭게 형식만 차리고 몹시 까다로운 예문(禮文).

참고 번거로운〈繁〉 법〈文〉과 번거로운〈縟〉 예도〈禮〉

繁 번거로울 / 文 법(法) / 縟 번거로울 / 禮 예도 — 번문욕례

* **벌채금지 伐採禁止**

나무를 베어 내고 섶을 깎아내는 것을 금하여 막음.

참고 베고〈伐〉 캐는〈採〉 것을 금하여〈禁〉 막는〈止〉 것.

伐 벨 / 採 캘 / 禁 금할 / 止 막을 — 벌채금지

* **병가상사 兵家常事**

①전쟁에서 이기고 지는 것은 보통 있는 일. ②실패는 흔히 있는 일이니 낙심할 것 없다는 뜻.

참고 군사〈兵〉의 집〈家〉에는 늘〈常〉 있는 일〈事〉.

兵 군사 / 家 집 / 常 늘 / 事 일 — 병가상사

* **병종구입 病從口入**

병은 입으로 들어 옴. ※ 대구(對句): 화종구출(禍從口出).

참고 병〈病〉은 입〈口〉을 좇아〈從〉 들어〈入〉 오는 것.

病 병 / 從 좇을 / 口 입 / 入 들 — 병종구입

* **병촉야유 秉燭夜遊**

경치가 좋을 때 낮에 놀던 흥이 미진해서 밤중까지 놀게 됨을 일컫는 말.

참고 촛불〈燭〉을 잡고〈秉〉 밤〈夜〉에 노는〈遊〉 것.

秉 잡을 / 燭 촛불 / 夜 밤 / 遊 놀 — 병촉야유

* **본연지성 本然之性**

송유(宋儒)의 학설로서, 본디부터 가지고 있는 착한 마음씨. 기품지성(氣禀之性).

참고 근본〈本〉으로 그러함〈然〉의〈之〉 성품〈性〉.

本 근본 / 然 그럴 / 之 의 / 性 성품 — 본연지성

* **부국강병 富國强兵**

①나라를 부요(富饒)하게 하고 군대를 강하게 함. ②부유한 나라와 강한 군대.

참고 나라〈國〉를 넉넉하게〈富〉 하며 군사〈兵〉를 강하게〈强〉 하는 것.

富 넉넉할 / 國 나라 / 强 강할 / 兵 군사 — 부국강병

* **부귀재천 富貴在天**

부귀는 하늘에 매여 있어 인력(人力)으로는 어찌 할 수 없다는 뜻.

참고 넉넉하고〈富〉 귀한〈貴〉 것은 하늘〈天〉에 달려 있음〈在〉.

富 넉넉할 / 貴 귀할 / 在 있을 / 天 하늘 — 부귀재천

* **부동산투기 不動産投機**

가옥이나 땅 등의 부동산에 투자하여 기회를 엿보아 큰 이익을 얻고자 하는 짓.

참고 움직이지〈動〉 아니하고〈不〉 낳음〈産〉

不 아닐 / 動 움직일 / 産 낳을 / 投 던질 — 부동산투

(재산의 뜻)에 기회〈機〉를 던지는〈投〉 것.

機 기회 기

* **부모지은 父母之恩**

부모님의 낳고 기르신 은혜. 어버이의 은혜.

참고 아비〈父〉와 어미〈母〉의〈之〉 은혜〈恩〉.

父 아비 부 / 母 어미 모 / 之 의 지 / 恩 은혜 은

* **부부유별 夫婦有別**

오륜(五倫)의 하나. 부부 사이에는 서로 침범치 못할 인륜(人倫)의 구별이 있음.

참고 남편〈夫〉과 아내〈婦〉는 분별〈別〉이 있는〈有〉 것.

夫 남편 부 / 婦 아내 부 / 有 있을 유 / 別 분별할 별

* **부자유친 父子有親**

오륜(五倫)의 하나. 아버지와 아들 사이의 도(道)는 친애(親愛)에 있음. 또는 그 도리.

참고 아비〈父〉와 아들〈子〉 사이에는 친함〈親〉이 있는〈有〉 것.

父 아비 부 / 子 아들 자 / 有 있을 유 / 親 친할 친

* **부전자전 父傳子傳**

대대로 아버지가 아들에게 전함. 부전 자승(父傳子承).

참고 아비〈父〉가 전하고〈傳〉 아들〈子〉이 또 아들에게 전하는〈傳〉 것.

父 아비 부 / 傳 전할 전 / 子 아들 자 / 傳 전할 전

* **부정부패 不正腐敗**

정직하지 못하고 사리(私利)에만 어두워 썩은 상태.

참고 바르지〈正〉 못하고〈不〉 썩은〈腐, 敗〉 것.

不 못할 부 / 正 바를 정 / 腐 썩을 부 / 敗 썩을 패

* **부지기수 不知其數**

너무 많아서 그 수효를 알 수가 없음.

참고 그것〈其〉이 몇〈數〉인지 알〈知〉 수 없는〈不〉 것.

不 없을 부 / 知 알 지 / 其 그 기 / 數 몇 수

* **부창부수 夫唱婦隨**

남편의 주장에 아내가 이에 따르는 것이 부부 화합(和合)의 도(道)라는 뜻.

참고 남편〈夫〉이 부르면〈唱〉 아내〈婦〉는 따르는〈隨〉 것.

夫 남편 부 / 唱 부를 창 / 婦 아내 부 / 隨 따를 수

* **부화뇌동 附和雷同**

일정한 견식(見識)이 없이 남의 말에 이유 없이 찬성하여 같이 행동함.

참고 화합하여〈和〉 붙어서〈附〉 같이〈同〉 덩다는〈雷〉 것.

附 붙을 부 / 和 화합할 화 / 雷 덩달 뢰 / 同 같이 동

* **분골쇄신 粉骨碎身**

①자기 몸을 돌보지 않고 노력하는 것을 말함. ②목숨을 내놓고 있는 힘을 다 하여 싸움.

참고 뼈〈骨〉가 가루〈粉〉로 되고 몸〈身〉이 부서지는〈碎〉 것.

粉 가루 분 / 骨 뼈 골 / 碎 부술 쇄 / 身 몸 신

* **분서갱유 焚書坑儒**

진시황(秦始皇)이 정부를 비방하는 언론을 봉쇄하기 위하여 서적을 불사르고 선비를 생매장한 일.

참고 책〈書〉을 불 사르고〈焚〉 선비〈儒〉를 구덩이〈坑〉에 묻은 것.

焚 불 사를 분 / 書 책 서 / 坑 구덩이 갱 / 儒 선비 유

*

* **불가사의 不可思議**

사람의 생각으로는 미루어 헤아릴 수 없이 이상하고 야릇함.

참고 가히〈可〉 생각하고〈思〉 의논할〈議〉 수 없는〈不〉 것.

不 없을 불 / 可 가히 가 / 思 생각할 사 / 議 의논할 의

* **불가항력 不可抗力**

천재 지변(天災地變)과 같이 사람의 힘으로는 어찌 할 수 없는 힘.

참고 가히〈可〉 대항할〈抗〉 힘〈力〉이 없는〈不〉 것.

不 없을 불 / 可 가히 가 / 抗 대항할 항 / 力 힘 력

* **불고염치 不顧廉恥**

염치를 돌아보지 아니함.

참고 청렴함〈廉〉과 부끄러움〈恥〉을 돌아보지〈顧〉 아니하는〈不〉 것.

不 아니할 불 / 顧 돌아볼 고 / 廉 청렴할 렴

恥 부끄러울치

* **불구대천 不俱戴天**

하늘을 같이 이지 못한다는 뜻으로, 이 세상에서는 같이 살 수 없을 만한 큰 원한을 비유하여 일컫는 말.
참고 함께〈俱〉 하늘〈天〉을 머리에 이지〈戴〉 (얹지) 못하는〈不〉 것.

不 못할 / 俱 함께 / 戴 일 / 天 하늘 — 불구대천

* **불구속기소 不拘束起訴**

구속(拘束)하지 아니하고 소송(訴訟)을 제기함.
참고 잡아〈拘〉 묶지〈束〉 아니하고〈不〉 송사〈訴〉를 일으키는〈起〉 것.

不 아닐 / 拘 잡을 / 束 묶을 / 起 일으킬 / 訴 송사할 — 불구속기소

* **불로소득 不勞所得**

근로(勤勞)하지 아니하고 얻는 소득(所得). 자본(資本)의 이자(利子) 같은 것.
참고 수고하지〈勞〉 아니하고〈不〉 얻은〈得〉 바〈所〉.

不 아닐 / 勞 수고로울 / 所 바 / 得 얻을 — 불로소득

* **불로장생 不老長生**

늙지 않고 오래 삶.
참고 늙지〈老〉 아니하고〈不〉 오래〈長〉 사는〈生〉 것.

不 아닐 / 老 늙을 / 長 오랠 / 生 삶 — 불로장생

* **불모지지 不毛之地**

아무 식물도 자라지 못하는 메마른 땅. 불모지(不毛地).
참고 털만한 식물〈毛〉도 없음〈不〉의〈之〉 땅〈地〉.

不 없을 / 毛 털. 식물 / 之 의 / 地 땅 — 불모지지

* **불문가지 不問可知**

묻지 아니하여도 알 수 있음.
참고 묻지〈問〉 아니하여도〈不〉 가히〈可〉 알〈知〉 수 있는 것.

不 아니할 / 問 물을 / 可 가히 / 知 알 — 불문가지

* **불문곡직 不問曲直**

옳고 그른 것을 묻지 아니함.
참고 굽고〈曲〉 곧은〈直〉 것을 묻지〈問〉 아니하는〈不〉 것.

不 아니할 / 問 물을 / 曲 굽을 / 直 곧을 — 불문곡직

* **불언지교 不言之敎**

말이 없는 가운데 자연히 주는 교훈
참고 말〈言〉 아니함〈不〉의〈之〉 가르침〈敎〉.

不 없을 / 言 말 / 之 이. 의. / 敎 가르칠 — 불언지교

* **불언지화 不言之化**

말로 하지 않고 자연히 덕으로 주는 감화.
참고 말〈言〉 없이〈不〉 교화시키는〈化〉 것.

不 없을 / 言 말씀 / 之 이. 의. / 化 교화할 — 불언지화

* **불역지론 不易之論**

달리 고칠 수 없는 바른 이론(理論).
참고 바꾸지〈易〉 못함〈不〉의〈之〉 논의〈論〉.

不 못할 / 易 바꿀 / 之 이. 의. / 論 논의할 — 불역지론

* **불역지전 不易之典**

① 고칠 수 없는 규정(規定). ② 하지 않을 수 없는 일.
참고 바꾸지〈易〉 못함〈不〉의〈之〉 법〈典〉.

不 못할 / 易 바꿀 / 之 이. 의. / 典 법. 기준. — 불역지전

* **불요불굴 不撓不屈**

흔들리지도 않고 굽히지도 아니함.
참고 흔들리지〈撓〉 아니하고〈不〉 굽지도〈屈〉 아니하는〈不〉 것.

不 아니할 / 撓 흔들 / 不 아닐 / 屈 굽힐 — 불뇨불굴

* **불원천리 不遠千里**

천리를 멀다 여기지 아니함.
참고 일천〈千〉 이수〈里〉가 멀지〈遠〉 아니한〈不〉 것.

不 아니할 / 遠 멀 / 千 일천 / 里 이수 — 불원천리

* **불원천불우인 不怨天不尤人**

자기의 뜻이 시대와 사회에 맞지 않더라도 하늘이나 다른 사람을 원망하지 않고, 늘 반성하여 발전·향상을 도모한다는 뜻.

참고 하늘〈天〉을 원망하지〈怨〉 아니하고〈不〉 사람〈人〉을 탓하지〈尤〉 아니함〈不〉.

불원천불우인: 不 아니할, 怨 원망할, 天 하늘, 不 아니할, 尤 탓할, 人 사람

* **불철주야 不撤晝夜**

밤낮을 가리지 아니함. 조금도 쉴 사이 없이 일에 힘쓰는 모양.

참고 밤〈夜〉낮〈晝〉을 거두지〈撤〉(치우지) 아니하는〈不〉 것.

불철주야: 不 아니할, 撤 걷을(치울), 晝 낮, 夜 밤

* **불치하문 不恥下問**

모르는 것이 있으면 누구에게 물어서라도 알아야 한다는 말. 혹은 나이 어린 사람에게서라도 배워야 함을 말함.

참고 아랫사람〈下〉에게 물음〈問〉을 부끄러워하지〈恥〉 아니하는〈不〉 것.

불치하문: 不 아닐, 恥 부끄러울, 下 아래, 問 물을

* **불혹지년 不惑之年**

불혹(不惑)의 나이. 곧 마흔살. 불혹지세(不惑之歲).

참고 미혹하지〈惑〉 아니함〈不〉의〈之〉 나이〈年〉.

불혹지년: 不 아닐, 惑 미혹할, 之 의, 年 나이

* **붕우유신 朋友有信**

오륜(五倫)의 하나. 붕우의 도리(道理)는 믿음에 있음.

참고 벗〈朋〉과 벗〈友〉 사이는 믿음〈信〉이 있어야〈有〉 함.

붕우유신: 朋 벗, 友 벗, 有 있을, 信 믿음

* **붕우지도 朋友之道**

붕우의 길. 벗으로서 지켜야 할 도리.

참고 벗〈朋〉과 벗〈友〉의〈之〉 길〈道〉.

붕우지도: 朋 벗, 友 벗, 之 의, 道 길

* **붕우책선 朋友責善**

벗끼리 서로 좋은 일을 권함.

참고 벗〈朋〉과 벗〈友〉은 서로 착함〈善〉을 바람〈責〉.

붕우책선: 朋 벗, 友 벗, 責 바랄, 善 착할

* **붕정만리 鵬程萬里**

붕새의 날아가는 하늘 길이 만리로 트임. 곧 전도가 극히 양양한 장래.

참고 붕새〈鵬〉가 날아갈 길〈程〉의 일만〈萬〉 이수〈里〉.

붕정만리: 鵬 붕새, 程 길, 萬 일만, 里 이수

* **비례물시 非禮勿視**

도리에서 벗어나는 남의 행동은 본받을 점이 없기 때문에 눈여겨 볼 필요도 없음.

참고 예도〈禮〉가 아니면〈非〉 보지〈視〉도 말라〈勿〉.

비례물시: 非 아닐, 禮 예도, 勿 말, 視 볼

* **비몽사몽 非夢似夢**

꿈인지 생시인지 어렴풋한 상태. 사몽비몽(似夢非夢).

참고 꿈〈夢〉이 아닌지〈非〉, 꿈〈夢〉과 같은〈似〉 것인지?

비몽사몽: 非 아닐, 夢 꿈, 似 같을, 夢 꿈

* **비육지탄 髀肉之嘆**

무인(武人)이 전장(戰場)에 나가지 않기 때문에 다리에 살만 쪄서 탄식한다는 뜻으로, 하는 일 없어 공명(功名)을 세울 기회(機會)가 없음을 한탄(恨歎)하는 것을 말함.

참고 넓적다리〈髀〉에 살〈肉〉이 찜의〈之〉 탄식〈嘆〉.

비육지탄: 髀 넓적다리, 肉 살, 之 의, 嘆 탄식할

* **비일비재 非一非再**

①한두 번이 아님. ②하나 둘이 아님. 수두룩함.

참고 하나〈一〉도 아니요〈非〉, 둘〈再〉도 아닌〈非〉 것.

비일비재: 非 아닐, 一 한, 非 아닐, 再 두

* 빈천지교 貧賤之交

가난하고 천할 때의 친구는 끝내 잊지 못한다는 말. ※출전:貧賤之交不可忘 糟糠之妻不下堂.

참고 가난하고〈貧〉 천할〈賤〉 때의〈之〉 사귐〈交〉.

貧 가난할 / 賤 천할 / 之 의 / 交 사귐 — 빈천지교

* 빙공영사 憑公營私

공사를 빙자하여 사리(私利)를 꾀함.

참고 여럿〈公〉의 일이라 빙자하여〈憑〉 사사〈私〉의 일을 경영하는〈營〉 것.

憑 빙자할 / 公 여럿 / 營 경영할 / 私 사사 — 빙공영사

* 빙탄불상용 氷炭不相容

①군자와 소인이 같이 한 곳에 있지 못함을 이르는 말. ②사물이 서로 화합(和合)하기 어려움을 일컫는 말.

참고 얼음〈氷〉과 숯〈炭〉이 서로〈相〉 용납하지〈容〉 못하는〈不〉 것.

氷 얼음 / 炭 숯 / 不 못할 / 相 서로 / 容 용납할 — 빙탄불상용

* 사경취도 捨徑取道

무슨 일에 임해서 눈가름의 손쉬운 방법을 쓰지 않고 떳떳하고 바른 방법을 취하라는 말.

참고 지름길〈徑〉을 버리고〈捨〉 큰 길〈道〉을 취하는〈取〉 것.

捨 버릴 / 徑 지름길 / 取 취할 / 道 길 — 사경취도

* 사고무친 四顧無親

친한 사람이라곤 도무지 없음. 의지할 데가 도무지 없음.

참고 넷〈四〉(사방)을 돌아보아도〈顧〉 친한〈親〉이가 없는〈無〉 것.

四 넉 / 顧 돌아볼 / 無 없을 / 親 친할 — 사고무친

* 사군이충 事君以忠

임금을 섬김에 충성으로써 함.

참고 충성〈忠〉으로써〈以〉 임금〈君〉을 섬기는〈事〉 것.

事 섬길 / 君 임금 / 以 써 / 忠 충성 — 사군이충

* 사기충천 士氣衝天

사기가 하늘을 찌를 듯이 높음.

참고 병사〈士〉의 기운〈氣〉이 하늘〈天〉을 찌르는〈衝〉 것.

士 병사 / 氣 기운 / 衝 찌를 / 天 하늘 — 사기충천

* 사대기서 四大奇書

가장 뛰어난 네 개의 서책. ①수호전(水滸傳)·삼국지 연의(三國志演義)·서상기(西廂記)·비파기(琵琶記). 모두 원(元) 나라 때 나왔으므로 원대(元代)의 사대 기서라 함. ②수호전·삼국지 연의·서유기(西遊記)·금병매(金瓶梅)의 네 중국 소설(小說).

참고 네〈四〉 가지의 크게〈大〉 기이한〈奇〉 책〈書〉.

四 넉 / 大 큰 / 奇 기이할 / 書 책 — 사대기서

* 사량침주 捨糧沈舟

승리를 얻기 전에는 돌아가지 않을 굳은 결의를 일컫는 말. 배수지진(背水之陣).

참고 양식〈糧〉을 버리고〈捨〉 배〈舟〉를 빠뜨리는〈沈〉 것.

捨 버릴 / 糧 양식 / 沈 빠질 / 舟 배 — 사량침주

* 사면초가 四面楚歌

'중국 초(楚) 나라 항우(項羽)가 한(漢) 나라 군사에게 포위 당하였을 때, 밤이 깊자 사면의 한 나라 군사 중에서 초나라의 노래가 들려 오므로 초나라 백성이 모두 한 나라에 항복한 줄 알고 놀랐다는 고사(故事)'에서 유래한 말. 사면이 모두 적에게 둘러싸인 경우와 도움 없이 고립(孤立)된 경우.

참고 네〈四〉 면〈面〉이 모두 초〈楚〉 나라의 노래〈歌〉.

四 넉 (넷) / 面 면(낯) / 楚 초나라 / 歌 노래 — 사면초가

*** 사면춘풍 四面春風**

두루 춘풍. 누구에게나 다 모나지 않게, 다 좋도록 처세하는 일. 또는 그런 사람.

참고 넷〈四〉 면〈面〉이 모두 봄〈春〉 바람〈風〉.

四 넉(넷) · 面 면(낯) · 春 봄 · 風 바람 — 사면춘풍

*** 사무사 思無邪**

마음에 조금도 나쁜 일을 생각함이 없음. 마음이 올바름.

참고 생각함〈思〉에 간사함〈邪〉이 없는〈無〉 것.

思 생각할 · 無 없을 · 邪 간사할 — 사무사

*** 사문부산 使蚊負山**

능력이 부족해서 중책(重責)을 감당할 수 없는 것.

참고 모기〈蚊〉로 하여금〈使〉 산〈山〉을 지게〈負〉 하는 것.

使 하여금 · 蚊 모기 · 負 짐질 · 山 산 — 사문부산

*** 사불급설 駟不及舌**

소문이 삽시간에 퍼짐을 비유한 말. 말조심을 하라는 말. ※ '駟'란 네 마리의 말이 끄는 수레.

참고 사마〈駟〉도 혀〈舌〉(말)를 미치지〈及〉(따르지) 못함〈不〉.

駟 사마 · 不 못할 · 及 미칠 · 舌 혀 — 사불급설

*** 사사건건 事事件件**

모든 일. 온갖 사건. 일마다. 매사(每事)에. 사건마다.

참고 일〈事〉과 일〈事〉, 사건〈件〉과 사건〈件〉.

事 일 · 事 일 · 件 사건 · 件 사건 — 사사건건

*** 사사오입 四捨五入**

반올림.

참고 넷〈四〉 이하 버리고〈捨〉 다섯〈五〉 이상 들이는〈入〉 것.

四 넉 · 捨 버릴 · 五 다섯 · 入 들 — 사사오입

*** 사상누각 沙上樓閣**

모래 위에 세운 다락집. 기초가 약하여 자빠질 염려가 있거나 오래 유지 못할 일, 또는 실현 불가능한 일을 비유한 말.

참고 모래〈沙〉 위〈上〉의 다락〈樓〉과 누각〈閣〉.

沙 모래 · 上 위 · 樓 다락 · 閣 누각 — 사상누각

*** 사실무근 事實無根**

사실과는 아무런 관계도 없음.

참고 일〈事〉의 실제〈實〉와는 그 근본〈根〉이 관계 없는〈無〉 것.

事 일 · 實 실제 · 無 없을 · 根 근본 — 사실무근

*** 사주팔자 四柱八字**

①사주의 간지(干支)가 되는 여덟 글자. 생년(生年)·생월(生月)·생일(生日)·생시(生時)를 말함. ②타고난 신수(身數).

참고 네〈四〉 기둥〈柱〉의 여덟〈八〉 글자〈字〉.

四 넉 · 柱 기둥 · 八 여덟 · 字 글자 — 사주팔자

*** 사친이효 事親以孝**

어버이를 섬김에 효도로써 하여야 함.

참고 효도〈孝〉로써〈以〉 어버이〈親〉를 섬기는〈事〉 것.

事 섬길 · 親 어버이 · 以 써 · 孝 효도 — 사친이효

*** 사필귀정 事必歸正**

만사(萬事)는 반드시 정리(正理)로 돌아감.

참고 일〈事〉은 반드시〈必〉 바르게〈正〉 돌아가는〈歸〉 것.

事 일 · 必 반드시 · 歸 돌아갈 · 正 바를 — 사필귀정

사후약방문 死後藥方文

소렴(小殮) 후에 약 공론. 곧 때가 이미 늦었음을 비유하는 말.

참고 죽은〈死〉 뒤〈後〉의 약〈藥〉 처방〈方〉을 적은 글월〈文〉.

死 죽을 · 後 뒤 · 藥 약 · 方 처방 · 文 글월 — 사후약방문

*** 산고수장 山高水長**

인자(仁者)나 군자(君者)의 덕(德)이 길이길이 전함을 뜻하는 말.

참고 메〈山〉는 높고〈高〉 물〈水〉은 긴〈長〉 것.

山 뫼 · 高 높을 · 水 물 · 長 길 — 산고수장

✻ 산림녹화 山林綠化

산림의 녹화. 산의 숲을 푸르게 만듦.
참고 산〈山〉의 수풀〈林〉을 푸르도록〈綠〉 되게〈化〉 하는 것.

山 산 / 林 수풀 / 綠 푸를 / 化 될 — 산림록화

✻ 산자수명 山紫水明

산수의 경치가 썩 좋음.
참고 물〈水〉은 맑고〈明〉 메〈山〉(산)는 자줏빛〈紫〉.

山 메 / 紫 자줏빛 / 水 물 / 明 맑을 — 산자수명

✻ 산전수전 山戰水戰

산에서도, 물에서도 싸웠다는 뜻으로, 세상 일에 대하여 겪은 온갖 경난(經難).
참고 메〈山〉에서의 싸움〈戰〉과 물〈水〉에서의 싸움〈戰〉.

山 메 / 戰 싸울 / 水 물 / 戰 싸울 — 산전수전

✻ 산진해미 山珍海味

산과 바다에서 난 물건으로 만든, 맛이 좋은 반찬. 산진 해착(山珍海錯). 산해 진미(山海珍味).
참고 산〈山〉과 바다〈海〉의 진기한〈珍〉 맛〈味〉.

山 뫼 / 珍 진기할 / 海 바다 / 味 맛 — 산진해미

✻ 살생유택 殺生有擇

살아 있는 것을 함부로 죽이지 말고 가려서 죽이라는 뜻.
참고 산〈生〉 것을 죽임〈殺〉에는 가림〈擇〉이 있는〈有〉 것.

殺 죽일 / 生 살 / 有 있을 / 擇 가릴 — 살생유택

✻ 살신성인 殺身成仁

절개(節概)를 지켜서 목숨을 버림.
참고 몸〈身〉을 죽여서〈殺〉 어진〈仁〉 것을 이루는〈成〉 것.

殺 죽을 / 身 몸 / 成 이룰 / 仁 어질 — 살신성인

✻ 삼간초가 三間草家

'세 간 밖에 안되는 초가라는 뜻'. 곧 썩 작은 초가. 삼간 초옥(三間草屋). 초가 삼간(草家三間).
참고 세〈三〉 간〈間〉의 풀〈草〉 집〈家〉. ※ 간〈間〉:방 넓이의 단위.

三 세 / 間 간 / 草 풀 / 家 집 — 삼간초가

✻ 삼강오륜 三綱五倫

삼강과 오륜. ※ ①삼강(三綱): 유교(儒教)의 도덕의 기본 되는 세 가지 강(綱). 임금과 신하, 아버지와 자식, 남편과 아내 사이에 지킬 떳떳한 도덕. ※ ②오륜(五倫):다섯 가지의 인륜(人倫). 곧 부자의 친애, 군신의 의리, 부부의 분별, 장유의 차서, 붕우의 신의. 오상(五常)·오전(五典)·인륜(人倫).
참고 세〈三〉 가지 벼리〈綱〉와 다섯〈五〉 가지 인륜〈倫〉. ※ 벼리:그물의 위 쪽 코를 꿰어 잡아 당기게 된 줄.

三 석 / 綱 벼리 / 五 다섯 / 倫 인륜 — 삼강오륜

✻ 삼개성상 三個星霜

삼년간의 세월.
참고 세〈三〉 개〈個〉의 세월〈星, 霜〉.

三 석 / 個 낱 / 星 세월 / 霜 세월 — 삼개성산

✻ 삼계육도 三界六道

〈불교〉 삼계와 육도. ※ 삼계(三界): ①천계(天界)·지계(地界)·인계(人界). ②중생이 사는 욕계(欲界)·색계(色界)·무색계(無色界). ③과거·현재·미래의 삼세(三世). ④불계(佛界)·중생계(衆生界)·심계(心界). ※ 육도(六道):일체의 중생이 선악(善惡)의 업인(業因)에 의하여 필연적으로 이르는 여섯 가지의 미계(迷界). 곧 지옥·아귀·축생(畜生)·수라(修羅)·인간·천상(天上).
참고 셋〈三〉의 세계〈界〉와 여섯〈六〉 가지의

三 석. 셋. / 界 세계 / 六 여섯 / 道 길 — 삼계륙도

길〈道〉.

*** 삼고초려 三顧草廬**

촉한(蜀漢)의 임금 유 비(劉備)가 남양(南陽)의 제갈 양(諸葛亮)의 초려를 세 번 찾아가 자기의 큰 뜻을 말하고 초빙하여 군사(軍師)를 삼은 일.
참고 풀〈草〉로 지은 오두막집〈廬〉을 세〈三〉 번 돌아보는〈顧〉 것.

三 석 / 顧 돌아볼 / 草 풀 / 廬 오두막집 — 삼고초려

*** 삼년상 三年喪**

삼년 동안의 거상(居喪). 삼년 초토(三年草土).
참고 세〈三〉 해〈年〉 동안 복입는〈喪〉 것.

三 석 / 年 해 / 喪 복입을 — 삼년상

*** 삼라만상 森羅萬象**

우주 사이에 벌여 있는 온갖 사물의 현상.
참고 많고 성하게〈森〉 벌여 있는〈羅〉 일만〈萬〉 가지 형상〈象〉.

森 많고 성할 / 羅 벌일 / 萬 일만 / 象 형상 — 삼라만상

*** 삼민주의 三民主義**

중국 민주 주의 혁명 초기의 지도자 손 문(孫文)이 1905년 이래 주창한 사상. 민족(民族)·민권(民權)·민생(民生)을 이름.
참고 세〈三〉 민〈民〉을 옳다고〈義〉 주장하는〈主〉 것.

三 석 / 民 백성 / 主 주장할 / 義 옳을 — 삼민주의

*** 삼삼오오 三三五五**

삼사인(三四人), 또는 오륙인(五六人)이 떼를 지어 다니거나 무슨 일을 하는 모양.
참고 셋〈三, 三〉씩 다섯〈五, 五〉 씩.

三 석 / 三 석 / 五 다섯 / 五 다섯 — 삼삼오오

*** 삼성오신 三省吾身**

①매일 세 가지로 자신의 한 일을 반성함. ②매일 여러 모로 자신을 반성함.
참고 내〈吾〉 몸〈身〉을 세〈三〉 가지로 살피는〈省〉 것.

三 석 / 省 살필 / 吾 나 / 身 몸 — 삼성오신

*** 삼순구식 三旬九食**

가세가 지극히 가난함을 이르는 말.
참고 세〈三〉 번 열흘〈旬〉에 아홉〈九〉번 먹는〈食〉 것.

三 석 / 旬 열흘 / 九 아홉 / 食 먹을 — 삼순구식

*** 삼십육계 三十六計**

①36 가지의 꾀. 많은 모계(謀計). ②곤란할 때에는 도망가는 것이 가장 좋다는 말. ③노름의 한 가지 이름.
참고 서른〈三十〉 여섯〈六〉 가지의 꾀〈計〉.

三 석 / 十 열 / 六 여섯 / 計 꾀 — 삼십륙계

*** 삼인성호 三人成虎**

'거리에 범이 나왔다고 여러 사람이 다 함께 말하면 거짓말이라도 참말로 듣는다'는 말로, 근거 없는 말이라도 여러 사람이 말하면 곧이 듣는다는 뜻.
참고 세〈三〉 사람〈人〉이 범〈虎〉을 이루는〈成〉(만드는) 것.

三 석 / 人 사람 / 成 이룰 / 虎 범 — 삼인성호

*** 삼일천하 三日天下**

짧은 동안 정권(政權)을 잡았다가 곧 실패함을 이르는 말.
참고 세〈三〉 날〈日〉 동안 하늘〈天〉 아래〈下〉를 잡는 것.

三 석 / 日 날 / 天 하늘 / 下 아래 — 삼일천하

*** 삼척동자 三尺童子**

키가 석 자 되는 아이. 곧 어린 아이.
참고 석〈三〉 자〈尺〉의 아이〈童, 子〉.

三 석 / 尺 자 / 童 아이 / 子 아들 — 삼척동자

*** 삼천지교 三遷之敎**

맹자(孟子)의 어머니가 맹자(孟子)를 가르치기 위하여 집을 세 번 옮긴 일. 동 삼천(三遷).
참고 세〈三〉 번 옮김〈遷〉의〈之〉 가르침〈敎〉.

三 세번 / 遷 옮길 / 之 의 / 敎 가르칠 — 삼천지교

* **삼한사온 三寒四温**

겨울철에 한국·만주·중국 등지에서, 3일 가량 추운 날씨가 계속하였다가 다음에는 4일 가량 따뜻한 날씨가 계속하는 주기적(週期的)인 기후(氣候)현상.

참고 셋〈三〉은 차고〈寒〉 넷〈四〉은 따뜻함〈溫〉

三 셋 / 寒 찰 / 四 넷 / 温 따뜻할 — 삼한사온

* **상가지구 喪家之狗**

초상집의 개처럼, 일정한 지위를 못 얻고 떠도는 신세를 안타깝게 여긴 말. 상가집 개.

참고 초상〈喪〉집〈家〉의〈之〉 개〈狗〉.

喪 초상 / 家 집 / 之 의 / 狗 개 — 상가지구

* **상고주의 尚古主義**

①옛날의 문물(文物)을 숭상하며 그것을 표준 또는 모범으로 삼는 주의. ②고전 주의(古典主義).

참고 옛것〈古〉을 숭상함〈尚〉이 옳다고〈義〉 주장하는〈主〉 것.

尚 숭상할 / 古 옛 / 主 주장할 / 義 옳을 — 상고주의

* **상루하습 上漏下濕**

위에서는 비가 새고 밑에서는 습기가 찬다는 뜻으로, 가난한 집을 비유하는 말.

참고 위〈上〉에서는 새고〈漏〉 아래〈下〉에서는 축축하여지는〈濕〉 것.

上 위 / 漏 샐 / 下 아래 / 濕 축축할 — 상루하습

* **상부상조 相扶相助**

서로 서로 도움.

참고 서로〈相〉 서로〈相〉 돕는〈扶, 助〉 것.

相 서로 / 扶 도울 / 相 서로 / 助 도울 — 상부상조

* **상엽홍어이월화 霜葉紅於二月花**

서리 맞아 단풍이 든 잎이, 봄이 한창인 2월의 꽃보다도 더 붉음.

참고 서리〈霜〉 맞은 잎〈葉〉이 두〈二〉째 달〈月〉의 꽃〈花〉보다〈於〉 붉은〈紅〉 것.

霜 서리 / 葉 잎 / 紅 붉을 / 於 어조사 / 二 두 / 月 달 / 花 꽃 — 상엽홍어이월화

* **상전벽해 桑田碧海**

세상의 모든 일이 덧없이 변천(變遷)함이 심한 것을 비유하는 말. 창상(滄桑)·상전 창해. 창해 상전(滄海桑田).

참고 뽕나무〈桑〉 밭〈田〉이 변하여 푸른〈碧〉 바다〈海〉가 되는 것.

桑 뽕나무 / 田 밭 / 碧 푸를 / 海 바다 — 상전벽해

* **상탁하부정 上濁下不淨**

'윗물이 맑아야 아랫물이 맑다'. 곧 웃사람이 정직하지 못하면 아랫사람도 그렇게 되기 마련이란 말.

참고 위〈上〉가 흐리면〈濁〉 아래〈下〉가 깨끗하지〈淨〉 못함〈不〉.

上 윗 / 濁 흐릴 / 下 아래 / 不 못할 / 淨 깨끗할 — 상탁하부정

* **상행하효 上行下效**

웃사람이 하는 짓을 아랫사람이 본받음.

참고 위〈上〉의 행함〈行〉을 아래〈下〉가 본받는〈效〉 것.

上 위 / 行 행할 / 下 아래 / 效 본받을 — 상행하효

* **상하탱석 上下撑石**

윗돌 빼서 아랫돌 괴고 아랫돌 빼서 윗돌을 굄. 곧 일이 몹시 꼬이는데 임시 변통으로 이리저리 견디어 나가는 일.

참고 위〈上〉와 아래〈下〉의 돌〈石〉을 서로 버티게〈撑〉하는 것.

上 위 / 下 아래 / 撑 버틸 / 石 돌 — 상하탱석

* **새옹지마 塞翁之馬**

모든 것이 전전(轉轉)하여 무상(無常)하니 인생의 길흉(吉凶)·화복(禍福)이란 항시 바뀌어 예측할 수 없는 것이라는 비유.

참고 변방〈塞〉 늙은이〈翁〉의〈之〉 말〈馬〉.

塞 변방 / 翁 늙은이 / 之 의 / 馬 말 — 새옹지마

＊ 생로병사 生老病死

인생이 반드시 받아야만 하는 네 가지 고통. 곧 나고, 늙고, 병들고, 죽고 하는 일.

참고 나고〈生〉 늙고〈老〉 병들고〈病〉 죽는〈死〉 것.

生 날 / 老 늙을 / 病 병들 / 死 죽을 — 생로병사

＊ 생면부지 生面不知

한 번도 본 일이 없는 사람. 도무지 모르는 사람.

참고 나서〈生〉 아직 얼굴〈面〉을 알지〈知〉 못하는〈不〉 것.

生 날 / 面 얼굴 / 不 못할 / 知 알 — 생면부지

＊ 생살여탈 生殺與奪

생살(生殺)과 여탈(與奪). 살리는 일과 죽이는 일, 주는 일과 빼앗는 일.

참고 살리고〈生〉 죽이고〈殺〉 주고〈與〉 빼앗는〈奪〉 것.

生 살 / 殺 죽일 / 與 줄 / 奪 빼앗을 — 생살여탈

＊ 생자필멸 生者必滅

생명이 있는 것은 반드시 죽음.

참고 산〈生〉 것〈者〉은 반드시〈必〉 죽음〈滅〉

生 살 / 者 것 / 必 반드시 / 滅 죽을 — 생자필멸

＊ 생활검소 生活儉素

살림살이가 사치하지 아니하고 수수함.

참고 사는 것〈生, 活〉이 검소하고〈儉〉 질박한〈素〉 것.

生 살 / 活 살 / 儉 검소할 / 素 질박할 — 생활검소

＊ 석경수마 石慶數馬

한(漢) 나라 석 경(石慶)이 매사에 신중하여 말의 수효를 세어 천자에게 보고하였던 데서, 매우 신중하고 조심스러운 태도를 말함.

참고 석 경〈石慶〉이 말〈馬〉을 셈한〈數〉 것.

石 성 / 慶 경사 / 數 셈 / 馬 말 — 석경수마

＊ 선거유세 選擧遊說

출마자가 돌아 다니며 연설함.

참고 가려〈選〉 빼어 올려지도록〈擧〉 떠돌며〈遊〉 달래는〈說〉 것.

選 가릴 / 擧 빼어 올릴 / 遊 떠돌 / 說 달랠 — 선거유세

＊ 선견지명 先見之明

일을 미리 짐작하는 밝은 지혜.

참고 앞서서〈先〉 내다 보는〈見〉 밝음〈明〉.

先 앞설 / 見 볼 / 之 의 / 明 밝을 — 선견지명

＊ 선공후사 先公後私

공을 먼저 하고 사는 뒤로 함. 공사(公事)는 먼저 하고 사사(私事)는 나중에 함.

참고 여럿〈公〉의 것을 먼저〈先〉 하고 사사〈私〉의 것은 뒤로〈後〉 한다.

先 먼저 / 公 여러 / 後 뒤 / 私 사사 — 선공후사

＊ 선남선녀 善男善女

① 착한 남자와 착한 여자. ② 불법에 귀의(歸依)한 남자와 여자. 신심(信心)이 깊은 사람들.

참고 착한〈善〉 사내〈男〉와 착한〈善〉 여자〈女〉.

善 착할 / 男 사내 / 善 착할 / 女 여자 — 선남선녀

＊ 선유자익 善游者溺

기능(技能)이 뛰어난 자는 그 기능을 믿고 까불다가 오히려 화(禍)를 받는다는 말.

참고 헤엄〈游〉을 잘하는〈善〉 사람〈者〉이 물에 빠진다〈溺〉.

善 잘할 / 游 헤엄칠 / 者 사람 / 溺 빠질 — 선유자닉

＊ 선의후리 先義後利

의리를 더 소중히 하며 이익을 뒤로 함.

참고 의리〈義〉를 먼저〈先〉 하고 이익〈利〉을 뒤〈後〉로 함.

先 먼저 / 義 의리 / 後 뒤 / 利 이익 — 선의후리

＊ 선입관념 先入觀念

애초부터 머리 속에 들어가 있는 고정적인 관념 및 견해. 그것이 자유로운 사고(思考)를 구속하는 경우에 일컬음. 선입관(先入觀).

先 먼저 / 入 들 / 觀 견해 / 念 생각 — 선입관념

참고 먼저〈先〉 들어온〈人〉 견해〈觀〉와 생각〈念〉.

* **선풍도골 仙風道骨**

신선이나 도인(道人)답게 생긴 풍채. 곧 보통 사람보다 뛰어난 풍채(風采).

참고 신선〈仙〉의 풍채〈風〉와 도리〈道〉에 통한 도인의 뼈대〈骨〉.

仙 신선 / 風 풍채 / 道 도리 / 骨 뼈대 — 선풍도골

* **설망어검 舌芒於劍**

혀가 칼보다 날카롭다는 뜻으로, 논봉(論鋒)이 날카로움을 말함.

참고 혀〈舌〉가 칼〈劍〉보다〈於〉 까끄라운〈芒〉(날카로운) 것.

舌 혀 / 芒 까끄라기 / 於 어조사 / 劍 칼 — 설망어검

* **설상가상 雪上加霜**

눈 위에 서리가 덮인다는 뜻으로 불행한 일이 엎친 데 덮쳐서 거듭 일어남을 비유하는 말. 설상 가설(雪上加雪).

참고 눈〈雪〉 위〈上〉에 서리〈霜〉를 더하는〈加〉 것.

雪 눈 / 上 위 / 加 더할 / 霜 서리 — 설상가상

* **설왕설래 說往說來**

서로 변론(辯論)을 주고 받으며 옥신각신함.

참고 말씀〈說〉이 가고〈往〉 말씀〈說〉이 오는〈來〉 것.

說 말씀 / 往 갈 / 說 말씀 / 來 올 — 설왕설래

* **섬섬옥수 纖纖玉手**

가냘프고 고운 여자의 손.

참고 가늘고〈纖〉 가는〈纖〉 옥〈玉〉 같은 손〈手〉.

纖 가늘 / 纖 가늘 / 玉 옥 / 手 손 — 섬섬옥수

* **섬유공업 纖維工業**

동식물의 섬유를 원료로 하는 경공업의 하나. ※ 섬유(纖維):동식물을 조직하는 가느다란 실 모양의 품질. 직물·종이 따위의 원료로 사용됨.

참고 가는〈纖〉 줄〈維〉로 하는 장인〈工〉(기술자)의 업〈業〉(일).

纖 가늘 / 維 줄(끈) / 工 장인 / 業 업 — 섬유공업

* **성실수학 誠實修學**

정성스럽고 참되게 학문을 닦음.

참고 정성스럽고〈誠〉 참되게〈實〉 학문〈學〉을 닦는〈修〉 것.

誠 정성 / 實 참될 / 修 닦을 / 學 학문 — 성실수학

* **성심성의 誠心誠意**

참되고 정성스러운 마음과 뜻.

참고 정성스러운〈誠〉 마음〈心〉과 정성스러운〈誠〉 뜻〈意〉.

誠 정성 / 心 마음 / 誠 정성 / 意 뜻 — 성심성의

* **성하지맹 城下之盟**

항복(降伏)을 말함. 적군에게 수도(首都)의 성하까지 침공(侵攻)을 당하고 맺는 강화(講和)의 약속. ※ 출전:〈左傳〉 楚伏絞大敗之 爲城下之盟而還.

참고 재〈城〉(성) 아래〈下〉의〈之〉 맹세〈盟〉.

城 재, 성. / 下 아래 / 之 의 / 盟 맹세 — 성하지맹

* **성현군자 聖賢君子**

성인과 군자. 곧 지식과 덕망이 뛰어난 사람을 말한다.

참고 성인〈聖〉과 어진 이〈賢〉와 군자〈君子〉.

聖 성인 / 賢 어진이 / 君 군자 / 子 어조사 — 성현군자

* **성호사서 城狐社鼠**

①몸을 안전한 곳에 두고 나쁜 짓을 하는 사람. ②임금 곁에 있는 간신(奸臣)의 무리.

참고 성〈城〉 안에 사는 여우〈狐〉와 토지 신〈社〉을 모신 제단 안에 사는 쥐〈鼠〉.

城 재(성) / 狐 여우 / 社 토지의 신 / 鼠 쥐 — 성호사서

* **세계정세 世界情勢**

세계가 움직여 나가고 있는 형편.

참고 세상〈世〉과 세계〈界〉의 형편〈情〉과 형세〈勢〉.

世 세상 / 界 세계 / 情 형편 / 勢 형세 — 세계정세

*** 세계평화 世界平和**

지구상의 모든 나라가 전쟁이나 무력 충돌 없이 평온하게 지내는 일.

참고 세상〈世〉과 세계〈界〉 안이 화평하고〈平〉 온화한〈和〉 것.

世 세상 세 · 界 세계 계 · 平 화평할 평 · 和 온화할 화

*** 세대교체 世代交替**

젊은 사람이 나이 많은 사람과 교대하여 어떤 일을 맡아 봄.

참고 세대〈世, 代〉가 바뀌는〈交, 替〉 것.

世 세대 세 · 代 세대 대 · 交 바꿀 교 · 替 바꿀 체

*** 세속지인 世俗之人**

①세상의 풍속을 따라 사는 사람.
②세속의 테두리를 벗어나지 못한 사람.

참고 세상〈世〉의 속된〈俗〉 사람〈人〉.

世 세상 세 · 俗 속될 속 · 之 의 지 · 人 사람 인

*** 세입세출 歲入歲出**

세입과 세출. 국가나 지방 자치 단체의 한 회계 연도 동안에 있어서의 총수입(總收入)과 총지출(總支出).

참고 한 해〈歲〉의 들어오는〈入〉 수입과 한 해〈歲〉의 나가는〈出〉 지출.

歲 해 세 · 入 들 입 · 歲 해 세 · 出 날 출

*** 소년이로학난성 少年易老學難成**

소년은 늙기 쉽고 학문은 이루기 어렵다는 말. ※〈朱熹〉 少年易老學難成 一寸光陰不可輕.

참고 젊은〈少〉 나이〈年〉는 늙기〈老〉 쉽고〈易〉 배움〈學〉은 이루기〈成〉 어렵다는〈難〉 것.

少 젊을 소 · 年 나이 년 · 易 쉬울 이 · 老 늙을 로 · 學 배울 학 · 難 어려울 난 · 成 이룰 성

*** 소득증대 所得增大**

소득을 더 늘림.

참고 얻은〈得〉 바〈所〉를 더하여〈增〉 크게〈大〉 하는 것.

所 바 소 · 得 얻을 득 · 增 더할 증 · 大 클 대

*** 소문만복래 笑門萬福來**

웃는 집에 온갖 복이 옴.

참고 웃는〈笑〉 집안〈門〉에 일만〈萬〉(많다는 뜻)의 복〈福〉이 들어 오는〈來〉 것.

笑 웃을 소 · 門 집안 문 · 萬 일만 만 · 福 복 복 · 來 올 래

*** 소양지판 霄壤之判**

천양지차(天壤之差). 하늘과 땅과의 차이처럼 엄청난 차이.

참고 하늘〈霄〉과 땅〈壤〉과 같이 구별이 뚝뚝한〈判〉 것.

霄 하늘 소 · 壤 땅 양 · 之 의 지 · 判 구별이 뚝뚝할 판

*** 소원성취 所願成就**

소원을 달성함. 원하던 바를 이룸.

참고 원하는〈願〉 바〈所〉를 이루는〈成, 就〉 것.

所 바 소 · 願 원할 원 · 成 이룰 성 · 就 이룰 취

*** 소의한식 宵衣旰食**

날이 밝기 전에 옷을 입고 해가 진 뒤에 식사를 한다는 말로 왕이 정사에 힘씀을 말함.

참고 밤〈宵〉(이른 새벽의 뜻)에 옷〈衣〉을 입고 늦게〈旰〉 저녁을 먹는〈食〉 것.

宵 밤 소 · 衣 옷 의 · 旰 늦을 한 · 食 먹을 식

*** 소인묵객 騷人墨客**

시문(詩文)·서화(書畫)를 일삼는 사람.

참고 풍류〈騷〉를 즐기는 사람〈人〉과 먹〈墨〉을 다루는 사람〈客〉.

騷 풍류 소 · 人 사람 인 · 墨 먹 묵 · 客 사람 객

*** 소진장의 蘇秦張儀**

소 진(蘇秦)과 장 의(張儀)처럼 말을 잘 하는 사람을 이르는 말.

참고 소 진〈蘇秦〉과 장 의〈張儀〉 라는 사람.

蘇 깨어날 소 · 秦 진나라 진 · 張 베풀 장 · 儀 거동 의

* **소탐대실 小貪大失**

작은 것을 탐하다가 큰 것을 잃음.

참고 작은〈小〉 것을 탐하다가〈貪〉 큰〈大〉 것을 잃는〈失〉 것.

小 작을 貪 탐할 大 큰 失 잃을 — 소탐대실

* **속수무책 束手無策**

어찌 할 방책(方策)이 없어 손을 묶은 듯이 꼼짝할 수 없음.

참고 손〈手〉이 묶이어〈束〉 계책〈策〉(방법)이 없는〈無〉 것.

束 묶을 手 손 無 없을 策 계책 — 속수무책

* **속전속결 速戰速決**

지구적 장기전(持久的長期戰)을 피하고 결전(決戰)으로써 빨리 전국(戰局)을 결정하려는 일. 속전 즉결(速戰卽決).

참고 빨리〈速〉 싸워서〈戰〉 빨리〈速〉 정하는〈決〉 것.

速 빠를 戰 싸울 速 빠를 決 정할 — 속전속결

* **손자삼요 損者三樂**

인생 삼요(人生三樂) 중 분에 넘치게 즐겨하고, 한가함을 즐겨하고, 주색(酒色)을 즐겨함은 곧 세 가지 손해라는 뜻.

참고 잃어 버릴〈損〉 것〈者〉에 다다르는 세〈三〉 가지의 좋아하는〈樂〉 것.

損 잃을 者 것 三 셋 樂 좋아할 — 손자삼요

* **손해배상 損害賠償**

법률의 규정에 따라 남에게 끼친 손해를 메꾸어 줌. 또는 그 돈이나 물건.

참고 손해〈害〉를 보고 던〈損〉 것을 물어 주어〈賠〉 갚는〈償〉 것.

損 덜 害 손해 賠 물어 줄 償 갚을 — 손해배상

* **송구영신 送舊迎新**

묵은 해를 보내고 새 해를 맞음. 준 송영(送迎).

참고 옛〈舊〉(묵은) 해를 보내고〈送〉 새〈新〉 해를 맞는〈迎〉 것.

送 보낼 舊 예 迎 맞을 新 새 — 송구영신

* **송도삼절 松都三絶**

개성의 세 가지 뛰어난 존재, 곧 박연 폭포(朴淵瀑布)·서 화담(徐花潭)·황 진이(黃眞伊)를 말함.

참고 송도〈松都〉의 세〈三〉 가지 뛰어난〈絶〉 것.

松 솔 都 도읍 三 석 絶 뛰어날 — 송도삼절

* **송양지인 宋襄之仁**

쓸데없는 동정(同情)을 일컫는 말. 적의 형편을 보아 주다가 크게 패한 송(宋) 나라 양공(襄公)의 고사에서 유래.

참고 송 나라〈宋〉 양공〈襄〉의〈之〉 어짐〈仁〉.

宋 송나라 襄 오를 之 의 仁 어질 — 송양지인

* **송죽지절 松竹之節**

소나무, 대나무와 같이 변하지 않는 절개.

참고 솔〈松〉과 대나무〈竹〉의〈之〉 절개〈節〉.

松 솔 竹 대나무 之 의 節 절개 — 송죽지절

* **수광접천 水光接天**

물결에 따라 반사되어 일렁거리는 달빛을 묘사한 말.

참고 물〈水〉 빛〈光〉이 하늘〈天〉에 잇닿은〈接〉 것.

水 물 光 빛 接 이을 天 하늘 — 수광접천

* **수구여병 守口如瓶**

①병에 담아 놓은 듯이 입을 다물고 있다는 뜻으로, 언어에 신중을 기함을 일컫는 말. ②비밀을 잘 지켜서 남에게 알리지 아니함을 일컫는 말.

참고 병〈瓶〉과 같이〈如〉 입〈口〉을 지키는〈守〉 것.

守 지킬 口 입 如 같을 瓶 병 — 수구여병

* **수구초심 首丘初心**

'여우가 죽을 때 머리를 제가 살던 굴로 둔다'는 데서, 고향을 그리워하는 마음을 이름.

참고 머리〈首〉를 언덕〈丘〉으로 돌려 처음

首 머리 丘 언덕 初 처음 心 마음 — 수구초심

〈初〉의 마음〈心〉이 되는 것.

*** 수륙양용 水陸兩用**

물에도 뭍에도 다닐 수 있는 장갑차 같이 쓰임을 말함.
참고 물〈水〉에나 뭍〈陸〉에나 두〈兩〉 곳에서 쓰는〈用〉 것.

水 물 / 陸 뭍 / 兩 두 / 用 쓸 — 수륙량용

*** 수복강녕 壽福康寧**

장수하고 행복하며 건강하고 평안함.
참고 목숨〈壽〉이 길고 복〈福〉이 있고 몸이 튼튼하고〈康〉 편안한〈寧〉 것.

壽 목숨 / 福 복 / 康 몸 튼튼할 / 寧 편안할 — 수복강녕

*** 수불석권 手不釋卷**

손에서 책을 놓지 아니하고 늘 글을 읽음.
참고 손〈手〉에서 책〈卷〉을 놓지〈釋〉 아니함〈不〉.

手 손 / 不 아니할 / 釋 놓을 / 卷 책 권 — 수불석권

*** 수서양단 首鼠兩端**

쥐가 머리를 내밀고 나올까 말까 망설이고 있다는 뜻으로 진퇴를 결정하지 못하고 머뭇거리고 있음을 말함. 진퇴 양난(進退兩難). 진퇴 유곡(進退維谷).
참고 쥐〈鼠〉의 머리〈首〉가 구멍의 두〈兩〉 끝〈端〉에 왔다갔다 함.

首 머리 / 鼠 쥐 / 兩 둘 / 端 끝 — 수서량단

*** 수석침류 漱石枕流**

진나라 손 초(孫楚)가 '돌을 베개로 하고 냇물로 양치질함'이란 말을 '枕石漱流'로 할 것을 착각하여 '漱石枕流'로 말해버렸으나 이를 고치지 않고 '이〈齒〉를 단단하게 하고 귀를 씻기 위해'라는 뜻으로 한 말이라고 고집하였다는 고사. 곧 ① 승벽이 셈을 이르는 말. ② 반대로 틀린 것의 비유.
참고 돌〈石〉로 양치질하고〈漱〉 흐름〈流〉을 베개〈枕〉로 하는 것.

漱 양치질할 / 石 돌 / 枕 베개 / 流 흐를 — 수석침류

*** 수수방관 袖手傍觀**

팔짱을 끼고 보고만 있다는 뜻으로, 직접 손을 내밀어 간섭하지 아니하고 그대로 버려둠을 이르는 말.
참고 손〈手〉을 소매〈袖〉에 넣고 곁〈傍〉에서 보는〈觀〉 것.

袖 소매 / 手 손 / 傍 곁 / 觀 볼 — 수수방관

*** 수신제가 修身齊家**

심신(心身)을 닦고 집안을 다스리는 일.
참고 몸〈身〉을 닦고〈修〉 집안〈家〉을 다스리는〈齊〉 것.

修 닦을 / 身 몸 / 齊 다스릴 / 家 집안 — 수신제가

*** 수어지교 水魚之交**

떨어질래야 떨어질 수 없는 썩 가까운 사이. 아주 친밀하여 떨어질 수 없는 사이.
참고 물〈水〉과 고기〈魚〉의〈之〉 사귐〈交〉.

水 물 / 魚 물고기 / 之 의 / 交 사귈 — 수어지교

*** 수요공급 需要供給**

물품이 필요해서 얻고자 함과 필요한 물품을 대어 주는 일.
참고 구하는〈需, 要〉 것과 그것을 바치어〈供〉 주는〈給〉 것.

需 구할 / 要 구할 / 供 바칠 / 給 줄 — 수요공급

*** 수원숙우 誰怨孰尤**

누구를 원망하고 누구를 탓하랴? 군자는 하늘과 사람을 원망하거나 탓하지 않는다.
참고 누구〈誰〉를 원망하며〈怨〉 누구〈孰〉를 탓하랴〈尤〉?

誰 누구 / 怨 원망할 / 孰 누구 / 尤 탓할 — 수원숙우

*** 수주대토 守株待兎**

① 요행을 바라고 헛되이 세월을 보냄. ② 부질없이 구습(舊習)과 전례(前例)에만 구애(拘碍)되어 시변(時變)에 처(處)하는 것을 모름을 이름.

守 지킬 / 株 그루 / 待 기다릴 / 兎 토끼 — 수주대토

참고 나무 그루〈株〉를 지키며〈守〉 토끼〈兎〉를 기다리는〈待〉 것.

* **수지결산 收支決算**
일정한 기간의 수입과 지출의 결산.
참고 거두고〈收〉 주는〈支〉 것을 셈하여〈算〉 정하는〈決〉 것.
收 거둘 / 支 줄 / 決 정할 / 算 셈할 — 수지결산

* **수지오지자웅 誰知烏之雌雄**
까마귀의 암수를 구별 못하듯이, 옳고 그름을 가릴 수 없음을 이르는 말.
참고 누가〈誰〉 까마귀〈烏〉의〈之〉 암〈雌〉수〈雄〉를 알랴〈知〉?
誰 누구 / 知 알 / 烏 까마귀 / 之 의 / 雌 암컷 / 雄 수컷 — 수지오지자웅

* **수혜균등 受惠均等**
혜택을 다 같이 골고루 받음.
참고 은혜〈惠〉 받음〈受〉이 고르고〈均〉 같은〈等〉 것.
受 받을 / 惠 은혜 / 均 고를 / 等 같을 — 수혜균등

* **숙호충비 宿虎衝鼻**
그대로 가만 두면 아무 일도 없을 것을 공연히 건드려서 위험을 산다는 말. 자기 스스로가 불리(不利)를 자초(自招)한다는 말.
참고 잠자는〈宿〉 범〈虎〉의 코〈鼻〉를 찌르는〈衝〉 것.
宿 잘 / 虎 범 / 衝 찌를 / 鼻 코 — 숙호충비

* **순결무구 純潔無垢**
순결하여 조금도 더러운 티가 없음.
참고 순수하고〈純〉 깨끗하여〈潔〉 더러움〈垢〉이 없는〈無〉 것.
純 순수할 / 潔 깨끗할 / 無 없을 / 垢 더러울 — 순결무구

* **순망치한 脣亡齒寒**
서로 돕고 의지하는 사이에 하나가 망하면 다른 하나도 온전하게 되기 어렵다는 말.
참고 입술〈脣〉이 망하면〈亡〉 이〈齒〉가 찬〈寒〉 것.
脣 입술 / 亡 망할 / 齒 이 / 寒 찰 — 순망치한

* **순풍이호 順風而呼**
바람이 부는 방향으로 소리를 지른다는 뜻이니, 좋은 기회를 타서 일을 행하면 성사하기 쉬움을 말함.
참고 바람〈風〉을 따라〈順〉서〈而〉 부르는〈呼〉 것.
順 따를 / 風 바람 / 而 말이을 / 呼 부를 — 순풍이호

* **승두지리 升斗之利**
대수롭지 아니한 이익.
참고 한 되〈升〉, 한 말〈斗〉의〈之〉 이익〈利〉.
升 되 / 斗 말 / 之 의 / 利 이익 — 승두지리

* **승승장구 乘勝長驅**
싸움에 이긴 기세를 타고 휘몰아치는 일.
참고 이긴〈勝〉 기세를 타고〈乘〉 더욱 길게〈長〉 말을 달리는〈驅〉 것.
乘 탈 / 勝 이길 / 長 길 / 驅 달릴 — 승승장구

* **시국강연 時局講演**
현재 세상의 돌아가는 형편을 여러 공중 앞에서 강의하는 일.
참고 지금 때〈時〉의 돌아가는 형편〈局〉을 강론하고〈講〉 설명하는〈演〉 것.
時 때 / 局 형편 / 講 강론할 / 演 설명할 — 시국강연

* **시기상조 時機尙早**
시기에 아직 이름. 아직 때가 덜 되었다는 말.
참고 때〈時〉와 기회〈機〉가 아직〈尙〉 이른〈早〉 것.
時 때 / 機 기회 / 尙 아직 / 早 이를 — 시기상조

* **시대정신 時代精神**
①한 시대의 사회 인심(人心)의 대부분을 지배하는 정신. 그 시대를 특징짓는 정신. ②그 시대의 전문화(全文化)를 집중(集中)·일관(一貫)하는 지도적(指導的)인 정신적 경향.
時 때 / 代 시대 / 精 마음 / 神 정신 — 시대정신

참고 한 시대〈代〉 때〈時〉의 마음〈精〉과 정신〈神〉.

*** 시비곡직 是非曲直**

옳고 그르고 굽고 곧음. 시비 선악(是非善惡).

참고 옳고〈是〉 그름〈非〉과 굽고〈曲〉 곧은〈直〉 것.

是 옳을 / 非 그를 / 曲 굽을 / 直 곧을 — 시비곡직

*** 시사해설 時事解說**

국내·국제의 중요 시사 문제를 일반 대중을 상대로 알기 쉽게 풀어 설명함. ※ 시사(時事):그 당시에 일어난 일〈社會事象〉.

참고 때〈時〉의 일〈事〉을 풀이한〈解〉 말〈說〉.

時 때 / 事 일 / 解 풀이할 / 說 말씀 — 시사해설

*** 시설완비 施設完備**

베풀어 놓은 설비가 완전히 갖추어져 있음.

참고 베풀〈施, 設〉 것이 완전히〈完〉 갖추어진〈備〉 것.

施 베풀 / 設 베풀 / 完 완전할 / 備 갖출 — 시설완비

*** 시시각각 時時刻刻**

시각마다. 일각 일각(一刻一刻).

참고 때〈時, 時〉와 시각〈刻, 刻〉.

時 때 / 時 때 / 刻 시각 / 刻 시각 — 시시각각

*** 시시비비 是是非非**

①여러 가지의 잘 잘못. ②여러 가지로 서로 옳고 그름을 따지며 다투는 일.

참고 옳은〈是, 是〉 것과 그른〈非, 非〉 것.

是 옳을 / 是 옳을 / 非 그를 / 非 그를 — 시시비비

*** 시위소찬 尸位素餐**

공적(功績)없이 녹(祿)을 받아 무위 도식하는 것.

참고 신주〈尸〉의 자리〈位〉에 앉아서 빈〈素〉(헛됨의 뜻) 밥〈餐〉을 먹는 것.

尸 신주 / 位 자리 / 素 빌(空) / 餐 밥 — 시위소찬

*** 시위운동 示威運動**

많은 사람이 공공연하게 의사(意思)를 표시하며 위력을 나타내는 일. 데먼스트레이션(demonstration).

참고 세력〈威〉을 보이기〈示〉 위해 운전하여〈運〉 움직이는〈動〉 것.

示 보일 / 威 세력 / 運 운전할 / 動 움직일 — 시위운동

*** 시장개척 市場開拓**

상품의 수효 대상지를 새로 넓히는 일.

참고 장〈市〉 마당〈場〉을 개척하여〈開〉 여는〈拓〉 것.

市 장 / 場 마당 / 開 개척할 / 拓 열 — 시장개척

*** 시종여일 始終如一**

처음부터 끝까지 변함 없이 한결 같음.

참고 처음〈始〉과 끝〈終〉이 하나〈一〉 같이〈如〉.

始 처음 / 終 끝 / 如 같을 / 一 하나 — 시종여일

*** 시종일관 始終一貫**

처음부터 끝까지 한결같이 관철(貫徹)함.

참고 처음〈始〉과 끝〈終〉을 하나〈一〉 같이 꿰뚫는〈貫〉 것.

始 처음 / 終 끝 / 一 하나(같을) / 貫 꿰뚫을 — 시종일관

*** 시행착오 試行錯誤**

학습 양식(樣式)의 한 가지. 학습자가 새로운 과제(課題)에 당면하여서, 선천적 또는 후천적으로 알고 있는 여러 동작을 반복(反復)하다가 우연히 성공한 후, 되풀이하던 무익한 동작은 배제(排除)하게 되는 일. 시오법(試誤法).

참고 시험하여〈試〉 행한〈行〉 것에 틀린〈誤〉 것이 섞이는〈錯〉 것.

試 시험할 / 行 행할 / 錯 섞일 / 誤 틀릴 — 시행착오

＊ 시화연풍 時和年豊

나라 안이 태평하고 또 풍년이 듦. 시화 세풍(時和歲豊).
참고 때〈時〉는 온화하고〈和〉 해〈年〉는 풍년이 드는〈豊〉 것.

時 때 시 / 和 온화할 화 / 年 해 년 / 豊 풍년들 풍

＊ 식소사번 食少事煩

①일은 번잡하지만 소득은 별로 없음. ②먹을 것은 적고 할 일은 많음.
참고 먹는〈食〉 것은 적고〈少〉 일〈事〉은 번거로운〈煩〉 것.

食 먹을 식 / 少 적을 소 / 事 일 사 / 煩 번거로울 번

＊ 식이요법 食餌療法

식물의 품질·성분·분량 등을 조절하여서 직접 질병을 치료하거나 예방하는 법. 당뇨법·신장염·고혈압 등에 응용됨.
참고 먹이〈餌〉를 먹는〈食〉 요령으로 병 고치는〈療〉 방법〈法〉.

食 먹을 식 / 餌 먹이 이 / 療 병 고칠 료 / 法 방법 법

＊ 식자우환 識字憂患

글자를 아는 것이 도리어 근심을 사게 된다는 말.
참고 글자〈字〉를 아는〈識〉 것이 오히려 근심〈憂, 患〉.

識 알 식 / 字 글자 자 / 憂 근심 우 / 患 근심 환

＊ 식전방장 食前方丈

사방 한 발이나 되는 큰 상에 호화스러운 음식을 차려 놓는 것.
참고 음식〈食〉이 사람 앞〈前〉에 장〈丈〉(1장은 10자)의 길이로 네모〈方〉 상에 있는것.

食 음식 식 / 前 앞 전 / 方 모(네모) 방 / 丈 장 장

＊ 신문사설 新聞社說

어떤 문제에 대해 신문사의 입장에서 주장하는 논설.
참고 새로운〈新〉 것을 들려주는〈聞〉 단체〈社〉의 언론〈說〉.

新 새로울 신 / 聞 들을 문 / 社 단체 사 / 說 언론 설

＊ 신상필벌 信賞必罰

상을 줄 만한 훈공(勳功)이 있는 자에게는 반드시 상을 주고, 벌할 죄과(罪科)가 있는 자에게는 반드시 벌을 주는 일.
참고 참됨에〈信〉 상주고〈賞〉 죄에는 반드시〈必〉 벌주는〈罰〉 것.

信 참될 신 / 賞 상줄 상 / 必 반드시 필 / 罰 벌줄 벌

＊ 신신부탁 申申付託

거듭 되풀이하며 간절히 부탁하는 것.
참고 거듭〈申, 申〉 청하고〈付〉 부탁함〈託〉.

申 거듭 신 / 申 거듭 신 / 付 청할 부 / 託 부탁할 탁

＊ 신언서판 身言書判

①사람이 갖추어야 할 네 가지 조건. 곧, 신수·말씨·문필(文筆)·판단력. ②옛날부터 인물을 선택하던 네가지 표준. ※ 신수:용모와 풍채.
참고 몸〈身〉(신수)과 말씨〈言〉와 글씨〈書〉와 판단력〈判〉.

身 몸 신 / 言 말씀 언 / 書 글씨 서 / 判 판단할 판

＊ 신체발부 身體髮膚

몸뚱이의 전체.
참고 몸〈身, 體〉과 털〈髮〉과 살갗〈膚〉.

身 몸 신 / 體 몸 체 / 髮 터럭 발 / 膚 살갗 부

＊ 신출귀몰 神出鬼沒

귀신과 같이 홀연히 나타났다가 홀연히 사라짐. 자유 자재로 출몰(出沒)하여 그 변화를 헤아릴 수 없는 일.
참고 귀신〈神〉 같이 나타났다〈出〉 귀신〈鬼〉 같이 없어지는〈沒〉 것.

神 귀신 신 / 出 나타날 출 / 鬼 귀신 귀 / 沒 없을 몰

＊ 실리외교 實利外交

나라의 실제 이익을 위주로 하는 외교.
참고 실제〈實〉 이익〈利〉을 추구하는 외국〈外〉과의 사귐〈交〉.

實 실제 실 / 利 이익 리 / 外 외국 외 / 交 사귈 교

* 실사구시 實事求是

사실에 토대하여 진리를 탐구하는 일.
참고 실제〈實〉의 일〈事〉에서 옳은〈是〉 것을 구하는〈求〉 것.

實 실제 / 事 일 / 求 구할 / 是 옳을 — 실사구시

* 실질숭상 實質崇尙

실제의 본바탕이 되는 것을 높이어 소중하게 여김.
참고 실제〈實〉의 바탕〈質〉을 높이고〈崇〉 숭상하는〈尙〉 것.

實 실제 / 質 바탕 / 崇 높일 / 尙 숭상할 — 실질숭상

* 심기일전 心機一轉

어떠한 동기(動機)에 의하여 이제까지 먹었던 마음을 뒤집듯이 홱 바꿈.
참고 마음〈心〉의 기미〈機〉를 한〈一〉 바퀴 옮기는〈轉〉 것.

心 마음 / 機 기미 / 一 한 / 轉 옮길 — 심기일전

* 심사숙고 深思熟考

깊이 잘 생각함.
참고 깊이〈深〉 생각하고〈思〉 충분히〈熟〉 상고하는〈考〉 것.

深 깊을 / 思 생각할 / 熟 충분할 / 考 상고할 — 심사숙고

* 심산유곡 深山幽谷

깊은 산의 으슥한 골짜기.
참고 깊은〈深〉 뫼〈山〉의 그윽한〈幽〉 골〈谷〉.

深 깊을 / 山 뫼 / 幽 그윽할 / 谷 골 — 심산유곡

* 심신수련 心身修鍊

마음과 몸을 닦아 단련함.
참고 마음〈心〉과 몸〈身〉을 닦고〈修〉 단련하는〈鍊〉 것.

心 마음 / 身 몸 / 修 닦을 / 鍊 단련할 — 심신수련

* 십년지계 十年之計

앞으로 십년을 목표로 한 원대(遠大)한 계획.
참고 열〈十〉 해〈年〉의〈之〉 꾀〈計〉(계획).

十 열 / 年 해 / 之 의 / 計 꾀 — 십년지계

* 십년지기 十年知己

오래 전부터 사귀어 온 친구.
참고 열〈十〉 해〈年〉 동안 자기〈己〉의 마음을 아는〈知〉 것.

十 열 / 年 해 / 知 알 / 己 자기 — 십년지기

* 십맹일장 十盲一杖

같이 요긴한 존재(存在)라는 뜻. 십고 일장(十瞽一杖). 십고 일상(十瞽一相).
참고 열〈十〉 소경〈盲〉에 한〈一〉 지팡이〈杖〉.

十 열 / 盲 소경 / 一 한 / 杖 지팡이 — 십맹일장

* 십목소시 十目所視

여러 사람이 다 같이 보고 있음. 곧 세상 사람을 속일 수 없음을 가리키는 말. ※ 대구(對句):十手所指(십수소지:열 손이 가리키는 바).
참고 열〈十〉 눈〈目〉이 보는〈視〉 바〈所〉.

十 열 / 目 눈 / 所 바 / 視 볼 — 십목소시

* 십벌지목 十伐之木

'열 번 찍어서 아니 넘어가는 나무가 없다'와 같은 뜻.
참고 열〈十〉 번 벤〈伐〉 나무〈木〉.

十 열 / 伐 벨 / 之 의. 이. / 木 나무 — 십벌지목

* 십시일반 十匙一飯

열 사람이 한 술씩 보태면 한 사람 먹을 분량이 된다는 뜻. 여럿이 힘을 합하면 한 사람을 돕기 쉽다는 비유.
참고 열〈十〉 숟가락〈匙〉이면 한〈一〉 밥그릇의 밥〈飯〉이 됨.

十 열 / 匙 숟가락 / 一 한 / 飯 밥 — 십시일반

* 십인십색 十人十色

사람이 좋아하는 것이나 생각하는 바가 저마다 달라 가지각색이란 말.
참고 열〈十〉 사람〈人〉이 열〈十〉 빛〈色〉(색).

十 열 / 人 사람 / 十 열 / 色 빛(색) — 십인십색

	풀이	한자 풀이
* 십일지국 十日之菊	국화는 9월 9일(重陽節)이 한창인데 10일날의 국화는 때가 늦은 것이라는 뜻으로, 어떤 것이나 이미 때가 늦은 것을 이르는 말. 참고 십〈十〉 일〈日〉의〈之〉 국화〈菊〉.	十 열 / 日 날 / 之 의 / 菊 국화 — 십일지국
* 아비규환 阿鼻叫喚	①〈불교〉 아비 지옥(阿鼻地獄)의 고통을 못 참아 울부짖는 소리. ②많은 사람이 지옥과 같은 고통에 견디지 못하여 측은한 소리로 울며 구원을 부르짖는 모양. 참고 아비〈阿鼻:梵語Avici〉 지옥의 부르짖음〈叫, 喚〉.	阿 언덕 / 鼻 코 / 叫 부르짖을 / 喚 부를 — 아비규환
* 아유구용 阿諛苟容	남에게 아첨하여 구차스럽게 구는 모양. 참고 아첨하여〈阿, 諛〉 구차한〈苟〉 얼굴〈容〉(모양).	阿 아첨할 / 諛 아첨할 / 苟 구차할 / 容 얼굴 — 아유구용
* 아전인수 我田引水	제 논에 물대기. 자기에게 이로울 대로만 함. 참고 나〈我〉의 밭〈田〉에 물〈水〉을 끌어〈引〉 들이는 것.	我 나 / 田 밭 / 引 끌 / 水 물 — 아전인수
* 악전고투 惡戰苦鬪	죽을 힘을 다하여 몹시 싸움. 참고 모질고〈惡〉 괴롭게〈苦〉 싸움〈戰, 鬪〉.	惡 모질 / 戰 싸움 / 苦 괴로울 / 鬪 싸울 — 악전고투
* 안고수비 眼高手卑	마음은 크고 눈은 높으나 재주가 없어 따르지 못한다는 뜻. 참고 눈〈眼〉은 높고〈高〉 재주〈手〉는 낮은〈卑〉(低) 것.	眼 눈 / 高 높을 / 手 재주 / 卑 낮을 — 안고수비
* 안녕질서 安寧秩序	공공(公共)의 안녕과 사회의 질서. 참고 편안하고〈安, 寧〉 차례〈秩, 序〉가 바른 것.	安 편안 / 寧 편안할 / 秩 차례 / 序 차례 — 안녕질서
* 안빈낙도 安貧樂道	구차하고 가난한 중에서도 편안한 마음으로 도(道)를 즐김. 참고 가난해도〈貧〉 편안한〈安〉 마음으로 도〈道〉를 즐기는〈樂〉 것.	安 편안 / 貧 가난할 / 樂 즐길 / 道 도 — 안빈락도
* 안심입명 安心立命	①마음을 정하여 모든 일을 하늘에 맡김. 입명(立命). ②〈불교〉 생사(生死)의 도리(道理)를 깨달아 내세(來世)의 안심(安心)을 꾀함. 참고 마음의 중심〈心〉에 하늘의 명령〈命〉을 세워서〈立〉 안존하게〈安〉 사는 것.	安 안존할 / 心 마음, 중심 / 立 세울(설) / 命 명령 — 안심 립명
* 안중무인 眼中無人	자기 밖에 없는 듯이 교만하여 사람을 업신여긴다. 참고 눈〈眼〉 가운데〈中〉 다른 사람〈人〉은 없는〈無〉(안 보이는) 것.	眼 눈 / 中 가운데 / 無 없을 / 人 사람 — 안중무인
* 안투지배 眼透紙背	문장의 내면에 함축된 뜻을 앎. 참고 눈〈眼〉이 종이〈紙〉의 등〈背〉을 통하는〈透〉(속까지 환하게 트이어 통하는) 것.	眼 눈 / 透 통할 / 紙 종이 / 背 등 — 안투지배
* 안하무인 眼下無人	교만해서 모든 사람을 업신여김. 안중무인(眼中無人). 참고 눈〈眼〉 아래〈下〉는 다른 사람〈人〉이 없는〈無〉 것.	眼 눈 / 下 아래 / 無 없을 / 人 사람 — 안하무인
* 암중모색 暗中摸索	①물건 등을 어두움 속에서 더듬어 찾음. ②어림으로 일을 짐작함. 참고 어두움〈暗〉 속〈中〉에서 더듬어 찾는〈摸索〉 것.	暗 어두울 / 中 속 / 摸 더듬어찾을 / 索 찾을 — 암중모색

* **암행어사 暗行御史**

이조 때 방백(方伯)의 치적을 살피고 백성의 질고(疾苦)를 실지로 조사하기 위하여, 왕명으로 비밀히 파견하던 특사.

참고 임금〈御〉이 남 몰래〈暗〉 가게〈行〉 한 사관〈史〉.

暗 남 몰래 암 / 行 갈 행 / 御 임금에 대한 경칭 어 / 史 사관 사

* **앙천대소 仰天大笑**

하늘을 쳐다 보고 크게 웃음.

참고 하늘〈天〉을 우러러 보며〈仰〉 크게〈大〉 웃는〈笑〉 것.

仰 우러러볼 앙 / 天 하늘 천 / 大 큰 대 / 笑 웃을 소

* **애걸복걸 哀乞伏乞**

갖은 수단으로 머리 숙여 자꾸 빌고 원함.

참고 슬프게〈哀〉 빌고〈乞〉 엎드려〈伏〉 비는〈乞〉 것.

哀 슬플 애 / 乞 빌 걸 / 伏 엎드릴 복 / 乞 빌 걸

* **애국애족 愛國愛族**

나라를 사랑하고 겨레를 사랑함. 국가와 민족을 사랑함.

참고 나라〈國〉를 사랑하고〈愛〉 겨레〈族〉를 사랑하는〈愛〉 것.

愛 사랑할 애 / 國 나라 국 / 愛 사랑할 애 / 族 겨레 족

* **애매모호 曖昧模糊**

애매하고 모호함. ※ ① 애매(曖昧): 희미하여 분명하지 못함. ② 모호(模糊): 분명하지 못한 모양.

참고 가리고〈曖〉 어두워〈昧〉 모호함〈模, 糊〉.

曖 가릴 애 / 昧 어두울 매 / 模 모호할 모 / 糊 모호할 호

* **애이불상 哀而不傷**

슬프나 지나치게 마음을 애태우지는 않음.

참고 슬퍼하〈哀〉나〈而〉 마음이 상하지는〈傷〉 않는〈不〉 것.

哀 슬플 애 / 而 어조사 이 / 不 아니할 불 / 傷 상할 상

* **애인여기 愛人如己**

남을 사랑하기를 자기를 사랑하듯 함. 남을 제 몸같이 사랑함.

참고 남〈人〉을 자기〈己〉와 같이〈如〉 사랑하는〈愛〉 것.

愛 사랑할 애 / 人 남(딴) 인 / 如 같을 여 / 己 자기 기

* **애지중지 愛之重之**

매우 사랑하고 귀중히 여김.

참고 이〈之〉를 사랑하고〈愛〉 이〈之〉를 중히 여기는〈重〉 것.

愛 사랑할 애 / 之 이(이것) 지 / 重 중히 여길 중 / 之 이(이것) 지

* **애친경장 愛親敬長**

부모(父母)를 사랑하고 어른을 공경함.

참고 어버이(親)를 사랑하고〈愛〉 어른〈長〉을 공경하는〈敬〉 것.

愛 사랑 애 / 親 어버이 친 / 敬 공경할 경 / 長 어른 장

* **애타주의 愛他主義**

다른 사람의 행복의 증진을 도덕상 행위(行爲)의 표준으로 삼는 주의, 또는 입장.

참고 남〈他〉을 사랑함〈愛〉이 가장 옳은〈義〉 일이라고 주장하는〈主〉 것.

愛 사랑할 애 / 他 남(딴) 타 / 主 주장할 주 / 義 옳을 의

* **약방감초 藥房甘草**

한약의 첩약에 잘 끼이어 들어가는 감초처럼 무슨 일에나 참례하고 꼭 쓰임을 이르는 말.

참고 약〈藥〉 방〈房〉의 단〈甘〉 풀〈草〉.

藥 약 약 / 房 방 방 / 甘 달 감 / 草 풀 초

* **약석지언 藥石之言**

다른 사람의 비행을 훈계하는 말. ※ 약석(藥石): ① 약과 침. ② 약제의 총칭. 또는 치료의 뜻.

참고 돌〈石〉 같이 굳고 약〈藥〉같이 몸에 이로운 말〈言〉.

藥 약 약 / 石 돌 석 / 之 의 지 / 言 말씀 언

* **약육강식 弱肉强食**

약한 자는 강한 자에게 먹힘.

참고 약한〈弱〉 것의 고기〈肉〉를 강한〈强〉 것이 먹는〈食〉 것.

弱 약할 약 / 肉 고기 육 / 强 강할 강 / 食 먹을 식

* **약자선수 弱者先手**

장기나 바둑을 둘 때에 수가 약한 사람이 먼저 두는 일.

참고 약한〈弱〉 사람〈者〉이 먼저〈先〉 손〈手〉을 쓰는 것.

弱 약할 약 / 者 사람 자 / 先 먼저 선 / 手 손 수

* **양궁거시 揚弓擧矢**

활과 화살을 높이 듦. 곧 승리를 비유하는 말.

참고 활〈弓〉을 들어 올리고〈揚〉 화살〈矢〉을 빼어 올림〈擧〉.

揚 올릴 양 / 弓 활 궁 / 擧 빼어 올릴 거 / 矢 화살 시

* **양궁난장 良弓難張**

좋은 활은 당기기 어려우나 멀리 가고 깊이 박힐 수 있다는 말.

참고 좋은〈良〉 활〈弓〉은 당기기〈張〉 어려운〈難〉 것.

良 좋을 량 / 弓 활 궁 / 難 어려울 난 / 張 당길 장

* **양금택목 良禽擇木**

양사(良士)는 임금의 어질고 어리석음을 잘 파악한 후에 섬긴다는 비유.

※ 〈속담〉: '새도 가지를 가려 앉는다'

참고 좋은〈良〉 새〈禽〉는 나무〈木〉를 가려〈擇〉 앉음.

良 좋을 량 / 禽 날짐승 금 / 擇 가릴 택 / 木 나무 목

* **양두구육 羊頭狗肉**

'양의 대가리를 내어놓고 실은 개고기를 팖'. 겉으로는 훌륭하게 내세우나 속은 변변치 않음.

참고 양〈羊〉 머리〈頭〉를 보이고 개〈狗〉 고기〈肉〉를 파는 것.

羊 양 양 / 頭 머리 두 / 狗 개 구 / 肉 고기 육

* **양상군자 梁上君子**

도둑.

참고 들보〈梁〉〈대들보〉 위의 군자〈君〉의 신분인 사람〈子〉.

梁 들보 량 / 上 윗 상 / 君 군자 군 / 子 사람 자

* **양수집병 兩手執餠**

두 손에 떡을 쥔 격으로, 가지기도 어렵고 버리기도 어려운 경우를 가리키는 말.

참고 두〈兩〉 손〈手〉에 떡〈餠〉을 잡은〈執〉 것

兩 둘 량 / 手 손 수 / 執 잡을 집 / 餠 떡 병

* **양입정출 量入定出**

수입을 헤아려 보고 지출을 정함.

참고 들어옴〈入〉을 헤아려〈量〉 나감〈出〉을 정하는〈定〉 것.

量 헤아릴 량 / 入 들어올 입 / 定 정할 정 / 出 나갈 출

* **양출정입 量出定入**

지출을 헤아려 보고 수입을 정함.

참고 나감〈出〉을 헤아려〈量〉 들어옴〈入〉을 정하는〈定〉 것.

量 헤아릴 량 / 出 나갈 출 / 定 정할 정 / 入 들어올 입

* **양호유환 養虎遺患**

화근을 길러 근심을 산다는 말.

참고 범〈虎〉을 길러〈養〉 근심〈患〉을 남기는〈遺〉 것.

養 기를 양 / 虎 범 호 / 遺 남길 유 / 患 근심 환

* **어두육미 魚頭肉尾**

물고기는 대가리 쪽이 맛이 있고, 짐승의 고기는 꼬리 쪽이 맛이 있다는 말. 어두 봉미(魚頭鳳尾).

참고 물고기〈魚〉는 머리〈頭〉 쪽이, 짐승 고기〈肉〉는 꼬리〈尾〉 쪽.

魚 물고기 어 / 頭 머리 두 / 肉 고기 육 / 尾 꼬리 미

* **어로불변 魚魯不辨**

매우 무식함. 어(魚)자와 노(魯)자를 구별 못할 정도로 무식함.

참고 어〈魚〉자와 노〈魯〉자를 분별하지〈辨〉 못하는〈不〉 것.

魚 물고기 어 / 魯 어리석을 로 / 不 못할 불 / 辨 분별할 변

* **어부지리 漁夫之利**

도요새와 무명조개가 다투는 틈을 타서 둘 다 잡은 어부처럼, ① 쌍방이 싸우는 틈을 이용하여 제삼자가 애쓰지 않고 이득을 가로챔을 이르는 말. ②뜻하지 않는 사람이 이(利)를 얻는

漁 고기잡을 어 / 夫 사내 부 / 之 의 지 / 利 이익 리

다는 말의 비유. 어인지공(漁人之功)
참고 고기잡는〈漁〉 사내〈夫〉의〈之〉 이익〈利〉

* 어불성설 語不成說

말이 조금도 이치에 맞지 아니함.
참고 말하는〈語〉 것이 언론〈說〉(체계 있는 말)을 이루지〈成〉 못하는〈不〉 것.

語 말할 어
不 못할 불
成 이룰 성
說 언론 설

* 어용상인 御用商人

관아 또는 부호에게 물건을 용달하는 장수. ※ 어용(御用):① 임금이 씀. ② 정부에서 씀.
참고 임금〈御〉에 쓰이는〈用〉 장사〈商〉하는 사람〈人〉.

御 임금에 대한 경칭. 어
用 쓸 용
商 장사 상
人 사람 인

* 억조창생 億兆蒼生

수 많은 백성. 만민(萬民). ※ 창생(蒼生):백성이 많은 것을 초목(草木)이 푸르게 무성히 자라 퍼지는 데 비유하여 이른 말. 창맹(蒼氓).
참고 억〈億〉과 조〈兆〉의 수많은 푸른〈蒼〉(※ 풀같이 푸른) 백성〈生〉.

億 억 억
兆 조 조
蒼 푸를 창
生 백성 생

* 언론자유 言論自由

개인이 그 사상이나 의견을 언론에 의하여 발표하는 자유. 근대적인 헌법이 기본적 인권으로서 보장하는 자유의 하나. 표현(表現)의 자유.
참고 말하고〈言〉 논의하는〈論〉 것은 스스로〈自〉에 말미암은〈由〉(① 거치어 오는. ② 인연하는. ③ 관계되는.) 것.

言 말할 언
論 논의할 론
自 스스로 자
由 말미암을 유

* 언문일치 言文一致

실제로 쓰는 말과 글로 적은 말이 일치함.
참고 말〈言〉과 글〈文〉이 같게〈一〉 이르는〈致〉 것.

言 말 언
文 글월 문
一 같을 일
致 이를 치

* 언선사후 言先事後

말을 먼저하고 일은 뒤로 미룸. 말만 앞섬.
참고 말〈言〉이 먼저〈先〉이고 일〈事〉은 뒤〈後〉에 하는 것.

言 말씀 언
先 먼저 선
事 일 사
後 뒤 후

* 언어도단 言語道斷

말문이 막힌다는 뜻으로, 어이가 없어 이루 말로 나타낼 수 없음을 이르는 말. 언어 동단(言語同斷).
참고 상대편이 하는 말씀〈言, 語〉이 도리〈道〉를 끊음〈斷〉.

言 말씀 언
語 말씀 어
道 도리 도
斷 끊을 단

* 언중유골 言中有骨

예사로운 말 속에 단단한 속뜻이 들어 있다는 말.
참고 말〈言〉 속〈中〉에 뼈〈骨〉가 있는〈有〉 것.

言 말 언
中 속 중
有 있을 유
骨 뼈 골

* 언즉시야 言則是也

말인즉 사리에 맞음.
참고 말하는〈言〉 것이 곧〈則〉 옳은〈是〉 것이니라〈也〉.

言 말할 언
則 곧 즉
是 옳을 시
也 어조사 야

* 언행일치 言行一致

하는 말과 행동이 같음.
참고 말〈言〉과 행함〈行〉이 같게〈一〉 이르는〈致〉 것.

言 말 언
行 행할 행
一 같을 일
致 이를 치

* 여리박빙 如履薄冰

매우 위태로운 상태나 매우 조심스런 행동을 이름.
참고 엷은〈薄〉 얼음〈冰〉을 밟는〈履〉 것과 같은〈如〉 것.

如 같을 여
履 밟을 리
薄 엷을 박
冰 얼음 빙

* 여민동락 與民同樂

임금이 백성과 함께 즐김. 여민 해락(與民偕樂).
참고 백성〈民〉과 더불어〈與〉 함께〈同〉 즐기는〈樂〉 것.

與 더불어 여
民 백성 민
同 함께 동
樂 즐길 락

*** 여세추이 與世推移**

세상이 변하는 대로 따라서 변하는 일. 여세 부침(與世浮沈).

참고 세상〈世〉과 더불어〈與〉 옮기고〈推〉 바꾸는〈移〉 것.

與 더불어 여
世 세상 세
推 옮길 추
移 바꿀 이

*** 여출일구 如出一口**

여러 사람의 말이 한결 같음. 이구동성(二口同聲).

참고 한〈一〉 입〈口〉에서 나오는〈出〉 것과 같은〈如〉 것.

如 같을 여
出 날 출
一 한 일
口 입 구

*** 여필종부 女必從夫**

아내는 반드시 남편에게 순종 하여야 함.

참고 계집〈女〉은 반드시〈必〉 남편〈夫〉을 좇아야〈從〉 함.

女 계집 녀
必 반드시 필
從 좇을 종
夫 남편 부

*** 역성혁명 易姓革命**

①왕조가 바뀌는 일. ②고래로 중국에서 왕조 교체(王朝交替)에 대하여 가지고 있는 사상. 유교의 정치 사상 가운데서 완성 되었음. 제왕이 부덕(不德)하여 민심을 잃으면 다른 유덕자(有德者)가 천명을 받아 부덕한 왕조를 넘어뜨리고 새로운 왕조를 세워도 좋다고 하는 사상. 역세 혁명(易世革命).

참고 성씨〈姓〉를 바꾸어〈易〉 천명〈命〉(백성의 운수)를 고치는〈革〉 것.

易 바꿀 역
姓 성 성
革 고칠 혁
命 천명 명

*** 역지사지 易之思之**

처지를 바꾸어서 생각함.

참고 이〈之〉(이것)를 바꾸어서〈易〉 이〈之〉(이것)를 생각함〈思〉.

易 바꿀 역
之 이 지
思 생각할 사
之 이 지

*** 연목구어 緣木求魚**

도저히 불가능한 일을 굳이 하려 함을 비유하는 말.

참고 나무〈木〉에 인연하여〈緣〉 물고기〈魚〉를 구하는〈求〉 것.

緣 인연 연
木 나무 목
求 구할 구
魚 물고기 어

*** 연비어약 鳶飛魚躍**

자연스럽게 하늘에 솔개가 날고 물속에 고기가 뛰노는 것과 같이, 천지조화(天地造化)의 작용이 오묘(奧妙: 심오하고 미묘)함을 말함.

참고 솔개〈鳶〉가 날고〈飛〉 물고기〈魚〉가 뛰는〈躍〉 것.

鳶 솔개 연
飛 날 비
魚 물고기 어
躍 뛸 약

*** 연비연비 聯臂聯臂**

①여러 겹의 간접적인 소개로. ②연줄 연줄로.

참고 팔〈臂〉과 팔〈臂〉을 잇고〈聯〉 이어서〈聯〉

聯 이을 련
臂 팔 비
聯 이을 련
臂 팔 비

*** 연전연승 連戰連勝**

싸울 때마다 연달아 이김. 연전 연첩(連戰連捷).

참고 연하여〈連〉 싸워〈戰〉 연하여〈連〉 이기는〈勝〉 것.

連 연할(이을) 련
戰 싸울 전
連 연할 련
勝 이길 승

*** 연중무휴 年中無休**

한 해 동안에 하루도 쉬지 않음.

참고 한 해〈年〉 가운데〈中〉 쉼〈休〉이 없는〈無〉 것.

年 해 년
中 가운데 중
無 없을 무
休 쉴 휴

*** 염화미소 拈華微笑**

〈불교〉 문자나 말에 의하지 않고 마음에서 마음으로 전하는 일을 일컫는 말, 이심 전심(以心傳心). '점화 미소'로도 발음함. 염화 시중(拈華示衆)

참고 꽃〈華〉을 따서〈拈〉 몰래〈微〉(크게 드러내지 않고) 웃는〈笑〉 것.

拈 딸 점념
華 꽃 화
微 몰래 미
笑 웃을 소

* **염화시중 拈華示衆**
'점화 시중'으로도 발음함. 이심 전심(以心傳心)으로 묘지(妙旨)를 알게 함. 염화 미소(拈華微笑).
참고 꽃〈華〉을 따서〈拈〉 무리〈衆〉에게 보이는〈示〉 것.
拈 딸 넘 / 딸 점, 華 꽃 화, 示 보일 시, 衆 무리 중

* **영고성쇠 榮枯盛衰**
개인이나 사회의 성하고 쇠함이 서로 뒤바뀌는 현상.
참고 영화로움〈榮〉이 마르고〈枯〉 성한〈盛〉 것이 쇠하는〈衰〉(약하여지는) 것.
榮 영화로울 영, 枯 마를 고, 盛 성할 성, 衰 쇠할 쇠

* **영해향진 影骸響震**
몹시 겁이 많은 것.
참고 그림자〈影〉를 해골〈骸〉로 착각하고, 울리는 소리〈響〉에도 두려워하는〈震〉 것.
影 그림자 영, 骸 해골 해, 響 울리는 소리 향, 震 두려워할 진

* **예괴악붕 禮壞樂崩**
세상이 어지러움을 비유한 말.
참고 예도〈禮〉가 무너지고〈壞〉 풍류〈樂〉도 무너지는〈崩〉 것.
禮 예도 례, 壞 무너질 괴, 樂 풍류 악, 崩 산 무너질 붕

* **오곡백과 五穀百果**
온갖 곡식과 과일. ※ 五穀:① 쌀·보리·조·콩·기장의 다섯 가지 곡식. ②곡식의 총칭.
참고 다섯〈五〉 가지 곡식〈穀〉과 일백〈百〉 가지 과일〈果〉.
五 다섯 오, 穀 곡식 곡, 百 일백 백, 果 과실 과

* **오리무중 五里霧中**
짙은 안개 속에서 길을 찾기 어려운 것 같이 무슨 일에 대하여 알 길이 없음을 일컫는 말.
참고 다섯〈五〉 이수〈里〉에 걸쳐 있는 안개〈霧〉 속〈中〉.
五 다섯 오, 里 이수 리, 霧 안개 무, 中 속 중

* **오만무도 傲慢無道**
태도나 행동이 건방지고 버릇이 없음.
참고 거만하여〈傲,慢〉 도〈道〉(사람이 행할 바른 길)가 없는〈無〉 것.
傲 거만할 오, 慢 거만할 만, 無 없을 무, 道 도리 도

* **오매불망 寤寐不忘**
자나 깨나 잊지 못함.
참고 자나〈寐〉 깨나〈寤〉 잊지〈忘〉 못하는〈不〉 것.
寤 깰 오, 寐 잘 매, 不 못할 불, 忘 잊을 망

* **오비삼척 吾鼻三尺**
내 코가 석자다. 자기의 곤궁이 심하여 남의 사정을 돌아볼 여지가 없음을 일컫는 말.
참고 내〈吾〉 코〈鼻〉가 석〈三〉 자〈尺〉.
吾 나 오, 鼻 코 비, 三 석 삼, 尺 자 척

* **오비이락 烏飛梨落**
우연한 일치로 남의 혐의를 받게 됨을 비유하는 말. '까마귀 날자 배 떨어지다'
참고 까마귀〈烏〉 날자〈飛〉 배〈梨〉가 떨어지는〈落〉 것.
烏 까마귀 오, 飛 날 비, 梨 배 리, 落 떨어질 락

* **오상고절 傲霜高節**
서릿발이 심한 속에서도 굴하지 않고 외로이 지키는 절개의 뜻으로, '국화(菊花)'를 비유하는 말.
참고 오만한〈傲〉 서리〈霜〉가 내려도 높은〈高〉 절개〈節〉를 지킴.
傲 오만할 오, 霜 서리 상, 高 높을 고, 節 절개 절

* **오십보백보 五十步百步**
피차의 차이는 있으나 본질적으로는 같다는 뜻. 오십보 소백보(五十步笑百步). ㊀ 오십 소백(五十笑百).
참고 오십〈五十〉 걸음〈步〉의 도망과 일백〈百〉 걸음〈步〉의 도망.
五 다섯 오, 十 열 십, 步 걸음 보, 百 일백 백, 步 걸음 보

* 오월동주 吳越同舟

서로 적의(敵意)를 품은 자들이 같은 처지나 한 자리에 놓임을 가리키는 말.

참고 오〈吳〉 나라 사람과 월〈越〉 나라 사람이 같은〈同〉 배〈舟〉에 탐.

吳 나라이름 오
越 나라이름 월
同 같을 동
舟 배 주

* 오장육부 五臟六腑

내장의 총칭. 즉 오장과 육부. ※ ① 五臟:다섯 가지 내장(內臟). 곧 간장·심장·비장·폐장·신장. ② 六腑:담(膽)·위(胃)·소장(小腸)·대장(大腸)·방광(膀胱)·삼초(三焦)의 여섯 가지 내장(內臟) 기관의 총칭.

참고 다섯〈五〉 가지 오장〈臟〉과 여섯〈六〉 가지 육부〈腑〉.

五 다섯 오
臟 오장 장
六 여섯 륙
腑 육부 부

* 오합지중 烏合之衆

까마귀 떼와 같이 모인 무리. 규칙도 없고 통일성도 없는 군중.

참고 까마귀〈烏〉들의 모임〈合〉의〈之〉 무리〈衆〉.

烏 까마귀 오
合 모을 합
之 의 지
衆 무리 중

* 옥상가옥 屋上架屋

물건이나 일을 부질없이 거듭함을 두고 하는 말.

참고 집〈屋〉 위〈上〉에 또 집〈屋〉을 건너지르는〈架〉(설치하는) 것.

屋 집 옥
上 위 상
架 건너지를 가
屋 집 옥

* 옥오지애 屋烏之愛

그 사람을 사랑하면 그의 집 지붕에 있는 까마귀까지도 사랑스럽게 보인다는 뜻으로, 지극한 애정을 말함.

참고 집〈屋〉 위의 까마귀〈烏〉에의〈之〉 사랑〈愛〉.

屋 집 옥
烏 까마귀 오
之 의 지
愛 사랑할 애

* 온고지신 溫故知新

옛 것을 익히고 그것으로 미루어서 새 것을 앎.

참고 옛〈故〉 것을 복습하여〈溫〉 새〈新〉 것을 아는〈知〉 것.

溫 복습할 온
故 옛 고
知 알 지
新 새 신

* 와각지쟁 蝸角之爭

사소한 일로 서로 다투는 것의 비유. 좁은 세상에서 싸우는 일.

참고 달팽이〈蝸〉 뿔〈角〉 위의〈之〉 다툼〈爭〉.

蝸 달팽이 와
角 뿔 각
之 의 지
爭 다툴 쟁

* 와신상담 臥薪嘗膽

섶에 눕고 쓸개를 맛본다는 뜻으로, 원수를 갚으려고 괴롭고 어려움을 참고 견딤을 말함.

참고 섶 나무〈薪〉에 눕고〈臥〉 쓸개〈膽〉를 맛보는〈嘗〉 것.

臥 누울 와
薪 섶나무. 땔나무. 신
嘗 맛볼 상
膽 쓸개 담

* 완보소요 緩步逍遙

느린 걸음으로 슬슬 거닐어 돌아 다님.

참고 느린〈緩〉 걸음〈步〉으로 거니는〈逍, 遙〉 것.

緩 느릴 완
步 걸음 보
逍 거닐 소
遙 거닐 요

* 완충지대 緩衝地帶

대립하는 두 나라 또는 그 이상의 나라의 충돌(衝突)을 완화시키기 위하여 설치한 중립 지대(中立地帶).

참고 부딪침〈衝〉을 부드럽게〈緩〉 하는 땅〈地〉의 띠〈帶〉(허리띠 같이 둘리는 것).

緩 부드러울 완
衝 부딪칠 충
地 땅 지
帶 띠 대

* 왈가왈부 曰可曰否

어떤 일에 옳거니, 옳지 않거니 하고 말함.

참고 가로되〈曰〉(말하되) 옳으니〈可〉, 가라사대〈曰〉 그렇지 아니〈否〉하다느니 함.

曰 가로 왈
可 옳을 가
曰 가로 왈
否 아니 부

* 왕래부절 往來不絶

끊임없이 가고 오고함.

참고 가고〈往〉 옴〈來〉이 끊어지지〈絶〉 아니하는〈不〉 것.

往 갈 왕
來 올 래
不 아니할 부
絶 끊을 절

* **외국차관 外國借款**

국제간의 자금 대차(貸借). 보통 경제적·정치적 목적으로 행하여지는데, 정부 차관과 민간 차관이 있으며, 흔히 경제적 이권(利權)이 부여됨.

참고 바깥〈外〉 나라〈國〉와 조문〈款〉(조목)을 쓰고 돈을 빌리는〈借〉 것.

外 바깥 / 國 나라 / 借 빌 / 款 조문(조목) — 외국차관

* **외유내강 外柔內剛**

겉은 부드럽고 순한 듯 보이나 속은 꿋꿋하고 곧음.

참고 바깥〈外〉은 부드럽고〈柔〉 속〈內〉은 굳센〈剛〉 것.

外 바깥 / 柔 부드러울 / 內 속 / 剛 굳셀 — 외유내강

* **외허내실 外虛內實**

겉은 비어 힘이 없는 것 처럼 보이나 안으로는 내용이 옹골참(실속 있게 꽉 참).

참고 밖으로는〈外〉 빈〈虛〉(비었는) 것 같으나 안〈內〉은 찬〈實〉 것.

外 바깥 / 虛 빌 / 內 안 / 實 찰 — 외허내실

* **외화획득 外貨獲得**

수입을 확충(擴充)할 자금을 얻기 위하여 수출을 늘이어 필요한 외화를 얻는 일.

참고 외국〈外〉의 화폐〈貨〉를 얻는〈獲, 得〉 것.

外 외국 / 貨 화폐 / 獲 얻을 / 得 얻을 — 외화획득

* **요미걸련 搖尾乞憐**

개가 꼬리를 흔들어서 알찐거림. 곧 간사하고 아첨 잘 함을 가리키는 말.

참고 꼬리〈尾〉를 흔들며〈搖〉 불쌍히 여김〈憐〉을 비는〈乞〉(구걸하는) 것.

搖 흔들 / 尾 꼬리 / 乞 빌 / 憐 불쌍히 여길 — 요미걸련

* **요산요수 樂山樂水**

산수(山水)를 즐김. 자연을 즐김.

참고 뫼〈山〉를 좋아하고〈樂〉 물〈水〉을 좋아하는〈樂〉 것.

樂 좋아할 / 山 뫼 / 樂 좋아할 / 水 물 — 요산요수

* **요원지화 燎原之火**

요원의 불길. 곧 미처 막을 사이 없이 퍼지는 세력.

참고 불타는〈燎〉 벌판〈原〉의〈之〉 불〈火〉.

燎 불탈 / 原 벌판 / 之 이(이것) / 火 불 — 료원지화

* **요조숙녀 窈窕淑女**

안존(安存)한 여자. 마음이나 용모가 정숙하고 아름다운 여자.

참고 안존하고〈窈〉(안온하고 얌전함) 얌전한〈窕〉, 착한〈淑〉 계집〈女〉.

窈 안존할 / 窕 얌전할 / 淑 착할 / 女 계집 — 요조숙녀

* **요지부동 搖之不動**

조금도 움직이지 아니함. 흔들어도 꿈쩍 아니함.

참고 흔들어도〈搖〉 움직이지〈動〉 아니하는〈不〉 것.

搖 흔들 / 之 의 / 不 아니 / 動 움직일 — 요지부동

* **요하대도 腰下帶刀**

칼을 찬다는 말이니, 곧 무장(武將)이 되는 것을 말함. ※ 요하(腰下): ①허리의 부근. ②허리춤.

참고 이〈之〉(이것)을 흔들어도〈搖〉 움직이지 아니〈不〉함.

腰 허리 / 下 아래 / 帶 찰 / 刀 칼 — 요하대도

* **욕구불만 欲求不滿**

욕심껏 구하고자하는 마음을 채우지 못함.

참고 욕심〈欲〉 내어 구하는〈求〉 것이 차지〈滿〉 못하는〈不〉 것.

欲 욕심 / 求 구할 / 不 못할 / 滿 찰 — 욕구불만

* **욕속부달 欲速不達**

일을 너무 급히 서두르면 도리어 이루지 못한다는 말.

참고 빨리〈速〉 하고자하면〈欲〉 이루지〈達〉 못하는〈不〉 것.

欲 하고자할 / 速 빠를 / 不 못할 / 達 이룰 — 욕속부달

* **용감무쌍 勇敢無雙**

용기가 있어 사물에 임하여 과감함이 짝이 없음.

참고 날쌔고〈勇〉 용감스러움〈敢〉이 짝〈雙〉이 없음〈無〉.

勇 날쌜 / 敢 용감스러울 / 無 없을 — 용감무

雙 짝. 둘. 쌍

*** 용두사미**
龍頭蛇尾

처음은 성(盛)하나 끝이 부진(不振)한 형상을 비유한 말.
참고 용〈龍〉의 머리〈頭〉에 뱀〈蛇〉의 꼬리〈尾〉

龍 용 룡
頭 머리 두
蛇 뱀 사
尾 꼬리 미

*** 용미봉탕**
龍尾鳳湯

맛이 썩 좋은 음식의 비유.
참고 용〈龍〉의 꼬리〈尾〉와 봉황〈鳳〉을 끓인〈湯〉 것.

龍 용 룡
尾 꼬리 미
鳳 봉황 봉
湯 끓일 탕

*** 용봉지자**
龍鳳之姿

뛰어난 인물의 비유.
참고 용〈龍〉과 봉황〈鳳〉의〈之〉 맵시〈姿〉(모양의 뜻).

龍 용 룡
鳳 봉황 봉
之 의 지
姿 맵시 자

*** 용사비등**
龍蛇飛騰

용이 움직이는 것같이 아주 활기(活氣) 있는 필력(筆力)을 가리키는 말.
참고 용〈龍〉과 뱀〈蛇〉이 하늘로 날아〈飛〉 오르는〈騰〉 것.

龍 용 룡
蛇 뱀 사
飛 날 비
騰 오를 등

*** 용양호시**
龍驤虎視

용처럼 날뛰고 범 같은 눈초리로 봄. 곧 영웅(英雄)의 용감스러운 태도를 비유하는 말.
참고 용〈龍〉이 뛰고〈驤〉 범〈虎〉이 보는〈視〉 것.

龍 용 룡
驤 말 뛸(뛸) 양
虎 범 호
視 볼 시

*** 용의주도**
用意周到

마음의 준비가 두루 미쳐 빈틈이 없음.
참고 뜻〈意〉(생각)의 씀씀이〈用〉가 두루 미쳐〈周〉 주밀한〈到〉 것.

用 쓸 용
意 뜻(생각) 의
周 두루 미칠 주
到 주밀할 도

*** 용전여수**
用錢如水

돈을 물처럼 흔하게 씀.
참고 돈〈錢〉을 물〈水〉과 같이〈如〉 쓰는〈用〉 것.

用 쓸 용
錢 돈 전
如 같을 여
水 물 수

*** 우범지대**
虞犯地帶

범죄가 일어날 수 있다고 우려되는 지대.
참고 범함〈犯〉(죄)이 근심되는〈虞〉 땅〈地〉의 띠〈帶〉(허리띠 같은).

虞 근심할 우
犯 범할(죄) 범
地 땅 지
帶 띠 대

*** 우수마발**
牛溲馬勃

①하찮은 물건. 아주 소용없는 글이나 물건. ②품질이 아주 나빠 가치 없는 약의 원료.
참고 소〈牛〉 오줌〈溲〉과 말〈馬〉똥〈勃〉.

牛 소 우
溲 오줌 수
馬 말 마
勃 똥 발

*** 우왕좌왕**
右往左往

이리 저리 왔다 갔다함.
참고 오른쪽〈右〉으로 갔다〈往〉 왼쪽〈左〉으로 갔다〈往〉 하는 것.

右 오른쪽 우
往 갈 왕
左 왼쪽 좌
往 갈 왕

*** 우유부단**
優柔不斷

어물어물하며 딱 잘라서 결단하지 아니함.
참고 성질이 부드럽고〈柔〉 머뭇거려〈優〉 결단하지〈斷〉 아니 함〈不〉.

優 머뭇거릴 우
柔 부드러울 유
不 아니할 부
斷 결단할 단

*** 우이독경**
牛耳讀經

'쇠귀에 경 읽기'와 같음. 아무리 가르치고 일러 주어도 알아 듣지 못하여 효과가 없음을 이르는 말.
참고 소〈牛〉의 귀〈耳〉에다 경서〈經〉를 읽어〈讀〉 주는 것.

牛 소 우
耳 귀 이
讀 읽을 독
經 경서 경

*** 우주여행**
宇宙旅行

우주선을 타고 우주 공간을 여행함.
참고 천지 사방〈宇〉의 하늘〈宙〉을 나그네〈旅〉로 다니는〈行〉 것.

宇 천지 사방 우
宙 하늘 주
旅 나그네 려
行 다닐 행

* **우후죽순**
雨後竹筍

비 온 뒤에 죽순이 쑥쑥 나오듯이, 어떠한 일이 한 때에 많이 일어나는 것.
참고 비〈雨〉 뒤〈後〉의 대나무〈竹〉 싹〈筍〉.

雨 비
後 뒤
竹 대
筍 대싹(죽순)
우후죽순

* **원교근공**
遠交近攻

먼 나라와 사귀어 가까운 나라를 치는 국책(國策)의 하나.
참고 멀리〈遠〉는 사귀고〈交〉 가까이〈近〉는 치는〈攻〉 것.

遠 멀
交 사귈
近 가까울
攻 칠
원교근공

* **원시시대**
原始時代

문화가 아직 발달되지 못한 미개한 시대. 원인 시대(原人時代).
참고 근원〈原〉이 비롯된〈始〉 때〈時〉의 시대〈代〉.

原 근원
始 비롯할
時 때
代 시대
원시시대

* **원형이정**
元亨利貞

①사물의 근원되는 도리. ②역학(易學)에서 말하는 천도(天道)의 네 가지 원리. '원(元)'은 봄이니 만물의 시초요, '형(亨)'은 여름이니 만물이 잘 자라고, '이(利)'는 가을이니 만물이 이루어지고, '정(貞)'은 겨울이니 만물을 거두는 것을 뜻함.
참고 시작〈元〉(처음)부터 형통하여〈亨〉 이롭고〈利〉 바른〈貞〉 것.

元 처음, 시작
亨 형통할
利 이로울
貞 곧을, 바를
원형이정

* **원화소복**
遠禍召福

화를 멀리 하고, 복을 불러 들임.
참고 재앙〈禍〉을 멀리 하고〈遠〉 복〈福〉을 부르는〈召〉 것.

遠 멀
禍 재앙
召 부를
福 복
원화소복

* **월조소남지**
越鳥巢南枝

고향을 그리워함. ※ 대구(對句): 호마 의북풍(胡馬依北風).
참고 남쪽에 있는 월 나라〈越〉 새〈鳥〉는 남쪽〈南〉으로 뻗은 가지〈枝〉에 깃들임〈巢〉.

越 나라 이름
鳥 새
巢 새 깃들일
南 남녘
枝 가지
월조소남지

* **월하빙인**
月下氷人

'월하 노인(月下老人)과 빙인(氷人)의 합성어'로, 남녀의 인연을 맺어 준다는 전설의 노인.
참고 달〈月〉빛 아래〈下〉에서 얼음〈氷〉같이 찬(※ 공평한) 태도로 남녀를 중매하는 사람〈人〉.

月 달
下 아래
氷 얼음
人 사람
월하빙인

* **위국대절**
爲國大節

나라를 위하여 목숨을 바쳐 지키는 절개.
참고 나라〈國〉를 위하는〈爲〉 큰〈大〉 절개〈節〉.

爲 위할
國 나라
大 큰
節 절개
위국대절

* **위기일발**
危機一髮

조금도 여유가 없이 위급한 고비에 다다른 순간.
참고 털〈髮〉 하나〈一〉에 올라선 것과 같이 위태로운〈危〉 기회〈機〉.

危 위태할
機 기회
一 한
髮 터럭
위기일발

* **위편삼절**
韋編三絶

'공자가 주역(周易)을 탐독하여 책맨 끈이 여러 번 끊어졌다'는 고사에서, 독서에 힘씀을 일컫는 말.
참고 가죽〈韋〉으로 책을 맨 끈〈編〉이 세〈三〉번 끊어지는〈絶〉 것.

韋 가죽
編 책 맨 끈
三 석
絶 끊을
위편삼절

* **유구무언**
有口無言

입은 있으나 말이 없다는 뜻으로, 변명할 말이 없거나 변명을 못함을 이름.
참고 입〈口〉이 있으나〈有〉 말〈言〉은 없는〈無〉 것.

有 있을
口 입
無 없을
言 말
유구무언

* **유능제강 柔能制剛**

부드러운 것이 오히려 억센 것을 이김.

참고 부드러움〈柔〉이 능히〈能〉 강함〈剛〉을 억누르는〈制〉 것.

柔 부드러울 유 / 能 능히 할 능 / 制 누를 제 / 剛 강할 강

* **유만부동 類萬不同**

여러 가지가 많다하여도 서로 달라 같지 아니함.

참고 종류〈類〉가 일만〈萬〉이지만, 같지〈同〉 아니한〈不〉 것.

類 종류 류 / 萬 일만 만 / 不 아니 부 / 同 같을 동

* **유명무실 有名無實**

이름만 있고 실상은 없음.

참고 이름〈名〉만 있고〈有〉 사실〈實〉은 없는〈無〉 것.

有 있을 유 / 名 이름 명 / 無 없을 무 / 實 사실 실

* **유무상통 有無相通**

있고 없는 것을 서로 융통(融通)함.

참고 있고〈有〉 없는〈無〉 것을 서로〈相〉 통하게〈通〉 하는 것.

有 있을 유 / 無 없을 무 / 相 서로 상 / 通 통할 통

* **유방후세 流芳後世**

명예를 후세까지 전함.

참고 뒤〈後〉 세대〈世〉에 빛난 이름〈芳〉을 퍼지게〈流〉 함.

流 세상에 퍼질 류 / 芳 이름 빛날 방 / 後 뒤 후 / 世 세대 세

* **유비무환 有備無患**

준비가 있으면 걱정이 없음.

참고 준비〈備〉가 있으면〈有〉 근심〈患〉이 없는〈無〉 것.

有 있을 유 / 備 준비할 비 / 無 없을 무 / 患 근심 환

* **유시무종 有始無終**

시작은 있고 결말이 없음.

참고 처음〈始〉은 있으나〈有〉 마침〈終〉이 없는〈無〉 것.

有 있을 유 / 始 처음 시 / 無 없을 무 / 終 마칠 종

* **유신과업 維新課業**

유신을 위하여 부과되는 과제. ※ 유신(維新):①모든 것이 개혁되어 새롭게 됨. ②묵은 제도를 아주 새롭게 고침.

참고 새롭게〈新〉 지탱하기〈維〉 위하여 부과되는〈課〉 업〈業〉.

維 지탱할 유 / 新 새로울 신 / 課 부과할 과 / 業 업 업

* **유아독존 唯我獨尊**

①이 세상에 내가 제일 높다는 말. ②※ 불교의 '천상 천하 유아독존(天上天下唯我獨尊)'에서 나온 말.

참고 오직〈唯〉 나〈我〉만이 홀로〈獨〉 높은〈尊〉 것.

唯 오직 유 / 我 나 아 / 獨 홀로 독 / 尊 높을 존

* **유야무야 有耶無耶**

있는지 없는지 흐리멍덩한 모양.

참고 있는가〈有耶〉, 없는가〈無耶〉? ※ 야〈耶〉:의문을 나타내는 조사〈助詞〉.

有 있을 유 / 耶 어조사 야 / 無 없을 무 / 耶 어조사 야

유언비어 流言蜚語

도무지 근거 없이 널리 퍼진 소문.

참고 바퀴〈蜚〉(벌레)가 숨어서 마구 퍼지듯, 날아서 세상에 퍼지는〈流〉 말씀〈言, 語〉.

流 세상에 퍼질 류 / 言 말씀 언 / 蜚 바퀴 날 비 / 語 말씀 어

* **유유낙낙 唯唯諾諾**

고분고분하게 말을 잘 들음. 명령하는대로 순종하여 응낙함.

참고 대답하여〈唯, 唯〉 허락하는〈諾, 諾〉 것.

唯 대답할 유 / 唯 대답할 유 / 諾 허락할 낙 / 諾 허락할 낙

* **유유상종 類類相從**

동류(同類)끼리 서로 내왕하며 사귐.

참고 무리〈類〉는 무리〈類〉끼리 서로〈相〉 좇는〈從〉(따르는) 것.

類 무리 류 / 類 무리 류 / 相 서로 상 / 從 좇을 종

*** 유일무이 唯一無二**

오직 하나 뿐이고 둘도 없음.
참고 오직〈唯〉 하나〈一〉이고 둘〈二〉이 없는〈無〉 것.

唯 오직 / 一 하나 / 無 없을 / 二 둘 — 유일무이

*** 유종지미 有終之美**

어떠한 일의 결과가 훌륭하게 됨을 가리키는 말.
참고 마침〈終〉의〈之〉 아름다움〈美〉이 있는〈有〉 것.

有 있을 / 終 마칠 / 之 의 / 美 아름다울 — 유종지미

*** 유지사성 有志事成**

무엇인가를 이루어 내겠다고 목표를 두고 꾸준히 노력하면 마침내 그 뜻대로 이루어 냄.
참고 뜻〈志〉이 있으면〈有〉 일〈事〉이 이루어지는〈成〉 것.

有 있을 / 志 뜻 / 事 일 / 成 이룰 — 유지사성

*** 유해무익 有害無益**

해는 있으되 이익은 없음.
참고 손해〈害〉는 있고〈有〉 이익〈益〉은 없는〈無〉 것.

有 있을 / 害 손해 / 無 없을 / 益 이익 — 유해무익

*** 유형무형 有形無形**

①유형과 무형. ②형체의 있고 없음이 분명치 아니함.
참고 형상〈形〉이 있는〈有〉 것과 형상〈形〉이 없는〈無〉 것.

有 있을 / 形 형상 / 無 없을 / 形 형상 — 유형무형

*** 육해공군 陸海空軍**

육군과 해군과 공군. 곧 삼군(三軍).
참고 육지〈陸〉와 바다〈海〉와 공중〈空〉의 군사〈軍〉.

陸 육지 / 海 바다 / 空 공중 / 軍 군사 — 륙해공군

*** 윤회생사 輪廻生死**

〈불교〉 수레바퀴가 돌고 돌아 끝이 없는 것과 같이, 중생(衆生)의 영혼은 육체와 같이 멸하지 않고 전전(轉轉)하여 무시 무종(無始無終)으로 돈다는 일. 약 윤회(輪廻).
참고 살고〈生〉 죽는〈死〉 것은 수레 바퀴〈輪〉처럼 돌고 도는〈廻〉 것을 되풀이 하는 것.

輪 바퀴 / 廻 돌 / 生 살 / 死 죽을 — 륜회생사

*** 윤회전생 輪廻轉生**

윤회 생사(輪廻生死)와 같은 말. 불교에서 말함을 더 깊게 말하면, 중생(衆生)이 사집(邪執)·유견(謬見)·번뇌(煩腦)·업(業) 등으로 인하여 삼계육도(三界六道)에 죽어서는 다시 나고 또 다시 죽으며 생사를 끝 없이 반복해 감을 이름.
참고 나는〈生〉 것이 수레 바퀴〈輪〉처럼 돌고〈廻〉 도는〈轉〉 것.

輪 바퀴 / 廻 돌 / 轉 돌(구를) / 生 날 — 륜회전생

*** 은인자중 隱忍自重**

마음 속에 감추어 참고 견디면서 신중하게 행동함.
참고 숨기고〈隱〉 참으며〈忍〉 스스로〈自〉를 중히 여기는〈重〉 것.

隱 숨을 / 忍 참을 / 自 스스로 / 重 중히 여길 — 은인자중

*** 음덕양보 陰德陽報**

남 모르게 쌓은 덕은 후일 버젓하게 복을 받게 마련임.
참고 그늘〈陰〉(남 몰래)에서 쌓은 덕〈德〉이 볕〈陽〉(남이 알게)에서 갚음〈報〉을 받음.

陰 그늘. 몰래. / 德 덕 / 陽 볕. 드러낼. / 報 갚을 — 음덕양보

*** 음풍농월 吟風弄月**

맑은 바람과 밝은 달에 대하여 시를 짓고 즐겁게 놂. 음풍 영월(吟風咏月) 준 풍월(風月).
참고 바람〈風〉을 읊고〈吟〉 달〈月〉을 즐기는〈弄〉 것.

吟 읊을 / 風 바람 / 弄 즐길 / 月 달 — 음풍롱월

*** 음회세위 飮灰洗胃**

악한 마음을 고쳐 선(善)으로 돌아온다는 말.

참고 재〈灰〉를 마셔〈飮〉 위〈胃〉 속의 오물을 씻어 내는〈洗〉 것.

飮 마실 / 灰 재 / 洗 씻을 / 胃 위 — 음회세위

*** 의관장세 依官杖勢**

관리가 직권을 남용하여 민폐를 끼침. 세도를 부림.

참고 벼슬〈官〉에 의지하여〈依〉 몽둥이〈杖〉를 휘두르며 권세〈勢〉를 부리는 것.

依 의지할 / 官 벼슬 / 杖 몽둥이 / 勢 권세 — 의관장세

*** 의기양양 意氣揚揚**

득의(得意)한 마음이 얼굴에 나타나는 모양.

참고 뜻〈意〉(마음)의 기운〈氣〉이 얼굴에 드러나는〈揚, 揚〉 것.

意 뜻 / 氣 기운 / 揚 드러낼 / 揚 드러낼 — 의기양양

*** 의기충천 意氣衝天**

득의(得意)한 마음이 하늘을 찌를듯이 솟아 오름.

참고 뜻〈意〉의 기운〈氣〉이 하늘〈天〉을 찌르는〈衝〉 것.

意 뜻 / 氣 기운 / 衝 찌를 / 天 하늘 — 의기충천

*** 의미심장 意味深長**

말이나 글의 뜻이 매우 깊음.

참고 생각〈意〉과 뜻〈味〉이 깊고〈深〉 뛰어난〈長〉 것.

意 생각 / 味 뜻 / 深 깊을 / 長 뛰어날 — 의미심장

*** 의식구조 意識構造**

역사적·사회적으로 규정되는 사상·감정·이론·견해 등을 일컫는 말.

참고 뜻〈意〉과 아는 것〈識〉이 얽히어〈構〉 마음을 지은〈造〉(만든) 것.

意 뜻 / 識 알 / 構 얽을 / 造 지을 — 의식구조

*** 의식족이지예절 衣食足而知禮節**

사람은 경제력이 넉넉해야 인사·체면을 차릴 수 있다는 말.

참고 입을 옷〈衣〉과 먹을〈食〉 것이 넉넉〈足〉하여야〈而〉 예도〈禮〉와 절개〈節〉를 안다는〈知〉 것.

衣 옷 입을 / 食 먹을 / 足 넉넉할 / 而 말이을 / 知 알 / 禮 예도 / 節 절개 — 의식족이지례절

*** 의심생암귀 疑心生暗鬼**

의심이 있으면 있지도 않은 두려운 가해자를 상상하여 괴로와 함. 의심을 하기 시작하면 한정이 없다는 말.

참고 마음〈心〉에 의심〈疑〉이 나면 분명하지 못한〈暗〉 귀신〈鬼〉이 생기는〈生〉 것.

疑 의심할 / 心 마음 / 生 날 / 暗 분명하지 못할 / 鬼 귀신 — 의심생암귀

*** 의인물용 疑人勿用**

사람을 의심하거든 쓰지 말라. ※〈對句〉 용인 물의(用人勿疑) : 일단(一旦) 쓴 사람이거든 의심하지 말라.

참고 사람〈人〉이 의심나거든〈疑〉 쓰지〈用〉 말라〈勿〉.

疑 의심할 / 人 사람 / 勿 말 / 用 쓸 — 의인물용

*** 이관규천 以管窺天**

소견이 좁은 것을 비유하는 말. 정저지와(井底之蛙).

참고 내롱〈管〉으로써〈以〉 하늘〈天〉을 엿보는〈窺〉 것.

以 써 / 管 대롱 / 窺 엿볼 / 天 하늘 — 이관규천

*** 이구동성 異口同聲**

여러 사람의 말이 한결 같음. 이구동음(異口同音). 여출 일구(如出一口).

참고 입〈口〉은 다르되〈異〉 소리〈聲〉(말)는 같은〈同〉 것.

異 다를 / 口 입 / 同 같을 / 聲 소리, 말. — 이구동성

*** 이덕복인 以德服人**

덕으로써 남을 복종시킴.

참고 덕〈德〉으로써〈以〉 남〈人〉을 복종시키는〈服〉 것.

以 써 / 德 덕 / 服 복종할 / 人 남 — 이덕복인

*** 이란투석 以卵投石**

알로 돌을 친다는 말로, 당할 수 없거나, 번번히 실패함을 가리키는 말.
참고 알〈卵〉(계란 따위)로써〈以〉 돌〈石〉에 던지는〈投〉 것.

以 써 / 卵 알 / 投 던질 / 石 돌 — 이란투석

*** 이사위한 以死爲限**

죽음을 각오하고서 일을 하여 나아감.
참고 죽음〈死〉으로써〈以〉 한정으로〈限〉(한계로, 끝으로) 하는〈爲〉(삼는) 것.

以 써 / 死 죽을 / 爲 하 / 限 한정 — 이사위한

*** 이상동몽 異床同夢**

다른 침상에서 같은 꿈을 꾼다는 말로, 다른 처지에서 같은 뜻을 가짐의 비유. 반 동상 이몽(同床異夢).
참고 다른〈異〉 잠자리〈床〉에서 같은〈同〉 꿈〈夢〉을 꾸는 것.

異 다를 / 床 잠자리 / 同 같을 / 夢 꿈꿀 — 이상동몽

*** 이상실현 理想實現**

이루어 보려는 최고의 목표를 실제로 현실화하여 나타냄.
참고 이치〈理〉에 닿는 생각〈想〉을 실제로〈實〉 나타내는〈現〉 것.

理 이치 / 想 생각 / 實 실제 / 現 나타날 — 리상실현

*** 이심전심 以心傳心**

말이나 글에 의하지 아니하고 마음에서 마음으로 전달함. 심심 상인(心心相印).
참고 마음〈心〉으로써〈以〉 마음〈心〉에 전하는〈傳〉 것.

以 써 / 心 마음 / 傳 전할 / 心 마음 — 이심전심

*** 이역천리 異域千里**

①고국이 아닌 머나먼 이국(異國)의 땅. ②제 고장이 아닌 먼 딴 곳. 멀리 떨어진 다른 시골.
참고 일천〈千〉 이수〈里〉 떨어진 다른〈異〉 구역〈域〉(지경).

異 다를 / 域 구역 / 千 일천 / 里 이수 — 이역천리

*** 이열치열 以熱治熱**

냉은 냉으로 때우고 열은 열로 침과 같은 뜻. 곧 힘은 힘으로 물리침.
참고 열〈熱〉로써〈以〉 열〈熱〉을 다스리는〈治〉 것.

以 써 / 熱 열 / 治 다스릴 / 熱 열 — 이열치열

*** 이왕지사 已往之事**

이미 지나간 일. 이과지사(已過之事).
참고 이미〈已〉 간〈往〉(지나간) 일〈事〉.

已 이미 / 往 갈 / 之 의 / 事 일 — 이왕지사

*** 이용후생 利用厚生**

세상의 편리와 살림의 이익을 꾀하는 일. 곧 백성이 사용하는 기구(器具) 등을 편리하게 하고 의식(衣食)을 풍부하게 하며 생계(生計)에 부족함이 없도록 함.
참고 이롭게〈利〉 쓰고〈用〉 삶〈生〉을 두텁게〈厚〉 하는 것.

利 이로울 / 用 쓸 / 厚 두터울 / 生 살. 삶. — 리용후생

*** 이율배반 二律背反**

서로 모순(矛盾)되는 두 개의 명제(命題). 곧 정립(定立)과 반립(反立)이 동등(同等)한 권리로서 주장됨.
참고 두〈二〉 법〈律〉이 서로 등지고〈背〉 반대하는〈反〉 것.

二 두 / 律 법 / 背 등질 / 反 반대할 — 이률배반

*** 이전투구 泥田鬪狗**

굳은 의지와 투지. 몹시 끈질긴 성질과 행동을 비유한 말.
참고 진흙〈泥〉 밭〈田〉에서 싸우는〈鬪〉 개〈狗〉.

泥 진흙 / 田 밭 / 鬪 싸울 / 狗 개 — 니전투구

*** 이중인격 二重人格**

의식의 통일이 분열하여 둘의 전연 연락이 없는 의식의 체계를 가진 변태 심리의 현상. 동시에 활동치 않고 하나가 활동할 때는 다른 것은 잠재함.
참고 두〈二〉개의 겹친〈重〉 인격〈人〉의 품위

二 둘 / 重 겹칠 / 人 사람인격 / 格 품위 — 이중인격

〈格〉.

* **이팔청춘 二八靑春**

16세 전후의 젊은이. ㊜ 이팔(二八). ※ 二八 : 2×8＝16.
참고 여덟〈八〉의 두〈二〉 곱의 젊은〈靑〉 봄〈春〉.

二 두 / 八 여덟 / 靑 젊을 / 春 봄 — 이팔청춘

* **이하부정관 李下不整冠**

남에게 의심 살 만한 일은 아예 하지 말라는 뜻임. ※ 대구(對句) : 과전 불납리(瓜田不納履).
참고 오얏나무〈李〉 아래〈下〉에서는 갓〈冠〉을 가지런하지〈整〉 않을〈不〉 것임.

李 오얏 / 下 아래 / 不 아니 / 整 가지런할 / 冠 갓 — 리하부정관

* **이해득실 利害得失**

이익과 손해와 얻음과 잃음.
참고 이익〈利〉과 손해〈害〉와 얻음〈得〉과 잃음〈失〉.

利 이익 / 害 손해 / 得 얻을 / 失 잃을 — 리해득실

* **이해상반 利害相半**

이익과 손해가 반반으로 맞섬.
참고 이익〈利〉과 손해〈害〉가 서로〈相〉 절반〈半〉씩인 것.

利 이익 / 害 손해 / 相 서로 / 半 반. 절반. — 리해상반

* **익자삼우 益者三友**

①사귀어 자기에게 유익한 세 가지 풍류의 벗. ②사귀어서 자기에게 유익한 세 벗. 곧 정직한 사람·신의 있는 사람·지식 있는 사람. ※〈論語 季子篇〉·益者三友 損者三友 : 교우(交友)에 세 가지 이익과 세 가지의 손해가 있다는 말.
참고 유익한〈益〉 것〈者〉은 세〈三〉 벗〈友〉임.

益 유익할 / 者 것 / 三 세 / 友 벗 — 익자삼우

* **인도주의 人道主義**

인격의 평등과 인류의 공존을 이상으로 하는 주의. 박애적 정신에 의하여 인류의 공존·공영을 꾀하는 것을 이상으로 하는 주의. humanism.
참고 사람〈人〉의 바른 도리〈道〉(길)를 주장하는〈主〉 의리〈義〉(정의).

人 사람 / 道 도리. 길. / 主 주장할 / 義 의리. 정의. — 인도 주의

* **인류공영 人類共榮**

세계 안의 모든 사람이 서로 함께 번영함.
참고 사람〈人〉의 무리〈類〉가 함께〈共〉 영화롭게〈榮〉 되는 것.

人 사람 / 類 무리 / 共 함께 / 榮 영화로울 — 인류공영

* **인류공존 人類共存**

세계 온 인류가 함께 생존함.
참고 사람〈人〉의 무리〈類〉가 함께〈共〉 살아가고 있는〈存〉 것.

人 사람 / 類 무리 / 共 함께 / 存 있을 — 인류공존

* **인류평등 人類平等**

모든 사람은 차별 없이 권리·의무 등이 고르고 가지런함.
참고 사람〈人〉의 무리〈類〉가 평평하고〈平〉 같은〈等〉 것.

人 사람 / 類 무리 / 平 평평할 / 等 같을 — 인류평등

* **인면수심 人面獸心**

얼굴 외양은 사람 꼴을 하고 있으나 마음은 짐승과 같음. 곧 마음이나 행동이 몹시 흉악함. 또는 그 사람.
참고 사람〈人〉의 얼굴〈面〉에 짐승〈獸〉의 마음〈心〉.

人 사람 / 面 얼굴 / 獸 짐승 / 心 마음 — 인면수심

* **인명재천 人命在天**

사람의 살고 죽음이 모두 하늘에 매여 있음.
참고 사람〈人〉 목숨〈命〉은 하늘〈天〉에 달려 있음〈在〉.

人 사람 / 命 목숨 / 在 있을 / 天 하늘 — 인명재천

* **인무원려필유근우** 人無遠慮必有近憂

눈 앞의 이익에 집착하지 말고 먼 앞날을 내다보며 현실을 살아 나가야 함을 충고하는 말.

참고 사람〈人〉은 멀리〈遠〉를 생각함〈慮〉이 없으면〈無〉 반드시〈必〉 가까이〈近〉에 근심〈憂〉이 있음〈有〉.

人 사람 인 / 無 없을 무 / 遠 멀 원 / 慮 생각할 려 / 必 반드시 필 / 有 있을 유 / 近 가까울 근 / 憂 근심 우

* **인사불성** 人事不省

①정신을 잃고 의식을 모름. 불성 인사(不省人事). ②사람으로서의 예절을 차릴 줄을 모름.

참고 사람〈人〉의 일〈事〉을 살피지〈省〉 못하는〈不〉 것.

人 사람 인 / 事 일 사 / 不 못할 불 / 省 살필 성

* **인사유명** 人死留名

사람은 죽어도 이름은 남겨진다는 말로, 그 삶이 헛되지 않으면 방명(芳名)은 길이 남는다는 말. ※ 비슷한 말:호사 유피(虎死留皮).

참고 사람〈人〉이 죽으면〈死〉 이름〈名〉을 머무르게〈留〉(남기게) 됨.

人 사람 인 / 死 죽을 사 / 留 머무를 류 / 名 이름 명

* **인산인해** 人山人海

사람이 헤아릴 수 없이 많이 모인 상태.

참고 사람〈人〉으로 이루어진 메〈山〉, 사람〈人〉으로 이루어진 바다〈海〉.

人 사람 인 / 山 메. 산 산 / 人 사람 인 / 海 바다 해

* **인생무상** 人生無常

사람의 삶은 한이 있어 덧없음.

참고 사람〈人〉의 삶〈生〉이란 것은 항상〈常〉 그대로인 것이 없음〈無〉.

人 사람 인 / 生 삶 생 / 無 없을 무 / 常 항상 상

* **인순고식** 因循姑息

낡은 습관이나 폐단을 벗어나지 못하고 눈앞의 안일만을 취함.

참고 이어 받은〈因〉 대로 좇아서〈循〉 아직〈姑〉까지 쉬고〈息〉 있는 상태.

因 이어 받을 인 / 循 좇을 순 / 姑 아직 고 / 息 쉴. 살 식

* **인인성사** 因人成事

남의 힘으로 일을 이룸.

참고 남〈人〉으로 인하여〈因〉 일〈事〉을 이루는〈成〉 것.

因 인할 인 / 人 남(딴) 인 / 成 이룰 성 / 事 일 사

* **인자무적** 仁者無敵

어진 사람은 모든 사람이 그를 따르므로 적이 없음.

참고 어진〈仁〉 사람〈者〉은 원수〈敵〉가 없음〈無〉.

仁 어질 인 / 者 사람 자 / 無 없을 무 / 敵 원수 적

* **인자요산** 仁者樂山

인자(仁者)는 의리에 밝고 중후하여 변하지 않음이 마치 산과 같으므로 산을 좋아함.

참고 어진〈仁〉 사람〈者〉은 메〈山〉를 좋아함〈樂〉.

仁 어질 인 / 者 사람 자 / 樂 좋아할 요 / 山 메 산

* **인재양성** 人材養成

사람으로 하여금 학식과 능력이 뛰어나게 되겠금 교육하는 일. 교육함.

참고 사람〈人〉의 재목〈材〉을 길러〈養〉 이루는〈成〉 것.

人 사람 인 / 材 재목 재 / 養 기를 양 / 成 이룰 성

* **인지상정** 人之常情

사람이 보통 가질 수 있는 인정(人情).

참고 사람〈人〉의〈之〉 보통〈常〉 정〈情〉.

人 사람 인 / 之 의 지 / 常 보통 상 / 情 정 정

* **일각천금** 一刻千金

극히 짧은 시각도 천금처럼 아깝고 귀중함.

참고 한〈一〉 시각〈刻〉이 일천〈千〉 금〈金〉.

一 한 일 / 刻 시각 각 / 千 일천 천 / 金 금 금

* 일거수일투족 一擧手一投足	사소한 데 이르기까지의 하나하나의 동작. 참고 손〈手〉 한〈一〉 번 드는〈擧〉 것과 발〈足〉 한〈一〉 번 던지는〈投〉(옮기는) 것.	一 한 일 擧 들 거 手 손 수 一 한 일 投 던질 투 足 발 족
* 일거양득 一擧兩得	한 가지 일을 하여 두 가지의 이익을 거둠을 이름. 일전 쌍조(一箭雙鳥). 일석 이조(一石二鳥). 참고 한〈一〉 번 행하여〈擧〉 둘〈兩〉을 얻는〈得〉 것.	一 한 일 擧 행할 거 兩 두 량 得 얻을 득
* 일거일동 一擧一動	아주 사소한 동작. 참고 한〈一〉 번 행하는〈擧〉 것과 한〈一〉 번 움직이는〈動〉 것.	一 한 일 擧 행할 거 一 한 일 動 움직일 동
* 일구월심 日久月深	날이 오래고 달이 깊어짐. 곧 골똘히 바람을 이름. 참고 날〈日〉이 오래고〈久〉 달〈月〉이 깊은〈深〉 것.	日 날 일 久 오랠 구 月 달 월 深 깊을 심
* 일구이언 一口二言	한 입으로 두 가지 말을 함. 곧 말을 이랬다 저랬다 함을 이름. 일구 양설(一口兩舌). 참고 한〈一〉 입〈口〉으로 두〈二〉 말〈言〉을 하는 것.	一 한 일 口 입 구 二 두 이 言 말씀 언
* 일기당천 一騎當千	①무예가 썩 뛰어남을 비유하는 말. ②아주 힘이 셈. 참고 한〈一〉 사람의 말 탄 군사〈騎〉가 천〈千〉 사람을 당하는〈當〉 것.	一 한 일 騎 말 탄 군사 기 當 당할 당 千 일천 천
* 일기지욕 一己之慾	제 한 몸의 욕심. 자기만의 욕심. 참고 오로지〈一〉 자기 몸〈己〉의〈之〉 욕심〈慾〉.	一 오로지 일 己 자기. 몸. 기 之 의 지 慾 욕심 욕
* 일난풍화 日暖風和	날씨가 따뜻하고 바람이 부드러움. 참고 날〈日〉은 따뜻하고〈暖〉 바람〈風〉은 순함〈和〉.	日 날. 해. 일 暖 따뜻할 난 風 바람 풍 和 순할 화
* 일대영웅 一代英雄	한 시대의 크게 뛰어난 인물. 참고 한〈一〉 시대〈代〉에 재주도 뛰어나고〈英〉 사람됨도 뛰어난〈雄〉 것.	一 한 일 代 시대 대 英 재주 뛰어날 영 雄 뛰어날 웅
* 일도양단 一刀兩斷	칼로 쳐서 두 동강이를 내듯이 사물을 선뜻 결정함을 이름. 일도 할단(一刀割斷). 참고 한〈一〉 칼〈刀〉에 두〈兩〉 조각으로 끊는〈斷〉 것.	一 한 일 刀 칼 도 兩 두 량 斷 끊을 단
* 일련탁생 一蓮托生	①좋든지 나쁘든지 행동·운명을 같이 함. ②〈불교〉 죽은 뒤 함께 극락 왕생(極樂往生)하여, 같은 연대(蓮臺)에 몸을 의탁(依托)함. 참고 한〈一〉 연〈蓮〉(연꽃)에 여러 작은 꽃잎(꽃부리의 낱 조각. 곧 화엽—花葉)이 삶〈生〉을 맡기는〈托〉 것.	一 한 일 蓮 연. 연밥. 련 托 맡길 탁 生 살 생
* 일망타진 一網打盡	한꺼번에 모조리 잡음. 참고 한〈一〉 그물〈網〉을 쳐서〈打〉 다〈盡〉 잡는 것.	一 한 일 網 그물 망 打 칠 타

盡 다할 진

* 일맥상통 一脈相通

①솜씨나 성격 등이 서로 비슷함. ②생각·처지·상태 등이 한 줄기 서로 통함.

참고 하나〈一〉의 맥〈脈〉(줄기)이 서로〈相〉 통하는〈通〉 것.

一 한 / 脈 맥, 줄기. / 相 서로 / 通 통할 — 일맥상통

* 일명경인 一鳴驚人

한 번 일을 하기 시작하면 세상 사람을 깜짝 놀라게 할만큼 성과를 올림.

참고 한 번〈一〉 울면〈鳴〉 사람〈人〉을 놀라게 하는〈驚〉 것.

一 한 / 鳴 울 / 驚 놀랄 / 人 사람 — 일명경인

* 일목요연 一目瞭然

한 번 보고 곧 환하게 알 수 있음.

참고 한〈一〉 눈〈目〉에 밝은〈瞭〉 모양〈然〉 ※ '然'은 상태를 나타내는 접미사.

一 한 / 目 눈 / 瞭 밝을 / 然 (접미사—상태) — 일목료연

* 일부일처 一夫一妻

한 남편과 한 아내. 곧 한 부부. 일부 일부(一夫一婦).

참고 한〈一〉 남편〈夫〉에 한〈一〉 아내〈妻〉.

一 한 / 夫 남편 / 一 한 / 妻 아내 — 일부일처

* 일사불란 一絲不亂

질서(秩序)가 정연(整然)하여 조금도 어지러움이 없음.

참고 한〈一〉 오리의 실〈絲〉도 어지러움〈亂〉이 없는〈不〉 것.

一 한 / 絲 실 / 不 없을 / 亂 어지러울 — 일사불란

* 일사천리 一瀉千里

①강물의 수세(水勢)가 빨라서 한 번 흘러 천 리(千里) 밖에 다다름. ②사물(事物)이 거침 없이 속히 진행(進行)됨. ③문장(文章)이나 구변(口辯)이 거침이 없음.

참고 한〈一〉 번 토하면〈瀉〉(쏟으면) 일천〈千〉 이수〈里〉를 가는 것. ※ 큰 댐에서 1초에 1만 톤의 물이 쏟아져 나옴과 같은 것.

一 한 / 瀉 토할(쏟을) / 千 일천 / 里 이수 — 일사천리

* 일석이조 一石二鳥

한 가지 일이 두 가지 이로움을 얻음의 비유. 일거 양득(一擧兩得).

참고 한〈一〉 돌〈石〉로 두〈二〉 마리의 새〈鳥〉를 잡는 것.

一 한 / 石 돌 / 二 두 / 鳥 새 — 일석이조

* 일승일패 一勝一敗

한 번 이기고 한 번 짐.

참고 한〈一〉 번 이기고〈勝〉 한〈一〉 번 패하는〈敗〉 것.

一 한 / 勝 이길 / 一 한 / 敗 패할 — 일승일패

* 일신양역 一身兩役

한 몸으로 두 가지 일을 함.

참고 한〈一〉 몸〈身〉으로 두〈兩〉 가지 역사〈役〉(일)를 함.

一 한 / 身 몸 / 兩 둘 / 役 역사 — 일신량역

* 일신우일신 日新又日新

날마다 새로와지고 또 날마다 새로와짐.

참고 날〈日〉로 새로와지고〈新〉 또〈又〉 날〈日〉로 새로와지는〈新〉 것.

日 날 / 新 새로울 / 又 또 / 日 날 / 新 새로울 — 일신우일신

* 일심동체 一心同體

한 마음 한 몸. 곧 밀접하고 굳게 결합함을 일컫는 말.

참고 같은〈一〉 마음〈心〉, 같은〈同〉 몸〈體〉.

一 같을 / 心 마음 / 同 같을 / 體 몸 — 일심동체

* 일어탁수 一魚濁水

한 사람의 잘못으로 여러 사람이 그 해를 입게 됨.

참고 한〈一〉 마리의 물고기〈魚〉가 물〈水〉을 흐리게〈濁〉(탁하게) 하는 것.

一 한 / 魚 물고기 / 濁 흐릴 / 水 물 — 일어탁수

* **일언이폐지 一言以蔽之**

한 마디의 말로 능히 그 뜻을 다함.
참고 한〈一〉 말〈言〉로써〈以〉 이〈之〉를 가리우는〈蔽〉 것.

一 한 일 / 言 말씀 언 / 以 써 이 / 蔽 가리울 폐 / 之 이(이것) 지

* **일언지하 一言之下**

말 한 마디로 끊음. 한 마디로 딱 잘라 말함. 두 말할 나위 없음.
참고 한〈一〉 말〈言〉로서의〈之〉 물리침〈下〉.

一 한 일 / 言 말 언 / 之 의 지 / 下 물리칠 하

* **일엽고주 一葉孤舟**

넓은 물 위에 뜬 한 조각의 외로운 배. 곧 쓸쓸하고 고독함의 비유.
참고 한〈一〉 잎〈葉〉의 외로운〈孤〉 배〈舟〉.

一 한 일 / 葉 잎 엽 / 孤 외로울 고 / 舟 배 주

* **일엽낙지천하추 一葉落知天下秋**

사물의 일단을 앎으로써 대세를 미루어 앎. 일엽지추(一葉知秋).
참고 잎사귀〈葉〉 하나〈一〉가 떨어지매〈落〉 하늘〈天〉 아래〈下〉가 가을〈秋〉임을 아는〈知〉 것.

一 한 일 / 葉 잎 엽 / 落 떨어질 락 / 知 알 지 / 天 하늘 천 / 下 아래 하 / 秋 가을 추

* **일엽편주 一葉片舟**

한 조각의 조그마한 조각배. 준 일엽주(一葉舟).
참고 한〈一〉 잎〈葉〉의 조각〈片〉 배〈舟〉.

一 한 일 / 葉 잎 엽 / 片 조각 편 / 舟 배 주

* **일인일기 一人一技**

한 사람이 하나의 기술을 가지는 일.
참고 한〈一〉 사람〈人〉이 하나〈一〉의 재능〈技〉

一 한 일 / 人 사람 인 / 一 하나 일 / 技 재능 기

* **일일삼추 一日三秋**

몹시 지루하거나 몹시 기다림. 하루가 삼 년 같다는 말. 일각여삼추(一刻如三秋).
참고 한〈一〉 날〈日〉(하루)이 세〈三〉 가을〈秋〉(해)과 같다는 것.

一 한 일 / 日 날 일 / 三 석 삼 / 秋 가을. 해. 추

* **일자무식 一字無識**

글 한 자도 모르는 무식한 사람. 전무식(全無識).
참고 한〈一〉 글자〈字〉도 아는〈識〉 것이 없는〈無〉 것.

一 한 일 / 字 글자 자 / 無 없을 무 / 識 알 식

* **일장일단 一長一短**

장점도 있고 단점도 있음.
참고 한〈一〉 가지의 뛰어남〈長〉(장점)과 한〈一〉 가지의 허물〈短〉(단점).

一 한 일 / 長 뛰어날 장 / 一 한 일 / 短 허물 단

* **일장춘몽 一場春夢**

한 바탕의 봄 꿈처럼 헛된 영화.
참고 한〈一〉 마당〈場〉(곳)의 봄〈春〉 꿈〈夢〉.

一 한 일 / 場 마당. 곳. 장 / 春 봄 춘 / 夢 꿈 몽

* **일조일석 一朝一夕**

하루 아침이나 하루 저녁과 같이 짧은 시일(時日).
참고 한〈一〉 때의 아침〈朝〉이나 한〈一〉 때의 저녁〈夕〉

一 한 일 / 朝 아침 조 / 一 한 일 / 夕 저녁 석

* **일진광풍 一陣狂風**

한 바탕 부는 사나운 바람.
참고 한〈一〉 진〈陣〉(진영)에서 일어난 사나운〈狂〉 바람〈風〉.

一 한 일 / 陣 진. 진칠 진 / 狂 사나울 거셀 광 / 風 바람 풍

*** 일촉즉발 一觸卽發**

조금만 닿아도 곧 폭발할 것 같은 모양. 곧 조금만 닿아도 곧 폭발한다는 뜻으로, 막 일이 일어날듯하여 몹시 위험한 상태에 놓여 있음을 일컫는 말.

참고 한〈一〉 번 닿으면〈觸〉 곧〈卽〉 일어나는〈發〉 것.

일촉즉발: 一 한, 觸 닿을, 卽 곧, 發 일어날

*** 일촌광음 一寸光陰**

아주 짧은 시간.

참고 한〈一〉 적은〈寸〉 빛〈光〉과 그늘〈陰〉(세월) (※ 시간의 뜻).

일촌광음: 一 한, 寸 적을, 光 빛, 陰 그늘

*** 일취월장 日就月將**

나날이 다달이 진전함. 날로 달로 진보함. 준 일취(日就).

참고 날〈日〉로 나아가고〈就〉 달〈月〉로 나아가는〈將〉 것.

일취월장: 日 날, 就 나아갈, 月 달, 將 나아갈

*** 일취지몽 一炊之夢**

덧없는 부귀영화. 인생의 허무함을 비유. 한단지몽(邯鄲之夢). 황량몽(黃粱夢).

참고 한〈一〉 끼 밥 지을〈炊〉 동안의〈之〉 꿈〈夢〉.

일취지몽: 一 한, 炊 밥 지을, 之 의, 夢 꿈

*** 일치단결 一致團結**

여럿이 한 덩어리로 굳게 결합함.

참고 덩어리〈團〉로 엉키어〈結〉 하나〈一〉로 이르는〈致〉 것.

일치단결: 一 한, 致 이를, 團 덩어리, 結 엉킬

*** 일패도지 一敗塗地**

한 번 여지 없이 패하여 다시 일어날 수 없게 됨.

참고 한〈一〉 번 패하여〈敗〉 땅〈地〉 바닥에서 진흙〈塗〉 투성이가 됨.

일패도지: 一 한, 敗 패할, 塗 진흙, 地 땅

*** 일편단심 一片丹心**

진정(眞情)에서 우러나오는 충성된 마음. 참된 정성(精誠).

참고 한〈一〉 조각〈片〉 정성스러운〈丹〉 마음〈心〉.

일편단심: 一 한, 片 조각, 丹 정성스러울, 心 마음

*** 일필난기 一筆難記**

한 붓으로 이루 기록할 수 없음.

참고 한〈一〉 붓〈筆〉으로는 기록하기〈記〉 어려운〈難〉 것.

일필난기: 一 한, 筆 붓, 難 어려울, 記 기록할

*** 일필휘지 一筆揮之**

한 숨에 흥취 있고 줄기차게 글씨를 써내림.

참고 한〈一〉 붓〈筆〉에 이〈之〉를 휘두르는〈揮〉 것.

일필휘지: 一 한, 筆 붓, 揮 휘두를, 之 이

*** 일확천금 一攫千金**

단번에 많은 재물을 얻음.

참고 한 번〈一〉에 많은〈千〉 돈〈金〉을 움키는〈攫〉 것.

일확천금: 一 한, 攫 움킬, 千 많을, 金 돈

*** 일희일비 一喜一悲**

①기쁜 일과 슬픈 일이 번갈아 일어남. ②한편 기쁘고 한편 슬픔.

참고 하나〈一〉의 기쁨〈喜〉이 있으면 하나〈一〉의 슬픔〈悲〉이 있는 것.

일희일비: 一 한, 喜 기쁠, 一 한, 悲 슬플

*** 임갈굴정 臨渴掘井**

준비가 없이 갑자기 일을 당하고야 허둥지둥하는 태도.

참고 목마름〈渴〉에 임하여서야〈臨〉 우물〈井〉을 파는〈掘〉 것.

림갈굴정: 臨 임할, 渴 목 마를, 掘 파낼, 井 우물

*** 임기만료 任期滿了**

맡은 바 임무 기한이 다 참.

참고 맡은〈任〉 기간〈期〉이 차서〈滿〉 마치는〈了〉 것.

임기만료: 任 맡을, 期 기간, 滿 찰, 了 마칠

＊ 임기응변 臨機應變

그때그때의 일의 기틀에 따라 알맞게 처리함. 임시 응변(臨時應變). (준) 응변(應變).

참고 기회〈機〉에 임하여〈臨〉 변화 있게〈變〉 응하는〈應〉 것.

臨 임할 / 機 기회 / 應 응할 / 變 변할 — 림기응변

＊ 임전무퇴 臨戰無退

전쟁에 임하여 물러 가지 않음.

참고 싸움〈戰〉에 임하여〈臨〉 물러남〈退〉이 없는〈無〉 것.

臨 임할 / 戰 싸움 / 無 없을 / 退 물러날 — 림전무퇴

＊ 임정사의 臨政思義

정치를 할 때는 대의(大義)에 입각해서 해야 한다는 말.

참고 정사〈政〉에 임하여〈臨〉 정의〈義〉를 생각하는〈思〉 것.

臨 임할 / 政 정사 / 思 생각 / 義 정의 — 림정사의

＊ 입법기관 立法機關

법률 제정의 절차에 참여할 권한을 가지는 국가 기관. 곧 국회(國會). 입법부(立法府).

참고 법〈法〉을 세우는〈立〉 기관〈機關〉.

立 세울 / 法 법 / 機 베틀 / 關 빗장 — 립법기관

＊ 입산금지 入山禁止

산에 드나들지 못하게 함.

참고 메〈山〉에 들어감〈入〉을 막고〈止〉 금하는〈禁〉 것.

入 들어갈 / 山 메 / 禁 금할 / 止 막을 — 입산금지

＊ 입신양명 立身揚名

출세하여 자기의 이름이 세상에 드날리게 됨.

참고 몸〈身〉을 세워〈立〉 이름〈名〉을 날리는〈揚〉 것.

立 세울 / 身 몸 / 揚 날릴 / 名 이름 — 립신양명

＊ 입체영화 立體映畫

화면(畫面)이 입체감을 갖는 영화.

참고 형상〈體〉이 실물 같이 서게〈立〉 비치는〈映〉 그림〈畫〉.

立 설 / 體 형상 / 映 비칠 / 畫 그림 — 립체영화

＊ 입추지지 立錐之地

①매우 좁아 조금도 여유가 없음을 말함. ②사람이 많이 모여 조금도 빈틈이 없는 상태를 말함.

참고 송곳〈錐〉을 세울〈立〉만한 땅〈地〉.

立 세울 / 錐 송곳 / 之 의 / 地 땅 — 립추지지

＊ 입헌정치 立憲政治

헌법에 의하여 하는 정치. 곧 입헌정체의 정치.

참고 법〈憲〉을 세워〈立〉 정사〈政〉를 다스리는〈治〉 것.

立 세울 / 憲 법 / 政 정사 / 治 다스릴 — 립헌정치

＊ 자가당착 自家撞着

같은 사람의 문장이나 언행이 앞뒤가 서로 어그러져서 모순되는 일.

참고 전문가〈家〉(학자) 스스로〈自〉의 주장이 붙었다가〈着〉 부딪쳤다〈撞〉 하는 것.

自 스스로 / 家 전문가 / 撞 부딪칠 / 着 붙을 — 자가당착

＊ 자강불식 自强不息

스스로 힘써 쉬지 않음.

참고 스스로〈自〉 힘써〈强〉 쉬지〈息〉 아니하는〈不〉 것.

自 스스로 / 强 힘쓸 / 不 아닐 / 息 쉴 — 자강불식

＊ 자격지심 自激之心

어떠한 일을 하여 놓고 자기 스스로 미흡하게 여기는 마음.

참고 스스로〈自〉 찔리는〈激〉(만족하지 못한) 마음〈心〉.

自 스스로 / 激 찌를 / 之 의 / 心 마음 — 자격지심

＊ 자고이래 自古以來

옛부터 지금까지. 일과 물건의 내력에 예로부터 지금까지.

참고 옛〈古〉부터〈自〉 써〈以〉(…가지고) 지금에 온〈來〉 것.

自 부터 / 古 옛 / 以 써 / 來 올 — 자고이래

＊ 자급자족 自給自足

자기의 수요(需要)를 자기가 생산하여 충당함.

참고 자기〈自〉에게 주어서〈給〉 자기〈自〉가

自 자기 / 給 줄 / 自 자기 — 자급자

넉넉하여〈足〉지는 것. | 足 넉넉할 족

* **자기본위 自己本位**
생각하고 행동하는 데 자기를 기준으로함. 자가 본위(自家本位).
참고 자기〈自,己〉를 근본〈本〉되는 위치〈位〉에 놓는 것.
自 자기 / 己 자기 / 本 근본 / 位 위치 — 자기본위

* **자두연두기 煮豆燃豆萁**
형제 상쟁(兄弟相爭)·골육 상잔(骨肉相殘)을 말함.
참고 콩〈豆〉의 콩대〈萁〉를 불태워〈燃〉 콩〈豆〉을 삶는〈煮〉 것. ※ '萁'는 콩을 털어낸 껍데기.
煮 삶을 / 豆 콩 / 燃 불태울 / 豆 콩 / 萁 콩대 — 자두연두기

* **자력갱생 自力更生**
남에게 의지하지 아니하고 자기 스스로의 힘으로 피폐하여진 생활 환경을 향상 시키는 일.
참고 스스로〈自〉의 힘〈力〉으로 다시〈更〉 사는〈生〉 것.
自 스스로 / 力 힘 / 更 다시 / 生 살 — 자력갱생

* **자로부미 子路負米**
'자로(子路)가 매일 쌀을 등짐으로 백리 밖까지 운반하여 그 운임으로 양친을 봉양했다'는 고사에서, 지극한 효성을 비유하는 말.
참고 자로〈子路〉가 쌀〈米〉을 져서〈負〉 부모를 봉양한 것.
子 아들 / 路 길 / 負 질 / 米 쌀 — 자로부미

* **자매결연 姊妹結緣**
두 단체간의 교류와 우호를 증진시키기 위하여 서로 인연을 맺음.
참고 누이〈姊〉와 손아랫누이〈妹〉의 인연〈緣〉을 맺는〈結〉 것.
姊 누이 / 妹 손아랫누이 / 結 맺을 / 緣 인연 — 자매결연

* **자문자답 自問自答**
제 혼자서 묻고 대답함. 자답(自答).
참고 자기〈自〉가 묻고〈問〉 자기〈自〉가 대답하는〈答〉 것.
自 자기 / 問 물을 / 自 자기 / 答 대답할 — 자문자답

* **자손만대 子孫萬代**
후손이 끊이지 않고 아주 오래 계속되는 대. 자자손손(子子孫孫).
참고 아들〈子〉 손자〈孫〉로 일만〈萬〉 대〈代〉를 잇는 것.
子 아들 / 孫 손자 / 萬 일만 / 代 대 — 자손만대

* **자수권유 自首勸誘**
죄를 범한 사람이 자진하여 범죄수사 기관에 자기의 범죄 사실을 신고하여 그 소추(訴追)를 구하도록 유도하는 것.
참고 스스로〈自〉 자백할〈首〉 것을 권하고〈勸〉 달래는〈誘〉 것.
自 스스로 / 首 자백할 / 勸 권할 / 誘 달랠 — 자수권유

* **자수성가 自手成家**
물려 받은 재산이 없는 사람이 자기의 힘으로 한 살림을 이룩함.
참고 자기〈自〉 손〈手〉으로 집안〈家〉을 이루는〈成〉 것.
自 자기 / 手 손 / 成 이룰 / 家 집안 — 자수성가

* **자승자박 自繩自縛**
〔'제 줄로 제 몸을 옭아 묶는다는 뜻'에서〕 ①제가 쓴 마음씨나 언행(言行)으로 말미암아 제 자신이 행동의 자유를 갖지 못하는 일. ②제 마음으로 번뇌(煩惱)를 일으키어 괴로와 하는 일.
참고 스스로〈自〉의 새끼〈繩〉로 스스로〈自〉를 묶는〈縛〉 것.
自 스스로 / 繩 새끼 / 自 스스로 / 縛 묶을 — 자승자박

* **자업자득 自業自得**
자기가 저지른 일의 과보(果報)를 자기 자신이 받는 일. 자업 자박(自業自縛).
참고 자기〈自〉의 선악의 소행〈業〉을 자기〈自〉가 얻은〈得〉 것.
自 자기 / 業 선악의 소행 / 自 자기 / 得 얻을 — 자업 자득

* **자연도태 自然淘汰**

생존 경쟁(生存競爭)에서 외계(外界)의 상태에 적응(適應)하지 않는 개체(個體)는 망하고 유리한 개체만이 생존하여 번식하는 일. ⓑ 인위 도태(人爲陶汰).
참고 일어서〈淘〉 추리는〈汰〉(밀리는) 것이 저절로〈自〉 그렇게〈然〉 되는 것. ※ 일어서〈淘〉: 쌀을 물에 담겨 일어서 가리는 것과 같이의 뜻.

自 저절로 / 然 그럴 / 淘 일(일어 가리는) / 汰 추릴. 밀릴. — 자연도태

* **자연보호 自然保護**

자연의 보호. 자연을 보전(保全)하여 지킴.
참고 본연〈自〉(本然)의 그런한〈然〉대로 보호하고〈保〉 지키는〈護〉 것.

自 본연 / 然 그러할 / 保 보호할 / 護 지킬 — 자연보호

* **자유자재 自由自在**

어떤 범위 내에서 구속 제한됨이 없이 마음대로 할 수 있음.
참고 스스로〈自〉 말미암고〈由〉 스스로〈自〉 있는〈在〉 것.

自 스스로 / 由 말미암을 / 自 스스로 / 在 있을 — 자유자재

* **자조자립 自助自立**

남에게 의존하지 아니하고 제 살 길을 자기의 힘으로 열어 나감.
참고 스스로〈自〉 돕고〈助〉 스스로〈自〉 서는〈立〉 것.

自 스스로 / 助 도울 / 自 스스로 / 立 설 — 자조자립

* **자주국방 自主國防**

남의 힘을 빌지 않고 스스로 해 나가는 마음의 자세로 국가의 안전을 지키는 일.
참고 스스로〈自〉가 주되어〈主〉(주장이 되어) 나라〈國〉를 막는〈防〉 것.

自 스스로 / 主 주되는 / 國 나라 / 防 막을 — 자주국방

* **자주정신 自主精神**

남의 보호나 간섭을 받지 아니하고 독립적으로 일을 처리하려는 정신. 반 사대 정신(事大精神).
참고 스스로〈自〉가 주인〈主〉이라는 마음〈精〉과 정신〈神〉.

自 스스로 / 主 주인 / 精 마음 / 神 정신 — 자주정신

* **자중자애 自重自愛**

①스스로 자기 몸을 소중히 여기고 아낌. ②자기의 행상(行狀)을 삼가하고 몸을 무겁게 가짐.
참고 스스로〈自〉를 중히 여기고〈重〉 스스로〈自〉를 아끼는〈愛〉 것.

自 스스로 / 重 중히 여길 / 自 스스로 / 愛 아낄 — 자중 자애

* **자중지난 自中之亂**

자기네 패 속에서 일어나는 싸움질.
참고 자기들〈自〉 안〈中〉(속)의〈之〉 난리〈亂〉.

自 자기 / 中 안. 속. / 之 의 / 亂 난리 — 자중지란

* **자초지종 自初至終**

처음부터 끝까지 이르는 동안. 또는 그 일.
참고 처음〈初〉부터〈自〉 마지막〈終〉에 이르기〈至〉까지.

自 부터 / 初 처음 / 至 이를 / 終 마지막 — 자초지종

* **자타공인 自他共認**

자기나 남들이 다 같이 인정함.
참고 자기〈自〉와 남〈他〉이 함께〈共〉 인정하는〈認〉 것.

自 자기 / 他 남(딴) / 共 같이 / 認 인정할 — 자타공인

* **자포자기 自暴自棄**

마음에 불만이 있어 행동을 되는 대로 마구 취하고 스스로 자신을 돌아보지 아니함.
참고 스스로〈自〉 사나와지고〈暴〉 스스로〈自〉 버리는〈棄〉 것.

自 스스로 / 暴 사나울 / 自 스스로 / 棄 버릴 — 자포자기

* **자행자지 自行自止**

제 마음대로 하고 싶으면 하고 말고 싶으면 맒.
참고 스스로〈自〉 행하고〈行〉 스스로〈自〉 그치는〈止〉 것.

自 스스로 / 行 행할 / 自 스스로 / 止 그칠 — 자행자지

* **자화자찬 自畫自讚**

①자기가 그린 그림을 스스로 칭찬함. ②제 일을 제 스스로 자랑함. 자화찬(自畫讚).
참고 스스로〈自〉의 그림〈畫〉을 스스로〈自〉가 기리는〈讚〉(칭찬하는) 것.

自 스스로 畫 그림 自 스스로 讚 기릴 — 자화자찬

* **작사도방 作舍道傍**

'길 가에 집을 지을 때 왕래하는 사람들의 의견이 많아서 잘 결정이 내려지지 않는다는 말. 〈作舍道傍 三年不成〉의 준말'로, 곧 주견이 없이 남의 훈수에만 따르면 실패한다는 비유.
참고 길〈道〉 곁〈傍〉에 집〈舍〉을 짓는〈作〉 것.

作 지을 舍 집 道 길 傍 곁 — 작사도방

* **작심삼일 作心三日**

결심이 사흘을 가지 못함. 결심이 굳지 못함을 이르는 말.
참고 마음〈心〉을 지음〈作〉이 세〈三〉 날〈日〉밖에 가지 않는 것.

作 지을 心 마음 三 석 日 날 — 작심삼일

* **잔배냉적 殘杯冷炙**

①변변치 않는 주안상으로 푸대접함. ②남에게 푸대접·치욕을 받음의 비유. 잔배 냉효(殘杯冷肴).
참고 먹다 남은〈殘〉 잔〈杯〉과 식어서 찬〈冷〉 구운 고기〈炙〉.

殘 남을 杯 잔 冷 찰 炙 고기 구울 — 잔배랭적

* **장삼이사 張三李四**

'장씨(張氏)의 삼남(三男)과 이씨(李氏)의 사남(四男)의 뜻'. ①성명이나 신분이 뚜렷하지 못한 평범한 사람들. ②〈불교〉 사람에게 성리(性理)가 있는 줄은 아나 그 모양이나 이름을 지어 말할 수 없음의 비유.
참고 장씨〈張〉의 세째〈三〉 아들과 이씨〈李〉의 네째〈四〉 아들.

張 성 三 석 李 성 四 넉 — 장삼리사

* **장생불사 長生不死**

오래 살아 죽지 아니함.
참고 오래〈長〉 살아〈生〉 죽지〈死〉 않는〈不〉 것.

長 오랠 生 살 不 아닐 死 죽을 — 장생불사

* **장유유서 長幼有序**

오륜(五倫)의 하나. 어른과 어린이 사이에는 순서와 질서가 있음.
참고 어른〈長〉과 어린이〈幼〉는 차례〈序〉가 있음〈有〉.

長 어른 幼 어린이 有 있을 序 차례 — 장유유서

* **장자만등 長者萬燈**

부자가 신불(神佛)에게 일만의 등을 올리는 반면에 빈녀(貧女)는 단 하나의 등을 바치나 그 참뜻만 있으면 빈녀의 한 등이 장자의 만 등만 못지 않다는 말. 빈자 일등(貧者一燈)과 같은 말.
참고 높은〈長〉 사람〈者〉의 일만〈萬〉 등불〈燈〉

長 높을 者 사람 萬 일만 燈 등불 — 장자만등

* **장중보옥 掌中寶玉**

'손 안에 쥔 보옥' 곧 매우 사랑하는 자식이나 아끼는 물건을 보배롭게 일컫는 말. 장중주(掌中珠).
참고 손바닥〈掌〉 안〈中〉의 보배로운〈寶〉 구슬〈玉〉.

掌 손바닥 中 안 寶 보배 玉 구슬 — 장중보옥

* **재기출중 才氣出衆**

재주가 드러나 보이는 기성(氣性)이 여럿 중에서 특별히 뛰어남.
참고 재주〈才〉의 기운〈氣〉이 무리〈衆〉 중에서 뛰어난〈出〉 것.

才 재주 氣 기운 出 뛰어날 衆 무리 — 재기출중

* **재대난용 材大難用**

재주 있는 자가 불우(不遇)한 처지에 있음.
참고 재목〈材〉이 커서〈大〉 쓰기〈用〉 어려운〈難〉 것.

材 재목 大 큰 難 어려울 用 쓸 — 재대난용

* 재외공관 在外公館

외국에 설치하는 대사관·공사관·총영사관·영사관 등의 총칭. 외교·조약·통상·국제 정세 조사·교민(僑民) 보호 및 대외 선전에 관한 사무를 맡음. 준 공관(公館).

참고 외국〈外〉에 있는〈在〉 관청〈公〉 집〈館〉(큰 건물).

在	있을	재
外	외국	외
公	관청	공
館	집	관

* 재자가인 才子佳人

재주 있는 젊은 남자와 아름다운 여자.

참고 재주〈才〉 있는 사람〈子〉과 아름다운〈佳〉 사람〈人〉.

才	재주	재
子	사람	자
佳	아름다울	가
人	사람	인

* 적반하장 賊反荷杖

'도둑이 도리어 매를 든다는 뜻'. 잘못한 사람이 도리어 잘한 사람을 나무랄 경우에 쓰는 말.

참고 도둑〈賊〉이 돌이켜〈反〉 몽둥이〈杖〉를 메는〈荷〉 것.

賊	도둑	적
反	돌이킬	반
荷	멜	하
杖	몽둥이	장

* 적소성대 積小成大

①작은 것도 쌓이면 크게 됨. ② 적은 것도 모아 쌓이면 많아짐.

참고 작은〈小〉 것을 쌓아서〈積〉 큰〈大〉 것을 이루는〈成〉 것.

積	쌓을	적
小	작을	소
成	될	성
大	큰	대

* 적수공권 赤手空拳

맨손과 맨주먹. 곧 아무 것도 가진 것이 없음.

참고 아무것도 없는〈赤〉 손〈手〉과 빈〈空〉 주먹〈拳〉.

赤	아무 것도 없을	적
手	손	수
空	빌	공
拳	주먹	권

* 적우침주 積羽沈舟

'가벼운 새털도 많이 쌓이면 무거워져서 배를 물 속에 가라앉힐 수 있다'는 뜻으로, 여러 사람이 힘을 합치면 큰 힘이 될 수 있다는 말.

참고 깃〈羽〉도 쌓이면〈積〉 배〈舟〉가 빠짐〈沈〉

積	쌓을	적
羽	깃	우
沈	빠질	침
舟	배	주

* 적자생존 適者生存

영국의 철학자 스펜서의 용어로, 생존 경쟁(生存競爭)의 결과, 외계의 환경에 가장 적합한 것만이 생존·번영(繁榮)하고, 적합치 않은 것은 도태(淘汰)되어 쇠퇴(衰退)·멸망하는 현상. 생물 진화론에서 자연 도태(自然淘汰)를 일컫는 말.

참고 맞은〈適〉 것〈者〉만이 살아〈生〉 있을〈存〉 수 있음.

適	맞을	적
者	것	자
生	살	생
存	있을	존

* 적자재정 赤字財政

조세(租稅) 기타의 경영 수입(經營收入)이 지출(支出)보다 부족되어 그 예산(豫算)이 적자 상태인 국가 재정.

참고 붉은〈赤〉글자〈字〉(赤字:결손·부족)로 재물〈財〉(예산)을 다스리는〈政〉 것.

赤	붉을	적
字	글자	자
財	재물	재
政	다스릴	정

* 적재적소 適材適所

마땅한 인재를 마땅한 자리에 씀.

참고 마땅한〈適〉 재목〈材〉을 마땅한〈適〉 곳〈所〉에 씀.

適	마땅할	적
材	재목	재
適	마땅할	적
所	곳	소

* 전광석화 電光石火

①극히 짧은 시간. ②아주 신속한 동작.

참고 번개〈電〉의 빛〈光〉과 돌〈石〉에서 나는 불〈火〉.

電	번개	전
光	빛	광
石	돌	석
火	불	화

* 전무후무 前無後無

전에도 없었고 앞으로도 없음.

참고 앞〈前〉에도 없었고〈無〉 뒤〈後〉에도 없을〈無〉 것.

前	앞	전
無	없을	무
後	뒤	후
無	없을	무

* **전전긍긍 戰戰兢兢**

매우 두려워하여 조심함.

참고 두려워 떨며〈戰, 戰〉 조심하는〈兢, 兢〉 것.

戰 두려워 떨 전 / 戰 두려워 떨 전 / 兢 조심할 긍 / 兢 조심할 긍

* **전전반측 輾轉反側**

누워서 이리 저리 뒤척거리며 잠을 못이룸. 전전 불매(輾轉不寐).

참고 돌아 눕고〈輾〉 몸은 굴리며〈轉〉 뒤척이고〈反〉 기울임〈側〉.

輾 돌아 누울 전 / 轉 굴릴 전 / 反 뒤칠 반 / 側 기울일 측

* **전정만리 前程萬里**

앞 길이 만리나 멂. 곧 나이가 젊어서 장래가 아주 유망함.

참고 앞〈前〉 길〈程〉이 일만〈萬〉 이수〈里〉.

前 앞 전 / 程 길 정 / 萬 일만 만 / 里 이수 리

* **전화위복 轉禍爲福**

재화(災禍)가 바뀌어 오히려 복이 됨.

참고 재앙〈禍〉이 굴러서〈轉〉 복〈福〉이 되는〈爲〉 것.

轉 굴릴 전 / 禍 재앙 화 / 爲 될 위 / 福 복 복

* **절발역주 截髮易酒**

어려운 환경 속에서도 손님 접대에 지극한 것을 일컫는 말.

참고 머리털〈髮〉을 끊어〈截〉 주고 술〈酒〉과 바꾸는〈易〉 것.

截 끊을 절 / 髮 머리털 발 / 易 바꿀 역 / 酒 술 주

* **절장보단 絶長補短**

잘 되거나 넉넉한 부분에서 못 되거나 부족한 것을 보충함.

참고 긴〈長〉 것을 끊어서〈絶〉 짧은〈短〉 것을 기우는〈補〉(보충하는) 것.

絶 끊을 절 / 長 길 장 / 補 기울 보 / 短 짧을 단

* **절지지이 折枝之易**

대단히 용이(容易)한 일을 일컬음.

참고 가지〈枝〉를 꺾는〈折〉 것과 같이 쉬운〈易〉 것.

折 꺾을 절 / 枝 가지 지 / 之 의 지 / 易 쉬울 이

* **절차탁마 切磋琢磨**

① 옥돌을 자르고 갈고 쪼고 닦음.
② 학문과 덕행을 닦음.

참고 끊어서〈切〉 갈고〈磋〉 다시 쪼아서〈琢〉 갈고〈磨〉 하는 것.

切 끊을 절 / 磋 갈 차 / 琢 쫄 탁 / 磨 갈 마

* **절치부심 切齒腐心**

① 몹시 분하여 이를 갈고 속을 썩임.
② 대단히 분해하고 원망함.

참고 이〈齒〉를 갈고〈切〉 마음〈心〉을 썩히는〈腐〉 것.

切 갈 절 / 齒 이 치 / 腐 썩을 부 / 心 마음 심

* **정문일침 頂門一針**

따끔한 충고를 이르는 말. 남의 약점을 똑바로 찔러 따끔하게 비판하거나 훈계하는 일. 정상 일침(頂上一鍼).

참고 정수리〈頂〉(꼭대기)의 문〈門〉에 바늘〈針〉로 한〈一〉 번 찌르는 것.

頂 정수리 정 / 門 문 문 / 一 한 일 / 針 바늘 침

* **정반합 正反合**

〈철학〉 헤에겔에 의하여 정식화(定式化)된 변증법(辨證法)에 있어서의 논리 전개(論理展開)의 삼위(三位). 곧 정립(定立)·반립(反立)·종합(綜合)의 뜻.

참고 바로잡았다가〈正〉 뒤집어 엎었다가〈反〉 맞은〈合〉(※ 合理의 뜻) 점을 찾는 것.

正 바로잡을 정 / 反 뒤집어 엎을 반 / 合 맞을 합

* **정상회담 頂上會談**

두 나라 이상의 원수(元首)가 모이어 갖는 회담.

참고 윗〈上〉 꼭대기〈頂〉의 사람들이 모여〈會〉 말씀하는〈談〉 것.

頂 꼭대기 정 / 上 위 상 / 會 모을 회 / 談 말씀 담

* **정치협상 政治協商**

정치적으로 협의하여 계획함.
참고 정사〈政〉를 다스림〈治〉에 있어서 서로 도우며〈協〉 이해를 헤아리는〈商〉 것.

政 정사 / 治 다스릴 / 協 힘을 합할 / 商 헤아릴 — 정치협상

* **제궤의혈 堤潰蟻穴**

작은 일이라도 신중을 기하여야 함을 교훈으로 하는 말. ※ 〈속담〉 개미 구멍으로 공든 탑 무너진다.
참고 둑〈堤〉이 개미〈蟻〉 굴〈穴〉 때문에 무너지는〈潰〉 것.

堤 둑. 방축. / 潰 무너질 / 蟻 개미 / 穴 굴 — 제궤의혈

* **제문동벽 諸門同闢**

이목(耳目)이 총명하고 마음이 활달한 것을 비유한 말.
참고 모든〈諸〉 문〈門〉을 함께〈同〉 열어 놓은〈闢〉 것.

諸 모두 / 門 문 / 同 함께 / 闢 열 — 제문동벽

* **제이면명 提耳面命**

사리(事理)를 깨닫도록 간곡히 타이름을 이르는 말.
참고 귀〈耳〉를 끌어〈提〉 당겨 얼굴〈面〉에 대고 명령하는〈命〉 것.

提 끌 / 耳 귀 / 面 얼굴 / 命 명령할 — 제이면명

* **제자백가 諸子百家**

중국 춘추 전국(春秋戰國) 시대의 여러 학파(學派)의 총칭. 제가(諸家).
참고 여러〈諸〉 선생〈子〉(경칭)과 많은〈百〉 전문가〈家〉(학자).

諸 여러 / 子 경칭 / 百 많을 / 家 전문가 — 제자백가

* **제행무상 諸行無常**

우주 만물은 항상 돌고 변하여 한 모양으로 머물러 있지 아니함. ※ 제행(諸行):①일체 유위(一切有爲)의 현상. ②우주간의 만물. 만유(萬有).
참고 모든〈諸〉 오행〈行〉에 항상〈常〉 같은 것이 없는〈無〉 것. ※ 오행〈行〉(五行):우주에 운행하는 금(金)·목(木)·수(水)·화(火) 토(土)의 다섯 가지의 원기(元氣).

諸 모든 / 行 오행 / 無 없을 / 常 항상 — 제행무상

* **조강지처 糟糠之妻**

구차하고 천할 때에 고생을 같이 하던 아내. 〈출전〉 조강지처 불하당(糟糠之妻不下堂).
참고 재강〈糟〉(술재강)과 겨〈糠〉(쌀겨)를 먹을 때의〈之〉 아내〈妻〉.

糟 재강 / 糠 겨 / 之 의 / 妻 아내 — 조강지처

* **조고계 操觚界**

문필(文筆)에 종사하는 사람들의 사회. 신문·잡지 등 기자들의 세계. ※ 고(觚)는 옛날 종이가 없을 때 글자를 쓰던 나무 패.
참고 대쪽〈觚〉을 잡고〈操〉 있는 세계〈界〉.

操 잡을 / 觚 대쪽 / 界 세계 — 조고계

* **조국수호 祖國守護**

조상 때부터 살아온 자기 나라를 지킴.
참고 조상〈祖〉의 나라〈國〉를 지키고〈守〉 보호하는〈護〉 것.

祖 조상 / 國 나라 / 守 지킬 / 護 보호할 — 조국수호

* **조국통일 祖國統一**

갈라져 있는 조국을 하나로 합치는 일. ※ 우리 나라의 경우는 남북을 통일하는 일.
참고 조상〈祖〉들이 살아온 나라〈國〉를 하나〈一〉로 합치는〈統〉 것.

祖 조상 / 國 나라 / 統 합칠 / 一 하나 — 조국통일

* **조령모개 朝令暮改**

법령을 자주 고쳐서 질정(質正) 하기 어려움.
참고 아침〈朝〉에 명령한〈令〉 것을 저무는〈暮〉 저녁에 고치는〈改〉 것.

朝 아침 / 令 명령할 / 暮 저물 / 改 고칠 — 조령모개

* **조문석사 朝聞夕死**

아침에 진리를 들어 깨치면 저녁에 죽어도 한(恨)이 없다는 뜻. 즉 사람이 참된 이치를 듣고 각성하면 당장 죽어도 한될 것이 없으니 짧은 인생

朝 아침 / 聞 들을 / 夕 저녁 / 死 죽을 — 조문석사

(人生)이라도 값 있게 살아야 한다는 뜻.
참고 아침〈朝〉에 도를 들으면〈聞〉 저녁〈夕〉에 죽어도〈死〉 좋다.

＊ 조반석죽 朝飯夕粥

아침에는 밥을, 저녁에는 죽을 먹는 정도의 구차한 생활.
참고 아침〈朝〉엔 밥〈飯〉을, 저녁〈夕〉엔 죽〈粥〉.

朝	아침	조
飯	밥	반
夕	저녁	석
粥	죽. 미음.	죽

＊ 조변석개 朝變夕改

아침 저녁으로 뜯어 고침.
참고 아침〈朝〉에 변하고〈變〉 저녁〈夕〉에 고치는〈改〉 것.

朝	아침	조
變	변할	변
夕	저녁	석
改	고칠	개

＊ 조불려석 朝不慮夕

아침에 저녁 일을 헤아리지 못함. 곧 당장을 걱정할 뿐이고 바로 그 다음을 돌아볼 겨를이 없음. 조불모석(朝不謀夕).
참고 아침〈朝〉에 저녁〈夕〉을 염려하지〈慮〉 못하는〈不〉 것.

朝	아침	조
不	못할	불
慮	염려할	려
夕	저녁	석

＊ 조삼모사 朝三暮四

①눈 앞에 당장 나타나는 차별만을 알고 그 결과가 같음을 모름의 비유. ②간사한 꾀로 사람을 속여 희롱함을 이르는 말. 준 조삼(朝三).
참고 아침〈朝〉엔 세〈三〉 개, 저녁〈暮〉엔 네〈四〉 개.

朝	아침	조
三	석	삼
暮	저물	모
四	넉	사

＊ 조선공사삼일 朝鮮公事三日

조선조의 법령이나 시책은 변덕이 심해서 사흘도 못 가서 바뀐다는 뜻으로서, 고려 때 쓰이던 '高麗公事三日'이 변한 말.
참고 조선〈朝鮮〉 관청〈公〉의 일〈事〉은 사흘〈三日〉마다 바뀜.

朝	아침	조
鮮	고울	선
公	관청	공
事	일	사
三	석	삼
日	날	일

＊ 조실부모 早失父母

어려서 부모를 잃음. 조상 부모(早喪父母).
참고 일찌기〈早〉 아비〈父〉와 어미〈母〉를 잃는〈失〉 것.

早	일찍	조
失	잃을	실
父	아비	부
母	어미	모

＊ 조아지사 爪牙之士

①국가를 외적으로부터 지키는 신하. ※ 손톱과 이는 짐승의 무기임. ②믿을 만하고 도움이 되는 신하.
참고 손톱〈爪〉과 어금니〈牙〉와 같은 선비〈士〉.

爪	손톱	조
牙	어금니	아
之	의	지
士	선비	사

＊ 조족지혈 鳥足之血

새발의 피로 하찮음의 비유.
참고 새〈鳥〉 발〈足〉의〈之〉 피〈血〉.

鳥	새	조
足	발	족
之	의	지
血	피	혈

＊ 조화무궁 造化無窮

대자연의 만물이 생성하고 변하고 망함이 끝이 없음을 가리킴.
참고 만들고〈造〉 화하는〈化〉 것이 다함〈窮〉이 없는〈無〉 것.

造	만들	조
化	화할	화
無	없을	무
窮	다할	궁

＊ 종두득두 種豆得豆

어떤 원인이 있으면 반드시 거기에 따르는 결과가 있다는 뜻.
참고 콩〈豆〉을 심어서〈種〉 콩〈豆〉을 얻는〈得〉 것.

種	심을	종
豆	콩	두
得	얻을	득
豆	콩	두

＊ 종자개량 種子改良

곡식의 씨를 더욱 좋은 것으로 고침.
참고 씨〈種, 子〉를 좋게〈良〉 고치는〈改〉 것.

種	씨	종
子	씨	자
改	고칠	개
良	좋을	량

* 좌고우면 左顧右眄	여기 저기 돌아다 봄. 참고 왼쪽〈左〉으로 돌아보고〈顧〉 오른쪽〈右〉으로 곁눈질하는〈眄〉 것.	左 왼 顧 돌아볼 右 오른 眄 곁눈질할 좌고우면
* 좌와기거 坐臥起居	산 사람이 움직여 활동하는 일. 일상생활을 이르는 말. 참고 앉음〈坐〉과 누움〈臥〉, 일어섬〈起〉과 앉아 있음〈居〉.	坐 앉을 臥 누울 起 일어날 居 있을 좌와기거
* 좌정관천 坐井觀天	'보이는 하늘이 극히 한정되어 있다는 뜻'에서 견문(見聞)이 좁음을 이르는 말. 정중 관천(井中觀天). 참고 우물〈井〉 속에 앉아서〈坐〉 하늘〈天〉을 보는〈觀〉 것.	坐 앉을 井 우물 觀 볼 天 하늘 좌정관천
* 좌지우지 左之右之	① 제 마음대로 자유롭게 처리함. ② 남에게 이래라저래라 함. 참고 이〈之〉를 왼쪽〈左〉으로 했다가 이〈之〉를 오른쪽〈右〉으로 하는 것.	左 왼쪽 之 이 右 오른쪽 之 이 좌지우지
* 좌충우돌 左衝右突	이리저리 막 치고 받고 함. 좌우 충돌(左右衝突). 참고 왼쪽〈左〉으로 부딪치고〈衝〉 오른쪽〈右〉으로 부딪치는〈突〉 것.	左 왼쪽 衝 부딪칠 右 오른쪽 突 부딪칠 좌충우돌
* 주객일체 主客一體	나와 나 밖의 대상이 하나가 됨. 참고 주인〈主〉과 손〈客〉이 하나〈一〉의 몸〈體〉이 되는 것.	主 주인 客 손 一 하나 體 몸 주객일체
* 주객전도 主客顚倒	사물의 경중(輕重)·완급(緩急)·선후(先後), 또는 주인과 손의 위치가 서로 바뀜. 참고 주인〈主〉과 손님〈客〉의 자리가 넘어져〈顚〉 거꾸로〈倒〉 됨.	主 주인 客 손 顚 넘어질 倒 거꾸로 주객전도
* 주경야독 晝耕夜讀	① 낮에는 농사 짓고 밤에는 공부하는 한가하고 운치 있는 생활. ② 바쁜 틈을 타서 어렵게 공부함. 참고 낮〈晝〉에는 밭갈고〈耕〉 밤〈夜〉에는 읽는〈讀〉 것.	晝 낮 耕 밭갈 夜 밤 讀 읽을 주경야독
* 주과포혜 酒果脯醯	술·과실·포(脯)·식혜(食醯). 곧 간략하게 차린 제물(祭物). 참고 술〈酒〉과 과실〈果〉과 포〈脯〉(말린 고기)와 식혜〈醯〉.	酒 술 果 과실 脯 포 醯 식혜 주과포혜
* 주권재민 主權在民	국가의 주권이 국민에게 있음. 참고 주인〈主〉 되는 권세〈權〉가 백성〈民〉에게 있는〈在〉 것.	主 주인 權 권세 在 있을 民 백성 주권재민
* 주란화각 朱欄畫閣	단청을 곱게 하여 아름답게 꾸민 누각(樓閣). 주루 화각(朱樓畫閣). 참고 붉은〈朱〉 난간〈欄〉과 그림〈畫〉 같은 누각〈閣〉.	朱 붉을 欄 난간 畫 그림 閣 누각 주란화각
* 주마가편 走馬加鞭	① 닫는 말에 채찍질을 하여 더 빨리 달리게 함. ② 정진(精進)하는 사람을 더 한층 권장(勸奬)함. 참고 달리는〈走〉 말〈馬〉에 채찍질〈鞭〉을 더하는〈加〉 것.	走 달아날 馬 말 加 더할 鞭 채찍질할 주마가편
* 주마간산 走馬看山	① 달리는 말 위에서 산천을 구경함. ② 바쁘고 어수선하여 천천히 살펴 볼 여가가 없이 훽훽 지나쳐 봄을 이르는 말. 참고 말〈馬〉을 달리며〈走〉 메〈山〉를 보는〈看〉 것.	走 달아날 馬 말 看 볼 山 메 주마간산

* **주유종탄 主油從炭**

뗄감으로 석유 등 유류(油類)를 주로 사용하고 석탄은 붙여 쓰도록 함.
㉥ 주탄 종유(主炭從油).
참고 기름〈油〉을 주가 되게〈主〉 하고 숯〈炭〉을 다음 가게〈從〉 하는 것.

主 주될 주
油 기름 유
從 다음 갈 종
炭 숯 탄

* **주자십훈 朱子十訓**

송(宋) 나라 주 희(朱熹)가 학생들을 경계하여 말한 열 가지 교훈.
참고 주 희〈朱〉 선생〈子〉의 열〈十〉 가지 가르침〈訓〉.

朱 성 주
子 경칭 (접미사) 자
十 열 십
訓 가르칠 훈

* **주주객반 主酒客飯**

주인은 손에게 술을 권하고, 객은 주인에게 밥을 권하며 다정히 식음함.
참고 주인〈主〉은 술〈酒〉을 권하고 손〈客〉은 밥〈飯〉을 권하는 것.

主 주인 주
酒 술 주
客 손 객
飯 밥 반

* **주지육림 酒池肉林**

'술이 못을 이루고 고기가 숲을 이루었다는 뜻'에서, 호사를 극한 굉장한 술잔치를 두고 이르는 말.
참고 술〈酒〉의 못〈池〉과 고기〈肉〉의 수풀〈林〉.

酒 술 주
池 못 지
肉 고기 육
林 수풀 림

* **주체의식 主體意識**

자신의 실정과 사명에 맞도록 주인된 처지에서 인식하고 활동하려는 생각.
참고 주인〈主〉된 몸〈體〉으로 생각하고〈意〉 아는〈識〉 것.

主 주인 주
體 몸 체
意 생각 의
識 알 식

* **주택개량 住宅改良**

사는 집을 보다 좋게 고침.
참고 사는〈住〉 집〈宅〉을 좋게〈良〉 고치는〈改〉 것.

住 살 주
宅 집 택
改 고칠 개
良 좋을 량

* **죽마고우 竹馬故友**

죽마를 타고 놀던 벗. 곧 어릴 때부터 같이 놀며 자란 벗. 죽마 구우(竹馬舊友). 죽마지우(竹馬之友).
참고 대나무〈竹〉 말〈馬〉로 놀던 옛〈故〉 벗〈友〉.

竹 대나무 죽
馬 말 마
故 옛 고
友 벗 우

* **죽백지공 竹帛之功**

역사책에 기록되어 후세에 전해질 공훈. ※ 죽백(竹帛)은 책(冊)을 말함. 옛날의 책은 대나무 조각이나 비단이었음.
참고 대〈竹〉와 비단〈帛〉의〈之〉 공〈功〉.

竹 대 죽
帛 비단 백
之 의 지
功 공 공

* **중견사원 中堅社員**

그 회사에서 중심되는 중요한 사원.
참고 단체〈社〉에서 가운데〈中〉(중심)로 위치가 굳은〈堅〉 관원〈員〉(사람).

中 가운데 중
堅 굳을 견
社 단체 사
員 관원 원

* **중과부적 衆寡不敵**

적은 수효는 많은 수효를 대적하지 못함. 과부적중(寡不敵衆).
참고 많은〈衆〉 것과 적은〈寡〉 것은 대적하지〈敵〉 못하는〈不〉 것.

衆 많을 중
寡 적을 과
不 못할 부
敵 대적할 적

* **중구난방 衆口難防**

뭇 사람의 말을 이루 다 막기가 어렵다는 말.
참고 많은〈衆〉 입〈口〉은 막기가〈防〉 어려운〈難〉 것.

衆 많을 중
口 입 구
難 어려울 난
防 막을 방

* **중구삭금 衆口鑠金**

'뭇 사람의 말은 쇠같이 굳은 물건도 녹인다는 뜻'으로, 여러 사람의 말은 무섭다는 말.
참고 많은〈衆〉 사람의 입〈口〉은 쇠〈金〉를 녹임〈鑠〉.

衆 많을 중
口 입 구
鑠 쇠 녹일 삭
金 쇠 금

* **중농정책 重農政策**

농업에 중점을 두는 정책상의 방책.
참고 농사〈農〉를 중히 여기는〈重〉 정사〈政〉의 계책〈策〉.

重 중히 여길 중
農 농사 농
政 정사 정
策 계책 책

*** 중앙집권 中央集權**

한 나라의 정치 권력을 중앙에 집중하여 중앙의 지휘·명령 밑에서 전국을 통치하고 행정 기능을 행사하는 권력 조직. ㉥ 지방 분권(地方分權).

참고 가운데〈中, 央〉로 권세〈權〉를 모으는〈集〉 것.

中 가운데 / 央 가운데 / 集 모을 / 權 권세 — 중앙집권

*** 중언부언 重言復言**

하였는 말을 자꾸 되풀이함.

참고 거듭〈重〉 말하고〈言〉 다시〈復〉 말하는〈言〉 것.

重 거듭할 / 言 말할 / 復 다시 / 言 말할 — 중언부언

*** 중용지도 中庸之道**

마땅하고 떳떳한 중용의 도리. 극단에 치우치지 않고 평범한 속에서의 진실한 도리.

참고 가운데〈中〉(중용)의 떳떳함〈庸〉의〈之〉 도리〈道〉.

中 가운데 / 庸 떳떳할 / 之 이, 의 / 道 도리 — 중용지도

*** 즐풍목우 櫛風沐雨**

긴 세월 동안에 목적을 달성하기 위하여 온갖 난관을 무릅쓰고 고생함을 말함.

참고 바람〈風〉으로 빗질하고〈櫛〉 비〈雨〉로 머리 감는〈沐〉 것.

櫛 빗질할 / 風 바람 / 沐 머리 감을 / 雨 비 — 즐풍목우

*** 지기지우 知己之友**

서로 마음이 통하는 벗. ㉣ 지기(知己).

참고 자기〈己〉를 알아주는〈知〉 벗〈友〉.

知 알 / 己 자기 / 之 의 / 友 벗 — 지기지우

*** 지도편달 指導鞭撻**

가르치어 이끌고 경계하고 격려함.

참고 이끌고〈導〉 가리키며〈指〉 채찍〈鞭〉으로 종아리를 치는〈撻〉 것.

指 가리킬 / 導 이끌 / 鞭 채찍 / 撻 종아리칠 — 지도편달

*** 지독지정 舐犢之情**

부모가 자식을 사랑하는 깊은 정을 비유하는 말.

참고 어미소가 송아지〈犢〉를 핥는〈舐〉 정〈情〉.

舐 핥을 / 犢 송아지 / 之 의 / 情 정 — 지독지정

*** 지록위마 指鹿爲馬**

'사슴을 가리켜 말이라고 속인' 고사에서, 웃사람을 농락하여 권세를 마음대로 함을 비유함.

참고 사슴〈鹿〉을 가리켜〈指〉 말〈馬〉이라고 하는〈爲〉 것.

指 가리킬 / 鹿 사슴 / 爲 하 / 馬 말 — 지록위마

*** 지리멸렬 支離滅裂**

갈갈이 흩어지고 찢기어 갈피를 잡을 수 없이 됨.

참고 흩어지고〈支〉 떠나고〈離〉, 멸망하고〈滅〉 찢어지는〈裂〉 것.

支 흩어질 / 離 떠날 / 滅 멸망할 / 裂 찢어질 — 지리멸렬

*** 지방자치 地方自治**

그 지방의 일은 그 지방 사람으로 하여금 다스리게 하는 것.

참고 지방〈地方〉을 스스로〈自〉 다스리는〈治〉 것.

地 땅 / 方 모 / 自 스스로 / 治 다스릴 — 지방자치

*** 지성감천 至誠感天**

지극한 정성에 하늘이 감동함.

참고 지극한〈至〉 정성〈誠〉은 하늘〈天〉을 감동시킴〈感〉.

至 지극할 / 誠 정성 / 感 감동할 / 天 하늘 — 지성감천

*** 지원답지 支援遝至**

지지하여 돕는 것이 몰려듦.

참고 지탱하게〈支〉 도우려고〈援〉 이르러〈至〉 붐비는〈遝〉 것.

支 지탱할 / 援 도울 / 遝 붐빌 / 至 이를 — 지원답지

*** 지자막약부 知子莫若父**

아비만큼 그 아들의 됨됨이를 아는 사람이 없음.

참고 아들〈子〉을 아는〈知〉 사람은 아비〈父〉만큼 같음〈若〉이 없음〈莫〉.

知 알 / 子 아들 / 莫 없을 / 若 같을 / 父 아비 — 지자막약부

성어	뜻	훈	음
* 지자요수 知者樂水	지식이 있는 사람은 막히는 데가 없으므로 거침없이 흐르는 물을 좋아함. 참고 아는(知) 사람(者)은 물(水)을 좋아하는(樂) 것.	知 알 者 사람 樂 좋아할 水 물	지 자 요 수
* 지척천리 咫尺千里	서로 매우 가까운 곳에 살면서도 오래 만나지 못하여 멀리 떨어져 사는 것과 같다는 말. 참고 짧은(咫, 尺) 거리가 일천(千) 이수(里) 같은 것.	咫 짧을 尺 짧을 千 일천 里 이수	지 척 천 리
* 지천사어 指天射魚	되지 못할 일을 무리하게 하려는 것. 연목구어(緣木求魚). 참고 하늘(天)을 가리키며(指) 물고기(魚)를 쏘라는(射) 것.	指 가리킬 天 하늘 射 쏠 魚 물고기	지 천 사 어
* 지피지기 知彼知己	적의 내정(內情)과 나의 내정을 소상히 앎. 곧 전쟁에서는 피차의 정세에 통달(通達)해야만 한다는 병가(兵家)의 말. 〈孫子 謀攻篇〉. 참고 저(彼)를 알고(知) 자기(己)를 아는(知) 것.	知 알 彼 저. 저편. 知 알 己 자기	지 피 지 기
* 지행일치 知行一致	지식과 행위가 같음. 참고 아는(知) 것과 행하는(行) 것이 같게(一) 이르름(致).	知 알 行 행할 一 같을 致 이를	지 행 일 치
* 지호지간 指呼之間	손짓하여 부를 만한 가까운 거리. 참고 손가락으로 가리켜(指) 부를(呼) 수 있는 사이(間).	指 가리킬 呼 부를 之 의 間 사이	지 호 지 간
* 직언정론 直言正論	옳고 그른 것에 대하여 기탄 없이 바로 하는 말과 언론. 참고 곧은(直) 말(言)과 바른(正) 논의(論).	直 곧을 言 말씀 正 바를 論 논의할	직 언 정 론
* 진금부도 眞金不鍍	진실한 재주가 있는 사람은 꾸미지 아니함. 참고 참(眞)(거짓이 아닌) 금(金)에는 도금하지(鍍) 아니하는(不) 것.	眞 참 金 금 不 아니 鍍 도금할	진 금 부 도
* 진리탐구 眞理探究	참된 이치를 찾아냄. 참고 참(眞) 이치(理)를 궁구하여(究) 찾는(探) 것.	眞 참 理 이치 探 찾을 究 궁구할	진 리 탐 구
* 진수성찬 珍羞盛饌	맛이 좋고 많이 잘 차린 음식. 참고 진기하고(珍) 맛있는 음식(羞)과 많은(盛) 음식(饌).	珍 진기할 羞 맛있는 음식 盛 많을 饌 음식	진 수 성 찬
* 진인사대천명 盡人事待天命	할 수 있는 데까지 노력을 다하고 천명을 기다림. 참고 사람(人)의 일(事)을 다(盡)한 후에 하늘(天)의 명령(命)을 기다리는(待) 것.	盡 다할 人 사람 事 일 待 기다릴 天 하늘 命 명령	진 인 사 대 천 명
* 진퇴양난 進退兩難	앞으로 나아갈 수도 뒤로 물러 날 수도 없이, 꼼짝할 수 없는 궁지에 빠짐. 진퇴 유곡(進退維谷). 참고 나아감(進)과 물러남(退)이 둘(兩) 다 어려운(難) 것.	進 나아갈 退 물러날 兩 두(둘) 難 어려울	진 퇴 량 난
* 진퇴유곡 進退維谷	진퇴 양난(進退兩難). 참고 나아가나(進) 물러나나(退) 오직(維) 골(谷)(골짜기) 뿐임.	進 나아갈 退 물러날 維 오직 谷 골	진 퇴 유 곡

＊ 집행유예 執行猶豫

3년 이하의 징역, 또는 금고(禁錮)의 형의 선고의 판결을 받았으나, 기왕에 금고 이상의 형에 처해진 일이 없는 자 또는 금고 이상의 형의 선고를 받아 집행을 종료한 후나 집행이 면제된 후로부터 5년 이내에 금고 이상의 형에 처해진 일이 없는 자에 대하여 정상을 참작할 만한 사유가 있을 때, 일정 기간(1년 이상 5년 이하) 형의 집행을 유예하며, 그 유예 기간 중 사고 없이 경과한 때에는 형의 선고의 효력을 잃는 제도.

참고 잡아서〈執〉 행하는〈行〉 것을 머뭇거리는〈猶, 豫〉(미루는) 것.

執 잡을 집
行 행할 행
猶 머뭇거릴 유
豫 머뭇거릴 예

＊ 차일피일 此日彼日

이날 저날. 이날 저날 하고 자꾸 기일을 미루어 가는 경우에 씀.

참고 이〈此〉날〈日〉 저〈彼〉날〈日〉.

此 이 차
日 날 일
彼 저 피
日 날 일

＊ 착벽인광 鑿壁引光

어려운 환경에서도 그것을 극복하여 열심히 공부하는 것.

참고 벽〈壁〉을 뚫어〈鑿〉 빛〈光〉을 끌어 들여〈引〉 공부하는 것.

鑿 뚫을 착
壁 벽 벽
引 끌 인
光 빛 광

＊ 찬반양론 贊反兩論

찬성과 반대의 두 가지 이론.

참고 찬성〈贊〉과 반대〈反〉의 두〈兩〉 논의〈論〉.

贊 찬성할 찬
反 반대할 반
兩 두 량
論 논의할 론

＊ 창졸지간 倉卒之間

급작스러운 동안.

참고 당황하고〈倉〉 있는 갑작스러운〈卒〉 사이〈間〉.

倉 당황할 창
卒 갑자기 졸
之 의 지
間 사이 간

＊ 창해상전 滄海桑田

덧없는 세상의 변천을 말함.

참고 푸른〈滄〉 바다〈海〉가 변하여 뽕나무〈桑〉 밭〈田〉이 되는 것.

滄 푸를 창
海 바다 해
桑 뽕나무 상
田 밭 전

＊ 창해유주 滄海遺珠

세상에 알려지지 않은 현자(賢者), 또는 명작(名作)을 비유한 말.

참고 푸른〈滄〉 바다〈海〉 속에 남아 있는〈遺〉 구슬〈珠〉.

滄 푸를 창
海 바다 해
遺 남길 유
珠 구슬 주

＊ 창해일속 滄海一粟

매우 많거나 너른 가운데 섞여 있는 하찮은 물건의 비유.

참고 푸른〈滄〉 바다〈海〉에 좁쌀〈粟〉 한〈一〉 알.

滄 푸를 창
海 바다 해
一 한 일
粟 조 속

＊ 채신지우 采薪之憂

'병이 들어 나무를 할 수 없다는 뜻' 〈맹자(孟子) 공손추(公孫丑)〉에서, 자기의 병을 겸사하여 일컫는 말. 부신지우(負薪之憂).

참고 땔나무〈薪〉를 캘〈采〉(할) 수 없게 된 근심〈憂〉.

采 캘 채
薪 땔나무 신
之 의 지
憂 근심 우

＊ 채용고시 採用考試

사람을 뽑아 쓰기 위한 시험.

참고 가려 내어〈採〉 쓰기〈用〉 위하여 상고함〈考〉을 시험하는〈試〉 것.

採 가려 낼 채
用 쓸 용
考 상고할 고
試 시험할 시

＊ 천고마비 天高馬肥

가을이 썩 좋은 절기임을 일컫는 말.

참고 하늘〈天〉이 높고〈高〉 말〈馬〉이 살찌는〈肥〉 것.

天 하늘 천
高 높을 고
馬 말 마
肥 살찔 비

* **천고만난 千苦萬難**

온갖 고난. 천난 만고(千難萬苦).
참고 일천〈千〉 가지 괴로움〈苦〉과 일만〈萬〉 가지 어려움〈難〉.

千 일천 / 苦 괴로울 / 萬 일만 / 難 어려울 — 천고만난

* **천려일득 千慮一得**

바보같은 사람이라도 많은 생각 속에는 한 가지쯤 쓸만한 것이 있을 수 있다는 말. 반 천려 일실(千慮一失).
참고 천〈千〉 번 생각하면〈慮〉 한〈一〉 가지라도 얻음〈得〉이 있는 것.

千 일천 / 慮 생각할 / 一 한 / 得 얻을 — 천려일득

* **천려일실 千慮一失**

현명한 사람도 많은 생각 가운데는 미처 생각지 못하는 점이 있을 수 있다는 말.
참고 일천〈千〉 가지 생각〈慮〉 가운데 하나〈一〉의 잘못함〈失〉이 있는 것.

千 일천 / 慮 생각할 / 一 한 / 失 잘못할 — 천려일실

* **천리지척 千里咫尺**

천리(千里)와 지척(咫尺), 곧 아주 먼 거리와 매우 가까운 거리. 마음이 가까우면 멀리 떨어져 있어도 멀지 않다는 말.
참고 일천〈千〉 이수〈里〉도 짧은〈咫〉 자〈尺〉와 같음.

千 일천 / 里 이수 / 咫 짧을 / 尺 자 — 천리지척

* **천무음우 天無淫雨**

하늘에는 궂은 비가 내리지 않는다는 뜻에서, 화평한 나라, 태평한 시대를 비유하는 말.
참고 하늘〈天〉에 오랜〈淫〉 비〈雨〉가 없는〈無〉 것.

天 하늘 / 無 없을 / 淫 오랠 / 雨 비 — 천무음우

* **천무이일 天無二日**

하늘에는 태양이 하나뿐인 것 같이 나라를 다스리는 임금도 하나뿐이라는 말. ※천무 이일 토무 이왕(天無二日 土無二王).
참고 하늘〈天〉에 두〈二〉 해〈日〉가 없는〈無〉 것.

天 하늘 / 無 없을 / 二 두 / 日 해 — 천무이일

* **천방지축 天方地軸**

①못난 사람이 어리석게 날뛰는 모습. ②너무 급하여 방향을 분별하지 못하고 함부로 행동하는 것. 천방 지방(天方地方).
참고 하늘〈天〉 방향〈方〉과 땅〈地〉의 굴대〈軸〉.

天 하늘 / 方 방향 / 地 땅 / 軸 굴대 — 천방지축

* **천상천하 유아독존 天上天下 唯我獨尊**

우주 가운데 자기보다 존귀한 것이 없다는 말〈불교〉. ※석가가 났을 때 한 손으로 하늘을, 또 한 손으로는 땅을 가리키어 일곱 걸음을 걸으며 사방을 돌아보고 이른 말. 〈전등록(傳燈錄)〉.
참고 하늘〈天〉 위〈上〉와 하늘〈天〉 아래〈下〉에 오직〈唯〉 나〈我〉만이 홀로〈獨〉 높은〈尊〉 것.

天 하늘 / 上 위 / 天 하늘 / 下 아래 / 唯 오직 / 我 나 / 獨 홀로 / 尊 높을 — 천상천하유아독존

* **천생배필 天生配匹**

하늘에서 미리 정해 준 배필. 천정배필(天定配匹).
참고 하늘〈天〉이 낳은〈生〉 짝〈配, 匹〉.

天 하늘 / 生 낳을 / 配 짝 / 匹 짝 — 천생배필

* **천생연분 天生緣分**

하늘에서 정해 준 인연. 천정 연분(天定緣分).
참고 하늘〈天〉이 낳은〈生〉 인연〈緣〉의 신분〈分〉.

天 하늘 / 生 낳을 / 緣 인연 / 分 신분 — 천생연분

* **천서만단 千緖萬端**

수없이 많은 일의 갈피.
참고 천〈千〉 가지 실마리〈緖〉와 만〈萬〉 가지 끝〈端〉(끄트머리).

千 일천 / 緖 실마리 / 萬 일만 / 端 끝 — 천서만단

* 천석고황 泉石膏肓	자연을 몹시 사랑함. 고치지 못할 병처럼 굳어진 자연에의 사랑. ※천석(泉石):물과 돌. 물과 돌로 이뤄진 경치. 수석(水石). 참고 명치 끝〈膏, 肓〉에 들어온 샘〈泉〉과 돌〈石〉에 대한 사랑.	泉 샘 石 돌 膏 명치 끝 肓 명치 끝	천석고황
* 천신만고 千辛萬苦	온갖 신고(辛苦). 또는 그것을 겪음 참고 일천〈千〉 가지 괴로움〈辛〉과 일만〈萬〉 가지 괴로움〈苦〉.	千 일천 辛 괴로울 萬 일만 苦 괴로울	천신만고
* 천양지차 天壤之差	하늘과 땅 사이와 같이 엄청나게 동떨어진 차이. 참고 하늘〈天〉과 땅〈壤〉의〈之〉 다름〈差〉(차이).	天 하늘 壤 땅 之 의 差 다를	천양지차
* 천우신조 天佑神助	하늘과 신령의 도움. 참고 하늘〈天〉이 돕고〈佑〉 신령〈神〉이 도우는〈助〉 것.	天 하늘 佑 도울 神 신령 助 도울	천우신조
* 천의무봉 天衣無縫	천사의 옷이 기운 데가 없다는 뜻으로, 문장이 훌륭하여 손댈 곳이 없음을 가리킴. 참고 하늘〈天〉의 옷〈衣〉은 꿰맨〈縫〉 자리가 없는〈無〉 것.	天 하늘 衣 옷 無 없을 縫 꿰맬	천의무봉
* 천인공노 天人共怒	하늘이나 사람이 다같이 노함. 참고 하늘〈天〉과 사람〈人〉이 같이〈共〉 성내는〈怒〉 것.	天 하늘 人 사람 共 같이 怒 성낼	천인공노
* 천자만홍 千紫萬紅	울긋불긋한 여러 가지 꽃의 빛깔. 또 그 꽃들. 참고 일천〈千〉 가지 자줏빛〈紫〉과 일만〈萬〉 가지 붉은〈紅〉 빛.	千 일천 紫 자줏빛 萬 일만 紅 붉을	천자만홍
* 천재일우 千載一遇	좀처럼 만나기 어려운 기회. 천재 일시(千載一時). 참고 일천〈千〉 해〈載〉(年의 뜻)에 한〈一〉 번 만나는〈遇〉 것.	千 일천 載 해 一 한 遇 만날	천재일우
* 천재지변 天災地變	천재와 지변. 자연의 변화로 일어나는 태풍(颱風)·홍수(洪水)·지진(地震) 같은 것. 참고 하늘〈天〉의 재앙〈災〉과 땅〈地〉의 재앙〈變〉.	天 하늘 災 재앙 地 땅 變 재앙	천재지변
* 천정부지 天井不知	물가 등이 한 없이 오르기만 함을 이르는 말. 참고 천정〈天井〉(天障)을 알지〈知〉 못하는〈不〉 것.	天 하늘 井 천정 不 못할 知 알	천정부지
* 천지신명 天地神明	조화를 맡은 신령. 참고 하늘〈天〉과 땅〈地〉의 신령〈神〉이 신령스러운〈明〉 것.	天 하늘 地 땅 神 신령 明 신령스러울	천지신명
* 천진난만 天眞爛漫	꾸밈이나 거짓 없이 타고난 성질 그대로가 말이나 행동에 나타남. 참고 자연〈天〉 그대로의 참〈眞〉이 빛나게〈爛〉 흩어지는〈漫〉 것.	天 자연 眞 참 爛 빛날 漫 흩어질	천진란만
* 천차만별 千差萬別	여러 가지 사물이 모두 차이가 있고 구별이 있음. 준 만별(萬別). 참고 천〈千〉 가지 다른〈差〉 점과 만〈萬〉 가지 다른〈別〉 점.	千 일천 差 다를 萬 일만 別 다를	천차만별

＊ 천태만상 千態萬象
천 가지 형태와 만 가지 형상. 천태만별(千態萬別)의 상태.
참고 천〈千〉 가지 모양〈態〉과 만〈萬〉 가지 형상〈象〉.
千 일천 천 / 態 모양 태 / 萬 일만 만 / 象 형상 상

＊ 천편일률 千篇一律
①여러 시문의 격조(格調)가 변화가 없이 비슷비슷함. ②많은 사물이 색다른 바가 없이 모두 비슷함의 비유.
참고 일천〈千〉 가지 편〈篇〉(시문의 편)이 한〈一〉 가지 음률〈律〉(법칙을 뜻함)인 것.
千 일천 천 / 篇 편(시문의) 편 / 一 한 일 / 律 음률(법) 률

＊ 철두철미 徹頭徹尾
①머리에서 꼬리까지 투철함. ②처음부터 끝까지 철저하게.
참고 머리〈頭〉에서 뚫어서〈徹〉 꼬리〈尾〉까지 통함〈徹〉.
徹 뚫을 철 / 頭 머리 두 / 徹 통할 철 / 尾 꼬리 미

＊ 철부지급 轍鮒之急
매우 급함. 또는 사람이 극빈(極貧)하여 당장 굶어 죽게 된 것을 비유하는 말.
참고 수레바퀴 자국〈轍〉에 고인 물에 사는 붕어〈鮒〉의〈之〉 급함〈急〉.
轍 수레바퀴 자국 철 / 鮒 붕어 부 / 之 의 지 / 急 급할 급

＊ 철심석장 鐵心石腸
지조가 철석같이 견고하여 외부의 유혹에도 동요되지 않는 것. 철석 간장(鐵石肝腸).
참고 쇠〈鐵〉같이 굳은 마음〈心〉과 돌〈石〉같이 튼튼한 창자〈腸〉.
鐵 쇠 철 / 心 마음 심 / 石 돌 석 / 腸 창자 장

＊ 철중쟁쟁 鐵中錚錚
동류 가운데서 가장 나은 사람을 가리키는 말.
참고 쇠〈鐵〉 가운데서〈中〉 쇳소리〈錚, 錚〉가 많이 나는 것.
鐵 쇠 철 / 中 가운데 중 / 錚 쇳소리 쟁 / 錚 쇳소리 쟁

＊ 청백리 清白吏
①청백한 관리. ②의정부(議政府)·육조(六曹)·경조(京兆)의 이품 이상의 당상관과 사헌부(司憲府)·사간원(司諫院)의 수직(首職)들이 추천하여 선정한 청렴한 벼슬아치.
참고 맑고〈清〉 깨끗한〈白〉 관리〈吏〉.
清 맑을 청 / 白 깨끗할 백 / 吏 관리. 관원. 리

＊ 청산유수 青山流水
막힘 없이 썩 잘하는 말의 비유.
참고 푸른〈青〉 메〈山〉에 흐르는〈流〉 물〈水〉.
青 푸를 청 / 山 메 산 / 流 흐를 류 / 水 물 수

＊ 청운지지 青雲之志
①고결한 지조, 또는 공덕(功德)을 세우고자 하는 뜻. ②입신 출세(立身出世)의 대망(大望).
참고 푸른〈青〉 구름〈雲〉의〈之〉 뜻〈志〉.
青 푸를 청 / 雲 구름 운 / 之 의 지 / 志 뜻 지

＊ 청출어람 青出於藍
쪽에서 나온 푸른 물감이 쪽보다 더 푸르다는 뜻으로, 제자가 스승보다 나음을 일컫는 말. 약 출람(出藍).
참고 푸른 빛〈青〉은 쪽〈藍〉에서〈於〉 나옴〈出〉.
青 푸를 청 / 出 날 출 / 於 어조사 어 / 藍 쪽. 쪽빛. 람

＊ 청탁배격 請託排擊
사사로이 청원하고 부탁하는 것을 물리치어 침.
참고 청하고〈請〉 부탁하는 것〈託〉을 쳐서〈擊〉 물리치는〈排〉 것.
請 청할 청 / 託 부탁할 탁 / 排 물리칠 배 / 擊 칠 격

＊ 청풍명월 清風明月
맑은 바람과 밝은 달.
참고 맑은〈清〉 바람〈風〉과 밝은〈明〉 달〈月〉.
清 맑을 청 / 風 바람 풍 / 明 밝을 명 / 月 달 월

＊ 초근목피 草根木皮
①풀 뿌리와 나무의 껍질. 곧 영양 가치가 적은 악식(惡食)을 가리키는 말. ②한약의 재료가 되는 물건.
참고 풀〈草〉 뿌리〈根〉와 나무〈木〉 껍질〈皮〉.
草 풀 초 / 根 뿌리 근 / 木 나무 목 / 皮 껍질 피

* **초록동색 草綠同色**

풀빛과 녹색은 한 색깔임. 명칭은 다르나 따져보면 한가지의 것이란 말로, 서로 같은 무리끼리 어울린다는 말.

참고 풀〈草〉과 푸른〈綠〉 색은 한가지〈同〉 빛〈色〉.

草 풀 / 綠 푸를 / 同 한가지 / 色 빛 — 초록동색

* **초만영어 草滿囹圄**

정치가 잘 이루어져 나라에 죄수가 없음을 일컫는 말.

참고 풀〈草〉이 옥〈囹,圄〉에 가득한〈滿〉 것.

草 풀 / 滿 가득할 / 囹 옥. 감옥. / 圄 옥. 감옥. — 초만령어

* **초재진용 楚材晉用**

자기 나라의 인재(人材)를 다른 나라에서 이용함을 이르는 말.

참고 초 나라〈楚〉의 재목〈材〉을 진 나라〈晉〉에서 쓰는〈用〉 것.

楚 초 나라 / 材 재능 / 晉 진 나라 / 用 쓸 — 초재진용

* **초지일관 初志一貫**

처음 뜻을 꿰뚫고 나감. 시작할 때의 결심(決心)을 마칠 때까지 굽히지 않음.

참고 처음〈初〉의 뜻〈志〉을 오로지〈一〉 꿰뚫는〈貫〉 것.

初 처음 / 志 뜻 / 一 오로지 / 貫 꿰뚫을 — 초지일관

* **촉견폐일 蜀犬吠日**

'중국 촉(蜀) 나라는 산이 높고 안개가 짙은 위에 비오는 날이 많아서 해를 보기 드물어 해가 뜨면 개들이 이상히 여기어 짖는다는 말'에서, 식견이 좁아서 보통의 일을 보고도 놀라는 것을 가리키는 말. 월견 폐설(越犬吠雪).

참고 촉 나라〈蜀〉의 개〈犬〉가 해〈日〉를 보고 짖는〈吠〉 것.

蜀 나라 이름 / 犬 개 / 吠 짖을 / 日 해 — 촉견폐일

* **촉수불가 觸手不可**

손 대지 못함.

참고 손〈手〉에 닿음〈觸〉이 가하지〈可〉 아니한〈不〉 것.

觸 닿을 / 手 손 / 不 아니 / 可 가할 — 촉수불가

* **촌철살인 寸鐵殺人**

간단한 경구(警句)로 어떤 일의 급처를 찔러, 사람을 감동시킴의 비유.

참고 한 마디〈寸〉의 쇠〈鐵〉가 사람〈人〉을 죽이는〈殺〉 것.

寸 마디 / 鐵 쇠 / 殺 죽일 / 人 사람 — 촌철살인

* **총력안보 總力安保**

모든 국민이 힘을 모아 국가의 안전을 보장(保障)함. ※ 보장(保障):장애가 되지 않게 보호함.

참고 모두〈總〉의 힘〈力〉으로 편안하게〈安〉 보호하는〈保〉 것.

總 모두 / 力 힘 / 安 편안할 / 保 보호할 — 총력안보

* **추풍낙엽 秋風落葉**

①가을 바람에 흩어져 떨어지는 낙엽. ②낙엽처럼 세력 같은 것이 시들어 우수수 떨어짐의 비유.

참고 가을〈秋〉 바람〈風〉에 떨어지는〈落〉 잎〈葉〉.

秋 가을 / 風 바람 / 落 떨어질 / 葉 잎 — 추풍락엽

* **추호불용 秋毫不容**

조금도 용납하지 않음. ※ 추호(秋毫):가을철에 나는 짐승의 가늘고 작은 털을 말함.

참고 가을〈秋〉의 가는 털〈毫〉 만큼도 용납하지〈容〉 아니하는〈不〉 것.

秋 가을 / 毫 가는 털 / 不 아니할 / 容 용납할 — 추호불용

* **축록자불견산 逐鹿者不見山**

①이익을 취하려는 사람은 물불을 가리지 않음. ②한 가지 일에 열중하면 다른 일을 돌보지 않음.

참고 사슴〈鹿〉을 잡기 위하여 그 뒤를 쫓는〈逐〉 사람〈者〉은 메〈山〉가 얼마나 깊고 험한가를 보지〈見〉 아니함〈不〉.

逐 쫓을 / 鹿 사슴 / 者 사람 / 不 아닐 / 見 볼 / 山 메 — 축록자불견산

* 축록자불고토 逐鹿者不顧兎

큰 일을 하는 사람은 작은 것에 마음을 두지 아니함.

참고 사슴〈鹿〉을 쫓는〈逐〉 사람〈者〉은 토끼〈兎〉를 돌아보지〈顧〉 아니하는〈不〉 것.

逐 쫓을 / 鹿 사슴 / 者 사람 / 不 아닐 / 顧 돌아볼 / 兎 토끼 — 축록자불고토

* 축록지전 逐鹿之戰

영웅이 서로 천하(天下)를 다투는 싸움. 여기서 '녹(鹿)'은 정권(政權) 또는 제위(帝位)를 말함.

참고 사슴〈鹿〉을 쫓는〈逐〉 싸움〈戰〉.

逐 쫓을 / 鹿 사슴 / 之 의 / 戰 싸움 — 축록지전

* 춘소일각치천금 春宵一刻値千金

봄밤을 상찬(賞讚)하여 이를 보내기가 무척 아깝다는 말.

참고 봄〈春〉밤〈宵〉의 한〈一〉 시각〈刻〉은 일천〈千〉 금의 돈〈金〉과 같은 값어치〈値〉가 있는 것.

春 봄 / 宵 밤 / 一 한 / 刻 시각 / 値 값어치 / 千 일천 / 金 돈. 금. — 춘소일각치천금

* 춘수모운 春樹暮雲

봄철의 수목(樹木)과 해 저물 무렵의 구름. 곧 벗을 그리는 정(情)이 일어남의 비유.

참고 봄〈春〉의 나무〈樹〉와 저물〈暮〉 무렵의 구름〈雲〉.

春 봄 / 樹 나무 / 暮 저물 / 雲 구름 — 춘수모운

* 춘와추선 春蛙秋蟬

쓸모없는 주장이나 담화.

참고 봄〈春〉 개구리〈蛙〉와 가을〈秋〉 매미〈蟬〉의 시끄러운 울음 소리.

春 봄 / 蛙 개구리 / 秋 가을 / 蟬 매미 — 춘와추선

* 춘인추사 春蚓秋蛇

문장(文章)에 힘이 없음을 말함.

참고 봄〈春〉 지렁이〈蚓〉와 가을〈秋〉 뱀〈蛇〉.

春 봄 / 蚓 지렁이 / 秋 가을 / 蛇 뱀 — 춘인추사

* 춘추필법 春秋筆法

공자(孔子)가 춘추(春秋)라는 역사책을 쓴 그 태도와 같이, ①비판의 태도가 썩 엄정함을 일컫는 말. ②대의명분(大義名分)을 밝히어 세우는 사필(史筆)의 논법(論法).

참고 춘추〈春秋〉의 글〈筆〉 쓰는 법〈法〉과 같이.

春 봄 / 秋 가을 / 筆 글 / 法 법 — 춘추필법

* 춘치자명 春雉自鳴

시키거나 요구하지 아니하여도 제출물로 함을 가리키는 말.

참고 봄〈春〉 꿩〈雉〉이 스스로〈自〉 우는〈鳴〉 것.

春 봄 / 雉 꿩 / 自 스스로 / 鳴 울 — 춘치자명

* 출가외인 出嫁外人

시집간 딸은 친정 사람이 아니고 남이나 마찬가지라는 뜻.

참고 시집가면〈出, 嫁〉 우리 집안의 바깥〈外〉 사람〈人〉.

出 시집갈 / 嫁 시집갈 / 外 바깥 / 人 사람 — 출가외인

* 출장입상 出將入相

문무(文武)가 겸전하여 장상(將相)의 벼슬을 모두 지냄을 이름.

참고 나가면〈出〉 장수〈將〉요, 들어오면〈入〉 재상〈相〉.

出 나갈 / 將 장수 / 入 들 / 相 재상 — 출장입상

* 충언역이 忠言逆耳

충고하는 말은 귀에 거슬리나 행실에는 이로움.

참고 충성된〈忠〉 말〈言〉은 귀〈耳〉에 거슬리는〈逆〉 것.

忠 충성 / 言 말씀 / 逆 거스를 / 耳 귀 — 충언역이

* 충효겸전 忠孝兼全

국가에 대한 충성(忠誠)과 부모에 대한 효도(孝道)를 모두 겸함.

참고 충성〈忠〉과 효도〈孝〉를 모두〈全〉 겸함〈兼〉.

忠 충성 / 孝 효도 / 兼 겸할 / 全 모두 — 충효겸전

* **취락구조개선** 聚落構造改善

상호 부조를 목적으로 하는 인간의 집단적인 거주 장소의 꾸밈새를 살기에 편하도록 고치는 것.

참고 마을〈聚, 落〉의 얽어〈構〉 지음〈造〉을 좋게〈善〉 고치는〈改〉 것.

聚 마을 취 / 落 마을 락 / 構 얽을 구 / 造 지을 조 / 改 고칠 개 / 善 좋을 선

* **취문성뢰** 聚蚊成雷

간신들의 참소가 횡행하는 것.

참고 모기〈蚊〉도 모이면〈聚〉 우뢰〈雷〉와 같이 큰 소리를 이룸〈成〉.

聚 모을 취 / 蚊 모기 문 / 成 이룰 성 / 雷 우뢰 뢰

* **취사선택** 取捨選擇

취할 것은 취하고 버릴 것은 버려서 골라 잡음.

참고 좋은 것은 취하고〈取〉 나쁜 것은 버리고〈捨〉 하여 가려〈選〉 뽑는〈擇〉 것.

取 취할 취 / 捨 버릴 사 / 選 가릴 선 / 擇 뽑을 택

* **취생몽사** 醉生夢死

아무 뜻과 이룬 일도 없이 한 평생을 흐리멍덩하게 살아 감.

참고 술 취한〈醉〉듯 살고〈生〉 꿈꾸〈夢〉듯 죽는〈死〉 것.

醉 술 취할 취 / 生 살 생 / 夢 꿈꿀 몽 / 死 죽을 사

* **치산치수** 治山治水

산과 물을 잘 다스려서 홍수·사태 등을 방지하여 수해를 없게 하고 산림(山林)을 울창하게 하는 일.

참고 메〈山〉를 다스리고〈治〉 물〈水〉을 다스리는〈治〉 것.

治 다스릴 치 / 山 메 산 / 治 다스릴 치 / 水 물 수

* **치외법권** 治外法權

다른 나라의 영토 안에 있으면서도 그 나라의 법률에 복종하지 않는 국제법상의 권리.

참고 외국에서 그 나라의 다스림〈治〉 바깥〈外〉에 있으면서도 누릴 수 있는 법〈法〉적 권세〈權〉

治 다스릴 치 / 外 바깥 외 / 法 법 법 / 權 권세 권

* **칠거지악** 七去之惡

아내를 내쫓는 이유가 되는 일곱 가지 사항. 곧 불순구고(不順舅姑)·무자(無子)·음행(淫行)·질투·악질(惡疾)·구설(口舌)·도절(盜竊). (동) 칠거(七去).

참고 일곱〈七〉 가지 물리침〈去〉의〈之〉 이유가 되는 미워할〈惡〉 행실.

七 일곱 칠 / 去 물리칠 거 / 之 의 지 / 惡 미워할 악

* **칠보지시** 七步之詩

훌륭한 시재(詩材)를 비유하는 말. '위(魏) 나라 조 조(曹操)의 아들 조비(曹丕)와 그의 동생 조 식(曹植)의 고사'.

참고 일곱〈七〉 걸음〈步〉의〈之〉 시〈詩〉.

七 일곱 칠 / 步 걸음 보 / 之 의 지 / 詩 시 시

* **칠전팔기** 七顚八起

여러 번 실패하여도 꾸준히 분투함.

참고 일곱〈七〉 번 넘어지면〈顚〉 여덟〈八〉 번 일어나는〈起〉 것.

七 일곱 칠 / 顚 넘어질 전 / 八 여덟 팔 / 起 일어날 기

* **칠전팔도** 七顚八倒

간험(艱險)한 고비를 많이 겪음을 이르는 말. 십전 구도(十顚九倒).

참고 일곱〈七〉 번 넘어지고〈顚〉 여덟〈八〉 번 자빠지는〈倒〉 것.

七 일곱 칠 / 顚 넘어질 전 / 八 여덟 팔 / 倒 자빠질 도

* **칠종칠금** 七縱七擒

무슨 일을 제 마음대로 함을 이르는 말이다.

참고 일곱〈七〉 번 놓았다가〈縱〉 일곱〈七〉 번 사로잡는〈擒〉 것.

七 일곱 칠 / 縱 놓을 종 / 七 일곱 칠 / 擒 사로잡을 금

* **침소봉대** 針小棒大

작은 일을 크게 허풍 떨어 말함.

참고 작은〈小〉 바늘〈針〉을 큰〈大〉 몽둥이〈棒〉 같이 말함.

針 바늘 침 / 小 작을 소 / 棒 몽둥이 봉 / 大 큰 대

* 쾌독파차 快犢破車	'성질이 거센 송아지는 이따금 제가 끄는 수레를 부수지만 자라서는 반드시 장쾌한 소가 된다'는 뜻으로, 어렸을 때의 성품이나 소행만으로는 어떤 사람의 장래성을 속단할 수 없다는 말. 참고 성질이 쾌하고 빠른〈快〉 송아지〈犢〉가 수레〈車〉를 깨뜨리는〈破〉 것.	快 쾌할, 빠를 犢 송아지 破 깨뜨릴 車 수레	쾌 독 파 차
* 타산지석 他山之石	'다른 산에서 난 나쁜 돌도 자기의 구슬을 가는 데에 소용이 된다는 뜻'에서, 다른 사람의 하찮은 언행일지라도 자기의 지덕(智德)을 연마 하는 데에 도움이 된다는 말. 참고 다른〈他〉 메〈山〉의〈之〉 돌〈石〉.	他 다를 山 메 之 의 石 돌	타 산 지 석
* 타초경사 打草驚蛇	갑(甲)에게 벌을 주어 을(乙)을 경계하는 것. 참고 풀〈草〉을 쳐서〈打〉 뱀〈蛇〉을 놀라게〈驚〉 하는 것.	打 칠 草 풀 驚 놀랄 蛇 뱀	타 초 경 사
* 탈토지세 脫兎之勢	신속한 기세. 썩 신속하고 민첩한 기세. 참고 토끼〈兎〉가 우리에서 벗어나는〈脫〉 기세〈勢〉.	脫 벗을 兎 토끼 之 의 勢 기세	탈 토 지 세
* 탄탄대로 坦坦大路	①평평하고 넓은 길. ②장래가 아무 어려움이나 괴로움이 없이 수월함을 이르는 말. 참고 매우 평탄한〈坦, 坦〉한 큰〈大〉 길〈路〉.	坦 평탄할 坦 평탄할 大 큰 路 길	탄 탄 대 로
* 탐관오리 貪官汚吏	탐욕이 많고 행실이 깨끗하지 못한 관리. 탐관(貪官)과 오리(汚吏). 참고 탐내는〈貪〉 벼슬〈官〉(관리)과 더러운〈汚〉 관원〈吏〉.	貪 탐낼 官 벼슬 汚 더러울 吏 관원	탐 관 오 리
* 태산명동서일필 泰山鳴動鼠一匹	무엇을 크게 떠벌리기만 하고 실제의 결과는 작은 것의 비유. ※ 태산(泰山):①중국 산동성에 있는 명산(名山). ②매우 높은 큰 산. 참고 태산〈泰山〉이 울고〈鳴〉 움직이더니〈動〉 쥐〈鼠〉 한〈一〉 마리〈匹〉가 나오는 것.	泰 산 이름 山 뫼 鳴 울 動 움직일 鼠 쥐 一 한 匹 마리	태 산 명 동 서 일 필
* 태산북두 泰山北斗	①태산(泰山)과 북두성(北斗星). ②세상 사람으로부터 우러러 받듦을 받거나 존경을 받는 사람의 비유. 참고 태산〈泰山〉과 북두성〈北斗〉.	泰 산 이름 山 메 北 북녘 斗 별 이름	태 산 북 두
* 태연자약 泰然自若	마음에 무슨 충동을 받아도 움직임이 없이 천연스러움. 참고 편안한〈泰〉 모양〈然〉(상태). 그도 스스로〈自〉 그와 같이〈若〉 된 상태. ※ '然'은 상태를 나타내는 접미사.	泰 편안할 然 (접미사—상태) 自 스스로 若 같을	태 연 자 약
* 토각귀모 兎角龜毛	세상에 있을 수 없는 허황된 일. 참고 토끼〈兎〉에 뿔〈角〉이 돋고 거북이〈龜〉에 털〈毛〉이 나는 것.	兎 토끼 角 뿔 龜 거북 毛 털	토 각 귀 모
* 토포악발 吐哺握髮	식사 때나 머리를 감을 때에 손님이 오면 황급히 나가서 맞이함을 일컫는 말. 곧 손님에 대한 극진한 대우, 또는 군주가 어진 인재를 예의를 갖추어서 맞이하는 것. 참고 씹어 먹던〈哺〉 것을 뱉고〈吐〉 머리털〈髮〉을 잡는〈握〉 것.	吐 뱉을 哺 씹어 먹을 握 잡을 髮 머리털	토 포 악 발

* **취락구조개선 聚落構造改善**
상호 부조를 목적으로 하는 인간의 집단적인 거주 장소의 꾸밈새를 살기에 편하도록 고치는 것.
참고 마을〈聚, 落〉의 얽어〈構〉 지음〈造〉을 좋게〈善〉 고치는〈改〉 것.
聚 마을 취 / 落 마을 락 / 構 얽을 구 / 造 지을 조 / 改 고칠 개 / 善 좋을 선

* **취문성뢰 聚蚊成雷**
간신들의 참소가 횡행하는 것.
참고 모기〈蚊〉도 모이면〈聚〉 우뢰〈雷〉와 같이 큰 소리를 이룸〈成〉.
聚 모을 취 / 蚊 모기 문 / 成 이룰 성 / 雷 우뢰 뢰

* **취사선택 取捨選擇**
취할 것은 취하고 버릴 것은 버려서 골라 잡음.
참고 좋은 것은 취하고〈取〉 나쁜 것은 버리고〈捨〉 하여 가려〈選〉 뽑는〈擇〉 것.
取 취할 취 / 捨 버릴 사 / 選 가릴 선 / 擇 뽑을 택

* **취생몽사 醉生夢死**
아무 뜻과 이룬 일도 없이 한 평생을 흐리멍덩하게 살아 감.
참고 술 취한〈醉〉듯 살고〈生〉 꿈꾸〈夢〉듯 죽는〈死〉 것.
醉 술 취할 취 / 生 살 생 / 夢 꿈꿀 몽 / 死 죽을 사

* **치산치수 治山治水**
산과 물을 잘 다스려서 홍수·사태 등을 방지하여 수해를 없게 하고 산림(山林)을 울창하게 하는 일.
참고 메〈山〉를 다스리고〈治〉 물〈水〉을 다스리는〈治〉 것.
治 다스릴 치 / 山 메 산 / 治 다스릴 치 / 水 물 수

* **치외법권 治外法權**
다른 나라의 영토 안에 있으면서도 그 나라의 법률에 복종하지 않는 국제법상의 권리.
참고 외국에서 그 나라의 다스림〈治〉 바깥〈外〉에 있으면서도 누릴 수 있는 법〈法〉적 권세〈權〉
治 다스릴 치 / 外 바깥 외 / 法 법 법 / 權 권세 권

* **칠거지악 七去之惡**
아내를 내쫓는 이유가 되는 일곱 가지 사항. 곧 불순구고(不順舅姑)·무자(無子)·음행(淫行)·질투·악질(惡疾)·구설(口舌)·도절(盜竊). ㊖ 칠거(七去).
참고 일곱〈七〉 가지 물리침〈去〉의〈之〉 이유가 되는 미워할〈惡〉 행실.
七 일곱 칠 / 去 물리칠 거 / 之 의 지 / 惡 미워할 악

* **칠보지시 七步之詩**
훌륭한 시재(詩材)를 비유하는 말. '위(魏) 나라 조 조(曹操)의 아들 조비(曹丕)와 그의 동생 조 식(曹植)의 고사'.
참고 일곱〈七〉 걸음〈步〉의〈之〉 시〈詩〉.
七 일곱 칠 / 步 걸음 보 / 之 의 지 / 詩 시 시

* **칠전팔기 七顚八起**
여러 번 실패하여도 꾸준히 분투함.
참고 일곱〈七〉 번 넘어지면〈顚〉 여덟〈八〉 번 일어나는〈起〉 것.
七 일곱 칠 / 顚 넘어질 전 / 八 여덟 팔 / 起 일어날 기

* **칠전팔도 七顚八倒**
간험(艱險)한 고비를 많이 겪음을 이르는 말. 십전 구도(十顚九倒).
참고 일곱〈七〉 번 넘어지고〈顚〉 여덟〈八〉 번 자빠지는〈倒〉 것.
七 일곱 칠 / 顚 넘어질 전 / 八 여덟 팔 / 倒 자빠질 도

* **칠종칠금 七縱七擒**
무슨 일을 제 마음대로 함을 이르는 말이다.
참고 일곱〈七〉 번 놓았다가〈縱〉 일곱〈七〉 번 사로잡는〈擒〉 것.
七 일곱 칠 / 縱 놓을 종 / 七 일곱 칠 / 擒 사로잡을 금

* **침소봉대 針小棒大**
작은 일을 크게 허풍 떨어 말함.
참고 작은〈小〉 바늘〈針〉을 큰〈大〉 몽둥이〈棒〉 같이 말함.
針 바늘 침 / 小 작을 소 / 棒 몽둥이 봉 / 大 큰 대

* **포정해우 庖丁解牛**
기술의 묘함을 찬미하는 말.
참고 푸줏간〈庖〉 장정〈丁〉이 소〈牛〉를 가르는〈解〉 것.
庖 푸줏간 포 / 丁 장정 정 / 解 가를 해 / 牛 소 우

* **표리부동 表裏不同**
마음이 음충맞아서 겉과 속이 다름.
참고 겉〈表〉과 속〈裏〉이 같지〈同〉 아니한〈不〉 것.
表 겉. 바깥. 표 / 裏 속. 안. 리 / 不 아닐 부 / 同 같을 동

* **표음문자 表音文字**
사람의 말하는 소리를 그대로 기호로 나타내는 글자. 한글·로마 문자·아라비아 문자·일본의 가나 같은 것.
참고 소리〈音〉를 나타내는〈表〉 글월〈文〉의 글자〈字〉.
表 나타낼 표 / 音 소리 음 / 文 글월 문 / 字 글자 자

* **표의문자 表意文字**
그림에 의하여서나, 사물의 형상(形象)을 그대로 베껴서 시각(視覺)에 의하여 사상을 전달하는 문자. 한자·상형문자 따위.
참고 뜻〈意〉을 나타내는〈表〉 글월〈文〉의 글자〈字〉.
表 나타낼 표 / 意 뜻 의 / 文 글월 문 / 字 글자 자

* **풍비박산 風飛雹散**
부서져 사방으로 확 흩어짐.
참고 바람〈風〉처럼 날아가고〈飛〉 우박〈雹〉처럼 흩어지는〈散〉 것.
風 바람 풍 / 飛 날 비 / 雹 우박 박 / 散 흩어질 산

* **풍성학려 風聲鶴唳**
겁이 많아 자그만 일에도 크게 놀람.
참고 바람〈風〉 소리〈聲〉와 두루미〈鶴〉의 우는〈唳〉 소리.
風 바람 풍 / 聲 소리 성 / 鶴 두루미 학 / 唳 학 울 려

* **풍수지탄 風樹之嘆**
부모 생전에 효도를 못한 후회.
〔출전〕 樹欲靜而風不止 子欲養而親不待: 나무 고요하려 하나 바람이 그치지 않고 자식이 봉양하자 하나 부모님은 기다려 주시지 않음.
참고 바람〈風〉에 나무〈樹〉가 흔들림의〈之〉 탄식〈嘆〉.
風 바람 풍 / 樹 나무 수 / 之 의 지 / 嘆 탄식할 탄

* **풍월주인 風月主人**
맑은 바람과 밝은 달 따위의 자연을 즐기는 사람.
참고 바람〈風〉과 달〈月〉의 주인되는〈主〉 사람〈人〉.
風 바람 풍 / 月 달 월 / 主 주인 주 / 人 사람 인

* **풍전등화 風前燈火**
①사물이 오래 견디지 못하고 매우 위급한 자리에 놓여 있음을 가리키는 말. ②사물이 덧없음을 가리키는 말. 풍전 등촉(風前燈燭).
참고 바람〈風〉 앞〈前〉의 등잔〈燈〉 불〈火〉.
風 바람 풍 / 前 앞 전 / 燈 등잔 등 / 火 불 화

* **풍찬노숙 風餐露宿**
큰 뜻을 이루려는 사람의 고초를 겪는 모양.
참고 바람〈風〉을 맞으며 밥〈餐〉을 먹고 이슬〈露〉을 맞으며 자는〈宿〉 것.
風 바람 풍 / 餐 밥 찬 / 露 이슬 로 / 宿 잘 숙

* **피골상련 皮骨相連**
살가죽과 뼈가 맞붙을 정도로 몹시 마름. 피골 상접(皮骨相接).
참고 가죽〈皮〉과 뼈〈骨〉가 서로〈相〉 연하는〈連〉 것.
皮 가죽 피 / 骨 뼈 골 / 相 서로 상 / 連 연할 련

* **피납선장 被拉船長**
납치된 선장.
참고 잡아 감〈拉〉을 입은〈被〉(당한) 배〈船〉의 어른〈長〉.
被 입을 피 / 拉 잡아 갈 랍 / 船 배 선 / 長 어른 장

* **피차양론 彼此兩論**
저 편과 이 편의 대립되는 두 의논.
참고 저〈彼〉(저편)와 이〈此〉(이편)의 두〈兩〉(양쪽) 논의〈論〉.
彼 저. 저편. 피 / 此 이 차 / 兩 두 량 / 論 논의할 론

* 피차일반 彼此一般	두 편이 서로 같음. 참고 저〈彼〉와 이〈此〉 쪽이 일반〈般〉으로 같은〈一〉 것.	彼 저. 저편 / 此 이 / 一 같을 / 般 일반. 피차일반
* 필부필부 匹夫匹婦	평범한 남녀. 참고 하나〈匹〉(평범한)의 사내〈夫〉와 하나〈匹〉의 여자〈婦〉.	匹 하나 / 夫 사내 / 匹 하나 / 婦 여자 필부필부
* 필수요건 必須要件	반드시 갖추어야 할 요건. 참고 꼭〈必〉 필요하고〈須〉 요긴한〈要〉 조건〈件〉.	必 꼭 / 須 필요할 / 要 요긴할 / 件 조건 필수요건
* 필요불가결 必要不可缺	없어서는 아니 될 꼭 필요한 것. 참고 반드시〈必〉 요긴하여〈要〉 궐하면〈缺〉(빠지면) 옳지〈可〉 않음〈不〉.	必 반드시 / 要 요긴할 / 不 아닐 / 可 옳을 / 缺 궐할 필요불가결
* 필유곡절 必有曲折	반드시 무슨 곡절이 있음. 필유 사단(必有事端). 참고 반드시〈必〉 굽고〈曲〉 꺾임〈折〉이 있는〈有〉 것.	必 반드시 / 有 있을 / 曲 굽을 / 折 꺾을 필유곡절
* 하의상달 下意上達	아래의 의사가 위에 미침. 참고 아래〈下〉의 뜻〈意〉을 위〈上〉로 올리는〈達〉 것.	下 아래 / 意 뜻. 생각. / 上 위 / 達 올릴 하의상달
* 하후상박 下厚上薄	아랫사람에게 후하고 웃사람에게 박함. 참고 아랫〈下〉사람에게 두터이〈厚〉 대하고 윗〈上〉사람에게는 가볍게〈薄〉 하는 것.	下 아래 / 厚 두터울 / 上 위 / 薄 가벼울 하후상박
* 학수고대 鶴首苦待	학의 목처럼 목을 길게 늘여 기다린다는 뜻으로, 몹시 기다림을 일컫는 말. 참고 두루미〈鶴〉의 머리〈首〉처럼 목을 길게 늘여 괴로이〈苦〉 기다리는〈待〉 것.	鶴 두루미 / 首 머리 / 苦 괴로울 / 待 기다릴 학수고대
* 학자삼다 學者三多	학자의 세 가지 요건. 곧 많은 독서와 지론 그리고 많은 저술을 가리킴. 참고 학문〈學〉을 하는 사람〈者〉에게 많이〈多〉 있는 세〈三〉 가지.	學 학문 / 者 사람 / 三 석. 셋. / 多 많을 학자삼다
* 학행일여 學行一如	배운 바와 행하는 바가 일치됨. 참고 배움〈學〉과 행함〈行〉이 하나〈一〉로 같은〈如〉 것.	學 배울 / 行 행할 / 一 한 / 如 같을 학행일여
* 한강투석 漢江投石	한강에 돌 던지기. 아무 효과가 없는 일을 말함. 참고 한수〈漢〉 강〈江〉에 돌〈石〉을 던지는〈投〉 것.	漢 한수 / 江 강 / 投 던질 / 石 돌 한강투석
* 한단지몽 邯鄲之夢	사람의 일생이란 한 바탕의 꿈과 같이 허무하다는 것. 한단몽(邯鄲夢). 황량몽(黃粱夢). 참고 조나라의 서울 한단〈邯鄲〉에서의〈之〉 꿈〈夢〉.	邯 땅 이름 / 鄲 땅 이름 / 之 의 / 夢 꿈 한단지몽
* 한단지보 邯鄲之步	중국 연 나라의 소년이 조 나라의 서울 한단에 가서, 한단 사람들의 걸음걸이를 배우다가 채 익히기 전에 고향에 돌아오니, 한단의 걸음걸이도 되지 않고 원래 자신의 걸음걸이도 잊어 버렸다는 고사. 곧 본분을 잊고 남의 흉내를 내면 실패한다는 뜻.	邯 땅 이름 / 鄲 땅 이름 / 之 의 / 步 걸음 한단지보

참고 한단〈邯鄲〉의〈之〉 걸음〈步〉.

* **한마지로 汗馬之勞**

혁혁한 전공(戰功), 또는 운반하는 고역을 비유한 말.
참고 땀〈汗〉 흘리며 일하는 말〈馬〉의〈之〉 수고〈勞〉.

汗 땀 / 馬 말 / 之 의 / 勞 수고로울 — 한마지로

* **한시태출 旱時太出**

어떤 일이나 물건이 드문드문 있을 때 하는 말.
참고 가뭄〈旱〉 때〈時〉에 콩〈太〉 나듯〈出〉.

旱 가물 / 時 때 / 太 콩 / 出 날 — 한시태출

* **한우충동 汗牛充棟**

서적(書籍)이 많음을 형용한 말.
참고 소〈牛〉가 땀〈汗〉을 흘릴 정도의 무게와 도리 기둥〈棟〉에 가득 찰〈充〉 정도의 부피.

汗 땀 / 牛 소 / 充 찰 / 棟 기둥 — 한우충동

* **함구무언 緘口無言**

입을 다물고 말이 없음.
참고 입〈口〉을 봉하고〈緘〉 말〈言〉이 없는〈無〉 것.

緘 봉할 / 口 입 / 無 없을 / 言 말 — 함구무언

* **함분축원 含憤蓄怨**

분함과 원망을 품음.
참고 분함〈憤〉을 품고〈含〉 원망〈怨〉을 쌓는〈蓄〉 것.

含 품을 / 憤 분할 / 蓄 쌓을 / 怨 원망할 — 함분축원

* **함포고복 含哺鼓腹**

잔뜩 먹어서 배를 두드리며 즐김.
참고 씹어 먹을〈哺〉 것을 입에 품고〈含〉 배〈腹〉를 북 치듯〈鼓〉 두드림.

含 품을 / 哺 씹어 먹을 / 鼓 북칠 / 腹 배 — 함포고복

* **함흥차사 咸興差使**

한 번 가기만 하면 깜깜 소식이란 뜻으로 심부름군이 가서 소식이 아주 없거나 회답이 더디 올 때에 쓰는 말.
참고 함흥〈咸興〉으로 보낸 부리는〈差〉 사신〈使〉.

咸 다 / 興 일어날 / 差 부릴 / 使 사신 — 함흥차사

* **해어지화 解語之花**

말을 알아 듣는 꽃이란 뜻으로 미인(美人)을 말함.
참고 말하는〈語〉 것을 풀이할〈解〉 줄 아는 꽃〈花〉.

解 풀이할 / 語 말씀 / 之 의 / 花 꽃 — 해어지화

* **해외투자 海外投資**

외국에 출자함.
참고 바다〈海〉 건너 외국〈外〉에 재물〈資〉을 던지는〈投〉 것.

海 바다 / 外 외국 / 投 던질 / 資 재물 — 해외투자

* **행동거지 行動擧止**

몸을 움직이는 모든 짓.
참고 가다가〈行〉 움직이다가〈動〉 들다가〈擧〉 머무르다가〈止〉 하는 일.

行 갈. 행할. / 動 움직일 / 擧 들 / 止 그칠 — 행동거지

* **행방불명 行方不明**

간 곳이 분명하지 아니함. 간 방향을 모름.
참고 간〈行〉 방향〈方〉이 밝지〈明〉 아니함〈不〉.

行 갈 / 方 방향 / 不 아닐 / 明 밝힐 — 행방불명

* **향토방위 鄕土防衛**

외적으로부터 고향을 지킴.
참고 고향〈鄕〉의 땅〈土〉을 막고〈防〉 지키는〈衛〉 것.

鄕 고향 / 土 땅 / 防 막을 / 衛 지킬 — 향토방위

* **허송세월 虛送歲月**

하는 일 없이 세월만 헛되이 보냄. 허도 세월(虛度歲月).
참고 헛되이〈虛〉 세월〈歲, 月〉을 보내는〈送〉 것.

虛 헛될 / 送 보낼 / 歲 세월 / 月 세월 — 허송세월

	뜻	풀이
* 허심탄회 虛心坦懷	①마음에 아무런 사념(邪念)이 없이 평정(平靜)하고 탄평(坦平)함. ②사념 없이 솔직한 태도로 일에 임(臨)함. 참고 빈〈虛〉 마음〈心〉과 평탄한〈坦〉 생각〈懷〉.	虛 빌 허 心 마음 심 坦 평탄할 탄 懷 생각할 회
* 허허실실 虛虛實實	서로 재주와 꾀를 다하여 다툼. 예 허허실실로:잘되고 못되고를 되어 가는 대로 맡겨 버리는 모양. 참고 빈〈虛〉듯이 보이나 참되고〈實〉(실하고) 참된〈實〉(실한) 것 같이 보이나 빈〈虛〉 것.	虛 빌 허 虛 빌 허 實 참될 실 實 참될 실
* 헌헌장부 軒軒丈夫	기개가 높은 남자. 대개는 외모가 준수하고 헌거로운(풍채가 좋고 의젓해 보이는) 남자를 이름. 참고 의젓하여〈軒, 軒〉 어른〈丈〉다운 사내〈夫〉.	軒 의젓할 헌 軒 의젓할 헌 丈 어른 장 夫 사내 부
* 현두자고 懸頭刺股	학업에 매우 힘쓰는 태도를 비유하는 말. 참고 머리〈頭〉에 있는 상투를 매어 달고〈懸〉 다리〈股〉를 찔러〈刺〉 잠을 깨우는 것.	懸 매달 현 頭 머리 두 刺 찌를 자 股 다리 고
* 현모양처 賢母良妻	어진 어머니인 동시에 착한 아내. 참고 어진〈賢〉 어머니〈母〉이며 어진〈良〉 아내〈妻〉.	賢 어질 현 母 어머니 모 良 어질 량 妻 아내 처
* 현실직시 現實直視	이제의 사실을 똑 바로 보는 것. 참고 지금〈現〉의 실제〈實〉를 곧게〈直〉 보는〈視〉 것.	現 지금 현 實 실제 실 直 곧을 직 視 볼 시
* 현실타개 現實打開	현재 부닥친 애로를 잘 처리하여 나갈 길을 엶. 참고 지금〈現〉의 실제〈實〉를 쳐서〈打〉 새로움을 개척하는〈開〉 것.	現 지금 현 實 실제 실 打 칠 타 開 개척할 개
* 혈혈단신 孑孑單身	의지할 곳이 없는 홀몸. 참고 외롭고〈孑〉 외로운〈孑〉 홑〈單〉몸〈身〉.	孑 외로울 혈 孑 외로울 혈 單 홑 단 身 몸 신
* 협동정신 協同精神	마음과 힘을 합하여 일해 나가는 정신. 참고 함께〈同〉 힘을 합하는〈協〉 마음〈精〉과 정신〈神〉.	協 힘을합할 협 同 함께 동 精 마음 정 神 정신 신
* 형설지공 螢雪之功	반딧불 빛과 눈빛의 반사로 책을 읽었다는 데서 꾸준히 학문을 닦은 공을 이름. 참고 개똥벌레〈螢〉와 눈〈雪〉의〈之〉 공〈功〉.	螢 개똥벌레 형 雪 눈 설 之 의 지 功 공 공
* 형창설안 螢窓雪案	반딧불에 비추어 공부한 창과 눈에 비추어 공부한 책상. 형설지공(螢雪之功)의 내력이 된 말. 참고 개똥벌레〈螢〉의 빛이 들어온 창문〈窓〉과 눈〈雪〉 빛이 비치는 책상〈案〉.	螢 개똥벌레 형 窓 창문 창 雪 눈 설 案 책상 안
* 형형색색 形形色色	형상과 종류의 가지가지. 가지 각색. 참고 형상〈形〉과 모양〈形〉과 빛〈色〉과 색〈色〉.	形 형상 형 形 모양 형 色 빛 색 色 색 색
* 호가호위 狐假虎威	남의 권세에 의지하여 으시댐. 참고 여우〈狐〉가 범〈虎〉의 위엄〈威〉을 비는〈假〉 것.	狐 여우 호 假 빌 가 虎 범 호 威 위엄 위

* **호구지책 糊口之策**

그저 먹고 살아 가는 방책. 호구지계(糊口之計). 호구지방(糊口之方).
참고 입〈口〉에 풀칠함〈糊〉의〈之〉 계책〈策〉.

糊 풀칠할 호
口 입 구
之 의 지
策 계책 책

* **호부견자 虎父犬子**

아버지는 잘났는데 아들은 못나고 어리석다는 뜻.
참고 범〈虎〉같이 의젓한 아비〈父〉에 개〈犬〉같은 아들〈子〉.

虎 범 호
父 아비 부
犬 개 견
子 아들 자

* **호사다마 好事多魔**

좋은 일에는 흔히 마(魔)(마귀)가 들기 쉬움.
참고 좋은〈好〉 일〈事〉에는 마귀〈魔〉가 많음〈多〉.

好 좋을 호
事 일 사
多 많을 다
魔 마귀 마

* **호사유피 虎死留皮**

범은 죽어도 가죽은 남는다.
참고 범〈虎〉이 죽어서〈死〉 가죽〈皮〉을 머무르게〈留〉(남기게)함.

虎 범 호
死 죽을 사
留 머무를 류
皮 가죽 피

* **호시탐탐 虎視眈眈**

①범이 먹이를 노리어 눈을 부릅뜨고서 노려봄. ②기회를 노리고 가만히 정세(情勢)를 관망함의 비유.
참고 범〈虎〉이 노려〈眈,眈〉 보는〈視〉 것.

虎 범 호
視 볼 시
眈 노려볼 탐
眈 노려볼 탐

* **호언장담 豪言壯談**

실지 이상으로 보태어서 허풍쳐 하는 말을 뜻함. 대언 장담(大言壯談).
참고 호협한〈豪〉 말〈言〉과 씩씩한〈壯〉 말〈談〉.

豪 호협할 호
言 말씀 언
壯 씩씩할 장
談 말씀 담

* **호연지기 浩然之氣**

①썩 넓고 커서 온 세상에 가득차고 넘치는 원기(元氣). ②공명 정대(公明正大)하여 부끄러움이 없는 도덕적 용기(道德的勇氣). ③사물에서 해방되어 자유스럽고 유쾌한 마음.
참고 넓은〈浩〉 모양〈然〉(상태)의〈之〉 기운〈氣〉. ※ '然'은 상태를 나타내는 접미사.

浩 넓을 호
然 (접미사-상태) 연
之 의 지
氣 기운 기

* **호의현상 縞衣玄裳**

깃이 희고 꽁지가 검은 학(鶴)을 일컫는 말.
참고 흰 비단〈縞〉 웃옷〈衣〉과 검은〈玄〉 치마〈裳〉.

縞 흰 비단 호
衣 웃옷 의
玄 검을 현
裳 치마 상

* **호의호식 好衣好食**

①좋은 옷과 좋은 음식. ②잘 입고 잘 먹음.
참고 좋은〈好〉 옷〈衣〉과 좋은〈好〉 음식〈食〉.

好 좋을 호
衣 옷 의
好 좋을 호
食 음식 식

* **호접몽 蝴蝶夢**

'중국의 장자(莊子)가 꿈 속에서 나비가 되었다가 꿈을 깨고 난 다음, 자기가 나비로 된 것인지 나비가 자기로 된 것인지 판단하기 힘들었다'는 고사(故事)에서, ①꿈의 뜻으로 쓰임. ②물아 일체(物我一體)의 경지(境地). 또는 절대(絶對)의 입장에 서지 않고는 진리(眞理)를 파악할 수가 없다는 뜻.
참고 나비〈蝴,蝶〉의 꿈〈夢〉.

蝴 나비 호
蝶 나비 접
夢 꿈 몽

* **호형호제 呼兄呼弟**

서로 형이니 아우니 하고 부른다는 뜻으로 가까운 친구 사이를 일컫는 말.
참고 형〈兄〉이라 부르고〈呼〉 아우〈弟〉라 부르는〈呼〉 것.

呼 부를 호
兄 형 형
呼 부를 호
弟 아우 제

* **혹세무민 惑世誣民**

사람을 속여 미혹(迷惑)시키고 세상을 어지럽힘.
참고 세상〈世〉을 어지럽히고〈惑〉 백성〈民〉을 속이는〈誣〉 것.

惑 어지러울 혹
世 세상 세
誣 속일 무
民 백성 민

*** 혼비백산 魂飛魄散**

혼백이 흩어짐. 곧 몹시 놀라 어쩔 줄 모르는 형편을 가리키는 말. 혼불부체(魂不附體).

참고 넋〈魂, 魄〉이 흩어져〈散〉 날아〈飛〉 감.

魂 넋 혼 / 飛 날 비 / 魄 넋 백 / 散 흩어질 산

*** 혼식장려 混食奬勵**

쌀과 잡곡을 섞은 밥을 먹도록 권함.

참고 잡곡을 섞은〈混〉 음식〈食〉을 장려하고〈奬〉 권장하는〈勵〉 것.

混 섞을 혼 / 食 음식 식 / 奬 장려할 장 / 勵 권장할 려

*** 혼정신성 昏定晨省**

혼정과 신성. 곧 조석(朝夕)으로 부모의 안부를 물어서 살핌. ※ ① 혼정(昏定) : 밤에 잘 때에 부모의 침소(寢所)에 가서 밤새 안녕하시기를 여쭙는 말. ② 신성(晨省) : 이른 아침에 부모의 침소에 가서 밤새의 안후를 살핌.

참고 어두우면〈昏〉 자리를 정하고〈定〉 새벽〈晨〉엔 살피는〈省〉 것.

昏 어두울 혼 / 定 정할 정 / 晨 새벽 신 / 省 살필 성

*** 홍로점설 紅爐點雪**

큰 일을 함에 있어 작은 힘으로는 아무 보람도 얻을 수 없음을 비유한 말. 또는 아무런 흔적도 남기지 않고 쉽게 없어져 버림을 이름.

참고 불이 벌건〈紅〉 화로〈爐〉에 한 점〈點〉의 눈〈雪〉.

紅 붉을 홍 / 爐 화로 로 / 點 점 점 / 雪 눈 설

*** 홍안애명 鴻雁哀鳴**

가난한 백성들이 비참한 경지에 있음을 비유한 말.

참고 큰 기러기〈鴻〉와 작은 기러기〈雁〉가 슬피〈哀〉 우는〈鳴〉 것.

鴻 큰기러기 홍 / 雁 기러기 안 / 哀 슬플 애 / 鳴 울 명

*** 홍익인간 弘益人間**

널리 인간 세계를 이롭게 한다는 뜻.

참고 넓게〈弘〉 사람〈人〉 사이〈間〉를 유익하게〈益〉 하는 것.

弘 넓을 홍 / 益 유익할 익 / 人 사람 인 / 間 사이 간

*** 화랑오계 花郎五戒**

신라 때 화랑도들이 지켰던 다섯 가지 계율.

참고 아름다운〈花〉 사내〈郎〉의 다섯〈五〉 가지 재계한〈戒〉 것.

花 아름다울 화 / 郎 사내 랑 / 五 다섯 오 / 戒 재계할 계

*** 화룡점정 畫龍點睛**

'용(龍)을 그린 뒤 마지막으로 눈동자를 그려 넣었더니 그 용이 홀연히 구름을 타고 하늘로 날아 올라 갔다'는 고사(故事)에서, 사물의 가장 요긴한 곳. 또는 무슨 일을 함에 가장 긴한 부분을 끝내어 완성시킴을 이르는 말.

참고 용〈龍〉의 그림〈畫〉에 눈동자〈睛〉를 점찍는〈點〉 것.

畫 그림 화 / 龍 용 룡 / 點 점 찍을 점 / 睛 눈동자 정

*** 화무십일홍 花無十日紅**

열흘 붉은 꽃이 없다는 뜻으로, 한번 성한 것이 얼마 못 가서 반드시 쇠하여짐을 이르는 말.

참고 꽃〈花〉은 열〈十〉 날〈日〉 붉음〈紅〉이 없음〈無〉.

花 꽃 화 / 無 없을 무 / 十 열 십 / 日 날 일 / 紅 붉을 홍

*** 화사첨족 畫蛇添足**

쓸데없는 것을 덧붙여 하다가 도리어 실패함. 약 사족(蛇足).

참고 뱀〈蛇〉의 그림〈畫〉에 발〈足〉을 덧붙이는〈添〉 것.

畫 그림 화 / 蛇 뱀 사 / 添 덧붙일 첨 / 足 발 족

*** 화용월태 花容月態**

아름다운 여자의 고운 용태(容態)를 이르는 말.

참고 아름다운〈花〉 얼굴〈容〉에 달〈月〉 같은 태도〈態〉.

花 아름다울 화 / 容 얼굴 용 / 月 달 월 / 態 태도 태

*** 화조월석 花朝月夕**

'꽃 피는 아침과 달 뜨는 저녁'. 곧 경치가 좋은 시절을 일컫는 말. ㊟ 화월(花月). ※ 花朝는 음력 이월 보름, 月夕은 팔월 보름.

참고 꽃〈花〉 피는 아침〈朝〉과 달〈月〉 뜨는 저녁〈夕〉.

花 꽃 / 朝 아침 / 月 달 / 夕 저녁 — 화조월석

*** 화종구출 禍從口出**

화가 되는 일은 모두 입으로 부터 나오는 것이니 말을 조심해야 한다는 뜻임.

참고 재앙〈禍〉은 입〈口〉으로부터〈從〉 나오는〈出〉 것.

禍 재앙 / 從 부터 / 口 입 / 出 날 — 화종구출

*** 화중지병 畵中之餠**

그림의 떡.

참고 그림〈畵〉 가운데〈中〉의〈之〉 떡〈餠〉.

畵 그림 / 中 가운데 / 之 의 / 餠 떡 — 화중지병

*** 화호유구 畵虎類狗**

서투른 솜씨로 남의 언행을 흉내내려 하거나, 어려운 일을 하려 하여도 되지 아니함의 비유. 화호 불성(畵虎不成).

참고 범〈虎〉을 그린〈畵〉 것이 강아지〈狗〉를 닮았다〈類〉.

畵 그릴 / 虎 범 / 類 닮을 / 狗 강아지. 개. — 화호류구

*** 환경오염 環境汚染**

인간이 사는 생활 공간이 더럽게 물듦.

참고 두르고〈環〉 있는 지경〈境〉이 더럽게〈汚〉 물드는〈染〉 것.

環 두를 / 境 지경 / 汚 더러울 / 染 물들 — 환경오염

*** 환골탈태 換骨奪胎**

옛 사람이나 타인의 글에서 그 뜻을 취하거나 모방하여 자기의 작품인 것처럼 꾸미는 일.

참고 뼈대〈骨〉를 바꾸고〈換〉 태〈胎〉를 빼앗는〈奪〉 것.

換 바꿀 / 骨 뼈대 / 奪 빼앗을 / 胎 태 — 환골탈태

*** 환과고독 鰥寡孤獨**

① 늙어서 아내가 없는 것이 환(鰥), 늙어서 남편이 없는 것이 과(寡), 어려서 부모 없는 것이 고(孤), 늙어서 자식 없는 것이 독(獨). 〈孟子 梁惠王下篇〉. ② 외롭고 의지할 곳 없는 사람.

참고 홀아비〈鰥〉와 과부〈寡〉와 부모 없는〈孤〉 아이와 외로운〈獨〉 늙은이.

鰥 홀아비 / 寡 과부 / 孤 부모 없을 / 獨 외로울 — 환과고독

*** 환해풍파 宦海風波**

관리(官吏)의 사회에서 겪는 갖가지 험난한 일.

참고 벼슬〈宦〉 바다〈海〉(세계)의 바람〈風〉과 물결〈波〉.

宦 벼슬 / 海 바다 / 風 바람 / 波 물결 — 환해풍파

*** 환호작약 歡呼雀躍**

기뻐서 소리치며 날뜀.

참고 기뻐서〈歡〉 부르짖으며〈呼〉 참새〈雀〉처럼 뛰는〈躍〉 것.

歡 기뻐할 / 呼 부르짖을 / 雀 참새 / 躍 뛸 — 환호작약

*** 황당무계 荒唐無稽**

언행(言行)이 허황하여 믿을 수가 없음. 황탄 무계(荒誕無稽).

참고 거칠고〈荒〉 황당하여〈唐〉 헤아릴〈稽〉 수 없는〈無〉 것.

荒 거칠 / 唐 황당할 / 無 없을 / 稽 헤아릴 — 황당무계

*** 회방촌인 懷方寸刃**

복수의 결의를 품음. ※ 방촌(方寸): ① 사방(四方)으로 한 치. ② 마음, 흉중(胸中).

참고 사방〈方〉 한 마디〈寸〉의 칼날〈刃〉을 품는〈懷〉 것.

懷 품을 / 方 모 / 寸 마디 / 刃 칼날 — 회방촌인

*** 회자인구 膾炙人口**

널리 사람들의 입에 오르 내려 상찬(賞讚) 됨을 뜻함.

참고 회〈膾〉와 구운 고기〈炙〉처럼 사람〈人〉의 입〈口〉에 오르내리는 것.

膾 회 / 炙 고기 구울 / 人 사람 / 口 입 — 회자인구

성어	풀이	훈음
* 회자정리 會者定離	만나는 자는 반드시 헤어질 운명에 있음. 불교에서의 만유 무상(萬有無常)을 나타내는 말임. 참고 맞은〈會〉 사람〈者〉은 떨어질〈離〉(헤어질) 것으로 정해져〈定〉 있음.	會 맞을 회 者 사람 자 定 정할 정 離 떨어질 리
* 횡설수설 橫說竪說	조리가 없는 말을 함부로 지껄임. 횡수 설거(橫竪說去). 횡수 설화(橫竪說話). 참고 말〈說〉을 가로로〈橫〉 하다가 세로로 세우다가〈竪〉 하는 것.	橫 가로 횡 說 말씀 설 竪 세울(설) 수 說 말씀 설
* 후래삼배 後來三杯	술자리에서 뒤 늦게 온 사람에게 먼저 권하는 석 잔의 술. 참고 뒤〈後〉에 온〈來〉 사람에게 석〈三〉 잔〈杯〉 술을 주는 것.	後 뒤 후 來 올 래 三 석 삼 杯 잔 배
* 후생가외 後生可畏	젊고 힘이 좋아 장차 큰 일을 할 수 있으니 가히 두려워 할만하다는 말임. 참고 뒤〈後〉에 난〈生〉 사람을 가히〈可〉 두려워하는〈畏〉 것.	後 뒤 후 生 날 생 可 가히 가 畏 두려워할 외
* 후안무치 厚顏無恥	낯가죽이 두꺼워 부끄러운 줄을 모름. 참고 얼굴〈顏〉이 두꺼워〈厚〉 부끄러움〈恥〉이 없는〈無〉 것.	厚 두꺼울 후 顏 얼굴 안 無 없을 무 恥 부끄러울 치
* 후회막급 後悔莫及	이전(以前)의 잘못을 깨치고 아무리 뉘우쳐도 어찌할 수가 없음. 회지 무급(悔之無及). 참고 뒤〈後〉의 뉘우침〈悔〉은 미치지〈及〉 아니하는〈莫〉 것.	後 뒤 후 悔 뉘우칠 회 莫 아닐 막 及 미칠 급
* 흥망성쇠 興亡盛衰	흥하고 망하고 성하고 쇠함. 참고 흥하고〈興〉 망하고〈亡〉 성하고〈盛〉 쇠하는〈衰〉 것.	興 흥할 흥 亡 망할 망 盛 성할 성 衰 쇠할 쇠
* 흥진비래 興盡悲來	즐거운 일이 지나 가면 슬픈 일이 닥쳐온다는 뜻으로, 세상이 돌고 돌아 순환됨을 가리키는 말. 참고 흥겨움〈興〉이 다하면〈盡〉 슬픔〈悲〉이 오는〈來〉 것.	興 흥겨울 흥 盡 다할 진 悲 슬플 비 來 올 래
* 희로애락 喜怒哀樂	기쁨과 노염과 슬픔과 즐거움. 참고 기쁘고〈喜〉 성내고〈怒〉 슬프고〈哀〉 즐거운〈樂〉 것.	喜 기쁠 희 怒 성낼 노 哀 슬플 애 樂 즐길 락
* 희색만면 喜色滿面	기쁜 빛이 얼굴에 가득함. 참고 기쁜〈喜〉 낯빛〈色〉이 얼굴〈面〉에 가득한〈滿〉 것.	喜 기쁠 희 色 낯 빛 색 滿 가득할 만 面 얼굴 면
* 희희낙락 喜喜樂樂	매우 기뻐하고 즐거워함. 참고 기쁘고〈喜, 喜〉 즐거운〈樂, 樂〉 것.	喜 기쁠 희 喜 기쁠 희 樂 즐길 락 樂 즐길 락

경조(慶弔)·증품(贈品)에 쓰는 용어(用語)

출산	出産
화혼	華婚
결혼	結婚
성공	成功
우승	優勝
성회	聖會
영전	榮轉
당선	當選
합격	合格
입선	入選
졸업	卒業
입학	入學
축성탄	祝聖誕

출산 화혼 결혼 성공 우승 성회 영전 당선 합격 입선 졸업 입학 축성탄
出産 華婚 結婚 成功 優勝 聖會 榮轉 當選 合格 入選 卒業 入學 祝聖誕

경조(慶弔) · 증품(贈品)에 쓰는 용어(用語)

경의	전별	조품	근정	박례	촌지	부의	근조	환갑	수연	낙성	개업	발전
경의	전별	조품	근정	박례	촌지	부의	근조	환갑	수연	낙성	개업	발전
慶儀	餞別	粗品	謹呈	薄禮	寸志	賻儀	謹弔	還甲	壽宴	落成	開業	發展
慶儀	餞別	粗品	謹呈	薄禮	寸志	賻儀	謹弔	還甲	壽宴	落成	開業	發展